中国人事科学研究院
·学术文库·

考核制度概论

徐维 ◎ 著

Introduction
to Appraisal System

中国社会科学出版社

图书在版编目（CIP）数据

考核制度概论／徐维著. -- 北京：中国社会科学出版社，2024.11. --（中国人事科学研究院学术文库）. ISBN 978-7-5227-4288-5

Ⅰ. G424.74

中国国家版本馆 CIP 数据核字第 2024HB8734 号

出 版 人	赵剑英
责任编辑	孔继萍
责任校对	李　莉
责任印制	郝美娜

出　　版	中国社会科学出版社
社　　址	北京鼓楼西大街甲 158 号
邮　　编	100720
网　　址	http://www.csspw.cn
发 行 部	010-84083685
门 市 部	010-84029450
经　　销	新华书店及其他书店
印　　刷	北京君升印刷有限公司
装　　订	廊坊市广阳区广增装订厂
版　　次	2024 年 11 月第 1 版
印　　次	2024 年 11 月第 1 次印刷
开　　本	710×1000　1/16
印　　张	30.25
字　　数	496 千字
定　　价	178.00 元

凡购买中国社会科学出版社图书，如有质量问题请与本社营销中心联系调换
电话：010-84083683
版权所有　侵权必究

序

徐维博士的新作《考核制度概论》是公务员法研究领域专门探讨考核制度的既有广度（涉及古今中外官员考核的理念、内容、方式、程序及对考核的监督等）又有深度（涉及制度的发展、变迁、发展变迁的原因、趋势等）的一部最新学术力作，既值得专业人士在研究相关制度时阅读、参考，也值得希望了解考核制度基本知识的广大普通读者浏览、学习。

考核制度是公务员管理的重要手段，对于保障公务员选拔、任用、晋升和奖惩的质量，激励公务员积极和依法履职，提升行政管理的效率和国家治理现代化的水平，均具有重要的意义和价值。

在我国几千年的历史文化里，以"上计"制度为标志的古代官吏考课制度留下了丰富的宝贵财富。中华人民共和国成立以后，我国干部考核制度则在吸收古代考核制度精华——古为今用，以及借鉴国外考核制度合理要素——洋为中用的基础上建构和发展，融入了现代民主、法治的理念和精神。1993年，国务院颁布《国家公务员暂行条例》，专章规定了公务员考核制度，1994年《公务员考核暂行规定》发布，对公务员考核制度进行了细化和具体化的设计和推进。此后，我国公务员考核制度一直在不断发展、完善，特别是2005年第十届全国人大常委会第十五次会议通过《公务员法》和2018年第十三届全国人大常委会第七次会议对《公务员法》的修订，创立了全新的中国特色社会主义公务员考核制度。

党的十八大以来，习近平总书记高度重视高素质干部队伍建设，对干部考核工作提出了一系列重要指示和要求。党的二十届三中全会指出，要"深化干部人事制度改革，鲜明树立选人用人正确导向，大力选拔政治过硬、敢于担当、锐意改革、实绩突出、清正廉洁的干部"。怎么培养选拔出这样的高素质干部？很大程度上即决定于干部考核制度运作的成效。怎么提高干部考核制度运作的成效？这在很大程度上又依赖组织人事管理部门和相应学术研究机构研究人员对干部考核制度的高质量研究成果。徐维博士的这部力作《考核制度概论》就是这样的研究成果之一。

《考核制度概论》为满足当下建立高素质干部队伍的现实需要，全面深入探讨了我国干部考核制度的发展变化，其运用变迁的视角、关系的视角、时空的视角，在梳理现有研究成果的基础上，针对现有研究存在的理论与实践脱节、内容与重点不均衡的不足，运用行政生态理论、制度变迁理论、政府绩效管理理论、国家治理理论等工具，以及横向和纵向比较研究的方法，对考核制度的意义、功能、作用和考核制度的主要原则、基本内容、构成要素及其中国特色等展开了深入探索，创造性地提出了诸多有价值的观点和改革思路。

《考核制度概论》一书结构清晰、逻辑严密、论据充分、观点有说服力，对于读者了解考核制度来龙去脉、把握考核制度基本内容和发展趋势，具有重要的价值和意义。本书的出版，不仅可以为人力资源和社会保障领域的专业人士进行相应研究提供丰富的参考素材，而且可为组织人事部门和立法机构制定、完善公职人员考核制度的政策、立法提供思路或启示；另外，本书还可以为一般读者提供获取我国和国外、域外考核制度基本知识的有效途径。

本书作者徐维博士2008年3月入职北京大学法学院软法研究中心，担任该中心和著名行政法学家罗豪才教授的学术秘书。她学习和工作认真、勤奋，除做好秘书工作外，还积极从事相关科研工作，并深入学习公法理论，提高自己的理论素养，扩大自己的知识面。我当时在法学院给博士生开设的《公法导论》和其他公法课程，她大都全程参与学习。2012年，她博士毕业后入职中国人事科学研究院，主持或参与了多项考核制度相关课题，撰写发表了多篇考核制度相关学术论文。最近，她又独立撰写了《考核制度概论》这一既有学术价值又有实践意义的专著。该书现在即将出版，她请我为该书作序，我非常乐意，特写了上面这些话，向广大读者作一推荐。

是为序。

姜明安
于北京海淀府公寓
2024年9月15日

目　录

第一章　导论 …………………………………………………………（1）
第一节　研究背景 …………………………………………………（2）
　　一　客观上我们需要考核制度 ………………………………（3）
　　二　考核制度实际能发挥作用 ………………………………（4）
　　三　考核制度研究并非易事 …………………………………（5）
　　四　新时代科研工作者必须承担制度研究的重任 …………（6）
第二节　研究内容 …………………………………………………（7）
　　一　考核制度怎样变 …………………………………………（7）
　　二　考核制度因何变 …………………………………………（8）
　　三　考核制度变得如何 ………………………………………（9）
　　四　考核制度以后如何变 ……………………………………（10）
第三节　研究视角 …………………………………………………（11）
　　一　变迁的视角 ………………………………………………（11）
　　二　关系的视角 ………………………………………………（12）
　　三　时空的视角 ………………………………………………（13）
第四节　文献综述 …………………………………………………（14）
　　一　国内著作 …………………………………………………（15）
　　二　国内论文 …………………………………………………（24）
　　三　研究现状分析 ……………………………………………（34）
第五节　理论支撑 …………………………………………………（34）
　　一　行政生态理论：制度如何变化 …………………………（35）
　　二　制度变迁理论：制度因何变化 …………………………（37）
　　三　政府绩效管理理论：制度变得如何 ……………………（38）

四　政府治理理论：制度以后如何变 …………………………（40）
　　五　动机理论：制度如何变得更好 …………………………（41）
第六节　本书的贡献 …………………………………………………（43）
　　一　关注具体现象 ……………………………………………（43）
　　二　明晰来龙去脉 ……………………………………………（44）
　　三　厘清制度功能 ……………………………………………（47）
本章小结 ………………………………………………………………（50）

第二章　考核制度概述 ……………………………………………（51）

第一节　概念界定 ……………………………………………………（52）
　　一　被考核对象相关概念 ……………………………………（52）
　　二　考核及相关概念 …………………………………………（62）
　　三　与考核相关的制度 ………………………………………（68）
第二节　功能定位 ……………………………………………………（85）
　　一　检查功能 …………………………………………………（87）
　　二　激励功能 …………………………………………………（90）
　　三　导向功能 …………………………………………………（92）
第三节　考核制度设计的主要原则 …………………………………（95）
　　一　科学客观的原则 …………………………………………（96）
　　二　突出实绩的原则 …………………………………………（98）
　　三　依法考核的原则 …………………………………………（99）
第四节　考核制度的主要构成因素 …………………………………（101）
　　一　考核理念 …………………………………………………（101）
　　二　考核主体 …………………………………………………（108）
　　三　考核内容 …………………………………………………（109）
　　四　考核程序 …………………………………………………（111）
　　五　考核方法 …………………………………………………（114）
　　六　考核结果运用 ……………………………………………（116）
　　七　考核监督 …………………………………………………（118）
本章小结 ………………………………………………………………（119）

第三章　中国古代官吏考课制度的历史演变 (121)

第一节　古代官吏考课制度的发展脉络 (122)
一　伴随着官僚制而出现的官吏考课 (123)
二　秦代伴随着度量衡统一而出现的量化考课 (127)
三　汉推举制的官吏选拔方式决定了只需对行政长官进行考核 (130)
四　魏晋南北朝政局动荡使得考核制度发展艰难 (134)
五　隋唐五代考课权统一于吏部 (135)
六　宋元考核组织中监察部门的地位显著上升 (137)
七　明清"考满""考察"相辅相成 (139)

第二节　古代官吏考课主体与内容 (142)
一　古代官吏考课的主体 (142)
二　古代官吏考课的内容 (154)

第三节　古代官吏考课方法与程序 (164)
一　古代官吏考课的方法 (164)
二　古代官吏考课的程序 (167)

第四节　古代官吏考课结果运用与监督 (169)
一　古代官吏考课的结果运用 (169)
二　古代官吏考课的监督 (176)

本章小结 (182)

第四章　中国近代干部考核制度的发展 (184)

第一节　中国近代干部考核制度的发展脉络 (184)
一　晚清时期：州县官事实考核制度 (185)
二　北洋政府时期：从司法官考核开始 (186)
三　南京国民政府时期：细化完善一系列考核规范 (187)

第二节　近代干部考核的主体与内容 (187)
一　近代干部考核的主体 (188)
二　近代干部考核的内容 (189)

第三节　近代干部考核的方法与程序 (190)
一　近代干部考核的方法 (191)

二　近代干部考核的程序 …………………………………（192）
　第四节　近代干部考核的结果运用与监督 ………………………（193）
　　一　近代干部考核的结果运用 ……………………………（193）
　　二　近代干部考核的监督 …………………………………（195）
　本章小结 …………………………………………………………（196）

第五章　中国当代公务员考核制度的发展 ………………………（197）
　第一节　当代公务员考核制度的发展脉络 ………………………（198）
　　一　以干部鉴定和干部审查为主要形式的干部考核制度
　　　　（1949—1978）………………………………………（198）
　　二　以"四化"方针为主要指导的干部考核制度
　　　　（1978—1987）………………………………………（202）
　　三　酝酿公务员制度过程中的干部考核制度
　　　　（1987—1992）………………………………………（205）
　　四　符合行政机关特点的公务员考核制度（1992—2000）……（206）
　　五　符合科学发展观要求的公务员考核制度
　　　　（2000—2012）………………………………………（208）
　　六　新时代好干部标准的公务员考核制度（2012年至今）……（210）
　第二节　当代公务员考核的主体与内容 …………………………（214）
　　一　当代公务员考核的主体 ………………………………（214）
　　二　当代公务员考核的内容 ………………………………（222）
　第三节　当代公务员考核的方法与程序 …………………………（242）
　　一　当代公务员考核的方法 ………………………………（242）
　　二　当代公务员考核的程序 ………………………………（252）
　第四节　当代公务员考核的结果运用与监督 ……………………（256）
　　一　当代公务员考核的结果运用 …………………………（256）
　　二　当代公务员考核的监督 ………………………………（265）
　本章小结 …………………………………………………………（268）

第六章　中国考核制度发展过程中的危机、问题与变量 …………（270）
　第一节　中国考核制度发展过程中的九大危机 …………………（271）

一　宗法制瓦解后政治精英评价标准缺失 …………………… (271)
　二　士族门阀的"无功受禄"损害考课权威 ………………… (272)
　三　中央集权制的发展亟须专门考课机构 …………………… (273)
　四　对档案资料的重视导致考课流于形式 …………………… (274)
　五　考核者的主观认识不足引发考课虚应故事 ……………… (275)
　六　中华人民共和国成立之初干部队伍的快速发展需要
　　　考核的制度供应 ……………………………………………… (277)
　七　干部老龄化与选拔任用中的考核强化 …………………… (279)
　八　错误的政绩观与考核价值导向的偏差 …………………… (281)
　九　干部从严管理与考核约束过量激励不足 ………………… (284)
第二节　中国考核制度发展过程中的七大问题 ………………… (285)
　一　问题一：制度设计不完善 ………………………………… (285)
　二　问题二：考核主体敷衍规避责任 ………………………… (287)
　三　问题三："一票否决"滥用 ……………………………… (289)
　四　问题四：考核方法单一、流于形式 ……………………… (291)
　五　问题五："末位淘汰制"的运行困境 …………………… (294)
　六　问题六：考核相关权益保障不足 ………………………… (297)
　七　问题七：专项考核中的方向误导 ………………………… (299)
第三节　中国考核制度发展过程中五大变量 …………………… (303)
　一　理念的因素 ………………………………………………… (304)
　二　"人"的因素 ……………………………………………… (308)
　三　技术手段的因素 …………………………………………… (312)
　四　考核制度本身的因素 ……………………………………… (314)
　五　相关制度的因素 …………………………………………… (315)
本章小结 …………………………………………………………… (319)

第七章　外国文官考核制度的发展 …………………………… (320)
第一节　外国的文官考核制度规范 ……………………………… (321)
　一　日本的文官考核制度规范 ………………………………… (322)
　二　英国的文官考核制度规范 ………………………………… (323)
　三　法国的文官考核制度规范 ………………………………… (325)

四　美国的文官考核制度规范 …………………………… (327)
　第二节　外国的文官考核主体与内容 ……………………… (328)
　　一　外国的文官考核主体 ……………………………… (329)
　　二　外国的文官考核内容 ……………………………… (332)
　第三节　外国的文官考核方法与程序 ……………………… (339)
　　一　外国的文官考核方法 ……………………………… (339)
　　二　外国的文官考核程序 ……………………………… (348)
　第四节　外国的文官考核结果运用与监督 ………………… (354)
　　一　外国的文官考核结果运用 ………………………… (354)
　　二　外国的文官考核监督 ……………………………… (359)
　本章小结 …………………………………………………… (363)

第八章　中国公务员考核制度的发展趋势 …………………… (364)
　第一节　考核理念的发展趋势 ……………………………… (365)
　　一　理念变化的影响因素 ……………………………… (366)
　　二　"以人为本"考核理念的主要表现 ………………… (369)
　　三　"以人为本"考核理念需要重点关注的方向 ……… (372)
　第二节　考核主体的发展趋势 ……………………………… (377)
　　一　考核主体的专业化趋势 …………………………… (377)
　　二　考核主体的多元化趋势 …………………………… (380)
　第三节　考核内容的发展趋势 ……………………………… (382)
　　一　新时代公务员政治素质考核的背景 ……………… (382)
　　二　新时代公务员政治素质考核的内容 ……………… (384)
　　三　新时代公务员政治素质考核的完善路径 ………… (390)
　第四节　考核方式的发展趋势 ……………………………… (394)
　　一　平时考核的制度发展脉络 ………………………… (394)
　　二　平时考核制度的具体内容 ………………………… (398)
　　三　平时考核需要重点发展的方向 …………………… (401)
　第五节　考核手段的发展趋势 ……………………………… (402)
　　一　中国考核制度发展过程中信息传递的变化 ……… (403)
　　二　公务员考核信息化的背景 ………………………… (407)

三　公务员考核信息化的现状 …………………………………（411）
　　四　公务员考核信息化存在的主要问题 ……………………（414）
　　五　公务员考核信息化面临的障碍 …………………………（416）
　　六　公务员考核信息化的优化路径 …………………………（419）
　第六节　考核权利救济的发展趋势 ………………………………（422）
　　一　公务员考核所涉及的权利 ………………………………（423）
　　二　对考核结果存在异议的权利救济渠道 …………………（427）
　　三　美国公务员维护考核相关权利的经验借鉴 ……………（430）
　　四　完善中国公务员考核相关权利救济的思路 ……………（438）
　本章小结 …………………………………………………………（441）

参考文献 ……………………………………………………………（443）

后　记 ………………………………………………………………（466）

中国人事科学研究院学术文库已出版书目 ………………………（470）

第一章

导　　论

《汉书·循吏·王成传》记载了这样一则故事：汉宣帝刘询时期，王成任胶东相，他治理地方很有声望。汉宣帝曾在地节三年（前67）下诏："今胶东相成，劳来不息，流民自占八万余口，治有异等之效。其赐成爵关内侯，秩中二千石。"意思就是，王成担任胶东相期间，招抚百姓勤勉而不懈怠，招来流民八万余人，治理有突出成效。赐给王成爵号关内侯，俸禄中二千石。但是，王成还没等到上任就患病去世了。原本这事就这么过去了，但后来汉宣帝下诏让丞相、御史查问郡国上计长吏、太守等政令方面的得失时，有人上报"前胶东相成伪自增加，以蒙显赏，是后俗吏多为虚名云"[1]。意思是，前胶东相王成弄虚作假增加户口，来蒙骗获得赏赐，并且带坏了风气，使得平庸的官吏们想方设法追求虚名。"王成犹以伪增户口受赏，人伪之难防也如此，况漫不加意者乎。"[2] 明代邱濬感慨，王成这样的官员都要通过弄虚作假增加户口来获得奖赏，人们弄虚作假实在是很难防范，更何况那些对政务不放在心上的人呢？

2023年7月，中央纪委国家监委网站上公布大连瓦房店市公安局三台满族乡派出所为完成考核指标进行笔录造假、违规办案等问题。网站信息显示，2020年12月至2021年1月，瓦房店市公安局三台满族乡派出所在查办犯罪嫌疑人翟某偷盗摩托车案期间，为完成办案指标，在综合考核排名上能靠前一些，而故意伪造报案材料，将2起并非翟某所盗的摩托车

---

[1] （汉）班固：《汉书》卷八九《循吏·王成传》，中华书局1962年版，第3627页。转引自邱永明《中国古代职官考核制度史》，华东师范大学出版社2023年版，第122页。

[2] （明）邱濬：《大学衍义补》卷一一《正百官·严考课之法》，吉林出版集团2005年版，第98页。

案以及7起伪造的盗窃摩托车车内汽油案安在翟某身上，并履行立案程序。三台满族乡派出所相关责任人分别受到党纪政纪处分。① 原本是服务于地方治安的考核指标居然成为治安维护者的造假动机，事情的发展有悖制度设计的初衷。

从这两则故事中，我们不难发现，自古至今考核都是个难题。考核制度的发展总会有偏离制度设计初衷的情况出现。迄今为止，为了寻求实现科学考核的路径，世界各国政府仍然在不断地摸索、总结、提炼。"为什么要考核""可不可以不考核""基于什么人性假设进行考核""应该如何设计考核制度""公务员考核与企业、事业单位人员考核是否存在区别"，这些关于考核的问题，一直被讨论被分析，却从未形成共识性的认知。

但是，这并不意味这个问题不重要，也不意味我们对这个问题的研究必须达成共识性的认知。基于想要关注考核制度的具体现象，明晰考核制度的来龙去脉，厘清考核制度功能的出发点，本书在前人的基础上再次出发，聚焦"考核制度"这一命题，从历史的长河中找寻考核制度发展的脉络，从国际比较中借鉴其他有益经验，分析发展的方向和趋势，试图勾勒出一幅中国考核制度的全貌图。

第一节　研究背景

考核制度是客观存在的制度。从时间的维度来看，自古至今它一直发挥着作用。从空间的维度来看，无论中外都离不开它。私营部门从"效率"的追求出发，期望它能成为提高效率的有力工具。公共部门同样寄希望于它，期望它能成为澄清吏治、激励担当作为的有效手段。从"存在即合理"的角度来看，客观上我们需要考核制度，实际上考核制度也能发挥作用。但考核并不是一件容易的事，对考核制度的研究更是难上加难。若想更好地发挥制度的功效，我们不得不深入开展考核制度的研究。

---

① 大连通报4起不担当、不作为、乱作为等形式主义官僚主义案例［EB/OL］．(2023-07-28)［2024-06-20］．https://www.ccdi.gov.cn/yaowenn/202307/t20230728_278842.html.

一　客观上我们需要考核制度

不可否认，客观上我们是否需要考核制度并没有达成共识。新东方创始人俞敏洪老师在2017年洪泰基金年会上指出，"企业文化和习惯养成后，还需要良好的考核机制来固化。所有优秀人才，一定是在科学、公平的考核机制下才能留下的。如果机制不公平，一定是糟糕的人留下"。但是，也有学者从"绩效考核之殇"出发，分析了不同主体对绩效考核的"抱怨"以及考核所带来的"伤害"，从而提出要建立非考核绩效体系。① 索尼公司前常务董事天外伺郎曾发表过《绩效主义毁了索尼》一文，将索尼公司的衰落原因归结为引入了绩效考核。鲍勃·卢茨的《绩效致死：通用汽车的破产启示》② 更是将通用汽车的破产原因直指一切以财务指标为核心的绩效考核。

我们认为，这些观点只是指出了不恰当的考核可能带来的弊端，并不能从根本上否定考核制度。在公务员管理方面，我们仍然秉持着"需要考核制度"③ 这个判断。这个判断的理由是：工作的完成需要进行衡量，基于衡量结果才可以进行资源的分配、人员的选拔留用等，而考核制度正是具备此项功能的制度。考核制度就相当于一把尺子，它可以度量出物体的长度，然后不同物体之间就有了比较的基础。例如，在古代，"帝制中国的行政官僚是一批由科举考试选拔出来的饱读儒家经典的知识精英，他们是'非专业'的，对自己即将面对的工作，如司法、会计等事务缺乏知识与技能"④。在这样的背景下，需要有一种制度对他们的专业知识与技能进行衡量。

---

① 王春国：《走出考核困局：业绩倍增的新绩效模式》，中国工信出版集团、电子工业出版社2021年版，第4—8页。

② [美]鲍勃·卢茨：《绩效致死：通用汽车的破产启示》，张科译，中信集团出版社2013年版。

③ 在《中国考核制度发展过程中的危机、问题及变量》一章中，分析中国考核制度发展过程中的变量时，详细记录了《资治通鉴》当中关于考核制度是否必要的一场讨论，其中有一种观点认为，考核制度是否周密不重要，甚至是否考核都不重要，重要的是高级官员的率先垂范。

④ [德]马克斯·韦伯：《中国的宗教：儒教与道教》，康乐、简惠美译，广西师范大学出版社2010年版，第168—184页。

同样，在现代，公务员是完成国家治理任务的主要执行者。国家治理任务完成得怎样，如何更好地完成，需要有客观的标准进行衡量。不同公务员之间的工作状况如何，有限的晋升、待遇提升、培训等资源如何进行合理分配，如何督促公务员提高工作效率、改进工作方法，更好地完成工作任务，推动国家治理目标的实现等都需要通过考核来衡量工作结果，推动工作进展。

二 考核制度实际能发挥作用

进行考核制度设计的前提是认可考核能够判断被考核者的工作情况。东汉时期思想家王充认为，只有不善于考察的人，没有不可以检验的行为；只有不善于考察的人，没有不可以识别的私心。①"马克思主义坚持唯物主义的可知论，主张世界是可以认识的。一个人的基本素质总是要在日常工作和社会活动中表现出来，通过他的工作和生活表现，可以了解到他的基本素质……既然人的素质可以认知，人的素质又存在差异，那么，对人的政治素质和业务素质就可以考核，建立公务员考核制度就是可行的。"②

要论证考核制度实际上能发挥作用很容易，我们只需要看一看自考核制度产生开始，它是如何发挥澄清吏治的作用就可以了。当然，考核制度并不是时时刻刻都能发挥作用。往往一个朝代在开始之初，承袭上一个朝代的考核制度，并经过发展不断完善，考核制度的成效就会越来越明显。而一个朝代的末期，考核制度就会走向衰落，最后随着朝代的更替而失去发挥作用的可能。例如，"由于唐代前期严格执行考核制度，以整饬吏治，使各级官吏比较注意'勤政廉政'，从而提高了政府的行政效能"③。唐中后期，藩镇割据，战乱不止，考核也往往流于形式。尽管"唐后期，德宗、宪宗、文宗、宣宗等都曾努力重振纲纪，尤其是德宗多次整顿改革考核制度"④，但考核之弊积重难返，最终随着朝代更替而销声匿迹。

---

① "人有不能行，行无不可检；人有不能考，情无不可知。"
② 朱庆芳主编：《国家公务员考核实务》，经济日报出版社1994年版，第5—6页。
③ 邱永明：《中国古代职官考核制度史》，华东师范大学出版社2023年版，第260页。
④ 邱永明：《中国古代职官考核制度史》，华东师范大学出版社2023年版，第264页。

在政治制度改革的过程中，不少人寄希望于考核制度能发挥作用，并付诸实践。例如，春秋战国时期商鞅变法当中的奖励军功就是以考核结果的运用来激发战士英勇作战的内生动力。汉元帝时的京房主张通过《考功课吏法》整顿吏治，兴国安邦。宋代范仲淹的庆历新政主张"明黜陟"，对官员升迁实行严格的考核。宋代王安石变法采取将变法内容纳入政绩考核的方式推动新法落实，如青苗法。明代张居正更是剑指考课不严、名实不核的问题，主张革新官员考核和监督机制，推行考成法等。

如今，公务员考核仍然是公务员管理的重要抓手，尤其是考核制度的检查、激励、导向等功能，是其作用发挥的主要阵地。我们采取平时考核的方式推动日常工作任务和阶段工作目标的完成，采取年度考核的方式推动年度工作任务和工作目标的完成，采取专项考核的方式推动专项工作的完成。毋庸置疑，考核制度实际上能发挥作用。

三 考核制度研究并非易事

考核并非易事。作为被考核对象的人，其行为、动机、绩效等都是特别复杂的存在。作为被考核内容的事务，其难易程度、贡献大小等也是特别复杂的存在。例如，"政府治理的特征源于政府官员的自由裁量权和政府所从事的公共职责的特殊性质……政府职责具有多维度、多任务的特征且不易量化，政府目标需要同时考虑诸如经济发展、公众福利、社会公正、环境污染等多重目标，有些目标容易考核（如经济发展），有些目标难以量化（如社会公正），目标之间还可能存在潜在冲突（如经济发展与环境保护之间）"①。

考核不易，对考核制度的研究更加不易。自战国时的"上计"制度开启正式的官吏考课制度之先河起，该项制度历经几千年的沉淀与变化，已成为融入日常生活的制度。正因为当下的制度有效，制度产生之初所面临的一些难题或许已经消失，我们容易觉得这些难题从来没有产生过一样。还有一些难题或许并没有完全消失，而这些难题又让我们对当下的制度产生这样或那样的怀疑。"今天的学人很难首先察觉已融入日常生活的

---

① 周黎安：《转型中的地方政府：官员激励与治理》（第二版），格致出版社、上海三联书店、上海人民出版社2020年版，第15页。

那些规矩和制度，更难经此想象性重构当初催生这些制度的、那些曾令这片土地上的人们刻骨铭心的难题。"① 显然，考核制度就是这样一种已融入日常生活的制度。

以"应该如何设计考核制度"为例，科学地进行制度设计，最终实现制度功能与目标是考核制度设计的追求，但如何才能实现追求则是一个相当复杂的问题。例如，考核指标既不能太烦琐，以免过度增加考核的成本以及考核主体与被考核对象的负担，但也不能太简单，以免无法提供衡量的标准，降低考核的合理化程度。考核方法既不能搞"一言堂"，又不能过度扩大民主投票的范围，防止不相关或不知情的人员跟风投票或投感情票。

除制度设计层面的难题外，制度实施层面的问题同样存在。考核制度是重要的人事管理制度，它与选拔制度、奖惩制度、薪酬制度等密切相关，无法完全割裂其他制度影响因素而独自发挥作用。特定群体的考核制度更是如此。例如，公务员考核制度是考核制度在特定群体中的实践，必然会带上特定群体的烙印，与企业单位工作人员、事业单位工作人员的考核之间存在天然的差异。我们需要认真对待这些差异，在划定的群体范围内观察这一制度的生长。此外，中国考核制度不同于其他国家，我们需要直面中国考核制度的发展源流，更需要直面中国考核制度的成长环境。

四　新时代科研工作者必须承担制度研究的重任

法国学者白乐日在比较中西史书时指出，中国史书最重要的特点是缺乏个人特色和缺少抽象概括，他认为："真正名副其实的历史应该能够确定演化或发展的因果性和连续性，这也只能依靠制度史才能完成。"② 从历史的角度来看，制度史的研究为历史研究提供了历史事件分析的视角，而非简单地引经据典。考核制度研究自然离不开考核制度史的研究内容。作为新时代科研工作者，我们不仅要引经据典，更要从制度发展的历史中找寻制度演变的规律，为历史的研究提供制度的分析视角。

---

① 苏力：《大国宪制：历史中国的制度构成》，北京大学出版社2018年版，第4页。
② ［法］白乐日：《天朝的封建官僚机制》，佘振华译，广西师范大学出版社2021年版，第50页。

新时代的科研工作者必须承担制度研究的重任。党的十九届四中全会通过的《中共中央关于坚持和完善中国特色社会主义制度推进国家治理体系和治理能力现代化若干重大问题的决定》，部署了推进制度建设的重大任务和举措，明确提出要加强制度理论研究和宣传教育，引导全党全社会充分认识中国特色社会主义制度的本质特征和优越性，坚定制度自信。党的二十大报告进一步指出，继续推进实践基础上的理论创新……坚定道路自信、理论自信、制度自信、文化自信，不断提出真正解决问题的新理念新思路新办法。如何引导全党全社会的认识，如何让更多的人拥有制度自信，如何为解决中国的实际问题贡献制度研究成果，这些都成为新时代科研工作者面临的重要任务。为了更好地发挥考核制度的作用，需要我们深化考核制度设计与实施的研究，破解制度设计层面的难题，聚焦制度实施中的问题，从源头上根除障碍，在过程中更好地实现制度的功能。

我们进行考核制度研究，总结中国考核制度的发展历程和轨迹，直面考核实践中存在的困境和问题，明确发展路径和趋势，为充分发挥考核制度的作用提供参考。我们开展考核制度研究，直面制度成长过程中那些已经解决或尚未解决的难题，为更好地理解、运用制度提供视角、方法或观点，为解决中国实际问题贡献制度研究成果。

第二节 研究内容

本书旨在完成四项研究任务，分别是考核制度怎样变、考核制度因何变、考核制度变得如何和考核制度以后如何变。具体而言，探究考核制度怎样变，就要明确考核制度的历史沿革、考核制度的阶段特征、考核制度的主要变化；探究考核制度因何变，就要明确引起考核制度变化的因素；探究考核制度变得如何，就要评价考核制度的成效，分析考核制度面临的困境；探究考核制度以后如何变，就要判断考核制度的发展趋势、变化路径（见图1-1）。

一 考核制度怎样变

"考核制度怎样变"关注的是制度变化的过程。客观准确地描述考核制度的变化过程并非易事。呈现考核制度变化的过程，可以从两个方面着

```
考核制度怎样变  →  历史沿革、阶段特征、主要变化
考核制度因何变  →  引起制度变化的因素
考核制度变得如何  →  评价制度变化的成效，分析面临的困境
考核制度以后如何变  →  判断制度的发展趋势、变化路径
```

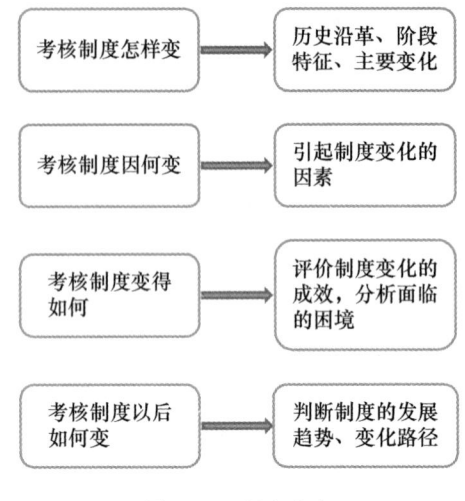

图1-1 研究内容

力：一是考核制度各组成要素的历史变化。考核制度的组成要素包括考核主体、对象、内容、程序、周期、方法、结果运用等多个方面。有些组成要素的自身变化对整个制度变化的影响不大，如考核周期。有些组成要素的变化可能比较显著，直接影响了制度的变化，如考核主体、内容。这些组成要素的变化一起勾勒出考核制度历史变化的画面。二是考核制度的继承、创新和发展过程以及这些过程中呈现出的特点。以公务员考核为例，古代官吏考课制度、干部考核制度是中国公务员考核制度的思想和实践来源，外国的文官考核制度对中国公务员考核制度的发展产生了直接或间接的影响。公务员考核制度在以往官吏考课、干部考核制度的基础上进行继承、创新和发展，同时借鉴外国文官考核制度。古代官吏考课制度、干部考核制度、外国文官考核制度同样也有自己的制度发展源流，制度本身也经历了继承、发展、创新的过程，这些过程中呈现出的特点有助于我们更好地理解"考核制度怎样变"。

二 考核制度因何变

"考核制度因何变"关注的是制度变化的影响因素，或者说制度成长的内因与外因。影响制度变化的因素相当复杂，我们不可能穷尽。"某一项制度自创始而逐渐臻于成熟，在当时必有种种人事需要，逐渐在酝酿；

又必有种种用意,来创设此制度。"①

分析考核制度因何变,可以从三个方面着力:一是分析制度内在因素引发的考核制度变化。如考核主体的专业化带来考核制度的不断完善,考课专门机构从无到有,使得考核制度的专业化、科学化程度不断提升。二是分析人事管理制度变化引发的考核制度变化。考核制度的变化与人事管理其他制度的变化有着紧密的联系。如清代的捐纳制度曾对考课制度的变化产生过较大的影响。捐纳制度的出现使得考课结果运用的权威受到冲击。因考课结果受到处分的官吏可以在捐纳制度的运行下"官复原职",这必然会影响到考课结果运用作用的发挥,使得考课结果变得不那么重要。三是分析经济社会发展引发的考核制度变化。技术的发展对考核制度影响巨大,例如技术的发展带来考核方式方法的转变。秦朝统一度量衡使得量化考核成为可能,计算机信息手段的运用使得手工记录考核过程转变为全程留痕。

三 考核制度变得如何

我们究竟该如何看待考核制度的实施效果?"制度的'具文'和'空转',可能是某些制度'俱来'的存在方式。我们既不能仅依据文献记载的条目规定,就认为某一制度实施有效;也不能只看到运作现实与我们心目中的制度不符,就简单认定为'具文'。相同的制度规定,不同方式下把握方式各异,实际功用不同,要透过制度运行的实态去探究当时政治局面的实态。对于某些制度'空转',观察者批评其'空',体制内注重其'转';今天的研究者批评其似是而非,当年的操控者在意这系统格套俱在,各层级可供驱使,奉上尽忠。"②

"考核制度变得如何"关注的是制度发展的成效和运行困境。因此,它包含两个层面的内容:一是制度发展的成效,③ 二是制度运行的困境。制度发展的成效评价可以从形式和实质两方面进行。高质量制度体系的评价标准可以作为我们衡量制度发展成效的参考。"实质标准侧重对制度实

---

① 钱穆:《中国历代政治得失(新校本)》,九州出版社2012年版,第2页。
② 邓小南:《再谈走向"活"的制度史》,《社会科学文摘》2022年第4期,第39—41页。
③ 本书关于制度发展的成效体现在制度发展的过程当中,并未做专章的分析。

质追求的理性考量，包括合目的性、合规律性、合正义性、合法性、合乎理性、适配性、自洽性、平衡性等标准。形式标准包括系统性标准、层次性标准、协调性标准、可操作性标准"。① 具体而言，考核制度发展的成效，可以从制度是否实现了既定的目的（合目的性）、制度发展是否符合社会整体发展和自身建设的规律（合规律性）等维度来考察。

制度运行的困境势必会影响制度的稳定性，破坏制度相关者的合理预期。因为，"制度在社会中的主要作用，是通过建立一个人们互动的稳定结构来减少不确定性"②。因此，关注制度运行的困境实际上是从另一个角度确保制度成效的发挥。制度运行的困境主要关注阻碍制度发挥作用的因素。制度运行的困境存在于制度设计本身和制度实施过程当中。制度设计本身存在的问题必然会带来运行的不畅。例如，按照简单系统思维设计的考核制度，在制度设计之初忽视公务员行为、政府组织等复杂系统的特点，就无法解决复杂系统必然会存在的问题。同时，制度实施过程中，因为不具备相关条件或因为理念、方法、程序等原因都可能导致制度无法发挥作用。以公务员考核为例，跟其他任何制度设计一样，公务员考核制度设计注定存在天然缺陷。在制度实施的过程中，这种缺陷有可能无伤大雅而被搁置，也有可能得以暴露而被及时修正，实现制度本身的成长和完善。

四 考核制度以后如何变

"考核制度以后如何变"关注的是制度变化的方向。它是在分析制度怎样变、因何变、变得如何的基础上形成的判断。从制度变化的过程、制度变化的影响因素、制度变化的成效，可以大致判断出制度以后将往哪个方向发展，同时我们也可以结合制度变化影响因素的分析，进行制度发展方向的路径选择。

"考核制度以后如何变"包含两个层面的问题：一个是应然层面的，

---

① 江必新、黄明慧：《贯彻习近平法治思想 建设高质量的制度体系》，《法学论坛》2021年第1期，第22—34页。
② [美]道格拉斯·C.诺思：《制度、制度变迁与经济绩效》，杭行译，格致出版社、上海三联书店、上海人民出版社2014年版，第6页。

按照理想的制度设计，综合考虑影响制度变化的诸多因素，可以对制度发展的路径作出判断。另一个是实然层面的，制度实施过程中必然会有在制度设计之初未曾考虑过的问题出现，这些问题会在多大程度上影响制度发展的方向，我们其实无法得出判断。基于此，"考核制度以后如何变"并非对制度的发展结果作出预测，而是对制度发展过程中可能出现的趋势作出判断。

第三节　研究视角

选择一个研究视角，实际上就是选择哪些被看见，哪些不被看见，相当于限定了研究范围。现有的制度研究，尤其是人事管理制度研究成果可谓汗牛充栋。制度本身的发展是实然的存在。对制度发展历程及现状的描述，其最基本的要求是还原它的本来面目。尽管都是还原本来面目，但选择不同的研究视角，就会有不一样的呈现效果。本书的初衷是致力于说清楚考核制度这件事，因此本书尝试在现有研究的基础上，以变迁的视角、关系的视角和时空的视角来看待考核制度，以期有不一样的发现。

一　变迁的视角

与静态视角不同的是，变迁视角更加注重制度的演变，而非制度的静态状况描述。本书强调的制度变迁视角与邓小南先生提倡的"从运作'路径'看制度"是同一主张。"历史研究讨论'变迁'，就是讨论过程，路径是实际过程的载体，是走过来的方式。"①

从制度变迁的视角出发，我们需要对考核制度变迁的现象做出详细的描述，即考核制度发生了哪些变迁。例如考核主体、考核内容、考核程序、考核周期、考核结果运用等都发生了哪些变化；我们需要对考核制度变迁的动因进行详细的解释，即考核制度为什么会发生这些变迁。例如，我国的人事管理制度改革与发展实践的需要是考核制度发生变迁的重要动力；我们还需要对考核制度变迁的结果进行详细地分析，即考核制度变迁产生了什么效果。

---

① 邓小南：《再谈走向"活"的制度史》，《社会科学文摘》2022年第4期，第39—41页。

在制度变迁的视角中，本书尤其强调"制度的自然生长"。"任何制度，断无二三年而不变的，更无二三百年而不变的。但无论如何变，一项制度背后的本原精神所在，即此制度之用意的主要处，则仍可不变。于是每一项制度，便可循其正常轨道而发展。"① 制度的自然生长，强调的是制度生长的现实环境和现实要求，突出的是了解制度背后的理论根据和现实环境中的真实要求。

二 关系的视角

制度首先调整的是关系，其次是基于不同关系下不同角色的行为。与个体的视角不同，关系的视角更加注重个体之间的合作以及个体与外界之间的联系，而非局限于个体本身。

本书的关系视角包含两层意思：一是本书关注与制度相关的外部因素，分析这些因素如何影响制度发展；二是本书用关系的视角来看待考核制度内部的各种因素。当我们用关系的视角来观察考核制度的变化时，我们可以从制度变化的现象深入挖掘现象背后所呈现的关系调整。例如，从现象上来看，中华人民共和国成立以后，干部考核从鉴定向考核转变，这是考核方式的变化。这种方式变化的背后是干部管理从大一统到分层分类的变化，是单一的行政控制关系向多元主体的评价关系转变。

"制度所着眼维护、限制的，主要是看似无形的特定'关系'……某种意义上，制度实态、路径选择是由'关系'牵动、决定的。君相权力、中央与地方、文武之间、体制内外……都是讲关系。"② 如果说制度变迁的视角要求注重制度的过程性，那么，关系的视角要求注重制度本身的关联性。注重制度的过程性和关联性，也就是用一种"整体观"来考察制度。"各类关系与制度本身之间形成的'张力'，决定着制度运行的实际曲线。"③

从关系的视角出发，审视中国考核制度发展的关联因素。例如，经济

---

① 钱穆：《中国历代政治得失（新校本）》，九州出版社2012年版，第56页。
② 邓小南：《再谈走向"活"的制度史》，《社会科学文摘》2022年第4期，第39—41页。
③ 邓小南：《走向"活"的制度——以宋代官僚政治制度史研究为例的点滴思考》，参见包伟民主编《宋代制度史研究百年（1900—2000）》，商务印书馆2004年版，第15页。

统计技术的发展引发考核指标的变化，中国古代历朝皇帝治理地方官员受制于当时的经济统计技术，难以真正使用锦标赛的方式，只能强调上缴税收和地方治安。再如，组织路线变化引发考核标准的变化。组织路线按照"四化"标准进行调整的年代，体现到干部考核工作当中，就是强调考核干部必须以促进和确保四个现代化的实现为目的，并力求取得最好的效果。

从关系的视角出发，探寻中国考核制度的重要变化。例如，以行政体制变化与考核管理机构变化的关系为着眼点，分析中国古代官吏考核机构的相关变化。再如，关注政绩观与考核的"指挥棒"关系，2013年以来中央强调"淡化GDP"考核，考核的指标发生较大变化。又如，从官员流动性对考核周期影响的关系出发，我们发现，社会动荡或是战争年代，不具备开展定期考核的现实条件，往往采取的是不定期考核。"革命战争年代干部流动性强，不具备按部就班开展定期考核的条件，除延安时期在陕甘宁边区对各级政府干部实行过局部的定期考核外，全面并且制度化的干部定期考核应该出现在党执政之后。"[①]

从关系的视角出发，深入挖掘中国考核制度变化背后的原因。例如，从管人与管事的关系视角出发，我们发现："首长负责考核制的积极意义在于，把贯彻'管人与管事相结合'从仅仅关注任用权中解脱出来，督促机关部门的主管首长把更多的精力投入抓班子带队伍中去，重视对干部的日常考察了解和管理监督，重视干部考核的指挥棒作用，通过人的转化去推动事业的发展。"[②]

三 时空的视角

时空的视角主要有两个层面的意思：

一是注重吸收古今中外的有益经验。中华民族几千年的文化积淀，在考核制度方面已经积累了丰富的经验。以中国古代为例，春秋战国时期的商鞅变法中奖励军功等举措客观上推动了考核制度的发展，尤为重要的是其制度设计中以"人"为出发点，用利益作为制度设计和实施的驱动力

[①] 戴晓曙主编：《干部分类考核方法研究》，党建读物出版社2019年版，第6页。
[②] 戴晓曙主编：《干部分类考核方法研究》，党建读物出版社2019年版，第30页。

等做法直至今日仍有借鉴价值。汉代董仲舒的量材授官、分类考核、业绩为重、综合排序、赏罚相当等官吏考课思想，与我们今日干部考核强调的政治标准首位、分级分类考核、注重业绩等做法有异曲同工之妙。除此之外，王安石变法中的官吏考课、张居正的"考成法"等都是古代官吏考课制度的有益尝试，无论经验或教训都可以成为考核制度发展的有益借鉴。同时，世界发达国家行政管理方面的创新和探索，在考核制度方面已经形成了可供借鉴的丰硕成果。例如，美国文官制度规范注重对公务员的保护，在绩效考核一节的规范中专门制定了考核不合格公务员的解雇办法。美国公务员绩效不合格被解雇之后，可依据相应的程序进行权利救济。法国对考核权利救济采取诉讼救济模式，公务员既可以在专门行政法院提起诉讼，也可以在辖区内的地方行政法院提起诉讼，若对法院的裁决不服，还可以上诉到最高行政法院。这些有益经验都可以成为推动中国考核制度发展和完善的有利因素。

二是注重制度的"时代性"和"地域性"。制度的实施具有差异性和复杂性，不同朝代特定历史环境的差异，同一朝代不同地域之间的差异，都会带来从文本的规则落实到制度运转方面的差异。"我们讨论一项制度，固然应该重视其'时代性'，同时又该重视其'地域性'。"[1] 从时空的视角来研究考核制度，除要借鉴古今中外考核制度的有益成分外，更要关注古今中外考核制度所处的时空，在某一时空中有效的制度未必在另一时空中仍然有效。例如，中国古代官吏考课的某些做法如今是否仍然能采用，法国的行政诉讼救济模式能否直接"移植"到中国，这些显然是值得商榷且需要进行深入研究的问题。

第四节　文献综述

以公务员考核为分析重点，大致可将现有公务员考核制度的理论研究成果[2]分为三类：第一类从历史的角度研究某一特定时期的考核制度或者

---

[1] 钱穆：《中国历代政治得失（新校本）》，九州出版社2012年版，第4页。
[2] 以知网查询的主要期刊杂志上发表的考核制度相关论文以及部分已出版图书为分析对象。

考核理论、考核政策、考核工作等的变迁,如薛刚的《清代文官考核研究》、侯建良的《中国古代文官制度》、朱庆芳主编的《国家公务员考核实务》等;第二类是从制度的某一方面出发研究考核的标准、考核的方法、考核的创新等,如屈晓东的《新时代干部分类考核机制创新的原则、方法与路径》、何植民、赵璐的《公务员"德"的考核评价机制构建研究》、向大兴的《健全领导干部政德考核机制》等。第三类是从制度实施过程中的某一问题出发研究治理路径,如黄建军的《国家治理现代化进程中"为官不为"问题及其治理机制》、杜金根的《干部考核视域下的"带病提拔"问题及其破解之道——以陕西省相关实践为例》、吴江的《完善公务员平时考核制度应注意的几个方面》等。

显然,这三类并不能囊括现有的成果,也无法全面展示汗牛充栋的研究成果。在现有研究成果的基础上,本书采用多种方法,从不同的视角进行观察,按照著作和论文分别对国内相关研究成果进行更加具体的分析,以期总结出考核制度的发展脉络和方向,具体分析如下。

一 国内著作

以"公务员考核""考课""干部考核"等为关键词,在中国国家数字图书馆联机公共目录查询系统①中进行搜索,对搜索结果进行相关度的分析,最后按照研究对象的不同将与公务员考核制度相关的著作分为:古代官吏考课制度研究、中国近现代干部考核制度研究、当代公务员考核制度研究、国外公务员考核制度研究。

(一) 古代官吏考课制度

研究古代官吏考课制度的著作大体包括五大类:一是以文官制度为主体,包含考核制度的著作。此类型的著作以阐述文官制度的发展为主要内容,考核制度往往作为其中的一章予以论述。二是以某一历史阶段或具体朝代人事制度为主题,包含考核制度的著作。三是以人事管理机构为主题,涉及考核制度的著作。四是专门论述历代官吏考课制度的著作。五是专门以具体朝代考核制度为主题的著作。

---

① 中国国家数字图书馆联机公共目录查询系统 [EB/OL]. (2023-06-02). http://www.nlc.cn/.

1. 以文官制度为主题，包含考核制度的著作

一是综合论述文官制度或官僚政治制度的著作。例如，李铁的《中国文官制度》详细阐述了中国文官制度的历史结构，分章论述了文官的选拔与考试、政绩考核、法律监督、违法惩处等，史料丰富，是了解中国古代文官制度的重要学术专著。又如，侯建良的《中国古代文官制度》①中有"考课制度"一章，论述了基本制度的沿革、考课的内容和标准、考课结果及其使用、考课中出现的问题及考课监督等。再如，吴宗国主编的《中国古代官僚政治制度研究》分析了从秦汉到明清时期的官僚政治制度发展，尽管涉及考核制度的内容极少，但"宋代的官僚管理制度"一节中认为，宋代的磨勘绝不等同于原来意义上的考课，②并详细介绍了磨勘法的来源、发展及在铨选制度中的作用等。

二是从史学的角度论述官制史的著作。例如，韦庆远、柏桦编著的《中国官制史》不同于传统意义上的官制史研究，更多地聚焦于分析、考察和阐述官制的实际运用方式及其内在的权力制约机制，致力于探讨"某些制度何以前后所起的作用截然不同？"等问题。在讨论中国官制的形成和发展、王权和皇权制度、中枢辅佐机构、中央政务机构和主要职官、司法和监察机关、军事制度、财政制度、地方官制等内容之后，该书将考核制度作为职官管理制度中的一部分内容进行阐述。当然，与该书对官制的深刻细致研究相比，对考核制度的研究略显不足。

三是从法学的角度论述行政管理体制的著作。例如，蒲坚的《中国古代行政立法》从法制史的角度，阐释和分析了中国古代自夏至清，从中央到地方乃至基层的行政管理体制。该书的内容包括行政、司法、监察、户籍、军事各部门的行政管理，各机构的建制、组织与职权，职官的设置、选任、品级、爵秩、考核、升迁、致仕以及官员违纪的惩罚等。

---

① 侯建良：《中国古代文官制度》，党建读物出版社、中国人事出版社2010年版，第111—145页。

② "磨勘与考课混称，并不表明磨勘就是考核官员的绩效，而只能说明此时的考课，已经见不到一个个活生生的面孔，看不出一件件活生生的事例；'考课'已经被分解为对于印纸历子等簿历文状的核查检覆，已经被'磨勘'这种只重档案不重人的做法所斥ریک。正是考课制度的日益公文化、程式化，直接导致了磨勘制度的产生。"参见吴宗国《中国古代官僚政治制度研究》，北京大学出版社2004年版，第277页。

2. 以某一历史阶段或具体朝代人事制度为主题，包含考核制度的著作

张锐的《秦汉行政体制研究》研究了秦汉行政系统的人事管理体制、行政组织体制、行政运行机制。在人事管理体制部分，按照官、吏、役的分类进行阐释，分别是行政官管理制度、属吏管理制度和职役管理制度，其中每一类的考核管理都是重要内容。安作璋、陈乃华的《秦汉官吏法研究》分析了秦汉官吏法的产生和形成，官吏的权利、义务和纪律，官吏的职责及其演变，官吏法与政治，同时分章对官吏任用、考核、赏功、罚罪等相关法进行阐述。周海锋的《秦官吏法研究》以史料为依据，以法学的视角对秦官吏的选拔任用、职责权限、考课、权益保障等法律制度进行了分门别类的研究。难能可贵的是，该书关注到秦代考课不合格或考课弄虚作假的法律后果并进行了相应阐述。

邓小南的《宋代文官选任制度诸层面》虽侧重于宋代文官选任制度的研究，但其中关于宋代考课制度，尤其是考课制度不振背后的原因分析，是比较少见的此方面深入透彻的著作。

3. 以人事管理机构为主题，涉及考核制度的著作

安作璋主编的《中国吏部研究》对吏部的设置与历史沿革、吏部行政机构及其职能、吏部章程与则例、吏部与皇帝及其他部门的关系、吏部与吏治等进行了系统的介绍，同时专列"吏部考功司与官吏考核制度"一节，是专门研究古代官吏管理的不可多得的著作，对于系统了解官吏考课主体以及我国吏治经验具有重要的参考作用。

4. 专门论述历代官吏考课制度的著作

邱宝林、吴仕龙的《中国历代官员考核》全面介绍了中国历代的官员考核。粟时勇、李向前、张霞编著的《古代官员考课制度史话》呈现了古代官员考课制度的发展脉络，对历代考课制度的发展、特点、作用、影响等展开阐述，同时选取不同朝代的代表性做法，介绍主要经验教训，是一本专门论述我国古代官员考课制度发展脉络的知识普及型读物。

5. 专门以具体朝代考核制度为主题的著作

李瑶的《明代职官考核制度研究》是研究明代职官考核制度的专著，该书从明代职官考核的程序、内容、层级、监察、申辩等角度，阐述制度体系的建立、发展与演变的全貌。

常越男的《清代考课制度研究》是研究清代官吏考课制度的专著，内容涉及文官京察、大计、武官军政。难能可贵的是，该书在进行历史文献资料梳理的同时，对官僚体制下的考课制度进行了分析，包括考课制度的特点、考课制度的作用、考课制度运作中的主要问题、制约考课制度的因素等。

此外，薛刚的《清代文官考核研究》按照文官考满、京官京察、地方官大计、地方大员年终密考、清末新政下州县的事实考核等五种考核形式分章阐述，内容涵盖制度源流、内涵与发展脉络、考核的效果与实质作用等。除此之外，该书对清代文官考核的问责制、考核与官吏任用、考核与吏治的关系等均有较为深入的论述。

（二）中国近现代干部考核制度

较之古代和当代公务员考核制度研究，专门以中国近现代干部考核为主题的研究不多，主要分为三大类：一是在探讨近现代文官制度时，具体讨论干部考核制度，具有代表性的著作是房列曙的《中国近现代文官制度》。该书共22章，分为"中国近代文官制度的转型、中国现代文官制度的创立、中国现代文官制度的形成"三编，尽管考绩制度只是其中的一小部分，但论述充分，材料翔实；二是在探讨中国近现代人事制度时进行考核制度的论述。例如，林代昭主编的《中国近现代人事制度》①，主要梳理了1840—1949年人事制度的主要内容和特点。在该书中，他将近现代人事制度的变化过程划分为晚清时期、南京临时政府时期、北洋政府时期和南京政府时期四个阶段。考核作为人事制度的内容之一，在该书中仅占较小的篇幅。三是探讨政治制度，为研究此阶段的考核制度提供了背景材料。郭宝平的《民国政制通论》尽管没有专门论述考核制度，但阐述了南京临时政府和北洋政府"分散制"的人事管理体制，以及北洋政府、国民党政府官吏的权利、义务及对其监督，有助于理解彼时的考核制度背景。徐矛的《中华民国政治制度史》也没有专门阐述考核制度，但其中关于国民政府考试院和公务员制度的介绍为我们了解考核制度提供了背景资料。钱实甫的《北洋政府时期的政治制度》没有专门的考核制度介绍，但介绍了此阶段的官吏制度，包括任用、考

---

① 林代昭主编：《中国近现代人事制度》，劳动人事出版社1989年版。

试、惩戒、恤金等制度。

（三）当代公务员考核制度

曹志主编的《中华人民共和国人事制度概要》主要介绍了中华人民共和国成立以来的人事制度，包括吸收录用、培训、调配交流、任免等内容，考核是其中的一部分，包括考核目的、内容、方法、组织、时限等内容。该书于1985年出版，当时公务员制度尚未形成，对考核制度的介绍也相对比较简单。王懂棋的《新中国干部队伍建设制度史》总结了党的十八大以来完善考核评价机制的具体做法。除此之外，相关著作还包括：

1. 以干部考核为主题的著作

王建新的《干部考核》、韩锴的《干部考核学》、钱孝华主编的《干部考核概论》、吕春甲、陈政夫主编的《干部考核学》、张光畹的《干部考核学》、王留根编著的《干部实绩考核概论》等都是以干部考核为主题。李广存的《干部考核》构建了干部考核的理论分析框架，探讨了干部考核的能动要素，研究了干部考核的运行机制，分析推进了干部考核科学化的路径和形成干部考核合力的影响因素等。

2. 以具体某一项考核为主题的著作

以"能"为主题的著作。例如，洪向华、乌云娜等的《干部能力考核机制现代化》聚焦干部能力考核的内容、方法、程序、结果及评定等方面，系统分析了在国家治理体系和治理能力现代化进程中如何实现干部能力考核机制现代化。

以"绩"为主题的著作。蒋文能的《县级领导干部绩效形成机理和评估机制研究》围绕"客观、科学地评估县级领导干部的绩效"这一主题展开研究，坚持从"行为"到"结果"的因果逻辑绩效观，采用相对业绩评估研究思路。该书试图用新的研究方法和技术手段对领导干部绩效评估进行实证研究，区分个人绩效与组织绩效，综合运用定性分析、定量分析等多种研究方法，形成综合集成方法，是对传统注重个人经验和定性评价的党政领导干部考核体系的一次反思，也是对"绩"这一维度评估的深入探索。

以"分类考核方法"为主题的著作。戴晓曙主编的《干部分类考核方法研究》分析了改革开放以来干部分类考核制度的形成与发展，阐述了制度变迁的重点与原因。该书形成的一些判断具有参考价值，例如，认为要通过考核的办法来识人事、分优劣乃至辨真伪，历来都是很难的。① 再如，干部考核要形成"导向作用、评价作用、监督作用'三位一体'的考核工作价值链"。又如，干部考核指标的繁与简，"由简到繁和由繁到简这两个过程都同样是不可舍弃的，并且有可能还会交替反复进行"②。

以人事行政制度的"文化分析"为主题的著作。刘重春的《中国当代人事行政制度的文化分析》主要从文化的角度研究当代中国人事行政制度，从文化的五个基本假设分析人事行政制度当中存在的问题。该书认为，权威真理观是考核制度的预设前提，也与考核制度实施中虚假盛行等现象的出现密不可分。"中国传统文化持权威真理观，一个人只要登上权威宝座，就把握了真理的标准，说出来的话就成了真理。此种观念造成在干部考核中只唯上、不唯实，只唯尊、不唯真，各种形象工程、政绩工程的出现也就不奇怪了。"③

3. 以公务员制度发展某一具体事件为背景的著作

林弋主编的《公务员法立法研究》④论述的是 2005 年《中华人民共和国公务员法》起草过程中的研究和思考，重点是立法过程中对制度设计原理的思考。考核制度研究是其中的一章，内容包括公务员考核制度的内涵、功能及立法意义，考核制度立法中应强调的立法理念以及考核制度的基本框架。这些内容对于深入研究我国公务员考核制度立法的初衷、指导思想、发展方向以及制度设计过程中的主要考量等具有重要的参考意义。例如，"是否对所有具有公务员身份的人员进行考核"，该书在进行国际比较的同时，参照我国的实际情况，将考核对象确定在"省部级正职以下已明确公务员身份的所有公务员进行考核"⑤。理由包括符合：我国干部考核和公务员考核的现状，有利于维护干部队伍、公务员队伍的整

---

① 戴晓曙主编：《干部分类考核方法研究》，党建读物出版社 2019 年版，第 71 页。
② 戴晓曙主编：《干部分类考核方法研究》，党建读物出版社 2019 年版，第 80 页。
③ 刘重春：《中国当代人事行政制度的文化分析》，河北人民出版社 2012 年版，第 1—2 页。
④ 林弋主编：《公务员法立法研究》，党建读物出版社、中国人事出版社 2006 年版。
⑤ 林弋主编：《公务员法立法研究》，党建读物出版社、中国人事出版社 2006 年版，第 166 页。

体性,有利于维护中央权威等。

何凤秋等著《公务员考核体系理论与实践》① 以我国公务员考核制度发展为背景,在研究我国公务员考核理论的基础上,总结了我国各地公务员考核的实践经验。值得一提的是,该书探讨了我国公务员考核的价值取向,认为公务员考核理念和价值取向决定公务员考核导向。该书认为,科学发展观是考核的理论基础,正确的政绩观应以符合绝大多数人利益为准则,科学的人才观是考核评价应用理论,效率性与公正性是考核的两大基本指标体系。该书进一步指出,引导经济社会高效发展是公务员的基本职责,维护与保障社会公正是公务员的职业道德职责,传播与实践先进文明是公务员的文化职责。②

杨仕秋、王京清主编的《公务员考核》以《公务员考核规定(试行)》释义为主要内容,介绍了考核制度与方法以及相关法律法规。

冯秋婷主编的《促进科学发展的干部考核评价机制建设》论述了促进科学发展的干部考核评价机制建设的含义和任务、重大意义、指导思想和基本思路等内容。金钊、王晓飞编著的《党政领导班子和领导干部考核评价机制解读》同样以建立促进科学发展的干部考核评价机制为背景,分析了建立该机制的重大意义、指导思想、目的、原则等,同时还论述了考核内容、考核方式、考核结果运用等。

4. 以具体某一类型人员的考核为主题的著作

一是以干部、领导干部、党政领导干部、领导班子等为研究对象。张铁网的《领导干部考核制度改革与创新》采取定性与定量考核相结合的方法,重点阐述了干部考核评价主体体系、内容体系、方法体系以及考核结果运用体系。方振邦、罗海元的《党政领导干部考核评价》从党政领导干部考核评价的概念和理论基础出发,介绍了党政领导干部考核的发展历程、体系发展脉络、中国历朝和国外实践、主要的方法工具以及考核评价的内容设计、方法改进、结果运用及组织实施等内容。岳奎的《执政绩效视角下的领导干部考核评价机制研究》在梳理马克思主义关于领导干部考核理论与实践问题论述的基础上,结合近代以来西方学术界关于领

---

① 何凤秋等:《公务员考核体系理论与实践》,中国人事出版社2007年版。
② 何凤秋等:《公务员考核体系理论与实践》,中国人事出版社2007年版,第75—98页。

导干部考核评价的理论以及当前我国领导干部考核评价中存在的问题，从执政绩效的视角，全面系统论述了新形势下如何完善领导干部考核评价机制。冯秋婷主编的《领导班子和领导干部考核评价机制研究》主要阐述了领导班子和领导干部考核评价机制的含义与发展，机制建设的新任务、指导思想和基本原则等内容。

二是以基层公务员为研究对象。倪东辉的《基层公务员考核创新》主要聚焦基于大数据的基层公务员考核创新，论述了基层公务员大数据考核体系构建、考核系统平台建设、考核系统管理等。

三是以具体某单位或某类岗位公务员为研究对象。王玉江等编《公务员绩效考核的实践和探索》以南昌工商公务员绩效管理的创新与实践为研究对象，以实录手法记录传统考核向数字考核转变，绩效考核向绩效管理跨越的全过程。刘常国的《委办局干部考核方法研究：基于平衡计分卡理论》在剖析样本组织的绩效管理体系和领导干部绩效考评现状的基础上，提出构建我国委办局平衡计分卡应用模式，同时设计与试行基于平衡计分卡的我国委办局领导班子和领导干部绩效考核评价体系。

除此之外，还有以公务员具体某一类型考核为主题的著作。例如袁娟主编的《公务员平时考核研究》阐述了公务员平时考核的必要性、可行性、现状等，研究平时考核的方式方法、内容、指标体系，探讨信息化[①]以及结果使用，同时介绍了日本、韩国和新加坡的公务员考核状况。

（四）国外公务员考核制度

专门介绍某国的公务员考核制度的专著不多。杨柏华的《美国公务人员的考绩制度》介绍了美国联邦政府公务人员效率考评的历史演变、几种传统的考核方法、1978年文官制度改革法通过以后的考绩制度以及工作标准问题等。除此之外，相关著作包括：

1. 以某国行政法或公务员制度为专题的著作

王名扬的《英国行政法》《美国行政法》《法国行政法》等著作在介绍相关国家的行政法中涉及公务员考核制度的介绍。赵崇汉的《法国行政法中公务员的定义及法律地位》尽管没有直接论述考核制度，但其对公务员身份的必要构成要件以及法律地位的探讨，有助于从法理层面深度

---

① 本书作者参与了该书写作，负责撰写"公务员平时考核的信息化"一章。

了解法国公务员制度。

刘文英的《日本官吏与公务员制度史：1868—2005》①是一本关于日本官吏与公务员制度变迁史的专著，尽管公务员考核制度相关的内容并不多，但对于理解日本公务员考核制度的发展背景有重要的参考意义。例如，总结第二次世界大战前日本官吏制度缺陷时提出，"各省厅在考查官吏的工作业绩方面有一套成熟的做法，但并没有形成既重视业绩又注重品德的行之有效的制度。胡佛称它是工作成绩的评定方法不完全，并建议日本政府实行工作成绩的评定制度。日本政府接受了这一建议，在《国家公务员法》第73条作出了三项规定……在《地方公务员法》第40条中则作出了两项规定"。②可以看出，这是日本公务员考核制度发展历史上的重要节点，工作成绩评定被纳入日本公务员法当中，成为公务员制度中的一项重大举措。

王伊、王秋蕾编译的《英国文官制度文献选译》介绍了包括1854年麦考莱报告、1854年诺斯科特—屈威廉报告等在内的对英国文官制度发展和改革具有重要意义的9篇经典文献，对于了解英国文官制度的发展具有参考价值。

楚树龙、唐娜编著的《美国文官制度评介》单列一章介绍美国文官的绩效考核，包括绩效考核制度的历史沿革、现代文官绩效考核制度的运作基础、联邦普通文官的绩效考核、联邦高级文官的绩效考核、州—地方文官的绩效考核等内容。除此之外，吴志华的《美国公务员制度的改革与转型》、胡晓东的《美国（联邦）政府公务员绩效管理体系研究》等都是介绍美国公务员制度的专著。

2. 以典型国家的公务员制度或中外公务员制度对比为主题的专著

从比较研究的角度来看，龚祥瑞的《文官制度》③介绍了英国、美国、法国公务员制度的历史发展、管理机构、服务法规等内容，包括英国的公务员考试考核制度，尽管涉及考核制度的内容不多，但从我国的立场

---

① 刘文英：《日本官吏与公务员制度史：1868—2005》，北京图书馆出版社2008年版。
② 刘文英：《日本官吏与公务员制度史：1868—2005》，北京图书馆出版社2008年版，第206页。
③ 龚祥瑞：《文官制度》，人民出版社1985年版。

出发,通过对西方国家文官制度的比较研究来借鉴外国有益经验的尝试值得肯定。姜海如的《中外公务员制度比较》一书内容包括:公务员制度的历史发展、公务员制度的指导原则、公务员制度的制约因素、公务员的人事分类制度、公务员的权利与义务、公务员的职务管理、公务员的权益保障、公务员制度的发展趋势等。其中,公务员的考核制度与录用制度、任免制度、培训制度、纪律与奖惩制度一起被放在"公务员的职务管理"一章当中。原人事部国际交流与合作司编写的《外国公务员制度》介绍了巴基斯坦、新加坡、泰国、法国、德国、瑞典、加拿大、美国、澳大利亚等国家的公务员制度,其中也包含了部分国家的公务员考核制度。朱祝霞的《外国公务员分类制度》对日本、韩国、英国、美国公务员分类制度的发展脉络进行梳理,同时介绍了四国的公务员分类考核。

二 国内论文

以中国学术期刊网络出版总库(CNKI)为数据检索源,以"公务员考核"为关键词进行检索,共检索到文献 2226 篇。筛选剔除会议纪要、新闻报道等与研究主题不一致的信息和重复文献之后,共获得相关文献 2220 篇。基于 CNKI 的计量可视化分析(见图 1-2),有关公务员考核研

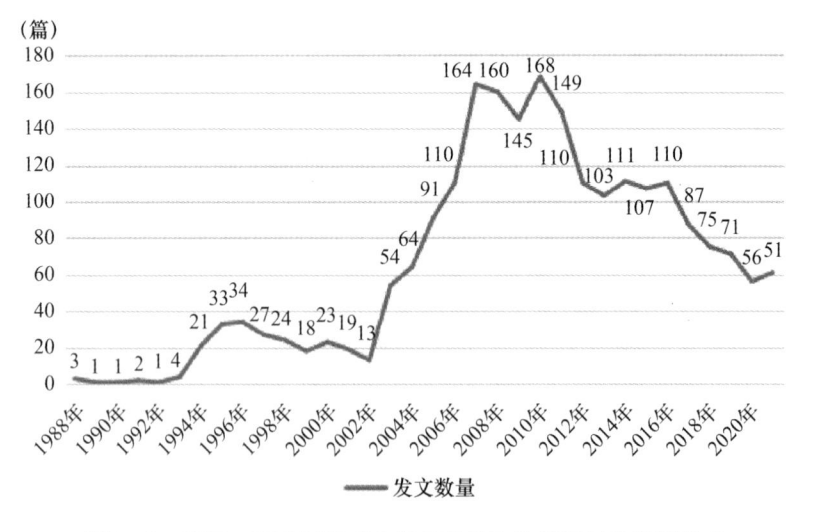

图 1-2 1988—2021 年以"公务员考核"为关键词的期刊论文

究的发文数量呈现出波动上升而后缓慢下降的趋势，2006—2016年发文数量持续稳定在100篇以上。"公务员""公务员绩效考核""公务员考核""公务员考核制度"等词汇是有关公务员考核领域的研究热点。

（一）高被引的文献

在上述2220篇期刊论文中，剔除在公务员管理、公共部门人力资源管理或公务员激励等主题下讨论的论文，被引次数最多的高达447次，被引量超过50次的论文有38篇（见表1-1），主要集中在四个方面：一是公务员考核的困境、问题及对策研究（12篇）；二是公务员考核方法、考核指标体系研究（9篇）；三是公务员考核的国际经验借鉴（7篇）；四是公务员考核的制度实践研究（7篇）。除此以外，还有关于考核的基础理论、评析等方面的论文。

表1-1　　"公务员考核"文献被引量超过50次的论文

序号	题名	作者	来源	发表时间	数据库	被引次数
1	我国公务员绩效考核的困境及其对策分析	姜晓萍、马凯利	社会科学研究	2005-01-28	期刊	447
2	论公务员考核制度改革	祝建兵、王春光	江西行政学院学报	2003-03-30	期刊	275
3	关于改革公务员考核制度的思考	秦立春	中国行政管理	2002-05-15	期刊	209
4	公务员绩效考核中的问题及对策分析	王骚	山东大学学报（哲学社会科学版）	2011-01-05	期刊	198
5	我国公务员绩效测评的困境与原因初探	周晓玮	理论探讨	2003-05-15	期刊	171
6	我国现行公务员考核制度存在的问题及改进思路	朱玉知、乐治洲	中共南京市委党校南京市行政学院学报	2004-08-10	期刊	163
7	中国公务员考核制度的激励机制探究	申少君	内蒙古大学学报（人文社会科学版）	1998-01-15	期刊	137
8	我国公务员绩效考核存在的问题及对策研究	孔杰	经济与社会发展	2010-03-25	期刊	116

续表

序号	题名	作者	来源	发表时间	数据库	被引次数
9	对国家公务员考核的评析	罗章、何家利	重庆大学学报（社会科学版）	2002-02-28	期刊	115
10	国家公务员考核量化测评方法研究	王韬、吴建南	陕西省行政学院·陕西省经济管理干部学院学报	2004-05-20	期刊	114
11	西方国家公务员绩效考核的经验及其借鉴价值	耿建亮	广西师范大学学报（哲学社会科学版）	2010-02-15	期刊	109
12	公务员绩效考核的基础理论研究	衡霞	理论界	2007-05-15	期刊	109
13	论美国联邦政府公务员的绩效考核——兼谈中国政府公务员绩效管理	胡晓东	天津行政学院学报	2010-03-15	期刊	100
14	我国公务员绩效考核指标体系的问题与对策	王达梅	兰州大学学报（社会科学版）	2009-11-28	期刊	100
15	国家公务员绩效考核指标体系实证研究	秦晓蕾、王强	南京社会科学	2006-07-30	期刊	98
16	"能力席位"视角下公务员绩效考核三级指标体系研究——以湖北省省直机关公务员为例	陈芳、鲁萌	中国行政管理	2013-11-01	期刊	96
17	试论中国公务员考核制的缺陷及改进	皇娟	理论与改革	1998-08-25	期刊	95
18	论我国公务员考核制度的完善	刘晓辉、王红艳	哈尔滨商业大学学报（社会科学版）	2004-09-15	期刊	93
19	我国公务员绩效考核中存在的弊端及其对策分析	顾茜茜	法制与社会	2008-12-05	期刊	86
20	美国公务员考核制度分析及其启示	杨炳君、李启康	行政与法（吉林省行政学院学报）	2005-08-20	期刊	83
21	美国联邦政府高级公务员绩效考核体系及借鉴	方振邦、侯纯辉、陈曦	国家行政学院学报	2016-05-06	期刊	82

续表

序号	题名	作者	来源	发表时间	数据库	被引次数
22	新加坡、日本、韩国公务员考核制度比较研究	袁娟、邓歆怡	中国行政管理	2016-01-01	期刊	80
23	我国公务员绩效考核中的问题和对策分析	吴卫、张徽燕	云南行政学院学报	2006-03-30	期刊	76
24	基于大数据视角的基层公务员考核机制创新研究	程淑琴、倪东辉、潘彬	华东经济管理	2018-06-14	期刊	73
25	中国公务员绩效考核制度的现状与改革对策	阳东辰	重庆大学学报（社会科学版）	2010-11-15	期刊	73
26	360度绩效考核法在公务员绩效考核中的应用	邢振江、江志宇、王燕	中国人力资源开发	2011-01-15	期刊	70
27	国外公务员绩效考核经验借鉴	李楠、陈建成	管理观察	2008-10-25	期刊	68
28	论公务员绩效考核与德能勤绩	石伟、崔修利	广东社会科学	2004-12-30	期刊	68
29	公务员的考核方法亟待改进	解亚红	晋阳学刊	2001-07-30	期刊	68
30	公务员绩效考核指标体系优化研究——基于湖南省调查数据的分析	徐庆平、章海宏	湖南社会科学	2013-11-28	期刊	65
31	发达国家公务员考核指标体系——对英、美、法、德、日五国公务员考核指标的分析	袁娟、郑小静	中国人才	2009-11-01	期刊	65
32	公务员绩效考核：现实困境、国外经验与本土路径	唐健、方振邦	行政科学论坛	2017-11-15	期刊	62
33	创新我国公务员绩效评估机制的思考	刘晓苏	淮阴师范学院学报（哲学社会科学版）	2005-03-05	期刊	59
34	我国公务员考核制度存在的问题及对策	朱建建	陕西省行政学院·陕西省经济管理干部学院学报	2006-02-20	期刊	58

续表

序号	题名	作者	来源	发表时间	数据库	被引次数
35	我国公务员绩效考核指标体系和方法体系问题研究	嵇盛艳	南昌大学	2010-01-05	硕士学位论文	57
36	行政执法类公务员绩效考核指标体系研究	冯江平、刘春湘、陈虹、张月	心理学探新	2014-10-01	期刊	52
37	实施机关目标管理绩效考评是提高公务员考核工作质量的有效途径	罗永新	理论导刊	2006-03-10	期刊	52
38	乡镇公务员绩效考核问题探究	张宏伟、陈然然	经济研究导刊	2009-12-15	期刊	51

(二) 文献的分类

按照研究视角的不同，可以将现有的公务员考核文献分为四大类：历史的视角、理论的视角、实践的视角和比较的视角。当然，这些文献的视角也不是孤立的，有的文献会采用多种视角。

一是采用历史视角的文献，主要集中研究公务员考核的沿革和现状。例如，王美文梳理了我国干部人事制度中党政干部实绩考核制度的建立与发展（1978—1996年）。① 黄健新、王凌宇整理了先秦到明清时期我国古代官吏考核的历史变迁，并从中提炼出完善我国公务员考核制度的建议。② 秦涛以考绩法制为研究对象，论述了中华民国时期公务员考绩法制状况和实施状况。③ 徐维分析了中华人民共和国成立以来我国公务员考核制度的历史沿革，按照制度发展的重要事件节点将其划分为六个阶段。④

---

① 王美文：《公务员实绩考核的历史沿革与启示》，《江汉论坛》2000年第12期，第44—45页。
② 黄健新、王凌宇：《古代官员考核制度的历史变迁及其现实启示》，《福建广播电视大学学报》2013年第5期，第79—82页。
③ 秦涛：《近现代中国公务员考绩法制研究》，博士学位论文，武汉大学，2010年。
④ 徐维：《我国公务员考核制度的历史沿革》，《中国人事科学》2020年第8期，第13—21页。

二是采用理论视角的文献，主要集中研究公务员考核的理论基础、具体理论指导下的考核体系构建等。例如，衡霞认为公共选择理论、新公共管理理论、组织行为学理论、"人本主义"理论、激励理论是公务员考核的理论基础。① 徐波以新公共管理理论为分析框架，探讨了该理论指导下的公务员绩效考核体系构建。②

三是采用实践视角的文献，主要集中研究公务员考核方法、考核的现状及问题、对策等。例如，王韬、吴建南认为，可运用层次分析法与模糊评判法来促进国家公务员考核定量化。③ 孙小鑫梳理了常用的公务员考核方法，包括目标考核法、分级法、关键绩效指标体系、序列比较法、360度全面考核、小组考核法。④ 唐健、方振邦从考核内容、考核主体、考核周期、考核方法和结果应用五个方面对我国公务员绩效考核的基本框架进行了系统梳理，甄别其中潜在的缺陷，针对我国发展实际提出了加强制度设计、制定有效考核标准和充分发挥考核的激励作用等具体的改革路径。⑤

四是采用比较视角的文献，主要集中研究美国、日本等发达国家的考核指标、考核制度等。例如，方振邦、侯纯辉、陈曦对美国联邦政府高级公务员的考核内容、考核主体、考核周期、考核方法和考核结果应用等绩效考核制度内容进行了阐述。⑥ 袁娟、邓歆怡运用制度分析法对新加坡、日本、韩国三个国家的考核制度进行比较研究，认为新加坡公务员考核制度以提升公共服务和反腐为目标，日本公务员考核制度以自律为基础，韩国公务员考核制度则以目标管理为核心。

---

① 衡霞：《公务员绩效考核的基础理论研究》，《理论界》2007年第5期，第9—10页。

② 徐波：《新公共管理理论下的公务员绩效考核体系构建》，硕士学位论文，首都经济贸易大学，2008年。

③ 王韬、吴建南：《国家公务员考核量化测评方法研究》，《陕西省行政学院学报·陕西省经济管理干部学院学报》2004年第2期，第27—30页。

④ 孙小鑫：《我国公务员绩效考核方法的研究》，硕士学位论文，吉林财经大学，2010年。

⑤ 唐健、方振邦：《公务员绩效考核：现实困境、国外经验与本土路径》，《行政科学论坛》2017年第11期，第24—30页。

⑥ 方振邦、侯纯辉、陈曦：《美国联邦政府高级公务员绩效考核体系及借鉴》，《国家行政学院学报》2016年第2期，第128—132页。

(三) 主要观点

制度研究大体上分为制度设计研究和制度实施研究两个方向。制度设计研究主要关注理论层面上制度的完善，包括制度调整、机制创新、法制健全等内容。制度实施研究主要关注实践层面上制度的现状、障碍以及相关的对策建议等内容。

1. 制度调整

关于制度调整的研究多是基于应然的层面，从理论上探讨直面公务员考核实践中的问题应当如何调整制度的顶层设计。这些研究往往根植于对实践问题的思考，同时又致力于解决实践问题。应当说，考核制度的每一次调整前后，都会在相关的研究中看到相应的建议。整体来看，制度调整的研究主要有两大类：

一类是直面操作难点，从不同类型的考核关系以及制度发挥作用的环境因素等方面提出制度完善的建议。吴江认为，公务员平时考核存在制度设计定位与具体操作上的一些难点问题，需要理论和实践层面的创新。从理论上来看，需要准确定位平时考核，厘清与年度考核的制度关系。健全平时考核制度仅靠技术手段是不能解决问题的。例如日常工作表现如何捕捉，工作完成情况如何验证，具有不确定性和模糊性的行为如何量化，指标设定如何近距离观察等，单靠技术工具显然难以解决。完善平时考核制度体系，重在营造法治环境。要注入契约精神，形成法治思维下的权责承诺机制。要注重发挥"身边人"的近距离作用。坚持教育引导与正激励结合，增强自我管理动机和能力。[①]

另一类是聚焦制度因素，从考核理念、结构、内容、方式、技术等方面提出制度完善的建议。例如，丰俊功认为要从优化顶层宏观愿景安排与底层精细化制度设计的边界、合理调整上级领导与考核评价的关系、强化制度合力、解决考核中存在的模型标准冲突问题等方面改进顶层制度设计框架。在考核理念方面，注重分类考核创新。在考核结构方面，合理确定平时考核所占的权重。在考核内容方面，推行专项模块式考核改革。在考核方式方面，从外部考察式考核和自省式考核向数据审查式考核改变。在

---

① 吴江：《完善公务员平时考核制度应注意的几个方面》，《中国党政干部论坛》2017年第1期，第16—19页。

考核结果方面，从结果式评价向工作实绩评价转变。① 他在另一篇论文里提出，可以运用大数据技术推进大数据考核制度创新，但制度设计应注重"制度＋科技"融合。在宏观层面坚持中央大数据考核的制度供给稳定性和开放性，并由中央外部强制性推广逐步转变为地方自发性采用。在微观层面优化大数据考核的具体运行机制。②

2. 机制创新

一类是从某一具体问题出发探讨机制创新。例如，吴修文分析了公务员考核制度与公务员反生产行为之间的相关性及具体表现，认为建立公平高效的考核机制以及完善控制公务员反生产行为很有必要。建立双向沟通机制，协调平衡、沟通交流、考核信息反馈机制有助于平衡绩效考核对象的反感情绪。③ 程淑琴、倪东辉、潘彬认为，运用大数据技术研究公务员考核问题，更多的是研究在当前环境下如何激发公务员工作热情、积极性和创造性的可能模型，建立各方均能接受的激励机制，为国家和各省市完善基层公务员考核评价机制和健全干部激励和约束机制进行探索性研究。④

另一类是聚焦制度的某一因素探讨机制创新，如指标体系。例如，陈芳、鲁萌以胜任力理论为基础，探讨了公务员能力与工作绩效的关系，并以湖北省省直机关公务员为例，将现行的"能力席位"标准与绩效考核指标进行对接，通过指标筛选、因子分析、权重确定等方法，构建了基于"能力席位"标准的湖北省公务员绩效考核三级指标体系及其权重分配。⑤

3. 法制健全

第一，从系统的角度，借助相关理论探讨公务员考核制度的合法性来源。例如，匡亚林借助决策领域"三圈理论"提供的分析框架，讨论公

---

① 丰俊功：《公务员考核的制度变迁与路径选择》，《行政与法》2018 年第 12 期，第 26—34 页。

② 丰俊功：《大数据时代公务员考核技术创新的思考》，《中国人事科学》2019 年第 2 期，第 14—21 页。

③ 吴修文：《绩效考核背景下的公务员反生产行为及其控制》，《公民与法》（法学版）2016 年第 11 期，第 10—13 页。

④ 程淑琴、倪东辉、潘彬：《基于大数据视角的基层公务员考核机制创新研究》，《华东经济管理》2018 年第 7 期，第 174—180 页。

⑤ 陈芳、鲁萌：《"能力席位"视角下公务员绩效考核三级指标体系研究——以湖北省省直机关公务员为例》，《中国行政管理》2013 年第 11 期，第 71—74 页。

务员考核制度的合法性来源。在他看来，除法律依据和基础外，制度的价值取向、制度施行的约束条件以及受制度约束的利益相关者的信任与支持是制度合法性的主要来源。公务员考核制度是法律系统、管理系统与政治系统在公共管理领域未解决某些（个）问题而交互作用生成的最终方案。法律系统与政治系统为其提供合法性来源和基础（价值定位、法律依据和法律支撑、社会信任与支持），管理系统为其提供效率追求视野下的技术支持。①

第二，以制度整体为观察对象，从制度供给和制度实施两个方面提出健全法制的建议。例如，张晶晶认为，我国公务员考核过程出现问题的重要原因在于制度，具体表现为制度供给不足、制度运行扭曲和制度保障机制不完善。构建符合现代化治理目标的公务员考核制度，应构建完善的公务员考核法律法规体系。②

第三，聚焦具体考核制度中某一内容提出完善的建议，如考核程序、考核结果运用的法律保障等。例如，刘福元认为，一套科学可行的考核程序是对公务员进行公正评价乃至避免考核过程形式化的必要保障。作为内部程序的平时考核和年度考核，以及作为外部程序的相对人参与，都应当在确保考核结果准确性和有效性的基础上进一步探索和完善。③ 秦涛认为，我国法律对行政机关公务员在考核过程中的权利进行了明确的规制，然而在法制实施过程中，公务员的相关权利并未得到保障，导致公务员考核制度流于形式。因此，国家应当在理论上确定行政机关对公务员考核行为的法律性质。公务员在考核过程中的权利应当获得相应的救济制度保障，如果考核结果涉及对公务员基本权利的调整，应当允许公务员通过司法机关获取救济。④

4. 问题和障碍

现有的文献对考核制度实施的障碍分析多集中在考核主体、考核指标

---

① 匡亚林：《公务员绩效考核创新——基于"三圈理论"的分析框架》，《经济与社会发展》2015 年第 3 期，第 113—115 页。

② 张晶晶：《政府治理现代化视域下的公务员考核体系创新》，《人民论坛》2018 年第 18 期，第 46—47 页。

③ 刘福元：《试论公务员考核程序的立法与完善》，《广西政法干部管理学院学报》2015 年第 2 期，第 57—63 页。

④ 秦涛：《论我国考核法制实施中的公务员权利的救济》，《华东理工大学学报》（社会科学版）2015 年第 1 期，第 69—77 页。

设计、考核方法、考核结果运用等方面。例如，郝玉明认为，公务员考核的难点在于考核指标设计的科学性和公务员个体参与的主动性。考核主体缺乏绩效文化认同，考核机制缺乏科学性和系统性，平时考核缺乏便利性和经济性。① 孙蓉认为，平时考核基础性不够、考核评价体系完善性不够、考核方法科学性不够、考核结果使用激励性不够是我国公务员考核制度运行存在的问题。② 王向晨认为，我国地方政府公务员考核中存在"衡量标准不具体、缺乏针对性，程序不规范、对考核工作重视不够，考核工作的各项有效载体没有落到实处，考核结果使用不当影响考核严肃性，考核比例硬性化要求、优秀等次的设置在一定程度上不太合理，对考核工作检查督促不到位"等问题。影响地方政府公务员考核成效的因素中，既有制度因素，也有政治文化环境因素、政府组织管理的现状及公务员的特点、公务员绩效本身的特点等。如公务员考核评估要求充分发扬民主，将下级公务员、普通民众纳入评估过程，但是在家长制文化的影响下，严重的人身依附关系使评估中的大众参与根本无从谈起，考核结果也只能由上级决定。③

5. 变革方向

张强、张定安基于对西方公务员绩效考核制度和中国非领导职务公务员考核制度的考察和反思，认为应当构建一种绩效导向的非领导职务公务员考核制度，并在此基础上重构绩效导向的考核指标体系，重新明确考核的功能定位。④ 阳东辰认为，中国公务员绩效考核机制存在明显不足，需要加大改革力度，其基本任务是在考核目标、内容、主体、方法、程序五个方面进行重点突破。考核目标要科学定位，给考核对象以有效的反馈激励。考核内容要完善职位分析，实施分类考评。考核主体要引入"360度绩效考核"方式，增强考核的透明度。考核方法要注重定性与定量考核

---

① 郝玉明：《公务员"考核难"的原因与对策》，《中国人事科学》2018年第4期，第11—15页。

② 孙蓉：《我国公务员考核制度运行存在问题及对策研究》，《法制博览》2016年第9期，第214页。

③ 王向晨：《我国地方政府公务员考核中存在的问题及影响因素》，《兰州大学学报》（社会科学版）2012年第5期，第101—106页。

④ 张强、张定安：《基于绩效导向的非领导职务公务员考核：反思与构建》，《中国行政管理》2010年第5期，第28—32页。

有机结合。考核程序要注重规范，强化程序，增强透明度。① 丰俊功认为，大数据、人工智能、移动互联网、云计算等技术为解决公务员考核中的顽疾提供了一种新的思路和方式，包括技术创新。②

三 研究现状分析

尽管目前公务员考核制度的相关研究成果丰富，但仍存在一些问题，这些问题也是本书着力突破的方向。一是理论研究与实践的发展存在一定程度的脱钩，主要表现为：关于公务员理论基础的研究多，但对理论如何指导实践以及实践中需要哪些理论研究得少。"当前公务员考核研究的特点是注重应用研究，其基本特征是从公务员管理机关的视角出发，对'存在问题'进行剖析以及提出'应当怎么做'的对策，而对公务员考核的理念、原则和方法及理论依据的相关研究非常少。"③ 除此之外，具体运用考核方法的实践时，没有充分考虑我国公务员的法定职责及制度运用的文化背景因素，照搬国外绩效评价的相关方法，产生激励功能失效、理论无法指导实践等问题。二是制度研究的内容和关注重点出现不均衡的现象，主要表现为：对环境影响因素的描述多，但对具体某一阶段背景下环境对制度的影响探讨得少；对制度发展的历史沿革描述多，但对推动制度发展的主要因素探讨得少；对制度文本的梳理归纳多，但对与考核制度相关的不同制度之间的互动探讨得少。

第五节 理论支撑

从理论上解释公务员考核制度如何变化、因何变化、变得如何、以后如何变以及如何变得更好，有助于更好地理解现实世界中考核制度的发展变化、制度如何得到有效执行、如何对待制度运行过程中的不足等。

---

① 阳东辰：《中国公务员绩效考核制度的现状与改革对策》，《重庆大学学报》（社会科学版）2010年第6期，第68—72页。
② 丰俊功：《大数据时代公务员考核技术创新的思考》，《中国人事科学》2019年第2期，第14—21页。
③ 黄健新：《公务员考核的理论基础研究：回顾与展望》，《中共福建省委党校学报》2014年第6期，第45—50页。

行政生态理论有助于理解考核制度如何变化，制度变迁理论为制度因何变化提供了理论解释，政府绩效管理理论为理解考核制度变得如何提供了视角，政府治理理论为考核制度以后如何变提供了方向指引，动机理论为考核制度如何变得更好提供了思路和解决路径。

一　行政生态理论：制度如何变化

美国学者弗雷德·里格斯（Fred W. Riggs）被认为是行政生态理论的创始人。按照生态学的观点，任何一个有机体都必须依赖与周边环境的物质交换才能获得生存。因此，任何行政系统都不是孤立存在的，而是与影响其的所有外在因素一起构成了行政生态。行政生态理论的研究成果对我们理解考核制度如何变化，尤其是中国古代官吏考课制度如何变化有重要的参考意义。

里格斯认为，"影响一个国家行政的生态要素是各种各样的，但其中最主要的有五个要素：经济要素、社会要素、沟通网、符号系统和政治架构"①。里格斯进而用五个要素分析了三种行政模式。其中一种是溶合模型（Fused Model），古代中国就是溶合社会概念的代表。

从经济要素来看，"在溶合模式中，其身份是'高层级'出身的人可享有各种特权，而不必去管他做了什么工作，而'低层级'出身的人要想挤进'高层级'圈子却难乎其难"②。基于此，我们不难理解尽管伴随着官僚制的出现，对中央政府官吏的考课制度就已经出现了，但直到分封制被取代之后，地方政府官吏考课才具有现实意义。因为无论官僚制出现之前还是分封制时期，既然基于身份就会享有各种特权，自然不会因为考课被剥夺某种特权，考课无法带来实际的结果运用，其效果可想而知。

从社会要素来看，"在传统社会中，政府的行政行为常为一些显赫家庭（家族）所左右，任命升迁行政官员时所注重的，主要不是其能力才干，而是其家庭背景，这样必然使得官吏的行政行为受制于家庭而不受制于其所

---

① 唐兴霖：《里格斯的行政生态理论述评》，《上海行政学院学报》2000年第3期，第44—52页。

② 唐兴霖：《里格斯的行政生态理论述评》，《上海行政学院学报》2000年第3期，第46页。

属的行政机构,官吏首先考虑的是家庭的利益而不是公众的利益"①。这为我们理解官吏行为,进而基于官吏行为的假设来观察官吏考课制度设计与实施提供了一个视角。如果考课制度不能与官吏选拔任用紧密联系起来,效果是堪忧的。除此之外,还有学者指出,政治与行政体制对官吏的行为选择产生巨大影响。"掌管公共服务机构,尤其是掌管政府机构半年以后,即使那些最有企业家创新精神的人,其行为也会变得像最糟糕的混日子的官僚和争权夺利的政客一样……我们相信问题不在于政府中工作的人,问题在于他们工作所在的体制。"②

从符号系统来看,传统社会中,统治者的权威建立在神的意志之上,因此,"整个行政系统便只对专制统治者负责而不向人民负责"③。这反映在古代官吏考课制度上,就是考课制度服务于专制统治者的统治需要,维护中央集权的需要,可能会客观上推动官吏政绩的提升进而改善人民的生活,但从来都不是以人民为中心进行制度设计。现代中国社会,人民当家作主是社会主义民主政治的本质。习近平总书记对中国特色社会主义民主实践进行了最新理论概括,提出了全过程人民民主。这些变化同样体现在考核制度上,2020年10月24日,中央组织部印发《关于改进推动高质量发展的政绩考核的通知》,明确提出要增强政绩考核群众参与度,在政绩考核中充分反映群众感受、体现群众评价。事实上,中华人民共和国成立以来政绩考核中的群众参与呈现权威化、多样化、实效化的发展趋势。一是地位权威化。自1998年施行《党政领导干部考核工作暂行规定》起,群众公认被明确纳入干部考核的原则之中。二是方式多样化。从初期的群众评议、民意投票,丰富为民意测验、实绩分析、实地调研、舆情分析等多种途径。三是结果运用实效化。从笼统规定考核工作与群众评议相结合,到将民意调查结果作为表彰奖励、提拔重用的考虑指标,并纳入干部日常管理工作,人民群众对干部群体的"把关"作用实效化。

---

① 唐兴霖:《里格斯的行政生态理论述评》,《上海行政学院学报》2000年第3期,第47页。

② [美]戴维·奥斯本等:《改革政府——企业家精神如何改革着公营部门》,周敦仁等译,上海译文出版社1996年版,第4页、第7页。

③ 唐兴霖:《里格斯的行政生态理论述评》,《上海行政学院学报》2000年第3期,第47页。

行政生态理论①为考核制度的研究提供了如下两个分析途径：一是以五个要素为分析视角，系统地审视考核制度的变迁；二是不同的社会背景下，考核制度必然处于不同的生态系统中，探寻不同社会背景下的考核制度运行模式以及制度变迁与环境之间的相互作用，包括中国古代社会的官吏考课制度、近代干部考核制度、当代中国的公务员考核制度、西方主要发达国家的公务员考核制度等。

二 制度变迁理论：制度因何变化

"制度制约行为，同时也能为行为提供权力、资源等支持。"② 制度变迁指"制度的替代、转换与交易过程，是新的制度代替旧的制度，它实质上是一种效率更高的制度对另一种制度的替代过程，是制度稳定性、环境变动性和不确定性及利益最大化追求三者之间持久冲突的结果"③。

制度变迁理论是一种经济学理论，其关于制度变迁的动因研究是制度因何变化的理论基础。20 世纪 70 年代前后，美国经济学家诺思提出了制度变迁理论，他认为"制度的稳定性丝毫不否定它们处于变迁之中这一事实。从惯例、行为准则、行为规范到成文法、普通法，以及个人之间的契约，制度总是处于深化之中"④。

有学者根据制度变迁的动因将制度变迁理论分为五种：第一种是经济增长推动说，认为经济增长是推动制度变迁的动力源泉，代表人物是舒尔茨和拉坦；第二种是利益格局调整说，认为制度环境的变化导致经济主体或行动团体之间利益格局发生变化，通过相互博弈所达成的新的制度安排，

---

① 此外，从沟通网来看，里格斯认为传统社会是一个存在多个相互对立集团的多元化社会，"政府用人可能必须运用一种'分配制度'来保证各个团体的代表额"。从政治架构来看，里格斯认为传统社会政治权力与行政权力合为一体，"行政官吏可以不向任何人或任何机关负责而专横独断"。参见唐兴霖《里格斯的行政生态理论述评》，《上海行政学院学报》2000 年第 3 期，第 47 页。
② Krasner, Stephen D. Sovereignty: An Institutional Perspective. Comarative Political Studies, 1988, 21 (1): 66 - 94.
③ 欧绍华、吴日中：《中国国企高管薪酬制度改革的路径分析——基于制度变迁理论的视角》，《宏观经济研究》2012 年第 7 期，第 93—100 页。
④ [美] 道格拉斯·C. 诺思：《制度、制度变迁与经济绩效》，杭行译，格致出版社、上海三联书店、上海人民出版社 2014 年版，第 6 页。

代表人物是戴维斯和诺思；第三种是技术决定论，认为生产方式（即技术变迁）的变化决定着生产关系的变化（即制度变迁），代表人物是马克思和凡勃仑；第四种是制度变迁自我循环累积论，认为制度变迁决定经济发展，且制度变迁具有自我循环累积机制，代表人物是托马斯；第五种是技术与制度互动论，认为应当把技术变迁和制度变迁统一起来看成互动的过程。①

具体到考核制度变迁，有学者运用制度变迁理论分析了我国改革开放以来公务员考核制度变迁的动力因素，认为"在制度变迁理论中，制度安排的变更或替代是由组织外部推动或组织内部成员达成一致而实现的。公务员考核制度变迁则是由中央政府的一系列改革推动的，具有强制性变迁的特点，也构成了改革开放以来公务员考核制度变迁的主要动力来源"②。如果说改革开放以来公务员考核制度变迁的主要动力来源是中央政府的改革，那么，中国古代官吏考课制度、中国近现代干部考核制度的变迁是否也是一种自上而下的改革推动使然呢？本书的第六章将聚焦中国考核制度的变化过程，从预见危机和察觉问题出发，具体分析考核制度发展过程中理念、人、技术手段、制度本身、其他制度等对制度变迁的影响。

用制度变迁理论来指导考核制度研究，我们需要客观地描述这种替代、转化与交易过程，需要科学分析不同背景下哪种考核制度是效率更高的制度，需要重点关注制度变迁的本身因素、环境因素以及多种因素相互叠加的影响。有必要说明的是，一种效率更高的制度指的是在当时的经济社会背景下效率更高，而非普遍意义上的效率更高。例如，随着信息化水平的提高、考核技术手段的丰富，强调运用数据提取的技术进行考核就是在此背景下效率更高的考核制度。

三　政府绩效管理理论：制度变得如何

中国政府绩效管理的变化客观上必然导致公务员考核的变化。公务员考核工作必须放在政府绩效管理的总体框架当中考虑。一方面，公务员个

---

① 史晋川、沈国兵：《论制度变迁理论与制度变迁方式划分标准》，《经济学家》2002年第1期，第41—46页。

② 丰俊功：《公务员考核的制度变迁与路径选择》，《行政与法》2018年第12期，第26—34页。

人考核的最终目的并不是对公务员本人的工作情况进行评估，而是以评估为方式，以奖励惩戒为手段，最终实现组织战略目标。另一方面，组织战略目标必然会分解细化到具体的公务员考核中去，在进行公务员考核工作之前，各政府部门有必要明确部门的组织目标和发展愿景，然后依据组织目标确定个人目标，确保公务员考核工作最终实现政府总体绩效的改善。

改革开放以来，中国政府绩效管理经历了以注重行政效率提高内部绩效①、以提升公共服务关注外部评价②、以运用科学方法推动管理规范③、以强化顶层设计实施绩效管理④等为主要特征的不同阶段。在政府绩效管

---

① 1978—1989 年，中国共进行了 2 次机构改革，分别在 1982 年和 1988 年。机构改革的主要任务是"以尽量小的代价和震动来拆除计划经济体制下形成的政府机构框架，同时逐步培育适应市场经济体制机构的新萌芽"（参见左然、左源《40 年来我国机构改革的经验和启示》，《中国行政管理》2018 年第 9 期）。这一时期行政机关绩效管理面临的主要问题是人员队伍老龄化、岗位职责不清、人浮于事现象突出等。受当时社会背景和宏观政策的影响，机构改革试图通过大幅精简政府机构和人员编制来提高政府部门的工作效率，行政机关绩效管理亦主要以提高行政效率为导向。

② 1989—2002 年，中国特色社会主义行政体制改革全方位深化，主要任务是推进服务型政府和法治政府建设，围绕构建有利于推动科学发展、促进社会和谐的体制机制，着力进行制度机制创新和管理方式创新。更加注重发展社会主义民主政治，大力推进科学民主决策，增强决策透明度和公众参与度，大力推进政务公开和电子政务。学术界公认的中国现代意义上的政府绩效评价实践是 1994 年山西省运城地区行署办公室的"新效率工作法"（参见包国宪、周云飞《中国政府绩效评价：回顾与展望》，《科学学与科学技术管理》2010 年第 7 期，第 108 页）。为转变机关作风、提高政府部门办事效率、规范机关工作人员行为，一些地方和部门引入服务对象对政府部门的评议。这一阶段的绩效管理围绕提升公共服务，强调民众对政府服务质量监督而开展，较为常见的形式包括社会服务承诺制、市民评价政府活动等。

③ 2002—2012 年，绩效管理的重要内容为"改进管理方式""提高行政效率""降低行政成本"。2002 年，党的十六大报告明确提出要深化改革，形成行为规范、运转协调、公正透明、廉洁高效的行政管理体制，并提出建立科学的考核评价机制。2009 年《关于建立促进科学发展的党政领导班子和领导干部考核评价机制的意见》提出"建立促进科学发展的干部考核评价机制"。以 2011 年《关于开展政府绩效管理试点工作的意见》为标志，从中央到地方以试点工作的形式因地制宜探索绩效管理。

④ 2012 年，党的十八大报告指出，"创新行政管理方式，提高政府公信力、执行力，推进政府绩效管理"。党的十八届三中全会通过《中共中央关于全面深化改革若干重大问题的决定》指出："完善发展成果考核评价体系，纠正单纯以经济增长速度评定政绩的偏向，加大资源消耗、环境损害、生态效益、产能过剩、科技创新、安全生产、新增债务等指标的权重。"这些要求都相应地体现在公务员考核的指标设计中。党的十九大报告旗帜鲜明地指出"建立全面规范透明、标准科学、约束有力的预算制度，全面实施绩效管理"。这标志着"全面实施绩效管理"已经上升为新时代中国特色社会主义的新思想、新方略、新举措。

理发展的不同阶段，公务员考核工作也相应地呈现出不同的特点。以"注重行政效率提高内部绩效"为特征的阶段为例，干部考核是此阶段行政机关绩效管理的主要抓手。1979年《中共中央组织部关于实行干部考核制度的意见》正式启动对党政干部的定期考核，随后不断扩展范围，形成中央及各级地方政府在内的领导干部定期考核制度。在平时考核的实践中，"加强平时考核工作，应以公务员工作绩效考评为重点，将其纳入政府整个绩效管理体系。坚持组织绩效与个人绩效相辅相成的原则，完善公务员绩效计划制订、绩效辅导沟通、绩效考核评价、绩效结果应用与绩效目标调整等相互作用的多个环节，抓住关键绩效指标，简化指标设计和评估内容，重点做好绩效关键指标设计、绩效反馈沟通与绩效改进计划等工作"①。

从国外来看，政府绩效管理同样影响着公务员考核。以美国为例，美国《政府绩效与结果法案》要求明确的组织绩效目标是公务员考核的方向。1993年美国国会颁布《1993年政府绩效与结果法案》（GPRA），旨在规范联邦政府的战略规划制定和绩效评估等内容。该法案强调，每个机构都要出台年度绩效计划，在年度绩效计划当中应当确立绩效目标，并且用客观、可量化的形式表述目标。该法案要求各部门建立绩效指标以用于测量或评估相应的产出、服务水平和每个项目活动的结果。联邦政府机构须向总统和议会提交年度绩效报告，对实际绩效结果和年度绩效目标进行比较。

四　政府治理理论：制度以后如何变

行政机关及其工作人员并非圣人，并非天然的公共利益代表者。他们有自己的个人利益，并且在个人利益与公共利益发生冲突时，由于人的自利倾向，本能地会以牺牲公共利益为代价来保全个人利益。"无论如何小的官吏，甚至一个管理沙皇的鞋子的官吏，可以为了自己的利益任意破坏政府的命令。"②"政府治理的核心就在于设计一个合理的激励机制，阻止

---

① 李建忠、任文硕、朱祝霞、石凯：《公务员平时考核的试点情况评估与改进策略》，《中国人事科学》2018年第3期，第4—20页。

② 王亚南：《中国官僚政治研究》，中国社会科学出版社1981年版，第33页。

自由裁量权演变成合法伤害权,将'掠夺之手'转化成'帮助之手',实现政府官员个人利益与政府治理目标之间的激励兼容。"① 众多的激励手段,如晋升、待遇提升、培训机会激励等都离不开考核制度。因为,资源的分配必须遵循分配的标准,而考核结果显然是合理的分配标准。

我们可以这么理解,考核制度为公务员的激励提供资源分配标准,考核结果与相关激励紧密结合,引导公务员行为的调整,实现个人利益与政府治理目标的兼容。政府治理目标的变化必然会体现在公务员考核制度的要求中,如果政府治理目标是明确的,那么考核制度变化的方向就是清晰可见的。

"我们应该承认,每一个时代皆有各自的政府治理,政府治理应随政治、经济、文化、技术的变迁而发展。"② 不同政府治理理论指导下的公务员管理,其重点必然存在差异。例如,理解中国当代政府治理的价值取向,有助于我们判断考核制度的变化方向。中国当代政府治理中的民主价值取向,势必要求公务员运用掌握的公共资源,提供良好的公共服务,对公众的需求做出及时有效的反馈。这些要求就是考核制度的重要内容,也是考核制度发展民主化趋势的推动因素。

五　动机理论：制度如何变得更好

动机理论认为,"所有强化外部管控的手段,如考核、奖惩等都会削弱人们的自主性,从而降低内在动机,尤其是当外在奖惩与工作直接挂钩并且影响显著时,对内在动机的挤出效应会非常明显;反之,提高下属的参与度、采纳他们的建议、授权等方法可以提升内在动机。"③ 如此看来,我们不难理解那些对考核制度的质疑声音,也不难理解实践中难以避免的考核困境。但是,当我们用动机理论来审视考核制度与生俱来地会降低内在动机的问题时,我们就拥有了改变的可能。

---

① 周黎安:《转型中的地方政府:官员激励与治理》(第二版),格致出版社、上海三联书店、上海人民出版社2020年版,第15页。
② 张成福:《公共行政的管理主义:反思与批判》,《中国人民大学学报》2001年第1期,第15—21页。
③ 王春国:《走出考核困局:业绩倍增的新绩效模式》,中国工信出版集团、电子工业出版社2021年版,第54页。

首先，动机理论有助于我们理解考核带来的一些现象。例如，"她只是看起来很努力""纳入考核指标的我就干，否则与我无关"，等等。这些现象的产生源于动机匮乏。"如果一个下属在做某事时非常消极被动，推一推他就动一动，甚至推了也不动，那么此人处于动机匮乏的状态。什么情况下下属会缺乏动机呢？①认为该事是没意思的；②认为该事是无意义的；③认为自己对该事无须负责；④认为该事对自己没有影响。当下属同时具有以上四种认知时，就会处于动机匮乏状态。"①

其次，动机理论有助于我们去尝试改变考核当中的一些问题。例如，针对上述动机匮乏的情况，我们尝试着改变认知，或许就能找到改变动机匮乏现状的方法。例如，改变第一种认知，就要改善任务的完成方式、工作条件或工作氛围等，即让公务员有更多自主权来决定如何完成工作，改善工作条件，营造有益于工作进展的伙伴关系等，让公务员在工作中感受到乐趣。改变第二种认知，就要赋予所做事情的意义，即将公务员所从事的工作与公务员个人的价值观联系起来。改变第三种认知，就要赋予所做事情的责任，即将公务员所从事的工作与公务员个人的责任感联系起来。改变第四种认知，就要让公务员所从事的工作与公务员个人利益联系起来，让其认识到做不做该事对他是有影响的。

最后，动机理论有助于我们找到发挥考核制度功效的路径。"动机理论的学者认为，自主、胜任和关系是人类的三个基本心理需求，如果能促进这三个基本心理需求的满足，则内在动机就会得到加强，反之，内在动机会被削弱。"② 那么，考核制度设计和实施的过程中，就需要时刻关注自主、胜任和关系这三个基本心理需求。以公务员考核为例，公共服务动机是产生公共服务高绩效的重要因素，也是克服考核弊端的关键因素。信念、价值、态度等是公共服务动机的重要内容。那么，如何让公共服务动机体现在考核制度当中，从而克服考核制度的弊端，实现从外在推动到内在驱动的改变呢？从考核内容来看，政治素质考核包含了考察公务员信

---

① 王春国：《走出考核困局：业绩倍增的新绩效模式》，中国工信出版集团、电子工业出版社2021年版，第52页。

② 王春国：《走出考核困局：业绩倍增的新绩效模式》，中国工信出版集团、电子工业出版社2021年版，第54页。

念、价值、态度的要求。这两者之间的关系体现为：我们需要将公共服务动机的存在与否、强弱作为考核公务员的重要内容，要用考核的手段来推动公共服务动机的培养，考核作为"风向标""指挥棒"，考什么就促使公务员培养什么能力、素质。

第六节 本书的贡献

考核是个世界性的难题。从选题的角度来看，"考核制度研究"即便算不上宏观，也至少不是一个微观的问题。尽管讨论的时候将群体限定为公务员，制度范畴限定为考核，但"制度"二字就已经表明这个选题囊括的内容相当多。我们的研究旨在达到"全面而深刻"的目的，在学术界对这一问题的研究思路、方法、观点和走向进行初步判断的基础上，明确尚未解决的问题，站在巨人的肩膀上开展研究。

然而，"公务员考核制度"的相关研究数不胜数，这是一个挑战，更是一个机遇。说它是挑战，是因为站在巨人的肩膀上，你必须看到更多，思考更深。

尽管如此，我认为这更是一个机遇。当千帆阅尽、洗尽铅华，可能更容易看到事情最原始、最本质的一面。从古代官吏考课制度开始到新时代公务员考核制度的发展，几千年的制度演变，前人的研究已经告诉你，他们听到了什么。而此刻，你可以对这些声音进行甄别、分析，信息越多，所勾勒出的制度样貌就越清晰。关注具体现象就是把握当下的制度实施现状；明晰来龙去脉，阐述清楚一件事情，就能让后人更加明白制度的脉络；厘清制度功能就是在甄别前人研究的基础上，把握当下制度实施现状，阐述清楚制度的功能定位，为更好发挥制度作用奠定基础。这"一前一后一当下"就是本书最大的贡献与创新点。

一 关注具体现象

在考核制度的约束下，很多有意思的现象值得关注：同样的制度规定之下，为什么有的公务员勤奋担当，有的公务员却出现了"顺从而不投入"的现象，如"她（他）只是看上去很努力"？为什么有的地方考核制度能发挥很大的作用，有的地方却流于形式？为什么某一个朝代考核制度发挥着巨大的作用，另一个朝代考核制度却形同虚设？

这些现象的背后，隐藏着制度变化的动力因素。首先，人如何看待工作？工作究竟是一份合同还是一份关系？如果认为是一份合同，那么就很容易理解"顺从而不投入"的现象。杰森·劳里森（Jason Lauritsen）的《重建绩效管理：如何打造高效能自驱型团队》认为，工作不仅仅是一份合同，更是一份关系。如果从合同的角度出发，那么工作就是一场交易，让员工按照合同履行应尽的义务，那相应的考核重点就在于用控制和强迫员工工作表现的形式来促使员工守约。在过去几十年中，管理学的重点都在追求效率上。工业经济时代，工作是一份合同，因为需要向管理要效率。但知识经济时代，工作发生了翻天覆地的变化，对工作能力的要求以及员工对工作的认识都有别于从前，工作不仅仅是一份合同，更是一段关系。如果从关系的角度出发，那么改善工作体验度，让被考核对象被正确对待，加强培育，释放自身的潜能就成为考核制度要关注的重点。因为，工作体验决定了敬业度，而敬业度又影响绩效。其次，人如何看待驱动力？俗话说，"有钱难买我愿意"！它揭示的道理是行为的驱动不仅仅靠金钱或利益，还有更深层次的"我愿意"的因素。但"我愿意"是一个很模糊的表述：具备何种条件我才能愿意，我在何时会愿意。最后，不同地方、不同朝代考核制度作用发挥程度的影响因素有哪些？这里面包含着考核制度与其他制度的关系等等，要解释这些现象，都必须回到制度本身，掌握制度具备了何种条件才能实现驱动。

二　明晰来龙去脉

本书旨在阐述清楚"考核制度"这一件事情，弄明白它的历史来源，看清楚它的发展现状，辨清晰它的改革方向。首先，囿于学科知识积累的局限，本书的古代官吏考课制度研究部分没有进行史学意义上的考订，但可被视作运用制度研究理论方法进行实践的一种尝试。"我们研究古代制度的意义，要点不在于重现；而在于观察当时如何回应问题，规定如何调整，制度如何执行，也就是要观察制度演变的'路径'。"[①] 现有的成果当中有丰富的史料搜集、史实考订等，尽管有些结论尚待商榷，但对本书的

---

① 邓小南：《再谈走向"活"的制度史》，《社会科学文摘》2022年第4期，第39—41页。

研究具有重要的借鉴意义。然而现有成果对制度演变路径的考察、制度演变环境的分析等尚显不足，对考核制度与其他相关制度的关系分析也比较匮乏，这正是本书努力的方向。

在写作的过程当中，我尝试了多种阐述的路径。在阐述"考核制度怎样变"时，我认为，古代官吏考课制度部分可以从法制史中去寻找答案。官吏考课制度是重要的人事管理制度，不同朝代的人事管理制度都有相关的法律规定。中华人民共和国成立以后，随着我国法律制度的不断健全，法治中国建设的不断完善，考核工作的法制化进程加快。因此，从法律制度文本中去寻找考核制度的变化，不失为一种好方法。在阐述"考核制度因何变"时，我认为，法律制度固然规定了应然的发展方向，但实践中影响制度的因素很多，需要在法律制度的视角之外，从传统文化当中去寻找答案。为什么有些考核制度能得到很好执行，而另外一些考核制度却被束之高阁，传统文化当中必定蕴含着制度执行之外的非正式制度因素。在阐述"考核制度变得如何"时，除将历史资料描述的状况和实践工作中呈现的现状进行对比外，国内外的相关比较也可以提供一些参考。在阐述"考核制度以后如何变"时，需要综合考虑风险社会、透明社会的背景，关注制度因素在这些背景下可能的变化趋势。尽管这些判断未必准确，但不失为制度设计或制度实施的一种重要参考。

以"讲清楚考核制度的源头，界定古代官吏考课制度的起点"这件事为例。我们需要思考是什么决定了官吏考课制度的出现，要回答中国古代官吏考课制度起源于哪个朝代。那么，是什么决定了官吏考课制度的出现？邓小南认为："只要国家产生，君臣关系、等级关系存在，上级对下级的考课制度或措施就会随之出现。当然，比较健全的官吏考课制度只有伴随着专制主义中央集权的封建制度的形成才会形成。"[①]

中国古代官吏考课制度起源于哪个朝代？第一种观点认为官吏考课制度的起点要追溯到战国以前。例如，有学者质疑，"习惯上不少论者总是

[①] 邓小南：《西汉官吏考课制度初探》，《北京大学学报》（哲学社会科学版）1987年第2期，第20—31页。她在《宋代文官选任制度诸层面》中同样指出，"在人类文明史上，等级关系一旦确立，国家一经产生，自上而下的考核措施即随之出现"。参见邓小南《宋代文官选任制度诸层面》，中华书局2021年版，第110页。

以为官吏考核制度是封建君主制的产物,所谓奴隶制下的世卿世禄制不可能有什么对官吏的考核。其说法看似有理,但难以解释文献记载何以时常提到三代考核之事,同时也让人感到战国考课制的盛行缺乏某种深厚的历史渊源"①。有学者认为,官吏的考绩机关建于西周,开始由专职官员负责,唐以后逐步建立起专司机构,并实行职守责任制度。② 也有学者认为,"我国古代官吏考核制度形成于西周时期。需要进一步说明的是,虽然考核制度设立于西周时期,但考核活动和考核现象却出现得更早"③。

第二种观点认为官吏考课制度的起点在官僚制度形成的战国时期,持这种观点的学者主要的论据在于宗法血缘关系性质下的世卿世禄制并无考课的意义。例如,有学者从文官制度的历史角度来考察,认为世卿制度下,基本上不存在官吏的任免与考课问题,考课制度的出现始于战国时代。"只有在宗法政治解体、官僚制度形成的过程中,才有可能出现具有特定内容的文官制度。从时间上看,这已是战国时代。"④ 另外,有学者认为《尚书》记载的尧舜时期对原始部落首领的考核以及《周礼》记载的"六计""八法"等,并不是真正意义上的考课制度。主要理由是,《尚书》对此的记载多是后人的一种演绎,《周礼》本身是一本众说纷纭的书。同时,将西周时期的巡狩作为一种专门的官吏考课制度有点牵强,在宗法血缘关系性质的世卿世禄制下,论的是血缘而非功绩。⑤

第三种观点认为,人事考核制度的正式出台始于秦汉时期。持这种观点的学者指出,春秋战国时期采用的考核官吏举措,在各诸侯国的实施不一致,并未形成一套严格的官吏考核制度。"秦统一全国以后,上述春秋战国的人事考核方式即演化为一种通行的人事考核制度……春秋战国的人事考核思想为秦汉人事考核制度的正式出台作出理论上的准备,并为整个

---

① 杨普罗:《西周官吏考核制度蠡测》,《自贡师专学报》(综合版)1993年第1期,第29—32页。
② 李铁:《中国文官制度》,中国政法大学出版社1989年版,第173—174页。
③ 马振:《先秦官吏考核制度演变探析》,硕士学位论文,渤海大学,2013年,第1页。
④ 李铁:《中国文官制度》,中国政法大学出版社1989年版,序第2页。
⑤ 这种观点参见刘文瑞《中国古代政治制度(下):地方体制与官僚制度》,中国书籍出版社2018年版,第161页。

中国古代人事考核理论体系的形成奠定了基础。"①

第四种观点认为，我国古代官吏考课制度始酝酿于西汉。"隋唐时期，官吏考课方有了主管机构、标准尺度（四善二十七最）、实行办法，以及考课的等次和奖惩办法。因此，我国古代的官吏考课制度，始酝酿于西汉，完成于隋唐，当为较准确的提法。"②

事实上，这些观点的主要差异在于评价制度形成的标准，而非实质内容。本书认为，官吏考课现象的存在并不意味着考课作为一种制度已经形成。本书赞同古代官吏考课制度形成于战国时代的看法，但仍然引用了《周礼》中的论述，主要的考虑在于：尽管官吏考课制度在彼时未必形成或具备实质意义，但当时的职官设置、官吏管理、考课标准等仍是官吏考课制度形成的历史中不可缺少的内容。另外，《周礼》对于了解我国古代行政法的渊源、国家管理职能的最初设定、整个国家官员行政活动和国家管理中行政法律关系的主要内容等都具有重要的意义，是我们进行官吏考课制度研究绕不开的经典文献。

三　厘清制度功能

王充在《论衡》卷十七治期篇③中认为，当用治理老百姓的成效、施行教化的效果以及老百姓安定动乱与否来判断官吏的政绩时，对于身处一定位置的官吏④来说，其政绩好坏是由"命"决定的，与个人"才干"关系不大。有的人才智高超行为廉洁，当官却没有取得成效；有的人才智浅薄品行不正，却治民有方而取得成功。所以依据考核进行奖惩，实际上并不能核实他们的才干。我们暂且不去评论这个观点正确与否，但它向我们阐释了考核制度功能的局限性。下文我们会详细论述考核制度的三种主

---

① 蒋亮平：《春秋战国时期人事考核制度初探》，《华中师范大学学报》（哲学社会科学版）1995年第3期，第110—114页。

② 刘文瑞：《我国古代官吏考课制度建立于何时》，《西北大学学报》（哲学社会科学版）1990年第1期，第92页。

③ 吏百石以〔下〕，若〔斗〕食以〔上〕，居位治民，为政布教，教行与止，民治与乱，皆有命焉。或才高行洁，居位职废；或智浅操浊，治民而立。上古之黜陟幽明，考功，据有功而加赏，案无功而施罚。是考命而长禄，非实才而厚能也。

④ "百石"以下和"斗食"以上的各级官吏。西汉时官分16级，以石数多者为高，最高官为石，最低为百石、斗食。

要功能：一是检查功能，通过考核明确履职状态；二是激励功能，通过考核激励正面行为；三是导向功能，通过考核引导行为规范。

但在实践当中，考核制度承载了过多的功能。纳入考核内容成为推动工作的抓手，年度考核甚至成为分配工作任务的手段。各地不断将各项工作纳入考核，以此来推动工作的完成。例如，2015年，江西省发布实施《江西省社会信用体系建设规划》，完善公务员行政过错责任追究制度和评议考核制度，公务员诚信记录将作为考核重要参考。2016年，陕西省把践行新发展理念的能力和成效作为公务员考核评价的重要内容。再如，四川省委农村工作领导小组办公室、省委全面依法治省委员会办公室、省司法厅、省农业农村厅、省乡村振兴局《关于全面推进学法用法工作强化乡村振兴法治保障的意见》指出，把学法用法情况列入公务员年度考核重要内容。诸如此类，不胜枚举。

学法用法情况是否能够成为年度考核的内容，其必要性、可行性、合法性是否需要论证？是否真的有必要让所有公务员掌握关于乡村振兴的所有相关法律规范？这样的考核是否真的可行？首先，该意见当中学法用法清单包括了五大类，308项法律法规规章。其次，谁具有确定公务员年度考核内容的职责？应当通过什么方式或程序来确定公务员年度考核的内容？这些都是值得思考的问题。最后，任何认为重要的工作都纳入公务员年度考核的内容，那么，是否意味着没有被纳入考核的内容不重要或者不需要去做？因此，有些工作未必不重要，却因为不被重视而未被纳入考核，可能会无人承担或即便有人承担，缺乏考核加持，工作成效也令人担忧。

再如，考核的约束性指标成为"一票否决"的借口。从中央到地方各个层面，"一票否决"逐渐成为政府管理和干部考核中广泛采用的特殊方式，甚至成为事实上的行政惯例。"一票否决"考核制的设定和实施，须以法治为原则，明确其性质、事项范围、适用对象、权力主体、实施程序以及申诉救济途径，从而建立科学完善的干部考核体系。[①]

那么，该如何期待考核制度的作用发挥呢？我国法律明确规定了参加考核是公务员的义务，这相当于在法律层面上阐释了考核的必要性。但我

[①] 唐璨：《论"一票否决"考核制的滥用及其防治》，《理论与改革》2014年第6期，第53—55页。

们仍然会质疑，真的有必要考核吗？如果考核制度没有必要，那么如何评价公务员的工作呢？或许问题的关键并不是是否需要考核制度，而是我们究竟应该对考核制度的作用寄予怎样的期望。

首先，考核并不能直接产生绩效。事实上，我们并不清楚考核制度与绩效产生之间如何互动，不知道考核制度在多大程度上可以促进绩效产生。因此，我们不能指望设计一套完善的考核制度来实现管理的目标。现实中不乏设计全面的考核制度却无法带来高绩效的案例。同样，现实中也不乏尽管没有明确的考核制度，但公务员工作热情高涨的情况。不难理解，因为尽管考核制度具有检查、激励、导向等功能，但公务员作为"人"的存在，其行为动机是复杂多变的，影响其行为动机的因素也复杂多样，并非一个制度能框定。因此，当我们发现公务员出现某种违背良好行为预期或是与组织目标背道而驰的行为时，我们既要考量考核制度中的导向设计是否出现问题，也要关注公务员所处环境中的其他因素。按照阿德勒心理学的观点，人的行为都服务于某种目的。考核是为了达到被考核对象的行为服务于组织的目标。那么，当组织的目标与人的目的高度契合时，人的行为自然就与组织所希望的行为一致。但组织的目标与人的目的不可能时时刻刻契合，也不可能处处契合。当存在不契合时，人的行为就会偏离组织目标，而朝着更契合个人目的的方向发展，自然就无法实现考核的作用。

其次，考核是手段，不是目的。康德认为，"人是目的，不是手段"。同样，在公务员考核制度当中，作为"人"的公务员是目的，考核是让人发挥积极作用的手段。但实践当中，将考核作为目的的现象并不少见。例如，考核主体以完成考核为工作任务，完成考核这个动作就视为工作完成，既无法在考核过程中发现存在的绩效改进问题，也缺乏在考核过后提供绩效改进的举措。

最后，在不同的历史时期或不同的经济社会发展阶段，考核本身作用不一样。从历史上来看，一个朝代在初创阶段，在价值追求上重视效率，往往需要官吏放开手脚，大胆创新，这时候的考核制度设计应该粗放，否则容易在实践中束缚被考核对象，影响积极性和创造性的发挥。在发展阶段，需要形成稳定的行为规范，价值追求上重视公平，这时候的考核制度设计应该尽可能完善，兼顾方方面面，以便形成合理预期。

本章小结

　　毋庸置疑，我们需要考核制度，考核制度本身也能发挥作用。但是，对考核制度的研究并非一件容易的事情。本书立足新时代科研工作者开展制度研究的历史使命，围绕"考核制度怎样变""考核制度因何变""考核制度变得如何"和"考核制度以后如何变"四个关键问题，采取变迁的视角、关系的视角、时空的视角，在对浩渺的文献展开研究的基础上，着力于现有研究理论与实践脱钩、内容与重点不均衡的现状，运用行政生态理论、制度变迁理论、政府绩效管理理论、政府治理理论、动机理论等工具，致力于分析考核具体现象，明晰考核制度来龙去脉，厘清制度功能。

第二章

考核制度概述

考核，即考查审核。其中"考"含有查核、查考的意思，"核"含有考察、对照的意思。"考"与"核"结合起来，即表明了仔细查对、核实的意思。考核制度是人事管理的重要制度，指具有考核权限的主体机关按照规定的权限、标准和程序，对被考核对象的政治素质、履职能力、工作实绩、作风表现等所进行的了解、核实和评价，其实施有利于加强人事管理的科学性与规范性。

从考核过程来看，我们需要了解"审查""考察""考课""考绩"等不同概念的所指；从被考核对象来看，我们需要厘清"干部""官吏""国家工作人员""公职人员""公务员"等不同概念的范围。概念的演变过程在一定程度上反映了考核制度功能定位、制度设计、制度要素等的演变过程。

基于此，本章从概念的辨析出发，区分不同概念的含义，厘定研究对象和范围，明确"考核制度是什么"。除此之外，区分考核制度与选贤任能、监察、奖惩、捐纳、考勤、职位分析等相关制度，以便更好地理解"考核制度不是什么"。当我们清晰地界定了"考核制度是什么"以及"考核制度不是什么"之后，我们着眼于"考核制度能发挥什么作用"来探讨制度的功能定位，明确考核制度的检查、激励、导向等功能。在清晰的功能定位之后，我们分析考核制度设计的主要原则，把握科学客观、突出实绩、依法考核等原则在考核制度中的具体表现，同时界定考核制度的主要构成因素，了解考核主体、内容、程序、方法、结果运用、监督等因素的含义。

第一节　概念界定

我们从"考核制度是什么"和"考核制度不是什么"两个维度来进行概念界定。"考核制度是什么"主要关涉被考核对象和考核过程。以公务员考核制度为例，公务员考核制度研究需要厘清的概念包括"公务员""考核""制度"等。这一主题的研究对象很明确：首先，研究的对象范围是"公务员"，而非所有的公职人员；其次，研究内容是"公务员考核"，而非"公务员招聘""公务员选拔"等；最后，研究视角是"公务员考核制度"，而非"公务员考核工作"等。"考核制度不是什么"主要关涉与考核制度关系紧密的其他相关制度，例如选贤任能、监察、奖惩、捐纳、考勤、职位分类等制度。

一　被考核对象相关概念

被考核对象包括"干部""官吏""国家工作人员""公职人员""公务员"等密切相关的概念，这些概念的内涵与外延都有较大区别。为了方便论述，本书主要从时间的维度区分这三个概念。当阐述中国古代考课制度的时候，我们通常会使用"官吏"一词。当阐述1922—1987年的考核制度时，我们通常会使用"干部"一词。当阐述1987年党的十三大报告之后的考核制度时，就会使用"公务员"一词。

（一）干部

"干部"一词为外来语，由日本人根据法语"cadre"一词意译形成，有骨架、框架、军官、高级管理人员等意思。

"干部"一词具有鲜明的时代特征，也具有特定的范围。1922年7月，中国共产党第二次全国代表大会制定的党章中，首次使用了"干部"一词。"新民主主义革命"时期，在中国共产党领导下的革命根据地，干部是指在共产党和共产党所领导的军队及革命团体中担负一定领导责任的人员，以及在共产党领导的苏维埃政府、边区政府、工农民主政府中担任一定公职的人员。中华人民共和国成立后，"干部"一词的含义变化不大，主要指国家机关、中国共产党组织、民主党派、群众团体的工作人员，以及国营企事业单位的管理人员和各类专业技术人员。①

党的十三大报告指出："干部概念过于笼统，缺乏科学分类，要进行干部人事制度改革，根据工作性质和职业特点对干部进行合理分解，建立科学分类管理的制度。"②"2006年，《公务员法》正式实施，为干部职务任期制构建起制度保障体系的同时，也使得'公务员'概念正式从'干部'概念中分解而出。"③

干部考核是指"根据特定的目的，按照规定的内容和标准，通过适当的方法和程序，有组织有领导地对干部的素质和表现进行的调查衡量和评价"④。干部考核包括三个环节：一是调查衡量，对干部的自然情况和工作表现进行深入了解和客观描述；二是作出评价，在调查衡量的基础上，对干部的作用和价值作出客观合理评价；三是根据评价结果提出具体适用意见。

公务员制度建立以后，我们一般将非领导成员的公务员考核称为"公务员考核"，而对党政领导班子和领导干部的考核则统称为"党政领导干部考核"。应当说，干部考核的含义也相应发生了变化，从之前以干部身份的人员为对象的考核转变为对党政领导班子和领导干部的考核。

（二）官吏⑤

列宁同志认为，国家"是由一批专门从事管理、几乎专门从事管理

---

① 可以看出，笼统的"干部"概念缺乏科学的分类，无法区分行使公共权力的人员与从事一般社会职业的人员（如政府部门工作人员与医生、教师等一般社会职业的人员）。

② 余兴安：《中国政府公务百科全书》（机构编制管理卷 人事管理卷），中共中央党校出版社1994年版，第103页。

③ 熊成帅：《中国共产党"干部"概念的多重内涵》，《深圳社会科学》2023年第4期，第5—14页。需要注意的是，我们在此处讨论干部概念时，主要是从"干部"的职务属性来分析，观察的是"干部"与"公务员"概念的分离过程。也就是说，自公务员制度建立以来，一部分"干部"群体中的人员以"公务员"的身份出现。实际上，"干部"概念还有政治身份属性，例如，"干部"和"工人"就是划分行政机关工作人员的两类基本身份。有学者进一步指出，"中国共产党话语体系中的'干部'概念还具有第三种内涵：'革命者人格'……'革命者人格'强调的则是干部自身内在的自我规范，这种规范涉及干部内心深处隐秘的价值坚守，塑造了干部群体特殊的人格品质。"

④ 余兴安：《中国政府公务百科全书》（机构编制管理卷 人事管理卷），中共中央党校出版社1994年版，第273页。

⑤ 为了讨论方便，除有特殊说明外，本书"官吏"作为一个整体，不做"官"与"吏"的区分。

或主要从事管理的人组成的一种机构"①。那么，这一批人就是官吏。有学者认为，所谓"官"，最早的寓意是管理的意思，是负责维持秩序、督促生产、征收赋税和处理诉讼的人员。"官者，管也"，"朝廷治事处曰官"。② 简单来说，官是治理国家、管理民众事务的主体。

一般我们在讨论古代的考核制度时，会用到官员、官僚、官吏、职官等词语，尤其是官员、官僚、官吏这三个词容易混用。为做区分，我们一般将朝廷正式任命的履行管理职责的人员称为"官员"，各级"官员"统称为"职官"，为"官员"出谋划策的技术团队人员则为"僚"，而负责衣食住行、文书撰写等辅助工作的人员则为"吏"。

中国古代先秦时期，"官"和"吏"往往混用，指的是官员或统治者。秦汉以后，"官"和"吏"开始各有所指。"官"主要指的是最高统治者皇帝任命的职位，而"吏"则主要指这些"官"的僚属，没有皇帝的正式任命，由"官"自辟形成。"官"又名职官、流内官，处于官僚群体的上层，有俸禄有品阶有皇帝正式任命。"吏"处于官僚群体的下层，无俸禄无品阶无皇帝正式任命。官吏两分是官僚科层制的理性行政要求，也是分类分层人事管理思想的重要体现，是官僚制发展到一定阶段的必然产物。

（三）国家工作人员

"国家工作人员"的提法更多用于法律层面，是刑法确定职务犯罪具体罪名的依据，分为国家机关工作人员和以国家工作人员论的人员两类，具体见图2-1。

《中华人民共和国刑法》中所称的国家机关工作人员"是指在国家机关中从事公务的人员，包括在各级权力机关、行政机关、司法机关和军事机关中从事公务的人员"③。根据有关立法解释的规定，在依照法律法规规定行使国家行政管理职权的组织中从事公务的人员，或者在受国家机关委托代表国家行使职权的组织中从事公务的人员，或者虽未列入国家机关

---

① 中共中央马克思恩格斯列宁斯大林著作编译局编：《列宁选集》第4卷，人民出版社1995年版，第30页。
② 韦庆远、柏桦编著：《中国官制史》，东方出版中心2001年版，第1页。
③ 2003年11月13日最高人民法院《全国法院审理经济犯罪案件工作座谈会纪要》明确了刑法关于"国家机关工作人员"的认定。

```
                    ┌─ 国家机关中从事公务的人员,包括在各级国家权力机关、
                    │   行政机关、司法机关和军事机关中从事公务的人员
                    │
              国家 ─┼─ 依照法律、法规规定行使国家行政管理职权的组织中从事
              机关  │   公务的人员
              工作 │
              人员 ─┼─ 在受国家机关委托代表国家行使职权的组织中从事公务的
                    │   人员,或者虽未列入国家机关人员编制但在国家机关中
                    │   从事公务的人员,均视为国家机关工作人员
                    │
                    └─ 在乡(镇)以上中国共产党机关、人民政协机关中从事
                        公务的人员,司法实践中也应当视为国家机关工作人员

       国家 ──── 国有公司、企业、事业单位、人民团体中从事公务的人员
       工作
       人员 ──── 国家机关、国有公司、企业、事业单位委派到非国有公司、
                 企业、事业单位、社会团体中从事公务的人员

                    ┌─ 依法履行职责的各级人民代表大会代表
                    │
                    ├─ 依法履行审判职责的人民陪审员
                    │
              以国 │                    ┌─ 救灾、抢险、防汛、优抚、扶贫、
              家工 │                    │   移民、救济款物的管理
              作人 │                    │
              员论 │                    ├─ 社会捐助公益事业款物的管理
                    │        协助乡镇人 │
              其他 │        民政府、街 ├─ 国有土地经营和管理;土地征用
              依照 │        道办事处从 │   补偿费用的管理
              法律 ┤        事行政管理 │
              从事 │        工作的村民 ├─ 代征、代缴税款
              公务 │        委员会、居 │
              的人 │        民委员会等 ├─ 有关计划生育、户籍、征兵工作
              员   │        农村和城市 │
                    │        基层组织人 └─ 协助人民政府从事的其他行政
                    │        员             管理工作
                    │
                    └─ 其他由法律授权从事公务的人员
```

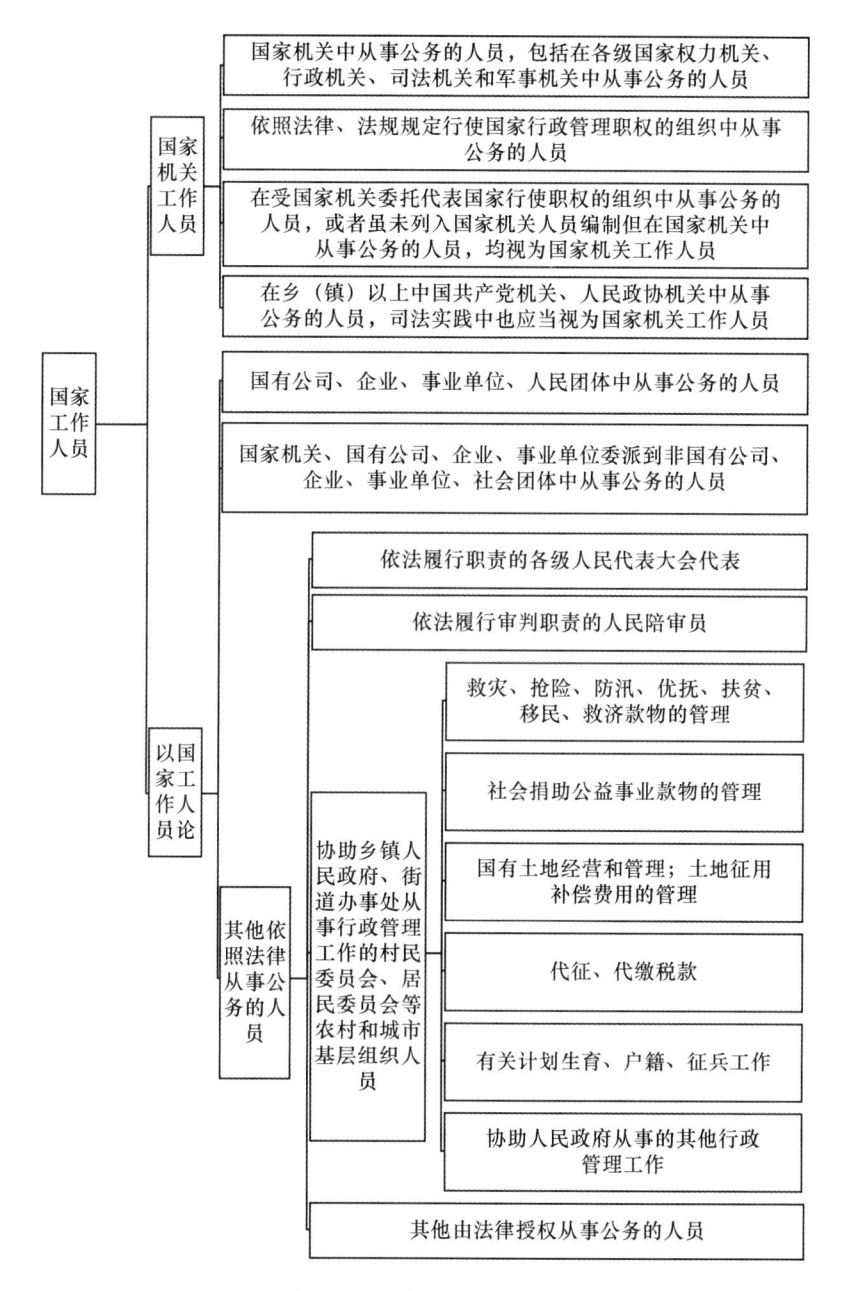

图 2-1 国家工作人员范围

人员编制但在国家机关中从事公务的人员,均视为国家机关工作人员。在乡(镇)以上中国共产党机关、人民政协机关中从事公务的人员,司法

实践中也应当被视为国家机关工作人员。

　　需要注意的是对"从事公务"的理解。从事公务，是指代表国家机关、国有公司、企业事业单位、人民团体等履行组织、领导、监督、管理等职责。公务主要表现为与职权相联系的公共事务以及监督、管理国有财产的职务活动。"那些不具备职权内容的劳务活动、技术服务工作，如售货员、售票员等所从事的工作，一般不认为是公务。"①

（四）公职人员

　　公职人员的范围大于公务员。《中华人民共和国公职人员政务处分法》明确该法所称公职人员，是指《中华人民共和国监察法》第15条规定的人员。《中华人民共和国监察法》第15条规定的人员包括：①中国共产党机关、人民代表大会及其常务委员会机关、人民政府、监察委员会、人民法院、人民检察院、中国人民政治协商会议各级委员会机关、民主党派机关和工商业联合会机关的公务员，以及参照《中华人民共和国公务员法》管理的人员；②法律法规授权或者受国家机关依法委托管理公共事务的组织中从事公务的人员；③国有企业管理人员；④公办的教育、科研、文化、医疗卫生、体育等单位中从事管理的人员；⑤基层群众性自治组织中从事管理的人员；⑥其他依法履行公职的人员具体见图2-2。

　　"公职人员"属于监察法监督调查的对象，"国家工作人员"属于刑法确定职务犯罪具体罪名的依据。两者是否属于同一范畴，目前尚未形成共识。一种观点认为，公职人员与国家工作人员的内涵和外延完全一致。"监察法规定，监察委员会管辖的主体是行使公权力的公职人员，而刑法在提及职务犯罪主体时一般用国家工作人员或国家机关工作人员表述。由于二者在文字上存在差异，导致实践中对公职人员与国家工作人员的范畴究竟是否一致，在内涵和外延上有何区别，引发了不同认识。无论是从立法本意出发，还是根据现有法律规定，公职人员和国家工作人员均无差

---

　　① 最高人民法院关于《全国法院审理经济犯罪案件工作座谈会纪要》（2003）、最高人民法院、最高人民检察院《关于办理国家出资企业中职务犯罪案件具体应用法律若干问题的意见》（2010）、最高人民法院《关于在国有资本控股、参股的股份有限公司中从事管理工作的人员利用职务便利非法占有本公司财物如何定罪问题的批复》（2001）等文件对"国家机关工作人员""从事公务"等做了具体解释。

第二章 考核制度概述

```
公职人员
├─ 中国共产党机关、人民代表大会及其常务委员会机关、人民政府、监察委员会、人民法院、人民检察院、中国人民政治协商会议各级委员会机关、民主党派机关和工商业联合会机关的公务员，以及参照《中华人民共和国公务员法》管理的人员
│   └─ 公务员范围，依据《中华人民共和国公务员法》确定参照公务员法管理的人员，是指有关单位中经批准参照公务员法进行管理的工作人员
│
├─ 法律、法规授权或者受国家机关依法委托管理公共事务的组织中从事公务的人员
│   └─ 在上述组织中，除参照公务员法管理的人员外，对公共事务履行组织、领导、管理、监督等职责的人员，包括具有公共事务管理职能的行业协会等组织中从事公务的人员，以及法定检验检测、检疫等机构中从事公务的人员
│
├─ 国有企业管理人员
│   ├─ 在国有独资、全资公司、企业中履行组织、领导、管理、监督等职责的人员
│   ├─ 经党组织或者国家机关，国有独资、全资公司、企业，事业机关提名、推荐、任命、批准等，在国有控股、参股公司及其分支机构中履行组织、领导、管理、监督等职责的人员
│   └─ 经国家出资企业中负有管理、监督国有资产职责的组织批准或者研究决定，代表其在国有控股、参股公司及其分支机构中履行组织、领导、管理、监督等工作的人员
│
├─ 公办的教育、科研、文化、医疗卫生、体育等单位从事管理的人员
│   └─ 国家为了社会公益目的，由国家机关举办或者其他组织利用国有资产举办的教育、科研、文化、医疗卫生、体育等事业单位中，从事组织、领导、管理、监督等工作的人员
│
├─ 基层群众性自治组织中从事管理的人员
│   ├─ 从事集体事务和公益事业管理的人员
│   ├─ 从事集体资金、资产、资源管理的人员
│   └─ 协助人民政府从事行政管理工作的人员，包括从事救灾、防疫、抢险、防汛、优抚、帮扶、移民、救济款物的管理，国有土地的经营和管理，土地征收、征用补偿费用的管理，代征、代缴税款，有关计划生育、户籍、征兵工作，协助人民政府等国家机关在基层群众性自治组织中从事的其他管理工作
│
└─ 其他依法履行公职的人员
    ├─ 履行人民代表大会职责的各级人民代表大会代表，履行公职的中国人民政治协商会议各级委员会委员、人民陪审员、人民监督员
    ├─ 虽未列入党政机关人员编制，但在党政机关中从事公务的人员
    ├─ 在集体经济组织等单位、组织中，有党组织或者国家机关，国有独资、全资公司、企业，国家出资企业中负有管理监督国有和集体资产职责的组织，事业单位提名、推荐、任命、批准等，从事组织、领导、管理、监督等工作的人员
    ├─ 在依法组建的评标、谈判、询价等组织中代表国家机关，国有独资、全资公司、企业，事业单位，人民团体临时履行公共事务组织、领导、管理、监督等职责的人员
    └─ 其他依法行使公权力的人员
```

图 2-2 公职人员范围

异，在内涵和外延上完全一致。"① 另一种观点认为，"监察法和刑法规制对象不同，公职人员与国家工作人员并不是同一个概念，两者内涵不完全相同……国家工作人员属于公职人员范畴……公职人员完全包含国家工作人员。公职人员未必都是国家工作人员。"②

（五）公务员

我们认为，公务员的范畴小于国家工作人员，国家工作人员的范畴小于公职人员。公务员属于公职人员当中依照《公务员范围规定》明确的，按照有关规定登记后的人员，具体见图2-3。

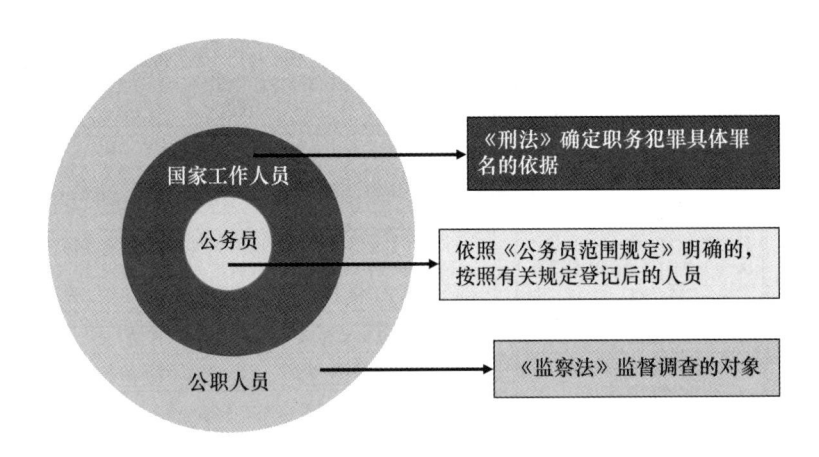

图2-3 国家工作人员、公务员、公职人员关系

从"干部"到"公务员"概念的转变，是党的十一届三中全会以来我国坚持改革开放路线，深刻反思我国干部人事制度的弊端，推行干部人事制度改革，实行分类管理的重要举措。从"干部"到"公务员"概念的转变，是基于首先将国家行政机关中行使国家权力的人员从原来庞杂的干部队伍中分离出来，赋予新的名称，依据岗位特殊任职要求进行科学分类管理的思路。从图2-4中我们可以看出我国公务员范围的变化调整。

1987年，党的十三大报告提出实行国家公务员制度，这是我国首次

---

① 国家工作人员与公职人员内涵辨析［EB/OL］.（2022-01-06）［2024-03-28］. http://www.sdcourt.gov.cn/wfhtqfy/443063/443236/8094264/index.html.
② 国家工作人员与公职人员有何区别？［EB/OL］［2024-04-06］. https://www2.shkp.org.cn/content.html?type=lc&id=96207.

```
┌─────────────────────┐  ┌──────────────────────────┐
│1987年,党的十三      │→ │首次正式使用国家公务员称谓│
│大报告               │  └──────────────────────────┘
└─────────────────────┘              │
┌─────────────────────┐  ┌──────────────────────────┐  ┌──────────────┐
│1993年《国家公务员   │→ │各级国家行政机关中除工勤  │→ │公务员从干部队│
│暂行条例》           │  │人员外的工作人员          │  │伍中分离出来,│
└─────────────────────┘  └──────────────────────────┘  │单独管理。    │
                                     │增加              └──────────────┘
┌─────────────────────┐  ┌──────────────────────────┐
│1993《国家公务员     │  │各级国家行政机关中除工勤  │
│制度实施方案》       │→ │人员外的工作人员,其他行使│
│                     │  │国家行政职能、从事行政管理│
│                     │  │活动的单位中除工勤以外的  │
│                     │  │工作人员                  │
└─────────────────────┘  └──────────────────────────┘
                                     │                  ┌──────────────┐
┌─────────────────────┐  ┌──────────────────────────┐  │首次以法律形  │
│2005年《中华人民     │  │依法履行公职,纳入国家行政│  │式明确公务员  │
│共和国公务员法》     │→ │编制,由国家财政负担工资  │→ │概念,"纳入   │
│                     │  │福利的工作人员            │  │国家行政编制"│
└─────────────────────┘  └──────────────────────────┘  │排除了"国家  │
                                     │                  │机关中的事业  │
                                     │                  │编制工作人员"│
                                     │                  └──────────────┘
┌─────────────────────┐  ┌──────────────────────────┐
│                     │  │以下机关中除工勤人员外的  │
│                     │  │工作人员,包括中国共产党  │
│2006年《公务员范围   │  │各级机关、各级人民代表大会│
│规定》               │→ │及其常务委员会机关、各级  │
│                     │  │行政机关、中国人民政治协商│
│                     │  │会议各级委员会机关、各级  │
│                     │  │检察机关、各级审判机关、  │
│                     │  │各民主党派和工商联的各级  │
│                     │  │机关(七大类机关)        │
└─────────────────────┘  └──────────────────────────┘
                                     │增加
┌─────────────────────┐  ┌──────────────────────────┐
│                     │  │以下机关中除公职人员外的  │
│                     │  │工作人员,包括中国共产党  │
│2020年《公务员范围   │  │各级机关、各级人民代表大会│
│规定》               │→ │及其常务委员会机关、各级  │
│                     │  │行政机关、中国人民政治协商│
│                     │  │会议各级委员会机关、各级  │
│                     │  │监察机关、各级审判机关、  │
│                     │  │各级检察机关、各民主党派和│
│                     │  │工商联和各级机关(八大类  │
│                     │  │机关)                    │
└─────────────────────┘  └──────────────────────────┘
```

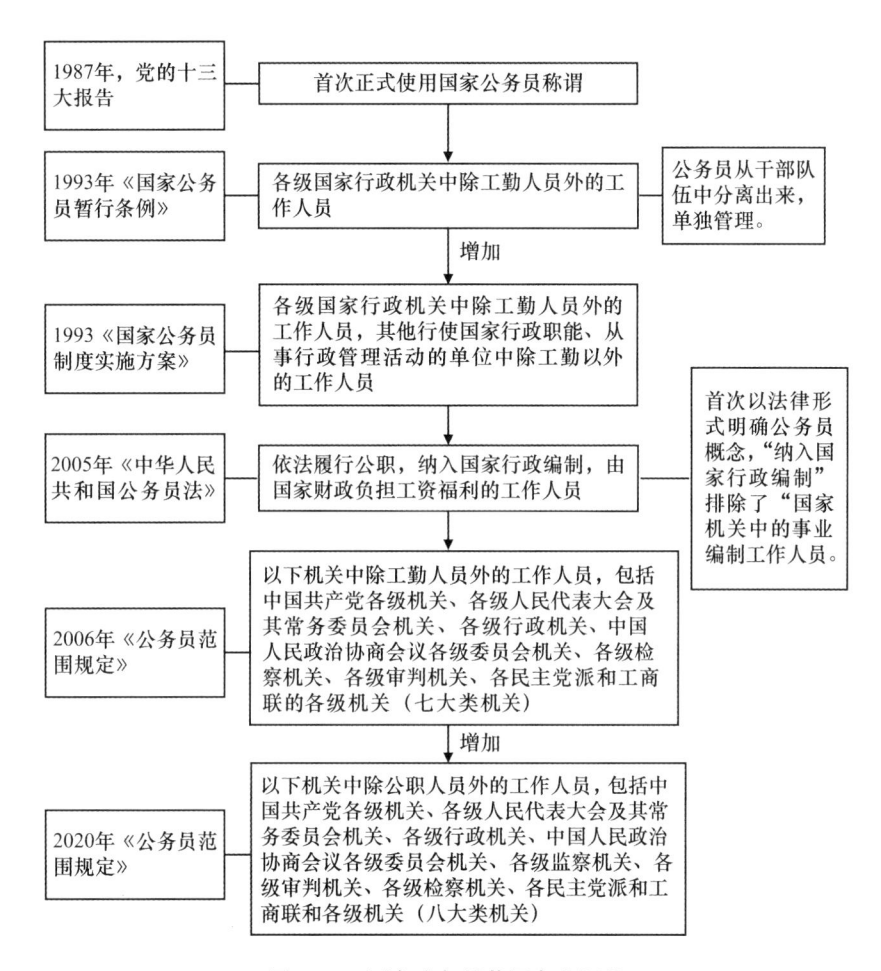

图 2-4 国家公务员范围变化调整

正式使用国家公务员称谓。在此之后,我国公务员的范围处于不断调整中。1993 年颁布的《国家公务员暂行条例》明确,国家公务员是指各级国家行政机关中除工勤人员以外的工作人员,也就是说,公务员的范围仅限于"国家行政机关",且排除"工勤人员",这意味着"将公务员从干部队伍中分离出来单独管理"①。1993 年,国务院颁布的《国家公务员制

---

① 在此之后,2016 年,中办、国办印发《专业技术类公务员管理规定(试行)》和《行政执法类公务员管理规定(试行)》,"将专业技术类公务员、行政执法类公务员从公务员队伍中分离出来单独管理。"参见宋世明《如何确定不同类别公务员范围》,《中国党政干部论坛》2016年第 9 期,第 11—15 页。

度实施方案》扩大了这一范围,在"各级国家行政机关中除工勤人员以外的工作人员"之外,还增加了"其他行使国家行政职能、从事行政管理活动的单位中除工勤人员以外的工作人员。"2005年颁布的《中华人民共和国公务员法》(简称《公务员法》)对公务员范围做了较大调整,且第一次以法律的形式明确了公务员的概念。根据《公务员法》的规定,公务员是指依法履行公职、纳入国家行政编制、由国家财政负担工资福利的工作人员。"依法履行公职"强调了与国家形成的职务关系,行使的是公共权力,具有一定的强制力、资源分配权力,这样的权力必须通过法律来制约,前提是依法履行。公职是公务员有别于其他人员的关键要素。"纳入国家行政编制"明确要对公务员和机构管理三定:定职能、定编制、定人员,实际上排除了"国家机关中的事业编制的工作人员"。"由国家财政负担工资福利"就与私人组织活动进行了区分。

  2006年,中共中央、国务院印发的《〈中华人民共和国公务员法〉实施方案》附件一《公务员范围规定》在《公务员法》的基础上进一步明确了公务员的范围不再局限于"国家行政机关",而包括以下机关中除工勤人员以外的工作人员,具体为:"中国共产党各级机关、各级人民代表大会及其常务委员会机关、各级行政机关、中国人民政治协商会议各级委员会机关、各级审判机关、各级检察机关、各民主党派和工商联的各级机关。"①

---

  ① 这一规定中,将法官纳入公务员的范围引发了较大的争议。尽管认为利大于弊的学者居多,但也有学者提出反对意见。认为利大于弊的学者有的从法官与其他公务员的共性出发,认为法官也属于国家公职人员,在人事管理方面和其他机关工作人员有着共同的特点和要求。参见应松年主编《公务员法》,法律出版社2010年版,第38页。有的从制度的统一性出发,认为中国公务员范围的界定与中国特色的社会主义政治经济制度相适应,扩大范围有利于保持各类机关干部的整体一致性,有利于党政机关干部之间的交流,有利于统一管理和通过法律防止腐败,有利于从制度上建立统一的对公务员绩效评估体系和监督体系等。参见关保英主编《公务员法学》,法律出版社2007年版,第9页。有学者提出反对意见,认为将法官纳入公务员的范围"弊大于利",在一定程度上不利于司法独立。主要的理由是行政工作强调首长负责制,各级首长可以通过功绩制评价工作人员的能力,并决定其任免和升降。而司法工作强调独立审判,不仅是司法机关之间的独立,而且是强调法官的独立地位,独立行使审判权的保障。将法官纳入公务员行列不适合法官的管理也不利于法官地位的独立。除此之外,行政机关与司法机关的职能要求不同,前者强调效率,后者强调公平、正义。参见金玉珍《关于法官纳入公务员范围的若干思考》,《时代金融》2013年第14期,第249—250页。

2020年，中央组织部发布的《公务员范围规定》明确了公务员是干部队伍的重要组成部分，吸纳了2005年《公务员法》规定的三个条件，在2006年《公务员范围规定》列举的七大类机关基础上增加了各级监察机关。公务员范围包括八大类机关中除工勤人员以外的工作人员，[①] 当然，人事关系所在部门和单位不属于八大类机关的人员不列入公务员范围，具体见表2-1。同时，该规定第14条还明确表示列入公务员范围的人员按照有关规定登记后，方可确定为公务员。

表 2-1　　　　　　　　　公务员范围

机关	列入公务员范围（除工勤人员外）	不列入公务员范围（人事关系所在部门和单位不属于八大类）
中国共产党各级机关	中央和地方各级党委、纪律检查委员会的领导人员	中国共产党的各级代表大会代表、委员会委员、委员会候补委员、纪律检查委员会委员
	中央和地方各级党委工作部门、办事机构和派出机构的工作人员	
	中央和地方各级纪律检查委员会机关及其向党和国家机关等派驻或者派出机构的工作人员	
	街道、乡、镇党委机关的工作人员	
各级人民代表大会及其常务委员会机关	县级以上各级人民代表大会常务委员会领导人员，乡、镇人民代表大会主席、副主席	各级人民代表大会代表、常务委员会组成人员、专门委员会成员
	县级以上各级人民代表大会常务委员会工作机构和办事机构的工作人员	
	县级以上各级人民代表大会专门委员会办事机构的工作人员	
各级行政机关	各级人民政府的领导人员	
	县级以上各级人民政府工作部门和派出机构的工作人员	
	乡、镇人民政府机关的工作人员	

[①] 《公务员范围规定》第十条　各级审判机关中列入公务员范围的人员：（一）最高人民法院和地方各级人民法院的法官、审判辅助人员；（二）最高人民法院和地方各级人民法院的司法行政人员。从制度层面上再一次明确将法官纳入公务员的范围。

续表

机关	列入公务员范围（除工勤人员外）	不列入公务员范围（人事关系所在部门和单位不属于八大类）
中国人民政治协商会议各级委员会机关	中国人民政治协商会议各级委员会的领导人员	中国人民政治协商会议各级委员会常务委员、委员
	中国人民政治协商会议各级委员会工作机构的工作人员	
各级监察机关	国家和地方各级监察委员会的领导人员	
	国家和地方各级监察委员会机关及其向党和国家机关等派驻或者派出机构的工作人员	
各级审判机关	最高人民法院和地方各级人民法院的法官、审判辅助人员	
	最高人民法院和地方各级人民法院的司法行政人员	
各级检察机关	最高人民检察院和地方各级人民检察院的检察官、检察辅助人员	
	最高人民检察院和地方各级人民检察院的司法行政人员	
各民主党派和工商联的各级机关	各民主党派和工商联中央和地方各级的领导人员，工作机构的工作人员	各民主党派中央和地方各级委员会委员、常委和专门委员会成员。中华全国工商业联合会和地方工商联执行委员、常务委员会成员和专门委员会成员

二 考核及相关概念

同一事物在不同的历史时期，名称有所差异。以考核为例，新民主主义革命时期叫"审查"，中华人民共和国成立以后叫"考察"和"鉴定"，直到1979年才在全国统称"考核"。不同事物有时会采用同一称呼，例如，选拔干部时对干部进行的考察、新录用干部使用期满、干部培训结束以及干部调动时对干部进行了解和评价等，有时也称为"考核"。与考核相关的概念包括考察、考绩、考课等，它们与考核密切相关，但实际含义存在差异。

从事考核工作的管理者、理论研究者们给予了考核制度较大的关注，形成了较为系统且全面的制度解释。有学者认为："中国政府的干部考核（上级考核下级）大致可以分成四个类型：一是组织部门在考察任用干部之中的德、能、勤、绩、廉考核；二是由人事部门主管的对公务员工作业绩的常规考核；三是行政条线系统中对下级对口单位的目标责任考核；四是针对各级领导班子的综合目标责任制考核。"[①] 我们所讨论的公务员考核，主要是人事部门主管的对公务员工作业绩的常规考核，区别于干部考察任用中的考核，也不同于行政部门内部根据自身工作特点制定的岗位责任制考核。

（一）审查

干部审查指的是中国共产党在新民主主义革命时期的干部考核制度。干部审查的主要目的是适应推翻"三座大山"武装夺取政权的革命任务的需要，防止和清除奸细。1940年，中共中央发出《关于审查干部问题的指示》，明确从历史和现在的工作表现上仔细考察每一个干部，在政治上对党的忠诚程度、工作能力、长处和弱点。该指示要求按照每个干部的品质和能力，来适当统一地布置和配备干部。从实际工作中去研究党员中政治上进步、来历清楚而又有能力的积极分子，及时和大胆地提拔起来，担负党和其他方面的领导工作。

中华人民共和国成立初期也开展过干部审查。1953年11月，中共中央发布《关于审查干部的决定》，决定在两三年内对全国干部进行一次细致的审查。这一审查的目的在于保证社会主义革命和经济建设的顺利进行，主要是从政治上进行审查。与新民主主义革命时期的干部审查相似，主要审查的是干部的政治面目，清除混入党政机关内的一切反革命分子、阶级异己分子、蜕化堕落分子，以保持干部队伍的纯洁。同时多方面地了解和熟悉干部的思想品质、工作才能，以便有计划地培养干部，正确地使用干部。这种干部审查与干部鉴定的区别不大，都是中国共产党在中华人民共和国成立初期实行的一种干部考核制度。

---

① 刘明兴、侯麟科、陶然：《中国县乡政府绩效考核的实证研究》，《世界经济文汇》2013年第1期，第71—85页。

（二）考察

干部考核与干部考察在实践中经常混用。明、清考核京官和地方官员的制度称为"考察"，考察京官叫京察，考察外官叫大计。明、清的"考察"与干部考察的含义不同，分属于人事管理的不同环节。前者相当于对官员的考核，后者是干部选拔任用之前的程序。

现有的研究中也有将两者等同的说法。例如，"干部考察，通常也称为干部考核。考察和考核的概念大同小异，从干部管理的角度来说考察和考核两个概念可以通用"[①]。有学者认为，"新时代的干部考察与干部考核，它们各自的功能在分化的基础上重新组合，正在进一步把'察'的作用与'核'的作用结合起来，它们的关系最终应该是'合'而不是'分'"[②]。

实际上，干部考察与干部考核分属于人事管理的不同环节，两者之间存在较为明显的差异。干部考察指的是党委（党组）及其组织（人事）部门根据干部管理权限，按照规定的程序和方法，对确定的考察对象进行全面了解和公正评价，是干部选拔任用之前的程序。一是主体不同。考察的主体是党委（党组）及其组织（人事）部门。考核的主体更加多元，既包括党委（党组）及其组织（人事）部门，也包括直接上级、同级同事、直接下属、服务对象等。二是对象不同，考察主要面向拟提拔任用的干部，考核则面向所有在岗的干部。三是内容不同。尽管都以德、能、勤、绩、廉等为标准，但考察的内容主要侧重历史表现以及内在潜力，看是否符合拟任岗位的要求。考核的内容则主要为任期、当年或平时的表现，主要侧重履行岗位职责要求的实际表现，看是否胜任岗位职责要求。四是周期不同。考察是干部选拔任用的前置程序，没有固定的周期。考核则依据不同的考核类型确定周期，例如任期考核是以一个任期为考核周期，年度考核是以一年为考核周期。五是程序不同。考察的程序通常包括考察准备、考察实施和考察结果的形成与处理三个阶段。考核的程序根据不同类别的考核对象和考核类型而有所区别，基本上包括考前动员、被考

[①] 中共中央组织部干部三局编著：《干部考察工作问答》，党建读物出版社2002年版，第1页。

[②] 戴晓曙主编：《干部分类考核方法研究》，党建读物出版社2019年版，第67页。

核者个人陈述、民主测评、考核结果确定、考核结果运用等。六是结果运用不同。干部考察的结果主要是作为选拔任用的依据，考核的结果则与聘任、奖惩、晋升、培训、辞退以及职务调整等挂钩。

除此之外，与干部考察相类似的概念是"公务员考察"。有学者直接将公务员考察与公务员考核等同，如《中国公务员辞典》[①]中对"公务员考察"的解释是"即公务员考核"。我们认为，公务员考察主要指的是公务员招录过程中的考察环节，它与公务员考核之间的区别类似干部考察与干部考核的区别。

(三) 考课、考绩

考课、考绩是讨论中国古代文官制度时常用的词汇。官方文献对考课、考绩并未严格区分，如"《清朝通志》选举志下有'考绩'一子目，内容包括京察、大计、军政。《清文献通考》选举一目下有'考课'一子目，内容包括文官的京察、大计及武官的军政"[②]。研究者对考课、考绩、考核往往也没有严格区分。现有的研究中有一些不同的观点：一种认为考课、考绩与考核三者同义，几乎没有区别。另一种认为考核的含义要比考绩更广泛。"实际上，考核与考绩是有区别的。考核的含义明显比考绩的含义要广泛。考核制度比考绩制度产生的历史更长，考察的范围更广，考察的内容更多。"[③]

在认为考课、考绩与考核三者同义的观点中，对考课、考绩的具体定义存在不一样的理解。有学者认为考课、考绩是不同朝代对同一事务的不同称呼。"考绩，又称考课。大概在汉唐间称考课，宋以后称考绩，但界限并不严格……考绩可以说是一种运用行政监察手段维持文官队伍秩序、整顿吏治、增强文官素质的制度。"[④] 不同学者对考课、考绩的功能作用有不同的界定。例如，有学者认为，"考课，亦即考绩、考功，也就是对于官吏工作绩效的考核"[⑤]。有学者认为，"考绩，又称考课，是对官员加

---

① 朱庆芳主编：《中国公务员辞典》，中国社会科学出版社1990年版，第66页。
② 常越男：《清代考课制度研究》，北京大学出版社2010年版，第2页。
③ 朱庆芳、李如海、鄂桂梅：《国家公务员管理》，中国人事出版社1996年版，第140页。
④ 李铁：《中国文官制度》，中国政法大学出版社1989年版，第173页。
⑤ 邓小南：《宋代文官选任制度诸层面》，中华书局2021年5月版，第90页。

以考核。考绩是官员任用和升降的重要依据，是对官员实行监督的常用方式。"① 有学者认为，"考核又名考课，或考绩，是定期考察官吏的功过，以之为奖惩依据"②。有学者认为，"考课一词包含两层意思。第一层意思是考，即考核检查从中央到地方的各级官吏在一定时期内执行国家政策的具体表现；第二层意思是课，指的是要对国家所规定的计划进行监察、督课"③。

总体来看，中国古代文官制度中常用的考课、考绩尽管包含对官吏能力、绩效等的评价，但更多强调的是对官吏的监督管理，与考核这一概念的重点有较大区别。但是，基于美国的功绩制原则将美国的公务员考核翻译成美国公务员的考绩制度，这里所说的考绩，主要突出绩效在考核中的重要地位，比较接近考核的含义。

（四）考核

考核，即考查核实④。不同国家对考核的用语各有不同，英国、美国称为"考绩"，法国称为"鉴定"，日本称为"勤务评议"。

有学者认为，"考核是对考核对象在既定时期内对组织的贡献作出衡量，从数量和质量两方面对其工作的优缺点进行客观系统的描述，从而为晋升、解雇、加薪等相关人事决策提供依据的活动"⑤。有学者将"考核"与"评价"进行对比区分，认为"考核注重客观结果，侧重于过去表现的回顾，关注的是最后分值的大小和成绩的高低。而评价强调理念与价值观影响下的解释与反馈，具有综合性和前瞻性，是对过去、现在和将来的全面分析，注重分析结果与价值判断过程，目的在于促进学习与进步"⑥。

---

① 艾永明：《清代文官制度》，商务印书馆 2003 年版，第 214 页。
② 陶希圣、沈任远：《明清政治制度》，台湾商务印书馆 1983 年版，第 151 页。
③ 方振邦、罗海元：《党政领导干部考核评价》，中国人民大学出版社 2019 年版，第 470—471 页。
④ 中国社会科学院语言研究所词典编辑室编：《现代汉语词典》（第七版），商务印书馆 2016 年版，第 733 页。
⑤ 方振邦、罗海元：《党政领导干部考核评价》，中国人民大学出版社 2019 年版，第 36 页。
⑥ 赵凤霞：《绩效考核与绩效评估：内涵、价值及衔接转化》，《北京行政学院学报》2011 年第 2 期，第 47—51 页。

我们认为,考核的基本含义是指考核主体根据法定的权限,按照有关的内容、标准、程序和方法,对其所管辖的考核对象的情况进行考察、核定。

公务员考核的概念界定主要包括三种方式:第一种是从考核与监察的对比视角,认为考核的功能要比只针对违法渎职行为而偏重惩罚意义的监察更为全面,进而界定"考核是对官僚在规定期限内任职情况的综合评价,通常都以包含着各种主、客观因素的功绩和实效为核心,广泛比较同类官僚的任职状态,最终则根据考等的高下,用多种手段分别进行轻重不等的奖赏和惩罚"[①]。第二种是以考核的内容为切入点进行界定。例如,"所谓公务员的考核,就是国家行政机关根据有关法规对公务员的思想品德、工作成绩、工作能力以及工作态度进行全面考察审核,作出评价,并以此作为对公务员进行奖惩、任用、培训和升迁等的重要依据"[②]。第三种是以考核的制度构成为切入点进行界定。例如,"国家公务员的考核,又称考绩、效率评价、工作评价,是指国家行政机关根据法定的管理权限,按照公务员考核的内容、标准、程序和方法,对公务员的工作能力和业务效果进行定期或不定期的系统考察与评价"[③]。又如,"考核的基本含义是指国家机关的各级主管部门,根据法定的权限,按照有关的内容、标准、程序和方法,对其所管辖的公务员的服务状况(包括成绩和缺点)进行考察、核定"[④]。再如,考核是"行政组织根据相关的工作标准对所属工作人员的才能素质、工作表现等问题进行考察和评价,以此判断他们是否称职的人事管理制度"[⑤]。

我们认为,目前公务员考核的内涵外延已界定清楚,并已体现在2020年12月中央组织部发布的《公务员考核规定》中。公务员考核是指机关按照规定的权限、标准和程序,对非领导成员公务员的政治素质、履

[①] 楼劲、刘光华:《中国古代文官制度》,中华书局2009年版,第243页。
[②] 朱建平、徐月高、赵敏、贺汲泉:《国家公务员制度——国家公职人员的重新安排》,中国财政经济出版社1992年版,第49页。
[③] 黄达强主编,朱庆芳副主编:《各国公务员制度比较研究》,中国人民大学出版社1990年版,第229页。
[④] 苏玉堂:《中外人事制度方略全书》,中国人事出版社1993年版,第316页。
[⑤] 应松年主编:《行政法与行政诉讼法词典》,中国政法大学出版社1992年版,第176页。

职能力、工作实绩、作风表现等所进行的了解、核实和评价。

三 与考核相关的制度

道格拉斯·诺思认为,"制度是一种规则。"按照《辞海》对"制度"微观层面的解释,制度是"要求大家共同遵守的办事规程或行动准则"①。从这个角度出发,考核制度是关于考核的规则。

美国政治学家萨缪尔·亨廷顿认为:"制度是一种行为模式。"从这个角度出发,考核制度是关于考核的行为模式。除此之外,关于制度的定义还有很多种,制度是体系、制度是组织等,② 并未形成统一的认识,考核制度同样如此。本书综合采用《辞海》微观和宏观角度的解释,③ 认为考核制度是在一定历史条件下形成的考核体系,要求成员共同遵守的、按一定程序办事的考核规则。

事实上,"制度是静态存在的法令条文,还是具体政治社会中的实践?制度居于支配性的统摄地位,还是常常被接受者的能动性所干扰甚至左右?研究制度应立足中央/国家还是地方/社会?观察制度的视角应该是自下而上还是自上而下?可以说,在这些关涉制度的最基础、最紧要的问题上,研究者之间尚未形成共识"④。

在前文的文献综述中,我们了解到,相关的著作或论文将较多的笔墨放在制度文本的阐述和分析上,对于制度形成的相关因素、宏观背景以及各项制度之间的关系着墨不多。但事实上,"每一项制度安排都必定内在地联结着其他制度安排,共同'镶嵌'在制度结构中,所以一项制度的

---

① 辞海编辑委员会:《辞海》(第七版),上海辞书出版社 2019 年版,第 5679 页。

② 马克思说:"制度只不过是个人之间迄今所存在的交往的产物。"制度经济学创始人托斯丹·邦德·凡勃伦指出:"制度是一种思想习惯和流行的精神状态。"美国新制度经济学家道格拉斯·诺思认为:"制度是一种规则。"美国制度经济学家康芒斯说:"制度是一种组织。"德国社会学家马克斯·韦伯说:"制度是一种行为准则。"美国政治学家萨缪尔·亨廷顿认为:"制度是一种行为模式。"日本学者青木昌彦提出:"制度是一个系统。"参见徐贻军、何德平《制度的笼子》,中信出版社 2016 年版。

③ 1. 在一定的历史条件下形成的政治、经济、文化等方面的体系。2. 要求大家共同遵守的办事规程或行动准则。3. 规格、格局。参见辞海编辑委员会《辞海》(第七版),上海辞书出版社 2019 年版,第 5679 页。

④ 阎步克、邢义田、邓小南等著:《多面的制度——跨学科视野下的制度研究》,生活·读书·新知三联书店 2021 年版,第 2 页。

效率还取决于其他制度安排实现它们的完善程度"①。与考核制度密切相关的一些制度包括：选贤任能、监察、奖惩、捐纳、考勤、职位分析等制度。

除此之外，考核制度还与工作责任制、非正式制度等存在一定的联系。② 考核制度与工作责任制的主要联系体现为两者都具有提高工作效率的目的。我国宪法第 27 条第 1 款明确要实行工作责任制和工作人员的培训和考核制度，目的是"不断提高工作质量和工作效率，反对官僚主义"。"中国马克思主义者反对广义的'官僚主义'以提高工作效率的主要办法则是建立责任制，而非通过监察机关进行司法追究。历史证明，这种做法也的确取得了成效。"③

（一）考核制度与选贤任能制度

考核制度与选贤任能制度自制度形成之初就紧密相关，两者之间的关系在不同时代表现形式不同。具体来说，两者的关系体现为：一是考核结果作为选贤任能的依据；二是两者功能相混；三是选贤任能制度影响考核制度作用的发挥；四是考核制度推动选贤任能制度的发展。

1. 考核的结果作为选贤任能的依据

原始社会末期的"三载考绩，三考黜陟幽明"，就是以定期考核任职业绩的方式决定人才的去留。金代监察御史的选拔，需要参考考核部门提供的相关材料。"按金朝制度，'凡选监察御史，尚书省具才能者疏名进呈，以听制授。任满，御史台奏其能否，仍视其所察公事具书于解由，以送尚书省。如所察事皆无谬戾为称职，则有升擢。庸常者临期取旨，不称者降除，任未满者不许改除'。"④ 意思就是，选拔监察御史，由尚书省提名、报送、授官。任满之后，御史台需要将其任职期间的表现送尚书省审

---

① ［美］R. 科斯、A. 阿尔钦、D. 诺斯等：《财产权利与制度变迁——产权学派与新制度学派译文集》，上海人民出版社、上海三联书店 1994 年版，第 383 页。

② 中国国家治理往往采取正式制度与非正式制度的相互结合。所谓非正式制度，"是指政府官员在日常工作中所表现出的价值取向和行为习性"。参见阎步克、邢义田、邓小南等著《多面的制度——跨学科视野下的制度研究》，生活·读书·新知三联书店 2021 年版，第 228 页。由于两者之间的互动与本书的关联度不高，且囿于认知水平的局限，本书不做过多的探讨，仅提供一个思考的方向，供研究参考。

③ 屠凯：《公职人员双轨惩戒制度的宪法基础》，《法学家》2022 年第 1 期，第 15—27 页。

④ 武玉环：《辽金职官管理制度研究》，人民出版社 2019 年版，第 331 页。

查,以确定升降。

在当代,干部考核结果被直接运用到干部的选贤任能工作当中。从制度规范的层面来看,《党政领导干部选拔任用工作条例》明确规定,"上一年年度考核结果为基本称职以下等次的"不得列为考察对象;"党政领导干部在年度考核中被确定为不称职的,因工作能力较弱、受到组织处理或者其他原因不适宜担任现职务层次的,应当降职使用。"从实际操作来看,考核结果往往成为干部选拔任用的重要参考依据。组织部门在确定考察对象、开展考察、讨论决定时,往往也会综合分析平时考核、年度考核、专项考核以及任期考核的情况。

2. 考核制度与选贤任能制度功能混合

"汉代的制度,官吏选拔与考课不分,选拔制度亦即官吏的考核制度……"[①] 察举制是汉代的官吏选拔制度,但同时具有考核的功能。察举的考试科目,设有常科和特科两种。"常科"是定期、经常进行的科目,最主要的是孝廉;"特科"是特别诏定的科目。从察举对象来看,既有无官职者也有现任官职者。举孝廉,即孝子廉吏,为察举的两个不同科目,孝子讲人伦孝道,用于无官职者;廉吏讲吏治行能,用于现任官职者,对现任官职者的察举就具有考核的功能。从察举内容来看,选举科目同时也是对现任官职者的考核内容。从察举结果来看,察举结果既用于选拔人才,也用于提拔官吏,后者就可以理解为考核结果的运用。

3. 选贤任能制度影响考核制度的发挥

随着考核制度与选贤任能制度的发展,两者之间的功能区分才逐渐明显,但两者之间的相互影响一直存在。例如,一些朝代特定的官吏选拔制度影响着考核制度的作用范围。自西汉以来,地方政府的隶属官吏都是由长官自行任命的,这种情况下中央对地方一般官员就无法进行考核。但隋文帝废除了州郡长官自辟僚佐的制度之后,中央收回官吏任免权,中央考核制度自然就延伸到了地方一般官吏。

再如,一些朝代的官吏选拔制度影响着考核制度的作用功效。魏晋南北朝时期的门阀制度导致了衡量官员标准的异化,而标准的异化又带来了

---

① 刘文瑞:《中国古代政治制度(下):地方体制与官僚制度》,中国书籍出版社2018年版,第219页。

高门士族整体素质的滑坡，形成了恶性循环。"门阀制度的特点就是家族门第决定个人前途，高门士族单凭门第就能飞黄腾达。"① 在此背景下，官员的选拔任用主要不在于其功绩考核，而在于门第出身。官员们好为玄虚、不务实事蔚然成风，② 这使得"精明强干会办事、不怕麻烦、有责任感、遵守规矩礼法带上了负面色彩，不懂、不会、不知道、不守规矩，反而成了高级范儿"③。

又如，科举制度改变了任人唯亲的用人原则，同时更加充分发挥了考核制度的作用。科举制度实施之后，选贤任能成为官吏选拔任用的原则，而选贤任能需要通过考核制度方能更好地实现。于是，考核制度与官吏选拔任用制度的关系愈加紧密，前者为后者提供了重要依据，后者自然也就推动了前者的发展。"经过考试择优录用，这一变化标志着科举制度在隋朝萌生，它宣告了魏晋以来以门第出身评品人物的九品中正制的废除，也意味着九品中正制对考课权侵夺的终止，从而为考课铨叙与选举分途创造了条件。"④

即便是同一个朝代，选拔任用制度的细微变化都可能带来考核制度作用的变化。例如，清代刑部里掌管文书的工作，由堂官、司官和吏三种身份的人共同完成。具体来说，司官对案件的审理、核拟提出建议，堂官对司官的建议进行决策，吏则负责文书的抄写、递送等工作。由此来看，当雍正皇帝指出堂官与司官的关系"不知爵位之尊卑，而但论权势之轻重"时，事实上说明了司官对堂官的依附关系很小，也间接说明考核中堂官的"注定考语"对司官的选拔任用作用不大。但雍正末年，司官补缺一改过

---

① 赵冬梅：《法度与人心：帝制时期人与制度的互动》，中信出版集团2022年版，第170页。

② 赵冬梅教授在《法度与人心：帝制时期人与制度的互动》中举了一个例子，王羲之的儿子王徽之在车骑将军桓冲手下当骑兵参军，是主管骑兵的参谋。一天，桓冲问他，你管哪个部门啊？他回答道，不知道是什么部门，常常看人牵马来，应该是管马的吧。桓冲又问，有多少匹马呢？他回答，"不问马，何由知其数？"桓冲继续问，马最近死了多少？他回答，"未知生，焉知死。"从这则故事中，我们可以看到，作为上司的桓冲不知道下属究竟管哪个部门。作为下属的王徽之，既不知道自己的岗位是什么，对自己岗位所涉及的信息更是一问三不知。

③ 赵冬梅：《法度与人心：帝制时期人与制度的互动》，中信出版集团2022年版，第172页。

④ 邱永明：《中国古代职官考核制度史》，华东师范大学出版社2023年版，第204页。

去各级补缺都由吏部完成的做法，变为在部内升补。这种改变直接让京察过程中堂官对司官的"注定考语"变得相当重要了，因为除了年资，堂官的"注定考语"成为重要的参考因素。司官要想获得晋升机会，必须得到堂官赏识。①

4. 考核制度推动选贤任能制度的发展

现代考核制度经常被用作推动某一项工作的抓手，具体的做法就是将某项工作纳入考核的范畴。古代亦如此，例如汉代将举孝廉纳入郡守的考核内容，直接推动了选贤任能制度的发展。汉武帝接受了董仲舒关于"实试贤能为上，量才而授官，录德而定位"的建议，推行察举制。察举制分为"举贤良"和"举孝廉"。制度推行之初，各地郡守并不重视举孝廉的工作，全国各郡中竟然没有一个孝子、廉吏被举进京。为了解决这个问题，公元前 128 年，汉武帝下诏，要求把举孝廉定为郡守的考核内容，不举孝便是不奉诏，将以不敬罪论处。不察廉便是不称职，并处罢官免职罪。② 从此，举孝廉成为汉代一项固定的选贤任能制度。

(二) 考核制度与监察制度

考核制度与监察制度关系紧密。有学者认为，"在一定意义上，考绩可以说是一种运用行政监察手段维持文官队伍秩序、整顿吏治、增强文官素质的制度"③。已有学者关注到两种制度的结合研究对准确把握吏治现状具有重要作用。邓小南指出，长期以来，宋史学界对于宋代课绩制度与监察制度的研究，分别取得了不少成果。她认为，更为贴近宋代的历史现实，更为准确深入地把握当时中央对于地方吏治的督核状况，还必须从课绩与监察制度的交汇、从其结合点来认识。④

在中国古代，两者之间的关系不断变化。商周时期的君主巡狩被视为自上而下的一种考核制度，是君主加强对官吏监督和控制的手段。但这种考核制度随着巡狩成本的增加和君主在巡狩过程中可能遭遇的风险加大等问题的出现，注定不是一种可以持续发展的制度。但君主对官吏的监督和

---

① 详见郑小悠《人命关天：清代刑部的政务与官员（1644—1906）》，上海人民出版社 2022 年版，第 241 页。
② 王书熙：《汉武帝刘彻全传》，企业管理出版社 2012 年版，第 90 页。
③ 李铁：《中国文官制度》，中国政法大学出版社 1989 年版，第 173 页。
④ 邓小南：《宋代文官选任制度诸层面》，中华书局 2021 年版，第 346 页。

控制的需求客观存在，于是自然就演变成君主派遣使者代替自己巡查地方，这可以说是考核制度与监察制度产生交集的源头。

有学者以唐代作为分界线，认为汉代以来官僚控制以考核为主监察为辅，自唐代始，监察取代考核发挥主导作用。"汉代以来以考核为主监察为辅的官僚控制体制在唐代发生了根本的逆转……封建统治者对官僚系统的控制越发依靠监察，考核的结果在一定程度上以监察的结果为前提要件，监察逐步取代考核的首要地位发挥着主导作用。"[①] 在官僚控制体系中，无论两种制度谁为主谁为辅，制度之间的交汇显而易见。总体来看，两者之间交互作用的主要形式包括：

1. 监察机构参与考课过程

在汉代，中央设御史大夫主管监察，但御史大夫同时要负责审查郡国上报考课情况的真伪虚实。监察机构长官参与考课过程，确保考课制度正常运转。除此之外，刺史奉诏监察郡国，将实情汇报中央，以免地方编制上计簿时虚夸政绩或隐瞒不足。监察机构参与考课过程，实现对考课过程的监督。在宋代，"课绩与监察，在国家体制内部起着重要的制衡作用。宋廷对于地方官员政绩的了解，是通过多种途径实现的，尽管就制度规定而言，课绩与监察系统各自独立，但是在现实政治活动中，二者绝非判然两途，而是关系密切、效应互补。地方各路的监司既掌考课，又司监察；中央监察机构对课绩事务的介入，也是相当积极普遍的"[②]。

2. 监察手段渗透考课过程

在宋代，为解决"考课不实"的问题，决策者们在内部调整考课方式的同时，突破考课与监察的界限，使监察手段渗透到考课之中。"在宋代，由常设机构进行的纵向常规考察，既包括定期的逐层日常考课，又包括不定期的经常性巡访按察；还有中央业务部门对于地方相应机构的专业性考核，以及各司各部各级磨勘勾检系统的稽查覆验；横向的常规考察，主要是诸司、诸州之间的互查互申。除此之外，下级官员对上级的检举、同级官员之间的揭发、后任官员对于前任绩效的检验，都是考察网络的组

---

① 殷文明：《唐代官吏考核与监察制度的互洽逆转及启示》，《湖南行政学院学报》2011年第5期，第100—105页。

② 吴宗国主编：《中国古代官僚政治制度研究》，北京大学出版社2004年版，第281页。

成内容。"①

3. 考课制度发挥对监察官吏的监督作用

监察官吏必须遵守一般官吏的考课要求,此外,有些朝代还明确规定了监察官吏的考课标准。例如,唐朝"四善二十七最"中明确:"访察精审,弹举必当,为纠正之最。""为了保证御史不受牵制地行使弹劾权,隋唐时期改变了北魏以来由御史台长官选任御史的办法,改由吏部选任……并且对各院御史严格执行考课制度。监察御史以二十五月为限,殿中侍御史十八月,侍御史十三月。成绩好者,如'四推鞫狱,两弹举事,皆无败阙,方得转迁',得到提升,有败绩则降职。"②

在当代,有学者认为,"实际上,定期考核等考核正是日常监督管理制度的重要组成部分……影响工作实绩的玩忽职守、贻误工作等行为完全可以在考核程序中被发现和处理,并导致公职人员受到狭义'处分'"③。除此之外,考核与监察制度的交互作用主要体现为:监察结果作为被监察对象综合考核评价的重要依据。这种情况通常出现在对专项工作的监察,对象则主要是领导班子和领导干部。例如,湖北省2021年出台《湖北省生态环境监察工作规范》,明确将监察结果作为被监察对象领导班子和领导干部综合考核评价的重要依据。除此之外,监察内容包括考核工作必须依规依纪开展,确保考核各个环节规范到位。监察方式包括查阅廉政档案、信访登记台账、问题线索处置台账等。

(三)考核制度与奖惩制度

考核结果的运用包括奖励与惩戒两个不同的方向,但考核制度与奖惩制度是两种功能完全不同的制度,两者存在交叉的情况,例如官员的渎职、失职通常会受到相应的惩处。尽管渎职、失职往往不是基于考核结果,而是基于具体事件当中的表现,但这种惩戒与考核的功能殊途同归,都是旨在考察和提升官员的胜任力和责任心。考核制度与奖惩制度之间的联系远不止如此,此处我们主要讨论两种情形:一是考核结果会带来奖励或惩戒;二是受到奖励或惩戒会影响考核结果。

---

① 邓小南:《宋代文官选任制度诸层面》,中华书局2021年版,第353页。
② 蒲坚:《中国古代行政立法》,北京大学出版社1990年版,第295页。
③ 屠凯:《公职人员双轨惩戒制度的宪法基础》,《法学家》2022年第1期,第15—27页。

第一，考核影响奖惩——考核结果会带来奖励或惩戒。考核激励、导向功能主要通过考核结果进行奖优惩劣来实现。例如，秦代考课不合格可能会面临罚款，若无法缴纳罚款，则需服劳役来抵消。在考课中弄虚作假，还可能会面临罢官或被罚去新地任官。唐代考课成绩称职及优异者给予晋等加俸，"中上以上，每进一等，加禄一季"①。宋代"州县月具系囚存亡之数申提刑司，岁终比较死囚最多者，当职官黜责，其最少者，褒赏之"②。意思就是，各州县每月都要备齐在押囚犯的存亡人数上报提刑司，年终评比，狱中囚犯死亡最多的，承办官吏要受到贬官的责罚，死亡最少的，记功行赏。在近代，北洋政府时期，考核不合格的惩处包括降等、罚俸、记过等，严重的还可能被褫职。南京国民政府时期，公务员年考"一等晋级、二等记功、三等不予奖惩、四等记过、五等降级、六等解职"。在当代，公务员年度考核称职以上等次可获得年终奖金，年度考核优秀的给予嘉奖、在本单位通报表扬、缩短晋升上一职级任职年限半年等。连续两年确定为不称职等次的，予以辞退。

第二，奖惩影响考核——受到奖励或惩戒会影响考核结果。在古代，隋朝官阶在九品以上的人犯罪，允许赎罪，但赎罪情况影响考核结果。赎罪交铜一斤的记过一次，记过十次，考绩属下等。"其品第九已上犯者，听赎……赎铜一斤为一负，负十为殿。"③南宋官员上任，上级部门颁发一份印纸与其相随。官员在任内的作为和表现都会被记录在档案内，称"批书"，作为日后考核、升迁的依据。从徐谓礼文书——录白印纸（局部）（见图2-5）可以看出，劳绩推赏（是否因功得赏）以及不曾应举若试刑法（是否受过什么处罚）④都被记录在档案里。尽管我们不知道因功得赏或受到处罚最终会对日后考核产生什么影响，但至少说明它们是考核的重要参考因素。"金法以杖折徒……考满，校其

---

① （明）杨一凡点校：《中国珍稀法律典籍集成·大明令·吏令》，科学出版社1994年版，乙编第1册第8页。
② 高潮、马建石主编：《中国历代刑法志注译》，吉林人民出版社1994年版，第447页。
③ 高潮、马建石主编：《中国历代刑法志注译》，吉林人民出版社1994年版，第220页。
④ 除此之外，还有请假参假月日（何时请假销假）；差出月日（何时出差）；转官循资受讫月日（在任期间何时转）等。

受决多寡以为殿最。"① 意思就是，金法规定，用杖刑代替徒刑……考查任期届满的大臣，都要核查他受到杖刑的多少，作为衡量政绩是上等还是下等的依据。

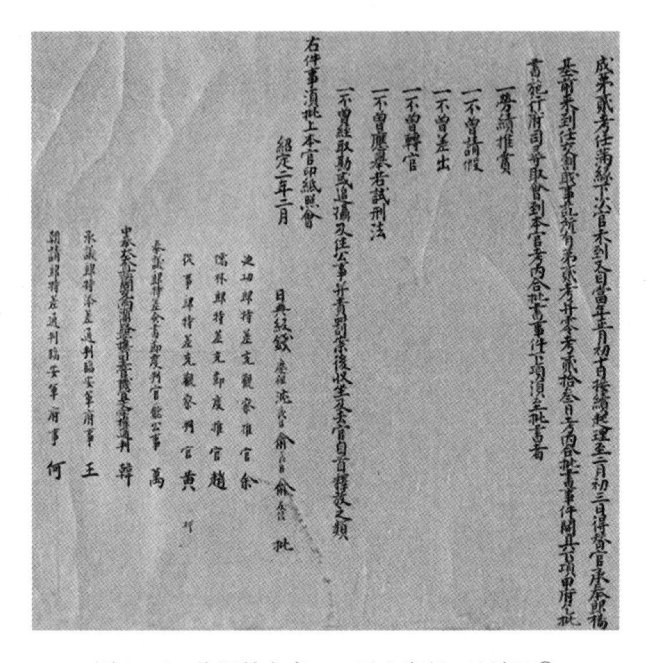

图 2-5　徐谓礼文书——录白印纸（局部）②

在当代，公务员奖励作为公务员考核和晋升职务职级的重要参考。《公务员奖励规定》明确，对在处理突发事件和承担专项重要工作中做出显著成绩、获得记三等功以上奖励的公务员，当年年度考核确定优秀等次时予以倾斜。公务员受到惩戒后，其考核结果如何确定由相应的规定明确。例如，受党纪处分的公务员，其年度考核主要依据《关于受党纪处分的党政机关工作人员年度考核有关问题的意见》（1998）、《关于受党纪处分公务员年度考核有关问题的答复意见》（2016）等规定办理。受政务处分的，主要依据《公务员考核规定》（2020 年修订）办理。受到惩戒

---

① 高潮、马建石主编：《中国历代刑法志注译》，吉林人民出版社 1994 年版，第 579 页。
② 南宋"公务员"徐谓礼文书来杭，浙博今起展出［EB/OL］.（2020-05-15）［2023-03-16］. https：//baijiahao. baidu. com/s? id = 1666717882168724466&wfr = spider&for = pc.

后，通常的处理结果是考核结果被评为不称职或是参加年度考核但不确定等次，具体如何确定则依据处分情节的轻重，按照上述规定办理。

（四）考核制度与捐纳制度

考核制度与捐纳制度似乎是两个互不相关的制度，前者是人事管理制度的重要组成部分，后者则经常被视为"政治上有损官僚队伍素质，经济上有益于国家财政"的制度。① 前者是整顿吏治、维护政权合法性的有效手段，后者则明显有损官吏管理、政权合法性。这两项制度沿着各自的轨迹发展，直到某个特定的历史阶段才产生关联。产生关联的前提是，捐纳制度的范围扩大到因考课绩效不佳受到处罚的官吏上。至此，捐纳制度才真正对考核制度产生影响。

起源于明代，确立于清代的捐纳制度②对考核制度产生了极大的影响。吴四伍认为，清代的捐纳制度"在个体身份、荣誉、地位等社会资本与国家的经济资本之间如何转换方面，清代实践了一条颇具特色的道路，给后人留下了诸多探索的空间……捐纳专指民众通过市场交易，以资金获取升学资格或官场职衔等社会资本，实质上它是一场个体与国家的资源互换"③。

捐纳制度的对象多是根据考核制度受到处分的官僚，这种允许官僚运用捐纳的方法减轻乃至免除自身的处分的捐纳制度，本质上与考核制度是相互冲突的。因为考核制度的功能之一，就是在督促官员恪尽职守的同时，根据目标的达成情况将不合格的官员强制剔除出队伍。"但是，按照官僚人事考课制度原本应该被彻底革职或降级的官僚，却在'自新'和'自效'的名目下利用捐纳制度保住或恢复了原有的地位。结果导致了原

---

① 吴四伍：《清代捐纳与国家治理》，社会科学文献出版社2021年版，第96页。
② 1449年，为了尽快解决包括军费在内的财政问题，明朝政府实施了大规模的捐纳。1450年，捐纳的对象由原来的"舍人军民"推广到官僚。据《明英宗实录》的记载，"户部奏大同、宣府急缺马草，民间供给不敷。请敕吏部暂令听选官并考承差有能输草千五百束，办事官输草二千束者，即时用；应降者加输千五百束，复其原职。"（参见《明英宗实录》，卷一百八十九，景泰元年闰正月戊午，第3836页。）也就是说，受到处分应该降职的官员在捐纳3500束马草之后，就可以"复其原职"。后来，这一政策多次实施，例如受到降职处分的官僚通过纳米可以"复职办事"等，但此时的捐纳并未形成稳定的制度，而是在特殊情况下，受到降级或罢免处分的官僚通过捐纳行为可以恢复官职。
③ 吴四伍：《清代捐纳与国家治理》，社会科学文献出版社2021年版，第36—37页。

本属于稀少资源的官缺变得更加稀少,造成现任官僚的升迁和新人官僚的选授日趋困难……甚至可以说,原本旨在救济一部分因公获罪的'有能'的官僚的捐纳制度在运用过程中,严重地侵蚀了官僚人事考课制度的基础,对官僚制度整体造成了十分恶劣的影响。"①

（五）考核制度与考勤制度

考核与考勤紧密联系。第一种是考勤记录作为年度考核的重要依据,例如秦代里耶秦简中发现了秦代的官吏出勤考核简,详细记录了官吏的工作考勤和处理日常事务的情况,作为"上计"的重要依据（见表2-2）。秦代的"视事"相当于现在的"上班",即处于工作状态。"官员是否按照规定'视事',是秦代考课的重要项目,'视事'日数被记录在簿籍上,作为核定劳绩的主要依据,而官职的升降与功劳的多少有直接关联。"②

表2-2　　　　　秦代官吏出勤考核简的具体内容

职务	人名	出勤天数	备注
守丞	枯	55	枯、平和固三人出勤计为354天
守丞	平	57	
守丞	固	242	
令佐	慊	44	慊、贺和章三人出勤计为354天
令佐	贺	130	
令佐	章	180	
守	加	44	加和顾两人出勤计为354天
守	顾	310	
佐	集	44	集和苏两人出勤计为354天
佐	苏	310	

注：人员任职时间长短不同,天数有大小差异。同职务的任职天数相加,正好是354天,正好是一年。

资料来源：https://www.sohu.com/a/466452940_121107011.

---

① 伍跃：《中国的捐纳制度与社会》,江苏人民出版社2013年版,第339—341页。
② 周海锋：《秦官吏法研究》,西北大学出版社2021年版,第202页。

第二种是考勤制度属于官吏行为规范的范畴，考勤结果直接影响官吏的薪酬，甚至会关联特别严格的处罚。唐代的"考勤制度"包括报到期限、值班制度、点检制度。报到期限指的是官吏调任时，根据路程远近等因素确定赴任报到的期限，逾期不报到就会受到惩罚。值班制度指的是专人轮流值班，若未到岗，则会受到惩罚。点检制度类似于点名制度，点名不到则会受到惩罚。通常惩罚为笞刑，具体数目依据报到逾期的时间长短、值班未到岗的具体情况以及点名未到的频次来确定。"点卯"就是古代官吏的一种考勤方法。卯时（早上5点至7点）开始查点人数以确定出勤，称为"点卯"，官吏按时去听候点名称为"应卯"，如果需要签到，则称为"画卯"。如果考勤当中发现无故不到，轻则会挨板子、罚俸禄，重则处以刑罚。唐玄宗时，"文武官朝参，无故不到者，夺一季禄"[①]，一次罚3个月的俸禄，惩罚不可谓不严格。

第三种是考勤制度作为平时考核的重要内容。当代公务员考核指标中的"勤"与考勤制度中的"勤"是一种包含关系。前者的"勤"包含后者的"勤"，后者的"勤"只是前者"勤"的一个方面。在不同类型的考核中，考勤制度的"勤"所占的分量有所区别。例如，公务员平时考核采用的重要方式就是严格考勤。当然，考勤也只是平时考核的部分内容。

（六）考核制度与职位分析制度

考核制度一定要建立在清晰的职位分析之上吗？或者说，职责明确是不是考核制度发挥作用的必备条件？提出这一问题，或许很多人会认为，这还需要讨论吗？这不是显而易见的吗？只有明确了岗位职责，才能对职责的履行情况进行考核，才能实现考核的功能作用。那么，有没有一种可能，由于上级交办任务、临时指派任务等过多，公务员的大部分岗位实际上无法明确具体责任，不能采取客观的业绩指标来进行评判。承担这些岗位职责的公务员考核重点不是短期的业绩或履责情况，而是长期的工作表现及效果。考核指标不是定量的客观业绩指标，而是定性的主观评价。考核结果的运用不是短期的物质奖励，而是长期的升迁、晋升奖励等。反过来，这些岗位的考核依赖主观评价来实现，本身也就无须详细的职位分析。

---

① （宋）王溥撰：《唐会要》卷24，中华书局1955年版，第455页。

这有点类似日本企业的职场组织，"明确的个人责任领域有限，不明确由谁负责的相互依存领域很大。日本的组织更多地要求其工作人员一边关照上下左右，一边工作，在必要的时候采取互为辅助的行动"①。尽管分工不细致、责任分割不明确可能会导致效率的低下，但"劳动者的学习欲望却得到了激发，其结果是，由于劳动者团体能够去应对市场和其他条件的不断变化，增强了职场内自己处理问题的能力，也优化了平级之间动力学意义上的有效调节能力。此外，基于这种能力，员工在职场上能够较为顺利地适应新技术"②。综上，我们认为，至少从理论层面来看，不是所有的岗位考核都需要进行职位分析，不是所有的部门和职位都适合职位分类。③

美国是实行公务员职位分类制度的国家。1923年美国国会通过《职位分类法》，成立了人事分类委员会。联邦各类人员被分为5类共44等。1949年，美国国会通过新的《职位分类法》，将职位减并为"一般职类"和"技艺保管类"。④ 职位分类制度对于提高美国公务员的工作效率发挥了重要作用。日本的《国家公务员法》依据美国职位分类原则，设置了"职阶制"。"但是日本并没有严格地执行职位分类制度。"⑤ 为什么同样一个制度，在美国执行得很好，在日本却得不到落实呢？有学者归纳了其中的主要原因：一是"日本的民族文化特点、传统习惯与职位分类的精

---

① ［日］稻继裕昭：《日本公务员人事制度》，黄元译，生活·读书·新知三联书店2012年版，第24页。

② ［日］稻继裕昭：《日本公务员人事制度》，黄元译，生活·读书·新知三联书店2012年版，第24页。

③ 有学者认为，适合职位分类的部门与职位必须具备五条标准：1. 必须是政府机关的常设职位。那些随意设置、任务不固定、没有严格工作标准和饱满工作量的职位，不符合以"事"为中心、以"事"择人的要求，不具备职位分类的条件；2. 必须是工作任务、内容相对稳定的职位。只有专业性强和工作任务、内容比较固定的职位，才能进行分类；3. 必须是工作内容宜于公开的职位；4. 必须是职责程度容易量化的职位；5. 必须是对所需资格条件有明确规定和要求的职位。参见吕春甲、于文远主编《地方实施公务员制度配套研究》，东北大学出版社1993年版，第81—82页。

④ 徐振寰、王晓初主编：《世界各国公务员制度比较》，中国人事出版社1998年版，第90页。

⑤ 徐振寰、王晓初主编：《世界各国公务员制度比较》，中国人事出版社1998年版，第90页。

神相距甚远"①。这里所指的民族文化特点与传统习惯包括：日本的终身雇佣制度决定了人事管理制度以学历、资历和经验等品位因素为基础，而非职位因素。团体意识决定了人事管理制度以集体作用、整体效率的发挥为重点，而非基于职位的个人职责作用的发挥。资格序列意识决定了年轻一辈对先辈和首长吩咐的绝对服从，而非基于岗位职责开展工作。二是日本公务员制度本身的整体性和协调性不够完善。②这里指的整体性和协调性主要是任用标准和工资等级未确定，无法与职位分类形成配套。三是当时国内政治和经济状况对职位分类法的实施产生了十分不利的影响。这里指的政治和经济状况主要是政治不安定，通货膨胀，使得公务员群体内部对该制度的抵制较多。四是各方面尚未接受职位分类的精神和原则。"人们普遍担心自己的学历、资历被职位分类所吞没，所以对职位分类的实施方案持消极态度。"③ 五是实施方案本身的烦琐程度增加了实施的难度。

那么，在我国实行职位分类制度到底能否行得通呢？20 世纪 80 年代后期，我国在建立公务员制度试点时，借鉴了国外实行公务员职位分类的思路，推行职位分类制度，将职位分类作为实施考核的基础，但在试点过程中遇到了一些问题。④

1989 年 4 月，在原国家人事部的统一部署下，国家统计局在局机关全面试行国家公务员制度。其中，职位分类工作是试点工作的重点。"在'三定'和职能分解的基础上，做好职位分类工作。按国家人事部统一要

---

① 徐振寰、王晓初主编：《世界各国公务员制度比较》，中国人事出版社 1998 年版，第 91 页。

② 徐振寰、王晓初主编：《世界各国公务员制度比较》，中国人事出版社 1998 年版，第 92 页。

③ 徐振寰、王晓初主编：《世界各国公务员制度比较》，中国人事出版社 1998 年版，第 93 页。

④ 在试行国家公务员制度试点的过程中，国家统计局的试点遇到的问题就包括一些部门和人员不宜实行职位分类。"由于工作性质的特殊性，党委、纪委、监察、审计、工会以及办事员、副部长（含直属局副局长）以上人员……按照国家人事部的设想，以上部门和人员将进行品位分类的试点。"于广沛、茅连煊：《中国公务员制度实践者的报告》，北京科学技术出版社 1991 年版，第 110 页。所谓品位分类，是以人员的品格才能、资历作为人事分类管理的依据。其显著特点是以公务员的资历、学识、品格及其所能适应某种地位的能力和所得的俸禄作为分类的标准……即'以人系事'，如我国古代的'九品中正制'。参见苏玉堂《中外人事制度方略全书》，中国人事出版社 1993 年版，第 304 页。

求,进行职位调查和分析评价;将各个职位按照工作性质、责任轻重、难易程度和所需资格条件,分为不同的类别和等级,制定职级规范。"① 从试点的情况来看,原国家人事部的制度设计不可谓不全面,除《职位调查表》《职位说明书》《分析评价登记表》《职位分类人员基本项目参照表》等模板外,还为试点单位提供了《职位因素评价权重表》,详细列明所需资格条件、难易程度、责任轻重所涉及的具体内容的权重,供试点单位进行职位分析使用。但"由于党政机关各种机构的工作目的和工作内容实际上是在不断变化的……职位分类及其分析职能是动态的而不是静态的,相对稳定期有限。试图采用职位分类、制定职位说明书的办法,来一劳永逸地解决定期考绩的依据;或者是采取追踪的办法,建立动态的职位分类完善系统来满足定期考核的需要,实际都很难做到,甚至得不偿失。"②

1993 年的《国家公务员暂行条例》(简称《暂行条例》)设专章规定了职位分类制度,成为我国进行职位分类的法律依据。但从《暂行条例》的制度设计来看,只规定了"制定职位说明书,确定每个职位的职责和任职资格条件,作为国家公务员的录用、考核、培训、晋升等的依据",并未对公务员的职位具体如何分类做出明确的说明。

1994 年,原国家人事部印发《国家公务员职位分类工作实施办法》的通知,对列入国家公务员范围的职位进行分类。该办法要求进行职位设置,包括确定职位职责、职位的设置层次、职位设置的数量、职位名称等,制定职位说明书,确定职务,确定级别。应当说,实施办法对职位分类进行了制度设计,例如明确了职位说明书应当包含的职位名称、职位代码、工作项目、工作概述、所需知识能力、转任和升迁的方向、工作标准。随着实践的推进和认识的深化,这种以职位分类作为实施考核基础的做法逐渐隐退。作为分类管理、分类考核的基础的职位分析制度,在现实中实际上被搁置。

(七)考核制度与工资制度

工资的构成包括基本工资和津贴、奖金等,其中奖金的发放与考核制

---

① 于广沛、茅连煊:《中国公务员制度实践者的报告》,北京科学技术出版社 1991 年版,第 4 页。

② 戴晓曙主编:《干部分类考核方法研究》,党建读物出版社 2019 年版,第 33 页。

度密切相关。考核制度与工资制度的关系主要体现为考核结果的运用会带来工资的增加或减少。"官员有功、有值得表彰的行为或考课优秀等，需要奖励时，有时采取提高俸禄等次或增加一定时限的俸禄数额的办法。一定时限的加俸，是按原来的标准加发几个月至一年的俸禄，属于一次性的。"① 例如，唐代考核之后的奖惩方式主要是加禄或夺禄。"诸食禄之官，考在中上已上，每进一等，加禄一季；中下已下，每退一等，夺禄一季。"②

中国公务员考核制度与工资制度的关系主要体现为：一是考核结果不作为确定工资的主要依据。这是因为，首先，公务员制度要求收入的稳定性，工资中活的部分比重不宜过大。当代公务员制度设计充分考虑了公务员职业的稳定性和队伍的稳定性。其次，公务员工作性质难以对不同部门的绩效进行比较。"行政管理工作完全不一样，客观和准确地衡量效益有很大的难度，要把绩效考核作为确定工资的主要依据是不合适的。"③ 最后，岗位之间也很难用同一个标准去计量工作业绩。二是考核结果作为奖金发放的依据。即工资中可以有活的一部分，根据考核情况发放不同数额的奖金，体现奖勤罚懒。"第一，考核与奖励挂钩，但绩效考核不是考核经济效益；第二，奖励的数额是一次性的、浮动的，在工资中的比例不宜过高；第三，资金来源由政府预算统一安排，不宜由各单位自筹资金。"④ 三是考核奖励纳入公务员工资制度统一管理。以考核奖励的名义巧设名目发放不合规的津贴补贴，就要进行清理规范。2021年6月，中办、国办联合下发《关于进一步严肃纪律清理规范地方违规发放公务员工资津贴补贴的通知》，主要规范各地各部门违规发放奖励性补贴，以及超标准、超范围发放年终一次性奖金等问题。

中华人民共和国成立以后，随着工资制度的发展，考核制度与工资制度的联系越来越紧密。在年终考核制度建立之前，工资制度当中有奖励性

---

① 侯建良：《中国古代文官制度》，党建读物出版社2010年版，第256页。
② （唐）李隆基撰，（唐）李林甫注：《大唐六典》，三秦出版社1991年版，第47页。
③ 何宪：《公平与激励：中国公务员工资制度探析》，中国人事出版社2017年版，第151页。
④ 何宪：《公平与激励：中国公务员工资制度探析》，中国人事出版社2017年版，第154—155页。

工资的部分，但都不是基于考核结果。1993年机关事业单位工资制度改革，废止了自1985年起建立的以职务工资为主要内容的结构工资制，建立了职务级别工资制度。"这次改革对奖金的发放办法做了如下规定：对年度考核为称职以上的人员，年终发放一次性奖金，按本人当年12月份的月基本工资（职务工资、级别工资、基础工资、工龄工资四项之和）计发。这是我国首次建立年终考核制度，并根据年终考核情况进行奖励。"①但是，由于各地津贴补贴数量增加，基本工资占公务员年平均工资的比重不断下降。"与此相对应，根据规定发放的当年公务员年终考核奖励仅占当年公务员年平均收入的2%左右，年终考核奖励的分量和作用都大大减少。正是在这样的情况下，另一种年终考核奖励开始出现，这就是我们所说的年终绩效考核奖。"②

总之，除了以上相关制度，考核制度还与致仕制度相关。一般来说，年龄达到一定岁数而离开工作岗位，称为致仕。但某些情况下，考核结果不胜任职位要求，也可能会成为致仕的条件。考核不胜任者被勒令致仕，这就是考核制度与致仕制度之间的关联。例如，在金代，"世宗大定二十三年（1183）五月，'县令大雒讹只等十人以不任职罢归'"③。在明代，据《明会典·致仕》记载：老疾不堪任事者、德不称职者、才力不及者，以及浮躁浅陋者往往被勒令致仕。考核制度与致仕制度之间的关联还体现在考核结果会直接影响退休之后的待遇。例如，在某些朝代在职为四品的官员退休时，有可能会因为他平时的政绩和考核成绩比较优秀，能享受到二品大员的退休待遇。

同时，考核制度与官吏调任交流制度关系密切。例如，隋朝时，为克服"典吏久居其职，肆情为奸"以及任期无定期的弊端，建立了流官制度，规定州县官吏三年一换。这种官吏地区间的交流制度，可以改变久任积弊现象，有利于任期考核制度的推行。

---

① 何宪：《公平与激励：中国公务员工资制度探析》，中国人事出版社2017年版，第157页。
② 何宪：《公平与激励：中国公务员工资制度探析》，中国人事出版社2017年版，第158页。
③ 武玉环：《辽金职官管理制度研究》，人民出版社2019年版，第307页。

第二节　功能定位

制度的功能定位是制度设计的基础，也是影响制度实效的重要因素。有学者认为，"任何制度的运用都会产生作用，制度作用体现着制度运作的功能，尽管制度功能是多方面的，但最根本的一项功能无疑是使外部性内部化。外部性内部化程度决定着制度的效率，一项制度安排使外部性内部化的程度越高，就越有效率"①。有学者从制度功能的层次性出发，认为制度的功能分为核心功能与次级功能，且制度的核心功能是通过次级功能实现的。②

在我国人事管理制度的背景下，考核制度到底应该并且能够承担怎样的功能？考核制度的核心功能、次级功能究竟是什么？这些都是值得思考的问题。例如，秦代"县廷每日均要对过境的邮书加以考课，发现滞留、过期的文书就要按律论处相关责任人"③。考核客观上提升了邮驿的效率，确保了政令的通畅，但显然这不是考核的核心功能。

不同学者从不同的视角阐述了考核制度的功能定位。有学者直接从考核制度的作用出发认为考核制度具有"察贤否、明功过"的功能。"一是'察贤否'。考课是识别官员行为善恶、能力大小的重要手段，考课结果可以作为对官员实施升降去留的直接依据；二是'明功过'。官员有哪些成绩，有哪些过错，通过考课可以集中反映到官员的上级和主管部门，并通过赏功罚过，对官员起到激励进取、督促工作、监督行为的作用。因而考课是整顿吏治的重要手段。"④

有学者认为，"考课制度作为一项政治制度，其首要目标必然是维护统治、巩固政权，贯彻统治者的理念和决策"⑤。还有学者认为，"考课之

---

① 李怀、赵万里：《制度设计应遵循的原则和基本要求》，《经济学》2010年第4期，第54—60页。
② 袁庆明：《论制度的核心功能及其实现》，《郑州轻工业学院学报》（社会科学版）2008年第1期，第71—76页。
③ 周海锋：《秦官吏法研究》，西北大学出版社2021年版，第101页。
④ 侯建良：《中国古代文官制度》，党建出版社、中国人事出版社2010年版，第111页。
⑤ 生云龙：《西汉官吏考课有效性的制度保障》，《中国人事科学》2021年第1期，第74—93页。

法历来是服务于朝廷统治政策的,对于考课性质及其意义的认识,要与特定时代的政治取向联系思考……我们要辨识课绩背后的官方用意,不能简单地将当时的考课目标及其做法纯粹化、正义化"①。

有学者针对特定朝代的考核制度功能定位进行了阐释,认为秦汉的考课制度是作为中央控制地方的重要手段。"秦汉'上令下行、上禁下止'的层级间行政组织的领导服从关系不是凭空而来的,而是建立在一定工作机制基础上的……'考绩'即考核官吏政绩,是保障上下层级领导服从关系最重要的机制。"②"因上计是中央控制地方的重要手段,是否上计常作为降服或者反叛的标志。"③ 有学者从考核制度与其他人事行政制度的关系出发认为考核制度是其他人事行政制度的基础。"人事考核制度处在人事行政制度的基础层面,其他诸项制度多建立在此制度之上。公职人员的录用、晋升、交流、奖惩、培训、工资待遇等制度运行情况皆赖于考核制度之效果。"④

综合这些认识,我们回到"我们为什么需要考核制度?"这一问题上,以便更好地理解考核制度的功能。从个人的角度来看,人们需要考核制度是基于一个观念:"每项工作都需要有一个衡量标准,每个工人都需要对自己的工作表现负责。"⑤ 从组织的角度来看,组织需要考核制度是需要对个人的工作进行衡量。"照常人看来,制度的功用无非有两种:一是用来管人的,人无规矩,便不成方圆,人不被规训,社会就乱套了;二是人拿来用的,一切利益和权力,若没有制度提供的通道,便无从取得;在人与人的世界里,制度可以提供彼此产生差别的合法理由。"⑥ 基于此,我们认为考核制度的主要功能包括:一是检查功能,通过考核明确履职状态;二是激励功能,通过考核激励正面行为;三是导向功能,通过考核引

---

① 邓小南:《宋代文官选任制度诸层面》,中华书局2021年版,第126页。
② 张锐:《秦汉行政体制研究》,社会科学文献出版社2017年版,第359页。
③ 张锐:《秦汉行政体制研究》,社会科学文献出版社2017年版,第362页。
④ 刘重春:《中国当代人事行政制度的文化分析》,河北人民出版社2012年版,第117页。
⑤ [美]杰森·劳里森:《重建绩效管理:如何打造高效能自驱型团队》,鞠婧译,清华大学出版社2021年版,第20页。
⑥ 渠敬东:《制度过程中的信息机制》,《北京大学学报》(哲学社会科学版)2021年第6期,第75—76页。

导行为规范。①

一 检查功能

"人们只会做检查的事情，而不会做你期盼的事。"② 考核制度就是以检查的手段，实现组织目标与个人行为的统一。考核的检查功能通过对"应该是什么"与"实际是什么"进行比较来实现，其目标在于明确履职状态。目标的实现主要依赖于"应该是什么"很明确，"实际是什么"有标准，"应该是什么"与"实际是什么"之间的差距分析很科学。当不具备这些条件时，检查功能的实现就会出现一定的障碍。

（一）检查功能的目标

检查功能的目标在于通过考核明确履职状态。中国古代官吏考课制度的建立，最初正是定位于检查这一功能。西周时期的述职与巡狩正是为了实现检查的作用。述职是诸侯定期向周天子朝觐，汇报自己的政绩，是自下而上的汇报。巡守则是周天子定期视察诸侯们的工作，是自上而下的检查。战国时的"上计"制度为了方便检查，采取将木券一剖为二，被考核者与考核者各执左右券，年终考核者持右券与被考核者的左券进行核实，以实现检查的作用。秦统一度量衡使得检查可以量化，检查功能更加便于实现。魏晋南北朝时期，按照《三国志·魏书·卢毓传》记载："考绩之法废，而以毁誉相进退，故真伪浑杂，虚实相蒙。"意思是，因为废除了考绩法，仅凭名誉决定官吏升迁或降职，出现了真伪难辨、虚实混淆的情况。

考核的检查功能曾被运用于特殊的时代背景下。例如，中国在试行国家公务员制度时，存在"人员过渡"的问题。所谓"人员过渡"，就是"实施国家公务员制度的各级国家行政机关现有工作人员，以《国家公务员暂行条例》规定的公务员条件及职位任职资格为依据，通过一定的程

---

① 这三种功能与"指挥棒、风向标、助推器"表达的意思相近。"更好发挥考核的指挥棒、风向标、助推器作用。"参见建设高素质专业化人民公仆队伍——党的十九大以来公务员队伍建设工作综述［EB/OL］.（2022-08-30）［2023-09-19］. https://www.shtong.gov.cn/node70344/20220830/561768.html.

② ［美］郭士纳：《谁说大象不能跳舞？》，张秀琴、音正权译，中信出版社2015年版，第577—578页。

序和方法，转变为国家公务员，取得相应级别的公务员身份，并按照公务员法规对其进行严格管理"①。地方实践中就有采取考核的方式开展人员过渡的尝试，且取得较好的效果。例如，辽宁省各级政府机关自1989年开始普遍推行了年度考核制度，若行政机关工作人员连续3年在年度考核中"称职"，且政治素质合格，符合国家公务员的任职条件，就可以成功过渡为国家公务员。对于出现"抵制或反对党的基本路线；近5年内受到过刑事处分；近二三年年度考核连续评为不称职的，或经综合考核被认定为不称职的……"都不能过渡为国家公务员。②

　　考核的检查功能曾被提议作为特殊岗位推进工作的一种手段。例如，清朝雍正年间，为了解决刑部官员的专业基础不牢问题，官员们提出过两种解决方案，均是通过考核来推动。一种方案是对现任刑部官员进行定期的律例知识考核，督促他们尽快学习。另一种方案是号召全天下的"百司官吏"依据《大清律例》的要求进行"讲读律令"，每年年底由各衙门的上司官员组织考核，不能将律例条文讲解明晰的官员，罚俸一个月，书吏鞭笞四十。③ 虽然讲读律例的量化考核没有被充分制度化，清朝雍正年间刑部官员的专业基础问题没有通过考核的检查功能得以解决，而主要通过执法实践中学习的路径实现，但可以看出，将考核作为检查手段的思想已深入人心。事实上，在明代这一方案已被付诸实施过。明太祖重视官员对律令的掌握情况，要求"诏内外风宪官，以讲读律令一条，考校有司"，以考核来推动"讲读律令"工作，明确相应的处罚结果。"每年年末之时，由都察院负责京师地区，由分巡御吏、提刑按察司官负责京师以外地区，对官员讲读律令之事进行考核。所到之处，若是遇有官员不能讲解律令、不知晓律意者，初犯之人，罚俸钱一个月，并且记录在案。再次考核仍然不能讲解律令，不知晓律意者，则笞四十附过。第三次仍然不合

---

①　吕春甲、于文远主编：《地方实施公务员制度配套研究》，东北大学出版社1993年版，第14页。

②　吕春甲、于文远主编：《地方实施公务员制度配套研究》，东北大学出版社1993年版，第14页。

③　郑小悠：《人命关天：清代刑部的政务与官员（1644—1906）》，上海人民出版社2022年版，第279—280页。

格者，则于其所在衙门降等叙用。"①

（二）检查功能的实现

检查的内容主要是考核的目标是否实现。检查功能的实现有赖于三个因素的共同作用：第一，"应该是什么"要明确。"树立一个可测量的目标并让人们为这一目标而承担职责。"② 实际上，目标除了"可测量"，还必须明确具体、具有挑战性且实际可行等。因为只有这样，被考核对象才会为这一目标而承担职责。第二，"实际是什么"要有标准。确定工作标准，将是否完成岗位任务作为衡量绩效的重要指标，同时细化完成岗位任务的评价标准。在此基础上，根据这些标准对被考核对象进行评价，检查被考核对象是否符合标准的要求。第三，"应该是什么"与"实际是什么"的差距分析要客观，分析的结果要有反馈。

（三）检查功能实现的障碍

对被考核对象的工作态度、工作状况、工作绩效等进行客观公正的评价，对其岗位适应性、匹配度进行科学的判断，是全面了解被考核对象能力、素质、履职整体情况的重要手段。"通过考核，了解公务员的现实能力和潜在能力，在纵向和横向的比较中衡量其能力大小、素质高低，从而选贤任能，发掘优秀人才。"③

当有助于检查功能实现的几个因素没有发挥作用时，检查功能的实现就会出现障碍。第一，"应该是什么"不明确。公务员不确定自己所从事的工作要达成的最终目标是什么，或者不明确要做到何种程度是组织所希望的状态，那么他的行为就没有方向。考核主体不清楚何为被考核对象工作的最优效果，那么他就没有可以对标的对象，无法判断被考核对象的履职是否符合要求，检查的效果自然会大打折扣。第二，"实际是什么"不准确。造成"实际是什么"不准确可能有多方面的原因。例如，评价的标准无法反映工作的实际，就如同尺子无法测出体重，体重秤无法测出身

---

① 杨玉明：《明代公罪制度研究》，法律出版社2014年版，第94页。
② [美]郭士纳：《谁说大象不能跳舞？》，张秀琴、音正权译，中信出版社2015年版，第578页。
③ 林弋主编：《公务员法立法研究》，党建读物出版社、中国人事出版社2006年版，第155页。

高一样。再如，被考核对象为逃避惩罚或为获得奖励，故意隐瞒真实的情况，虚构或歪曲事实以获得对自己有利的考核结果。又如，考核主体敷衍塞责，考核走过场，没有全面了解被考核对象的实际工作情况等。第三，"差距分析"不科学。差距分析要避免归因错误，防止错误的归因影响绩效的改进。当"应该是什么"很明确，"实际是什么"很准确时，也有可能出现考核结果无法实现考核检查功能的情况。出现这种情况的最大可能是归因错误导致"差距分析"不科学。例如，将制度设计的错误归因到个体行为动机的错误。下文将谈到的制度设计中"罚款最低次数"的指标设计，在实践中引发了交警赶任务随意罚款的行为。① 这时候，要反思的是制度设计，而非交警的行为动机。

二 激励功能

考核制度的出发点和落脚点是绩效，产生绩效的手段是激励。考核制度实现激励的功能，基本的原理是通过考核明确驱动绩效的行为，并对此进行奖励，从而实现绩效的获得。"公务的质量在很大程度上取决于：什么样的人进入公务部门工作？对他们进行了何种培训？他们应如何开展工作？因此，由于公务员的工作热情被调动起来的程度不同，公共福祉的水平会大相径庭。"②

（一）激励功能的目标

东汉后期思想家王符在《潜夫论》的《考绩》篇中，以父母治家作为比喻来阐述考核的激励功能。"设如家人有五子十孙，父母不察精懦，则勤力者懈弛，而惰慢者遂非也，耗业彼家之道也。父子兄弟，一门之计，犹有若此，则又况乎群臣总猥治公事者哉"③ 大概意思是，假如一家有5个孩子，10个孙子，做父母的不检查强弱好坏，那么勤奋的人就会松散懈怠……一家人尚且如此，从事公务的一群人更是如此。"如何激发每一个工作人员的积极性，进行高效率的执政，就成为作为雇主的中央

---

① 交警赶任务随意罚款，考核指标不能越界［EB/OL］.（2021-09-12）［2022-08-03］. https://baijiahao.baidu.com/s?id=1710666075960165371&wfr=spider&for=pc.

② ［日］稻继裕昭：《日本公务员人事制度》，黄元译，生活·读书·新知三联书店2012年版，第1页。

③ （东汉）王符撰，马世年译注：《潜夫论》，中华书局2018年版，第115—116页。

政府和地方政府必须不断研究和努力的诉求。"①

激励功能的目标就是通过考核实现被考核对象的积极工作动机。尽管我国历史上不同时期的官吏考课制度实现激励功能目标的程度不一，但考核制度基本上都是按照"什么行为能驱动绩效，那就考核什么；考核了什么，相应的行为就能被驱动从而产生绩效"的思路来进行，激励着被考核对象作出驱动绩效的行为。

（二）激励功能的实现

维克多·弗鲁姆认为，"人们采取某种行动的动机或激励水平取决于这三个方面的因素：一个人的期望（expectancy），即他通过努力工作达成绩效的可能性；关联性（instrumentality），或者说是一个人感知到的在绩效和奖励之间存在的联系（如果有的话）；效价（valence），它代表的是一个人对自己所获奖励的价值的感知"②。这说明，考核制度激励功能的实现，有赖于考核结果的运用符合被考核对象的预期。这种符合，不仅包括被考核对象认为他们的努力会产生效果，或者说给予他们的奖励与他们的努力有必然的联系，还包括考核结果的运用对被考核对象来说是有价值的，符合其个体的偏好。惟其如此，考核结果的运用才会有助于考核制度实现激励功能。

考核激励功能的实现需要把握目的和手段的匹配关系，或者说考核目标的设定与达成目标的举措要平衡。"行政机构越把升迁和降级制度建立在'目标世界'中的表现之上，所选择的措施实现预期目标的感知能力就越成为那些执行者的重要考虑点。"③ 激励的目的是协调组织和个人目标的不一致。考核要实现激励的功能，考核目标不仅要符合组织的发展需要，也要契合个人的发展需要。从制度设计上，先让个人的发展目标契合组织发展需要，然后辅助相应的举措，通过对考核结果的运用，实现个人为组织目标而努力的效果。例如，考核目的是激发公务员担当作为，达成

---

① ［日］稻继裕昭：《日本公务员人事制度》，黄元译，生活·读书·新知三联书店2012年版，第2页。

② ［美］加里·德斯勒：《人力资源管理》（第14版），刘昕译，中国人民大学出版社2017年版，第433页。

③ 俞可平、［德］托马斯·海贝勒、［德］安晓波主编：《中共的治理与适应——比较的视野》，中央编译出版社2015年版，第218—219页。

目标的举措就要从激发担当作为着手,有些地方采取的积分制考核就是很好的尝试,"每一分都对应着一项具体工作,干活多少、能力高低,一目了然"①。做的每一项工作都会得到相应的分值,每一个分值都对应了具体的工作,这种举措让"躺平"的人无法踏实躺平,有助于实现激发担当作为的考核目的。

(三)激励功能实现的障碍

考核的结果是对被考核对象进行奖惩的重要依据。通过考核,明确被考核对象的履职状态,在此基础上,进行正激励和负激励。激励的方式包括资源分配的倾斜或剥夺,例如,资源分配将更多地流向在考核中表现突出的被考核对象。依据客观的考核结果,对公务员进行公平公正的奖惩,从而调动公务员的工作积极性。

需要注意的是,考核未必一定能产生激励的效果。20世纪著名的存在主义哲学家萨特有一句名言,"他人即地狱"。他表明,人会为了自我的主体性与他人斗争。考核包含着评价的意思,用一把尺子、一个标准去衡量被考核对象。那么,被考核对象的自我主体性受到了来自他人的评价,变成了他人眼中的客体。考核会带来自我的主体性与他人的评价之间的冲突和斗争,存在着被考核对象偏离激励目标的可能。

考核方式不当可能会导致激励的错位。例如,自上而下的考核方式往往会产生对公务员的激励错位。公务员工作的压力或动力来自完成上级的考核指标,而非满足行政相对人的实际需求。事实上,上级的考核指标与行政相对人的实际需求不可能完全吻合。也就是说,完成了指标设计的任务,不管实际效果如何,都会得到奖励。反言之,即便某一方面工作成效突出,但并非考核的重点指标,也可能不会得到奖励。这样自上而下的考核方式,往往对公务员的行为激励就变成了一味追求指标的完成,而非工作的实际成效。

三 导向功能

"无论是正式的制度还是非正式的制度,之所以能够有助于解决协调

---

① 石晟宇:《临河区:积分制"考得严"激励干部"干得实"》,《巴彦淖尔日报》2023年5月20日0003版民生社会。

和合作这两个社会基本问题,是因为它们会对人们的行为施加约束,帮助人们形成预期,甚至影响人们的偏好。施加约束实际上改变了当事人选择每一种行为所得到的回报。"① 在很多情况下,制度都能改变行为人的预期和行为偏好,朝着制度设定的方向发展,这就是制度的导向功能。当行为人的预期和偏好偏离制度设定的方向时,无疑就是制度的导向功能出现了问题。②

(一) 导向功能的目标

考核制度导向功能的目标就是通过考核实现被考核对象的行为修正。"行为修正就是根据员工的绩效表现对其进行奖励或惩罚,以改变其行为。对管理人员来说,行为修正的实施归结起来应遵循两大主要原则:第一,那些能够导致积极结果的行为会被鼓励重复出现,而那些容易导致消极结果的行为则会被限制重复出现;第二,管理人员可以通过向一个人提供适当的定期奖励(或惩罚)来改变其行为。"③

激励和约束机制是考核制度发挥导向功能的重要机制。由于激励和约束机制的存在,考核的权重分布向哪倾斜,资源和力量就向哪集中,公务员的行为就向哪统一。例如,秦代对审理刑狱的官员进行考核时规定,凡在审理案件中不拷打逼供就能获得真凭实据者,为上等;动用刑具,拷打犯人者,为下等;若恐吓、威迫犯人者,则为失败。④ 这一做法具有鲜明的导向功能,审理刑狱的官员在工作的时候自然会尽量采取能够获得

---

① 张维迎:《博弈与社会》,北京大学出版社2021年版,第12页。

② 2016年,百度公司创始人李彦宏在"魏则西事件"之后,曾针对百度所发生的事件进行了复盘,认为百度的价值观有些变形,主要原因在于从管理层到员工层过于追逐短期KPI,导致一些工作人员在追求商业利益和用户体验的过程中做出妥协。也就是说关键绩效指标(KPI)考核对行为的导向产生了偏离制度设计初衷的结果。"魏则西事件"简单来说就是:21岁的学生魏则西因为患上了罕见的"滑膜肉瘤"症,四处求医不得,通过百度推广搜索到某医院,在浪费大量时间与金钱之后最终去世的事件。舆论对于百度的谴责,主要集中于百度竞价制度。因为影响竞价排名结果最主要的因素是关键词出价,只要出钱足够多,在百度的排名就会靠前。山寨医院更舍得在百度竞价上花钱,因此百度在不知不觉中成为了这些山寨医院、医生的推手。与百度竞价制度密切相关的就是百度内部的KPI考核,考核的重点在业绩、利润而非公共服务,这使得百度自上而下追逐的是利润等关键绩效指标,而非企业社会责任等,指标替代了目标。

③ [美]加里·德斯勒:《人力资源管理》(第14版),刘昕译,中国人民大学出版社2017年版,第434页。

④ "治狱,能书从迹其言,毋治(笞)谅(掠)而得人请(情)为上;治(笞)谅(掠)为下,有恐为败。"参见《睡虎地秦墓竹简·封诊式·治狱》。

"上等"考核结果的行为。再如，明代刑部尚书开济运用考核制度清理刑部积压的案牍，成效显著。开济把颁布综合考核的制度作为自己的责任，奏请天下各部门设置文簿，每天都记载做过的事情，考核官吏的得失，给每个部委的文书处理都定下一个期限，根据完成情况来评判功罪。在他的努力下，几个月的时间内，积压的案牍就得到了处理。

（二）导向功能的实现

考核的过程是一个多向信息沟通的过程。考核主体在考核过程中会传达组织对个人行为的预期信息，被考核对象在此过程中会总结工作经验，调整工作思路和工作行为，使行为更加符合组织设定的目标和方向。考核结果的使用，会激励被考核对象的竞争意识，在与同事的行为比较过程中督促自己更好地发挥潜力，克服缺点和不足。此外，管理者根据考核中发现的问题，对被考核对象进行有针对性的培训、指导和晋升，促进被考核对象的行为导向和职业发展。

发挥考核的导向功能，特别重要的是目标指标的权重应当体现导向的作用。例如，地方官员比较关心任期内的绩效，对于超出任期才能显现效果的领域往往重视不够。但是，如果指标的权重向教育、医疗、环保等需要长期关注才能有所成效的领域倾斜，且考核的重点以过程为主而非结果导向时，在理论上有助于地方官员调整自身行为，实现考核的导向功能。

（三）导向功能实现的障碍

当考核主体基于绩效之外的因素考量，使得考核结果偏离被考核对象的努力程度和贡献水平时，被考核对象的行为动机就会发生变化，从偏重绩效的改进和提升转而追求"好"的考核结果，考核的导向功能就会出现偏差。

此外，通过设置单一的量化指标来达到某项考核目标的做法可能会导致为达成目标而不择手段，从而产生负面效果，违背指标设计的初衷。例如，"如果我们用逮捕罪犯的数量来考核警察的业绩，他们就更可能把许多无辜者投进监狱；而如果我们以犯罪率考核他们，许多刑事案件就不会被登记"[1]。再如，某地进行道路交通事故预防考核，对查处违法违规行为的次数作出了最低数量要求，实际执法中就出现了部分基层交管部门为

---

[1] 张维迎：《博弈与社会》，北京大学出版社2021年版，第290页。

完成罚款次数的任务而实施罚款，违背执法工作的初衷，尤其是有悖2021年新修订的《中华人民共和国行政处罚法》中"首违不罚"的精神。

历史上也曾出现过类似的情况，例如，"武宗至大三年（公元1310年）定《税课法》，按征税多寡，作为考核官吏政绩优劣的条件。由于这种办法不可能对所有官吏进行考核，故只适用于一定范围之官吏。但此法一实行，也就为官吏横征暴敛大开方便之门，增加了人民的负担，激化了社会矛盾"①。

因此，考核不是简单地设定目标，采用激励和约束机制引导行为人朝目标努力，还需要进一步思考考核目标与指标设计之间的复杂关系，需要厘清考核目标实现的可能路径，在这些可能路径中有哪些行为是需要规避的。简单来说，就是需要对目标实现的方式进行一定的限制。例如，可以按照征税多寡进行考核，但对征税的方式、数量、频次等作出具体要求，避免官吏横征暴敛。

第三节　考核制度设计的主要原则

制度设计需要遵循一定的规则和要求，这些规则和要求是一项制度成为"好"制度的基础和条件。"任何制度的设计，都常常依照一种理想化的模式来进行，制度是一种世界观体系，是一种集体思维，需要匹配的信息支持、印证和论证。"②但现实世界显然不是理想化的模式，"在多重实在的现实世界里，各种不同的生活逻辑不可能逐一对应着制度安排。换言之，单一制度总会遭遇人们不同层面上的'合理'观念和习惯的挑战，从而造成规则上的确定性与实践上的不确定性之间的张力"③。这说明，任何制度设计都无法完美地契合现实需要。同时，制度设计与制度实施之间天然存在张力。因此，制度设计所遵循的原则也只能让制度无限贴

---

① 蒲坚：《中国古代行政立法》，北京大学出版社1990年版，第425页。
② 渠敬东：《制度过程中的信息机制》，《北京大学学报》（哲学社会科学版）2021年第6期，第80页。
③ 渠敬东：《制度过程中的信息机制》，《北京大学学报》（哲学社会科学版）2021年第6期，第80页。

近现实，或是无限贴近制度所关涉的"人"的需求。尽管如此，只有遵循一定原则，设计出来的制度才有可能经由发展最终成为成熟稳定①的制度。

有学者认为，制度设计应遵循的原则包括"普适性原则、效率原则、交易费用最小化原则、激励相容原则、和谐性原则、帕累托改进的原则"②等。考核制度的设计应当有助于考核制度检查、激励、导向等功能的实现。为实现检查功能，考核制度的设计应该坚持科学客观的原则，因为只有制度本身科学客观，检查有科学客观的标准可依据，检查功能方能有效实现。为实现激励功能，考核制度的设计应该坚持突出实绩的原则，因为只有实绩这一可量化、可客观评价的观测维度，才可以激发被考核对象的内生动力，实现激励的效果。为实现导向功能，考核制度的设计应该坚持依法考核的原则，依法考核能为被考核对象的行为提供最稳定的预期，也是最能实现制度导向功能的方式。

一 科学客观的原则

首先，科学客观的原则要求依据科学、客观的标准进行考核。考核的标准必须科学合理，不能用同一个标准考核所有的人员，也不能用不同的标准考核处在同一层次的人员，应当按照分层分类设计出相应的考核标准。科学客观的原则实际上就要求针对不同对象采用不同的考核标准。这一点契合了我国的人事管理制度中分类管理原则的要求。例如，中国古代唐朝针对流内官的"二十七最"按照当时的二十七种职务系列制定能力政绩标准，区分了皇帝身边近臣、铨选部门官吏、考核工作人员、礼官、监察官员、牧官等，不同的职务对应不同的考核标准，是典型的分类考核。再如，清代按照被考核对象的品级设定了不同的考核主体、方式及程序，具体见表2-3。

---

① 我们认为，成熟稳定的制度"要求在逻辑原则上高度自洽并且形成简单明确的表达方式，同时应与成熟的公民文化相联系，能够为绝大多数人所信仰和尊崇，成为调节人们行为规范的文化自觉。如果满足了这些条件，一个制度方可说是成熟稳定的制度"。汪仲启：《通往制度成熟和制度定型的路径选择》，《社会科学报》2017年3月2日。

② 李怀、赵万里：《制度设计应遵循的原则和基本要求》，《经济学》2010年第4期，第54—60页。

表 2-3　　　　　　　　清代京察考核方式表①

考核对象	考核主体	考核方式	考核程序
一品、二品大员	皇帝	列题	吏部开列任职履历、事实呈报皇帝； 皇帝审阅后直接评定。
三品以下"京堂"及部分四、五品官	皇帝	引见	吏部开列任职履历、事实呈报皇帝； 皇帝审阅后亲自面验把关、确定。
中央各机构属员及五品以下的其他中下级官员	皇帝、吏部考功司、都察院等	会核	本衙门堂官按照四格八法注考； 造册密封，送吏部及督察院吏科、京畿道，后者查对考核册； 吏部堂官会同大学士、都察院堂官、吏科给事中、京畿道御史考核，在吏部依次过堂； 会核后结果造册上报，凡"应留"中列为一等者或"应去"者，引见皇帝最后确定。

当代公务员考核实践中，同样体现了分类考核的思想。一是区分了领导成员和非领导成员的考核。领导成员指的是各级党委及其组织部门管理的党政领导干部。非领导成员包括领导成员以外的其他公务员，担任内设机构领导职务的公务员也属于非领导成员。二是区分了专业技术类、行政执法类公务员的考核。分类考核的制度设计初衷在于以岗位职责规范区别考核标准，从而提升考核的针对性。

外国的文官考核同样对被考核对象进行分层分类。例如，法国建立了基于职位职责规范的公务员考核制度，对不同类别、不同级别的公务员根据工作性质、工作职责实行有针对性的分类考核，对所管理的公务员的业务素质和履行岗位职责、完成工作目标的情况进行了解、核实和评价。对某一类型的公务员重点考核其组织协调能力、工作方法、指挥监督能力等；对另一类型的公务员则重点考核其服务精神、守时值勤、积极性等。再如，美国 1978 年《文官制度改革法》创设了高级行政职员及其考绩标准。该法要求，每一行政机关必须规定一个考绩系统，对于每一高级行政职位规定一个考绩标准。高级行政职员的绩效考核应兼顾个人绩效和组织

---

① 本表内容根据薛刚《清代文官考核研究》，中国社会科学出版社 2020 年版，序言第 1—3 页整理而得。

绩效，考虑到以下因素："①提高效率、促进生产、提高工作和服务质量的程度；②节约浪费的程度；③工作及时的程度；④在其领导下的职员的效率和服务成绩的表现；⑤促进平等就业机会和消除对少数民族职业歧视的成绩。"①

其次，科学客观的原则要求按照既定的标准进行考核。考核中不能掺杂感情因素或个人成见，不能出现对一部分人采取严格的考核标准，而对另一部分人则宽松。要全面考核人员的表现，采取科学的考核方法和合理的考核技巧，作出实事求是的评价，避免先入为主，以偏概全。

最后，科学客观的原则要求考核过程中避免行政首长因个人认识水平或情况了解不全面而导致考核结果不公正。中国公务员考核在制度设计时采取了领导与群众相结合的方法，以防止行政首长个人评价的不客观。当然，并非所有国家都采取领导与群众相结合的方法。例如，德国公务员考核程序中不含个人总结和听取群众意见等内容。"各行政机关的人事总监在日常工作中对公务员的工作数量、质量、态度、品行、性格、特长等作详细观察和认真记载；由行政长官根据记载和平时的观察与看法，综合得出考察结果。"②

二 突出实绩的原则

考核制度设计的理念必须体现如何实现考核制度的功能。考核制度功能的实现需要有明确的考核内容规范。实绩导向强调的是考核标准和考核内容要突出素质能力、敬业精神、工作作风、工作业绩等要求，检查被考核对象的实际履责情况，引领资源分配倾向于有实际业绩的被考核对象，引导被考核对象自觉规范自身行为，更多地为社会作贡献。

例如，中国古代秦朝"对管理饲养牲畜官吏的考课，每季度考评一次，每年正月举行大课。考核的内容是有关牛的肥瘦、死亡和繁殖等"③。北京民国政府施行的赋税征收官、司法官、县知事、办学兴学官员等的考

---

① 王名扬：《美国行政法》（上），北京大学出版社2016年版，第160页。
② 徐振寰、王晓初主编：《世界各国公务员制度比较》，中国人事出版社1998年版，第228页。
③ 邱永明：《中国历代职官管理制度》，杭州大学出版社1998年版，第86页。

核内容主要集中于工作业绩,不涉及个人品行、道德表现等内容。当代公务员考核实践中,"绩"是重要的考核指标,"绩"的内容随着经济社会发展的需要不断调整,如 2020 年的《公务员考核规定》增加了"以人民为中心、依法履职、急难险重任务情况"等内容。

外国的文官考核同样注重工作实绩,一般从工作数量、工作质量两方面对公务员的实绩进行考核,在考核整体中居于重要地位。对工作数量的考评包括:已做成的可以接受的工作数量、尽职的程度、所达到的工作期限、努力的效果以及其他涉及时效的因素等;对工作质量的考评包括:工作的准确性、工作的表现性或可接受性、工作的美观性、合乎工作规定的程度、在完成工作上所表现的技巧与能力、决定或判断的健全性以及其他有关工作质量的努力等。

需要注意的是,实绩导向并非一味地以结果论英雄,也不是提倡唯 GDP 的政绩观。实绩导向倡导考核能够充分体现被考核对象的绩效,具体来说,既要区分绩效里个人作用的实际发挥程度,不以集体绩效混同于个人绩效,不以客观环境产生的绩效混同于主观努力取得的绩效;也要区分绩效的形态,不片面强调显绩,忽视那些虽然短期内效果不明显,但对未来发展会产生深远影响的实绩。

三 依法考核的原则

首先,依法考核的原则要求考核的目的、标准、范围、方法、内容等均通过法律制度的形式确定下来,便于考核主体、被考核对象形成合理的行为预期。被考核对象可以按照公开的标准进行自我评价和对别人进行评价。有关部门和相关人员可以按照公开的标准进行监督,防止考核工作偏离初衷。例如,中国古代就形成了较为完善的考核制度规范。一种是掺杂在行政法典中的考核制度规范,例如《周官》《唐六典》《元典章》《明会典》《清会典》中包含官员考核的详细制度规范;另一种是专门的考核法律制度,例如汉代的《上计律》、清代的《钦定考功司则例》等。随着公务员制度的完善,考核的法律制度逐步完备,出台了一系列专门的考核规定,例如 1994 年的《国家公务员考核暂行规定》、2007 年的《公务员考核规定(试行)》、2019 年的《公务员平时考核办法(试行)》、2020年的《公务员考核规定》等。

其次，依法考核的原则要求考核指标的设定符合职权法定原则。公务员考核的实质是运用行政权（主要是人事权）进行内部行政关系管理的过程。"考核指标的设置突出地体现管理者的政策取向和目标。一般来说，考评项目和指标必须在考评对象的法定职责范围之内，否则就有违反职权法定的原则。"[①] 这意味着考核指标的设定应该严格限定在岗位职责的范围之内，既不能增加本来没有的职责，也不能减损和冲击原有的职责。通过考核指标来增加职责或减损权力都有悖依法行政的精神。

再次，依法考核的原则要求考核的过程、结果均通过法律制度进行规范，若需调整，则应当通过相应的法律制度进行调整。例如，英国1921年开始施行的文官年终考核，其考核结果不公开，必要时通知被考核文官本人。也就是说，年终考核实行非必要不公开的原则。考核的等级分为A等（杰出）、B等（优良）、C等（满意）、D等（平常）、E等（欠佳）。考核的项目分为工作知识、个性与品行、判断力、责任心、创造性、正确性、风度与机敏、监督能力、热忱、表达能力、行为道德共11个方面。任何一个方面评价为E等时，所属部门长官要通知被考核官员，但三种情形下也可以不通知被考核官员。这三种情形包括：一是所属部门长官的通知被认为不利于被考核官员的健康；二是欠佳的记载系由于工作未满一年缺乏经验所致（行为有失检点、懒惰者除外）；三是被考核官员的缺点已通知本人，而进一步通知实属无用时，就不必重复通知，但出现变好或变坏的趋势时应通知本人。这些相应的规定都体现在具体的法律规范之中。法国之前的考核结果也不公开，直到1983年的第83—839号法律《法国公务员总章程》出台才改变这种状况。该法律第17条明确规定，公务员业务考核评分和总评语应让他们知道。

最后，依法考核的原则赋予被考核对象权利救济的渠道。被考核对象如果对考核结果不服，行政首长或考核组织要尊重其民主权利，认真处理好考核结果的复审和申诉。一些国家非常重视通过法律法规规范和保护考核者和被考核者的权益。公务员可以对绩效考核结果提出内部申诉和外部起诉。申诉的第一层次是内部申诉程序，人事管理部门和主任层次领导参

---

① 龙凤钊：《科学性与法治化：政府绩效管理的内在冲突及其解决》，《理论研究》2016年第5期，第33—40页。

与（遵守行政程序有关法律所规定的内部程序）。通常有一个委员会管理程序是否公平和正确，以及考核结果是否有道理和令人信服。此外，委员会可以自主作出决定。第二个层次是向法庭起诉（通常是公共行政事务庭或劳动事务庭）。法院判断绩效考核所用的程序和规章是否正确执行。如果没有正确执行，法院把考核结果发回机构，要求按照法庭建议重新进行绩效考核。

第四节 考核制度的主要构成因素

考核制度由理念、主体、内容、方法、程序、结果运用、监督等要素构成。考核理念回答的是"什么是好的考核"，考核主体回答的是"谁来考"，考核内容回答的是"考什么"，考核方法回答的是"怎么考"，考核程序回答的是"按什么步骤考"，结果运用回答的是"考完怎么用"，监督回答的是"怎样确保考核功能的实现"。当然，除此之外，考核周期、被考核对象等都是与考核制度相关的要素。

一 考核理念

什么是考核理念？从理念的字面意思来看，它指的是理性化的看法和见解。那么考核理念就是人们对于考核的理性化理解。考核理念不是一成不变的，随着时代的变化，考核的思想、价值追求、关注重点也不断变化。这些外界影响因素的调整客观上要求考核制度作出回应，而考核制度的变化在某种程度上同样会引发相关影响因素的调整。如何调整以便更好地发挥制度的功能，需要我们在进行充分研究的基础上方能形成科学的判断。

我们先从考核思想、价值追求、关注重点三个维度着手理解考核理念。

（一）考核思想

考核思想可以体现为如何理解考核主体与被考核对象的关系。究竟是"控制"的考核思想还是"合作"的考核思想？如果认为两者之间是自上而下的命令服从关系，那么这样的考核思想就是一种"控制"的思想，如果认为两者之间是横向的协商合作关系，那么这样的考核思想就是一种"合作"的思想。

"举有否臧，论其诛赏，课绩以考之，升黜以励之，拯斯刓弊，其效甚速，实为大政，可不务乎！"① 这句话揭示了一个现象，那就是古代帝王约束官吏的主要手段是考核以及与考核相关的奖惩。我们不难理解，中国古代的官吏考核，作为统治者约束群臣的一种手段，无疑是基于一种"控制"的思想。统治者对官吏是否忠诚、是否能承担起岗位职责进行考量，在此基础上维护统治的稳定。这种思路下的考核，对官吏的人性假设就是"人非圣贤，孰能无过"。既然注定会"有过"，那就需要对官吏进行监督管理，所以，古代官吏考核与监察制度存在密切的联系，共同发挥着监管的作用。

中华人民共和国成立以来，"中国的干部绩效考评主要体现为上级政府和主要领导对政绩目标的计划式层层分解，绩效评估内部主体之间的关系仍然是基于科层制的命令—服从关系"②。尽管这种科层制的命令—服从关系长期成为中国干部考核等人事管理的基础，但随着社会主要矛盾的变化和经济社会的发展，政府组织向服务型组织转变的变革要求也带来了政府组织及其人员之间关系的变化。

当传统人事管理的"控制""监督"逐渐向"人本""共赢"方向转变，干部考核、公务员考核的思路也发生了相应的变化。尤其是公众参与的深度、广度不断拓展，考核主体与被考核对象之间的关系不再是科层制的命令—服从关系，而是基于人本的合作共赢关系。

当然，考核思想并非简单地非此即彼，它还体现在考核内容、考核程序、考核结果运用等考核制度因素的设计与实施中。例如，历史上一些值得我们关注的考核思想就是通过论述考核制度相关因素来体现的，具体如下。

拓展阅读：历史上的考核思想

1. 《管子》中记录的考核思想

第一，"三本"是君主考察大臣的三个重要方面。《管子》中记录，"君之所审者三：一曰：德不当其位；二曰：功不当其禄；三

---

① （唐）杜佑：《通典》卷一八，典一〇四，浙江古籍出版社1988年版。
② 倪星：《反思中国政府绩效评估实践》，《中山大学学报》（社会科学版）2008年第3期，第138—139页。

曰：能不当其官。此三本者，治乱之原也"①。意思是，君主需要慎重考察的问题有三个：大臣的品德与其地位是否相称；大臣的功劳与其俸禄是否相称；大臣的能力与其官职是否相称。这三个根本问题，是国家治乱的根源。在慎重考察这三个问题之后，还要对考察结果进行运用，否则就容易产生一些负面情况。"是故国有德义未明于朝而处尊位者，则良臣不进；有功力未见于国而有重禄者，则劳臣不劝；有临事不信于民而任大官者，则材臣不用。三本者审，则下不敢求。三本者不审，则邪臣上通，而便辟制威。"国家中有在朝廷上没有显示出德义而担任重要职位的人，那么良臣就失去上进心；有对国家没有建立功绩而享受优厚奉禄的人，那么勤勉的大臣就不努力；有治理政事不能得到人民的信任而担任高级官员的人，那么有才能的大臣就不愿被任用了。

第二，考核应以实绩为标准。《管子》认为，"故以战功之事定勇怯，以官职之治定愚智，故勇怯愚智之见也，如白黑之分"②。

第三，考核要采取广泛调查的方式。"《管子·问第二十四》详细记载了齐国考核官员时做社会调查的内容：国内建立大功的人，都是哪些部门的官吏？各州的大夫，都是什么地方的人？现在的官吏，是凭什么条件提拔的？判案行有常法，不能改变，现在却长期积压，为什么？"③

2. 韩非子的考核思想

韩非子的官吏管理思想主要体现在"法、术、势"三个方面。法为控制官吏行为的依据。术为管理官吏行为的方法，术指的是考核、选任等制度。势为震慑官吏的手段，势指的是君主的权势。考核思想则主要体现在"术"的层面，"形名术"是考核官吏的行之有效的方法。

韩非子的"形名术"的主要要求是循名责实，名实要相符。"韩

---

① 戴望：《管子校正》卷一《立政》，第9页。转引自邱永明《中国古代职官考核制度史》，华东师范大学出版社2023年版，第45页。

② 戴望：《管子校正》卷二一《明法解》，第349页。转引自邱永明《中国古代职官考核制度史》，华东师范大学出版社2023年版，第46页。

③ 郭伟伟编著：《官制：为政选拔吏制》，汕头大学出版社2015年版，第19页。

非子所说的'名'实际上是被当作一种变通的、不固定的法来看待,君主循名责实,这实际上是法治精神在具体行政中的体现。"① 韩非子的循名责实包含两个层面的意思,对官吏的考核以其"名"以及该"名"所对应的岗位职责为标准。确定"名"以及该"名"下岗位职责的只能是君主。君主对于名实相符的官吏进行奖赏,对名实不符的官吏进行惩罚。官吏严格按照"名"的要求规范自己的行为,履行自己的职责。韩非子认为,"君主只要善用形名术,就可以达到'君操其名,臣效其形'的政治效果"②。

3. 王符的考核思想

王符是东汉后期的思想家,他关于考核的思想主要体现为:第一,王符批评了东汉时期的考核标准(同时也是选贤任能的标准),批判当时"富者乘其财力,贵者阻其势要,以钱多为贤,以刚强为上",意思是:富有的人凭借他们的财力,尊贵的人倚仗他们的权势,将财富丰足视为贤能,将权势显贵视为上等。第二,王符提倡的考核方法是既不"任众",也不"专己"。意思就是,既不盲目听从众人的意见,也不独断专行。③ 第三,王符肯定了考核的意义在于知贤用贤。"南面之大务,莫急于知贤,知贤之近途,莫急于考功。功诚考,则治乱暴而明,善恶信,则直贤不得见障蔽,而佞巧不得窜其奸矣。"④ 意思就是,知人用人最简单便捷的方式就是考核贡献。如果贡献、功劳考核清楚了,那么治和乱的情况就比较明显,人的品质好坏、能力高低就能反映出来。第四,王符认为"名理者必效于实"。"王符所言'名理者必效于实'指的是选官考核的道理原则,简而言之,就是要求名实相符,即考核官吏职守必须依据岗位职责(名)与实际工作效绩(实)比照分析。"⑤

---

① 陈奇猷、张觉:《韩非子导读》,巴蜀书社1990年版,第98页。
② 黄炳松:《韩非子治吏思想探究》,硕士学位论文,中南财经政法大学,2020年,第64—65页。
③ "孔子曰:'众好之,必察焉,众恶之,必察焉。'故圣人之施舍也,不必任众,亦不必专己,必察彼己之为,而度之以义。"——王符:《潜夫论·潜叹》。
④ (东汉)王符撰,马世年译注:《潜夫论》,中华书局2018年版,第102页。
⑤ 邱永明:《王符论职官考核制度》,《社会科学》2000年第7期,第67页。

4. 范仲淹的考核思想

宋·朱熹《五朝名臣言行录》卷七中记录："公取班簿，视不才监司，每见一人姓名，一笔勾之。"后人据此概括出成语"一笔勾销"。故事是这样的：范仲淹主持庆历新政，整顿吏治。他的《答手诏条陈十事》中有十项改革主张，其中一条就是"明黜陟"，即严明官吏升降制度。范仲淹提出考核政绩，破格提拔有大功劳和明显政绩的，撤换有罪和不称职的官员。以政绩而非资历作为官员升降的标准，改变官员不求有功，但求无过的状况。

庆历三年（1043年）年底，范仲淹选派了一批精明干练的按察使去各路检查官吏善恶。他坐镇中央，每当得到按察使的报告，就翻开各路官员的花名册把不称职者的名字勾掉。枢密副使富弼从旁劝止说："您一笔勾掉很容易，但是这一笔下去，他一家人都得痛苦呀！"范仲淹回答说："一家人哭总比成千上万百姓哭要好吧！"

（二）价值追求

"价值取向是最终决定做什么或怎么做好，或者说，从价值、从好坏的角度决定做什么和怎么做。"① 究竟是效率优先还是公平优先？德鲁克认为，管理的目的是提高效率。② 有学者从管理演变的历史分析，"认为泰勒代表的科学管理阶段解决的问题是劳动效率最大化，韦伯和法约尔代表的行政组织管理阶段，解决的问题是组织效率最大化，人力资源管理阶段解决的是个人效率最大化"③。总而言之，管理演变的历史就是不断解决效率问题的历史。考核是管理的一种手段，按照这样的思路，那么考核的价值追求也应该是效率。

当考核的价值追求为效率优先时，其他价值追求都必须让位于效率。很显然，这样的导向势必会产生一系列的问题。例如，经济发展只求速度不讲质量，以环境破坏等为代价一味追求 GDP 增长。公共服务只求眼前不顾长远，只求显绩不求潜绩，急功近利导致长远利益受损。在中国干部

---

① 周志忍：《当代国外行政改革比较研究》，国家行政学院出版社 1999 年版。
② ［美］彼得·德鲁克：《管理的实践》，齐若兰译，机械工业出版社 2018 年版。
③ 陈春花：《从理念到行为习惯：企业文化管理》，机械工业出版社 2016 年版，第 13 页。

考核制度发展史上,我们将这样的一段历史归因为"错误政绩观",我们的纠错方式是倡导科学发展观,完善政绩考核评价体系。

效率优先还是公平优先的冲突在司法审判考核当中体现得尤为明显。以"结案率"指标为例,结案率是指法院在一定时期内(通常以年度为计算标准)收案数与结案数的比重,其出发点是效率优先的价值追求。这一指标在实践中被诟病较多,因为它带来的后果就是法院为追求结案率人为控制立案数量,影响司法公信力。基于此,有的地方明确提出"质量优先、兼顾效率",公平是质量题中之义,质量优先、兼顾效率的考核理念是对效率优先考核理念的一种调整。例如,2019年上海第一中级人民法院推出《审判绩效考核与管理实施办法》,明确该院绩效考核改革秉承"质量优先、兼顾效率、分类考核、尊重差异、考核到人、全员覆盖"的考核理念。上海第一中级人民法院审判绩效考核改革的目的在于回应百姓关切,突出对案件审判质量的评价,探索形成以审判质量为导向的考核体系,引导法官树立审判质量优先的理念。[①] 2023年7月,最高人民法院召开机关干部考核工作推进会,要求各单位紧紧围绕"公正与效率"工作主题,向全员考核要审判质效。[②] 这释放出了明显的信号,那就是考核的价值追求已从效率优先调整为质量优先、兼顾效率,再次调整为公平与效率两手抓。

当然,价值追求并不是效率或公平二选一的简单选择题。价值追求会影响考核制度的设计,考核制度的设计也可能反过来影响价值追求的实现。一般情况下,组织对被考核对象的价值追求与组织对被考核对象的考核标准是一致的。例如,对于清代刑部官员而言,"'平反',即纠正督抚咨、题、奏案中的事实性错误,恢复无辜犯人清白,既是刑部官员的最高追求,又是清廷考核刑部官员政绩的重要标准"[③]。但是,不同被考核对象考绩追求若存在差异,反过来会影响价值追求的实现。同样以清代刑部官员为例,刑部官员与地方法司的考绩追求完全相反。"刑部驳回地方一

---

① 人民法院报 http://rmfyb.chinacourt.org/paper/html/2020-02/03/content_164735.htm?div=-1,2020年2月3日第4版。
② 向全员考核要审判质效![EB/OL].(2023-07-24)[2024-03-04]. https://www.court.gov.cn/zixun/xiangqing/406752.html.
③ 郑小悠:《人命关天:清代刑部的政务与官员(1644—1906)》,上海人民出版社2022年版,第352页。

案，司官获得奖励的可能性远比受到处分的可能性更大。这与地方官妥办刑案是职责分内，一有出入即遭议处的境遇形成鲜明对比。刑部官员与地方法司相隔千百里，又毫无统属关系，出具驳审意见几乎没有人情方面的顾忌。因此，雍正以后，刑部司官'以驳案滥邀议叙者，比比皆是'。"[①]我们很容易理解这种现象，因为对于刑部官员而言，驳回地方官的刑案成本小收益大。那么，"驳回刑案"这一原本想要实现公平价值追求的考核内容，最后演变成为既阻碍司法效率又影响公平追求的手段。

(三) 关注重点

究竟是重过程还是重结果？从理论上来说，过程和结果是不能割裂的，有好的过程才会出现好的结果。因此，考核应该是既重过程也重结果。但这种关注重点需要通过具体的考核指标来体现，考核指标体现了组织对成员的要求和期望，规定了成员努力的方向。实践中，过程性指标和结果性指标错位，容易产生重过程不重结果的情况。例如，某地的海外人才引进工作考核将"有效申报数"作为考核指标，考核的重点为人才是否进行申报，而非人才是否实际被引进。由于只要进行了"有效申报"就算完成工作任务，能够得到考核相应的分值，地方工作的重心就放在了如何让人才进行有效申报上，既不考虑人才最终是否会在当地工作发挥作用，也不考虑片面追求"有效申报数"是否偏离指标设定的本意。在这样的一种思路指引下，个别政府罔顾当地海外人才引进的实际需要，说服本无意来此地工作的人才配合进行申报，与人才达成"合谋"，只为完成"有效申报数"这一考核指标任务。更有甚者，不同地方政府之间竞相争夺符合"有效申报"条件的人才，动之以情，晓之以理，只为说服人才在当地进行申报，以便完成考核的指标任务。

因此，考核指标既不能只关注结果，不顾及目标与手段的匹配，也不能只关注过程，不顾及成本与收益的平衡。以人才工作目标责任制考核为例，就需要对人才工作目标责任制考核的指标进行全面梳理，及时调整不适应地方工作实际的指标，修改难以衡量效果的指标，废除对人才工作产生负面影响的指标，在此基础上形成科学合理的考核目标。

[①] 郑小悠：《人命关天：清代刑部的政务与官员（1644—1906）》，上海人民出版社2022年版，第373页。

二 考核主体

考核主体是指在考核活动中,对被考核对象在一定时期内履行的岗位职责情况进行调查、核实、鉴别,并依据调查核实情况对被考核对象进行评价的专门机构、组织或责任者。我们从影响考核主体确立的两大因素以及不同考核主体的特点来理解考核主体。

(一) 考核主体与管理权限

考核权掌握在谁的手里,谁就是实质意义上的考核主体。皇权治下的中国古代官吏考课,尽管进行了分层分类,但考核权实际上掌握在最高统治者手中,考核是最高统治者管理群臣的重要工具。从形式上来看,不同的被考核对象,由不同的主体进行管理,其考核主体就不相同。中国古代,不同层级的官吏,其考核主体也有所区别。例如,唐代由吏部专门负责考课事宜,三品以上官员由皇帝亲自裁定,四品以下官吏由吏部负责考课,各部门主管考课其下属。中华人民共和国成立以来,随着干部管理体制的变化,考核主体也发生了相应的变化。当代中国的干部考核主体不断多元化,不再局限于组织人事部门,一些其他部门或单独或联合,陆续开展了以领导班子和领导干部为主要对象的单项考核。公务员考核由其所在机关组织实施,各级机关按照干部管理权限对非领导成员公务员进行考核。党委(党组)承担考核工作主体责任,组织(人事)部门承担具体工作责任。机关在年度考核时可以设立考核委员会,考核委员会由本机关领导成员、组织(人事)部门、纪检监察机关及其他有关部门人员和公务员代表组成。外国的文官考核主体、责任者一般是行政首长或主管领导,有的有专门的考核组织机构,有的则没有。如美国负责考核的机关是审查委员会和复审委员会,德国由各机关人事总监察负责考核事宜。近年来,随着行政改革的推进,一些国家的考核主体呈现出向基层直接考核主体授权或是吸纳专业人士如专职测评官进行考核的趋势。

(二) 考核主体与价值追求

考核主体的确立与人事管理的价值追求相关。专制的人事管理价值取向制度设计下的考核主体,往往比较单一,采取完全由上级或以上级为主的考核方式,考核结果的评定较大程度取决于考核主体的主观判断。民主的人事管理价值取向制度设计下的考核主体,往往比较多元,采取上级、同事、服务对象等多主体参与的考核方式。例如，对与服务对象直接联系的公务员进行考核，会注重与服务对象关联度强、知情度高、代表性广的群体意见，多层面、多角度掌握被考核对象的信息。

（三）不同考核主体的特点

一般来说，考核主体包括上级、下级、同事、服务对象、外部专家、自我等。不同的考核主体在考核过程中呈现出不同的行为特点，上级作为考核主体时，对被考核对象的具体行为表现以及工作绩效较为熟悉，容易做出判断，但判断是否符合实际情况还取决于上级本人能否公正、客观且不带偏见。下级作为考核主体能够对被考核对象的领导能力及成效做出判断，但下级往往难以从全局的角度来评判被考核对象的行为，且这种判断也容易受个人情感的影响而失之偏颇。同事作为考核主体可以促使被考核对象在工作过程中注重合作，但往往同事难以掌握被考核对象的全部工作情况，作出的判断会受平时交往中的人情关系因素影响。服务对象作为考核主体有助于被考核对象关注服务提升，但服务对象对于被考核对象的工作内容或工作成效缺乏相应的信息支撑，往往只能从主观上感受服务态度的好坏，难以判断实际服务效果的优劣。外部专家作为考核主体能较为熟练地运用考核技术和方法，客观地从第三方的角度评价工作的实际情况，但外部专家对工作的具体内容往往不太熟悉，容易产生错误判断。自我作为考核主体能够具体且贴近实际情况地了解工作态度、工作能力和工作绩效，是可能接近真实绩效的评价主体。但显然不能全部依赖自我的评价，因为自我对自己的认知与周围人对本人的认知往往存在一定差异。

三 考核内容

考核内容是指对被考核对象进行考察和评价的基本项目，考核内容是否科学合理直接关系着考核的质量和效果。考核内容应当按照分类、分职、分层的原则，根据具体情况作出不同规定，确保考核内容的客观、科学、合理。我们先从与考核内容相关的因素进行探讨。

（一）考核内容与历史阶段

考核是评价工作实效的"度量尺"，是推动工作落实的"指挥棒"。考核内容与历史阶段相关，不同的历史阶段有特定的历史任务，这些特定的历史任务相应地体现为不同的考核内容。如果再深入分析，我们就会发现不同历史阶段的特定历史任务与该阶段的经济社会发展水平密切相关，与该阶段的政治治理方式密切相关。因此，我们在讨论考核内容与历史阶段时，实际上是在讨论经济发展水平、政治治理方式等因素对考核内容的影响。

例如，历史上每个朝代的初始阶段都将户口增加、田地税赋、治安秩序等作为衡量官吏政绩的重要内容。中华人民共和国成立之前，考核内容主要为政治上的清白以防止和消除奸细、镇压反革命分子。中华人民共和国成立后，提高干部素质、改进干部作为成为考核的重要内容。新时代，中央组织部印发《关于改进推动高质量发展的政绩考核的通知》，提出要把人民群众的获得感、幸福感、安全感作为评判领导干部推动高质量发展政绩的重要标准。由此可见，考核内容是时代特征与社会发展需求的体现，直接影响着被考核对象的行为规范。

（二）考核内容与价值追求

考核理念中的价值追求是影响考核内容的因素之一。在效率优先的价值追求下，考核内容更多关注实绩，即以考核业绩为主要内容。在让人民满意的价值追求下，考核内容更多关注人民群众的获得感、幸福感、安全感。如何能提升人民群众的获得感、幸福感、安全感呢？首要的是政治过硬、信念坚定。只有政治过硬，才能在复杂的政治环境中始终保持为人民服务的初心。只有信念坚定，才能恪守政治规矩，做政治上的明白人、老实人，自觉追求人民群众的获得感、幸福感、安全感。这也就是为什么新时代公务员在考核内容上一再强调政治素质的原因。

（三）考核内容与岗位职责

考核内容应当紧密围绕职位职责和所承担的工作任务设计。转变政府职能要求健全岗位责任制，根据岗位责任来制定考核标准是很长一段时期内中国干部考核的主要做法。目前，中国的公务员考核内容以公务员的职位职责和所承担的工作任务为基本依据，全面考核德、能、勤、绩、廉，重点考核政治素质和工作实绩。领导干部的考核内容坚持从实际出发，实行分级分类考核，考核内容体现不同区域、不同部门、不同类型、不同层次领导班子和领导干部特点。

（四）考核内容与考核类别

不同考核类别，侧重的考核内容不一样。年度考核的内容侧重于年度工作任务的完成情况，以工作能力、工作质量、工作数量等为主。平时考核的内容侧重于日常工作任务和阶段工作目标的完成情况，以及承担急难险重任务、处理复杂问题、应对重大考验的表现等。专项工作考核的内容侧重于公务员在完成重要专项工作、承担急难险重任务和关键时刻的担当精神、作用发挥和实际成效等情况。

不同层级官员考核内容的差异有时候客观上能起到监督制约的作用。例如，清朝雍正年间基于中央政府对地方刑案的控制，避免冤假错案而设计的部驳制度，其实施的可行性客观上得益于刑部官员与地方法司的考核内容差异。具体来说，"刑部驳回地方一案，司官获得奖励的可能性远比受到处分的可能性更大。这与地方官妥办刑案是职责分内，一有出入即遭议处的境遇形成鲜明对比"[①]。

四　考核程序

有一句众所周知的法律格言："正义不仅应得到实现，而且要以人们看得见的方式加以实现。"程序正义被视为"看得见的正义"。"任何人不能担任自己案件的法官""做出裁决之前应当听取当事人的意见"等等，都是审判工作中必须遵循的程序，也是有可能会影响到裁判公正的程序要求。

考核程序是指考核中所遵循的工作步骤及主要环节，是考核工作有序进行的规范要求和制度保证。尽管考核工作与审判工作有较大的差异，考核程序对考核公正性的影响远不如审判程序深远，但考核程序的设置仍不可忽视。我们先从考核程序与历史阶段、封建统治者的关系亲疏、岗位类别、考核效果等方面来了解考核程序。

（一）考核程序与历史阶段

考核程序与历史阶段的关系实际上也是考核程序与制度发展过程的关系。在考核制度不断成熟完善的过程中，考核程序实际上经历了从简到繁，再从繁到简不断反复的过程。

例如，战国时考核制度初建，采取以券为凭的做法。考核的程序非常简单，就是考核相关信息的核对。秦代的上计也是采取郡县上计吏上交上计报告的形式完成考核。汉代的考核区分对地方的考核与部门内部上下级

---

① 郑小悠：《人命关天：清代刑部的政务与官员（1644—1906）》，上海人民出版社2022年版，第372—373页。

的考核。前者是层层考核的方式，属县上计于郡国，郡国上计于中央。从程序来看，中央对地方的考核增加了丞相主持上计会议的环节。在会议上御史大夫要代表皇上对守丞、长史宣读相关要求。丞相当面询问上计吏关于郡国治理业绩的情况，最后确定考核的等次并上报皇帝，皇帝有时候也会亲临上计会议。唐代的考核按照品级分为内考和外考。内考的对象包括亲王、京官三品以上等高官，由皇帝直接考核，程序相对简单，大致就是将这些官员的材料报送门下省，由门下省给事中、侍中审核过后，皇帝亲自书写考核评语，确定考核等次。外考则相对复杂，包括初考—考簿送尚书省经吏部考功司判考—皇帝委派其他官员进行校考、监考—考核结果当众宣布—尚书省制作新的考簿上奏皇帝并经皇帝批准—考功司制作"考牒"并发放给被考核者。宋代开始简化唐代的考核程序，由各级官员所属部门的长官在印纸历子上写评语、定等级，然后送中央铨司审定即可。元代开始增加了本人在考核簿上填写部分内容的规定。明代"品级越低或与皇帝关系较疏远的官员，其考核模式实行'主管初考、中央覆考'式，程序比较复杂严格"①。

相较于明代，清代官吏考核程序的突出特点是简化程序。简化程序的典型做法是"在京察中，乾隆时废除了具有严重形式主义的自陈制度，改为吏部列题；在大计中，康熙时废除朝觐的形式，地方官无须赴京朝觐"②。这一特点的价值追求是节省行政成本，减少请托现象，往大一点说就是追求公平和效益。

我们先看看取消自陈制度的历史背景。取消延续自明代的京察自陈制度，主要是为了适应当时简化行政程序的需要。从对象上来看，自陈的对象包括地方督抚与在京三品以上的文官，数量众多。从自陈的内容来看，既包括官员的履历、政绩，还包括过失等，内容繁杂。从实施效果来看，自陈文本中包含大量的谦辞、套语，内阁票拟多形式化文字，皇帝批示大同小异，难以体现区别。皇帝需要花大量时间和精力来处理个人上奏、内阁票拟、皇帝批示等过程中的奏章。久而久之，自陈制度趋于形式化，偏离了制度设计时为皇帝提供详细书面材料以便考核的初衷。

---

① 邱永明：《中国古代职官考核制度史》，华东师范大学出版社2023年版，第424页。
② 邱永明：《中国古代职官考核制度史》，华东师范大学出版社2023年版，第491页。

我们再来看看取消朝觐制度的历史背景。我们知道，明代的官吏考核包括考满和考察两种，考察又包括京察和朝觐考察。朝觐考察针对全体地方官员，三年一次朝觐。① 在明代，朝觐制度之外有免觐制度，指的是特殊情况下可以免除朝觐。总的来说，明代遵循朝觐是普遍、免觐是例外的做法。地方官员进京朝觐会产生大笔的交通开支，明代"隆庆二年（1568）九月规定，根据距离京城的远近和官员等级，给各省朝觐官员以相应的路费"②。这样一来，朝觐势必增加大量的行政成本。康熙时期废除朝觐制度，从表面上看是削减行政成本，其实质是取消没有实际效果而容易滋生弊病的程序。事实上，在废除朝觐制度之前，康熙时期对朝觐的程序还做过调整，以期能更大地发挥考核的功效。顺治时期，地方官投递疏册到通政司，由通政司转奏。康熙时期改变了这一做法，由皇帝直接面见地方官，地方官来陈奏和回答问题。

（二）考核程序与关系亲疏

经由上文，我们不难发现，中国古代官吏品级高低与考核程序的繁简程度相关。通常品级较高的官吏，其考核程序较为简单，而品级相对较低的官吏，其考核程序就较为复杂。唐代如此，明代亦如此。这与董仲舒《考功名》中记载的"贵者疏，而贱者促"的考核原则有异曲同工之处。只不过前者是以职位高低来确定考核程序的繁简，而后者是以职位高低来确定考核的频率。与其说考核程序与中国古代官吏的品级相关，倒不如透过现象看本质，考核程序的繁简由被考核对象与封建统治者的关系亲疏决定。在封建专制主义社会里，考核权被牢牢地掌握在封建统治者手中，品级越高的官吏，与封建统治者接触的机会越多，因此封建统治者了解并熟悉的程度就越深，只需要通过简单的面谈就能掌握其能力、业绩等情况，所以，考核程序自然就比较简单。但对于品级较低的官吏而言，封建统治者要实现对考核的掌控，就必须将考核权予以分散并相互制衡，才能确保封建统治者对考核的掌控权，考核程序自然就比较复杂了。

（三）考核程序与岗位类别

中国古代官吏的考核程序因品级不同而存在繁简差异。当代的公务员

---

① 朝觐制度源于西周的"朝觐述职"。
② 邱永明：《中国古代职官考核制度史》，华东师范大学出版社2023年版，第491页。

考核则区分领导干部和非领导成员公务员来设计程序。两者由于考核侧重点不同，考核的程序也存在差异。

按照《党政领导干部考核工作条例》，领导干部年度考核的基本程序是：①总结述职。召开会议，领导班子总结报告全年工作，领导干部进行个人述职。②民主测评。根据对领导班子和领导干部考核内容的要求设计测评表，由参加民主测评的人员填写评价意见。参加测评的人员范围，按照知情度、关联度、代表性原则，结合实际确定。③个别谈话。与领导班子成员、相关干部群众以及其他需要参加的人员个别谈话了解情况。④了解核实。根据需要采取查阅资料、采集有关数据和信息、实地调研等方式，核实被考核对象有关情况。⑤形成考核结果。对领导班子和领导干部进行综合分析，形成考核结果并及时反馈。一般公务员年度考核的程序包括：总结述职—民主测评—了解核实—审核评鉴—确定等次。

（四）考核程序与考核效果

考核程序有时会影响到考核的实际效果。例如，汉朝考课有公开评议的步骤。"无论每年一小考，还是三年一大考，对官员的考课都会采用会议形式进行公开评议，先由主考官员对被考课的官员提出若干问题，再由被考课的官员现场据实回答，最后由主考官定出考课等级。这种做法增加了考课的透明度，对防止暗箱操作、保证考课的公平有积极作用。"[①] 再如，唐代外官考核程序中有"对众议定"的步骤，即当众宣读考第，议其优劣。但是，"晚唐吏治混乱，朝廷政令不行，初考官滥用职权，独断专行，不遵守'对众议定'的令文规定……常常隐匿考状，不予公布，应考者不知道自己的等第……这显然破坏了考课的公开性和公正性"[②]。

五　考核方法

考核方法是指服从于考核目的，依照考核要素和标准对公务员进行考核的具体手段。我们先从与考核方法相关的因素进行探讨。

（一）考核方法与制度设计

不同的考核制度设计，需要采取不同的考核方法来实现制度设计目

---

① 粟时勇、李向前、张霞编著：《古代官员考课制度史话》，党建读物出版社2021年版，第33—34页。

② 邱永明：《中国古代职官考核制度史》，华东师范大学出版社2023年版，第261页。

的。中国古代官吏考核的方法包括总结汇报法、评议鉴定法、论资排辈法等。例如,起源于战国时期的"上计"就是总结汇报法,由下级官员自下而上对上级官员总结汇报工作情况。之所以采取自下而上的总结汇报方法,是因为"上计"制度的设计就是考核主体依据被考核对象的业绩信息进行评定。业绩信息的收集方式有自上而下和自下而上两种方式,封建统治者自上而下的方式为巡守制度,与自下而上的总结汇报属于不同的制度类别。例如,元朝的廉访制度采取的就是自上而下的信息收集方式,元朝的"廉访"是评议鉴定法,由上级官员通过评议对下级官员的工作情况做出书面鉴定。宋朝的磨勘制度是论资排辈法,"官员任内职务品级的升迁,不以政绩为依据,而仅仅取决于年资,不仅不能激励官员创业建绩的雄心大志,而且对整个文官队伍的素质也是有百害而无一利"①。

(二) 考核方法与管理目标

总体来看,当代中国的公务员考核实行群众路线的工作方法与民主集中制原则,体现在考核工作中就是强调领导考核与群众考核结合的方法。此外,当代中国公务员考核的方法还包括平时考核与定期考核相结合、定性考核与定量考核相结合等。

如果再细分具体的考核方法,我们会发现服务于不同的管理目标,当代中国的公务员考核采取不同的考核方法。例如,为了推行目标责任制,中国公务员考核采取了目标责任制考核法。目标责任制考核通常用于专项工作的考核当中,如环境保护、安全生产、人才工作、就业工作等,主要考核组织绩效。目标考核法就是将组织绩效的考核与公务员个人的考核结合起来,将组织的目标分解到个人,根据被考核对象目标达成的情况进行考核的一种方法。再如,为了提高行政机关工作效率,增加工作活力,有些地方在公务员考核中尝试了末位淘汰法。山东威海环翠区在20世纪90年代末推行了干部位次管理末位淘汰法,具体的做法就是将每位干部的考核条目化、分数化、名次化,并实行末位诫勉清退的方法。②

(三) 考核方法与技术手段

在中国古代,考核方法受制于技术手段。例如,在统一度量衡之前,

---

① 李铁:《中国文官制度》,中国政法大学出版社1989年版,第227页。
② 张思玉:《实行干部位次管理末位淘汰法的理论与实践》,《发展论坛》2000年第7期,第38—39页。

考核只能做纵向的比较,即同一个被考核对象去年和今年的业绩比较。因为缺乏统一的衡量标准,很难在不同被考核对象之间进行比较。而且,在定量考核与定性考核方法之间,往往会选择定性考核的方法。再如,受制于信息记录以及传递的便捷程度,考核往往只能通过业绩的结果呈现,难以观察出业绩的完成过程。因此,考核方法的选择较为有限。随着信息技术的运用,行为留痕使得业绩过程可以被观测,一些测评技术的运用甚至可以观察到被考核对象的行为动机,在这样的背景下,考核方法的选择更加多样化。

六 考核结果运用

"根据绩效管理理论,结果应用的核心是激励与约束机制的构建,即奖惩机制,这种机制可以转换成为法律上的权利义务关系,并用法律的语言表述出来。换言之,结果应用实际上是一种法律关系或法律行为。"[①] 考核结果运用的效果直接关系到考核制度的运行效果。我们先探讨与考核结果运用相关的因素。

(一)考核结果运用与工资制度

在中国,受制于公务员工资制度等规定,公务员考核结果运用中考核奖励占工资的比重较小。根据《中华人民共和国公务员法》的规定,公务员在定期考核中被确定为优秀、称职的,按照国家规定享受年终奖金。年度考核奖金的标准依据为人事部、财政部 2001 年公布的《关于调整机关工作人员工资标准的实施方案》。该方案规定,年终一次性奖金的发放对象是年度考核为称职(合格)及以上的人员,奖金标准为当年 12 月本人的基本工资,下一年 1 月兑现。年度考核奖励奖金为当年 12 月本人的基本工资,奖金金额不大,覆盖范围过广,与行政奖励[②]

[①] 龙凤钊:《科学性与法治化:政府绩效管理的内在冲突及其解决》,《理论研究》2016 年第 5 期,第 33—40 页。

[②] 例如 2017 年新修订的《食品药品违法行为举报奖励办法》,根据各地举报奖励实施情况,将单次举报奖励限额从原先的 30 万元提高到 50 万元。对一级举报奖励的规定为"一般按涉案货值金额或者罚没款金额的 4%—6%(含)给予奖励。按此计算不足 2000 元的,给予 2000 元奖励"。一级举报指的是:提供被举报方的详细违法事实、线索及直接证据,举报内容与违法事实完全相符。也就是说不管罚没款金额是多少,只要属于一级举报,举报人最少可获得 2000 元的奖金。

相比，还存在提升的空间，年度考核奖励奖金已基本上失去制度设计初衷的激励作用。

在美国，由于"找不到客观的方法将员工的作为与机构的绩效联系起来，因此现在大多数雇员都得到非常高的评级"①。当然，也有学者在分析日本的工资、人事制度时提出，"由于实行的不是以短期业绩为基准的能力工资，而是实行内部升迁、升级的所谓'累积型的奖励'制度，因而对员工的激励能够得以长期持续下去"②。

（二）考核结果运用与行为调整

考核结果运用的作用在于明确行为后果，让被考核对象有清晰的行为预期。按照斯金纳的强化理论，人的行为会根据其行为后果来进行修正。当某种行为后果对人有利时，该行为就会重复出现；当某种行为后果对人不利时，该行为就会逐渐减弱甚至消失。

考核结果运用就是通过构建激励与约束机制来调整行为。"功多尤为最者，于廷尉劳勉之，以劝其后。负多尤为殿者，于后曹别责，以纠怠慢也。"③ 意思就是，官吏考核评价优等，即"最"的人可以在廷尉府获得慰劳，以此勉励他们再接再厉。官吏考核评价劣等，即"殿"的人就要到贼曹、狱曹那里接受责罚，希望他们能因此奋发图强。

（三）考核结果运用与作用发挥

考核结果是对被考核对象履职情况所作的最终结论。《汉书》记载，"德不称位，能不称官，赏不当功，刑不当罪，不祥莫大焉"④。意思就是说，功德与爵位不相称，才能与官职不相称，赏赐与功绩不相当，刑罚与罪名不相当，这就是最大的不祥。只有合理运用考核结果，让考核结果真正实现调整行为的作用，考核制度才能发挥积极作用。

历史上，有因为考核结果得不到运用而直接取消考核的做法。例如，清代康熙初年"甚至因为'向来京察、考满各官由本衙门堂官注定考语，

---

① ［美］詹姆斯·Q. 威尔逊：《官僚机构：政府机构的作为及其原因》，孙艳等译，生活·读书·新知三联书店2006年版，第8页。
② ［日］稲継裕昭：《日本公务员人事制度》，黄元译，生活·读书·新知三联书店2012年版，第3页。
③ （南朝宋）范晔撰，（唐）李贤等注：《后汉书》，中华书局1965年版，第3623页。
④ 高潮、马建石主编：《中国历代刑法志注译》，吉林人民出版社1994年版，第46页。

有注称职者,有注平常者,及至升转时,全不察照'的原因,将京察、考满停止举办,多年后才予以恢复"①。国民政府时期为了确保考核结果运用的效果,采取了考核结果强制分布的方法。"为防止考绩'走过场',《考绩法》还特别规定了应予解职人员的比例,'成绩过劣应行解职人员,年考不得少于各该机关总员额2%,总考不得少于各该机关总员额4%'。"②

七 考核监督

"监督"指"察看并督促"。考核监督是具备监督权限的主体对考核的过程及结果进行察看并督促的行为。考核机构可能会出现的腐败和效率问题是我们需要考核监督的重要原因,如果不进行监督,最终往往是"防弊之法有尽,而舞弊之事无穷"③。

习近平总书记指出:"我们的制度不少,可以说基本形成,但不要让它们形同虚设,成为'稻草人',形成'破窗效应'。很多情况没有监督,违反了也没有任何处理。这样搞,谁会把制度当回事呢?"④

(一)考核监督与监察制度

中国古代官员的考核制度自汉朝开始就与监察制度相互渗透,既对考核过程及结果进行监督,也对官员行为进行监督。西汉御史府主要负责审核上计簿的虚实,实现对考核的监督。明朝的拾遗制度、清朝的文官考核问责制都是考核监督的有益尝试。当代中国的公务员考核有明确的监督主体、监督方式等规定。例如,2020年《公务员考核规定》增加了县级以上公务员主管部门对本辖区内考核工作综合管理和指导监督责任的具体规定,明确县级以上公务员主管部门负责本辖区内公务员考核工作的综合管理和指导监督,每年按照不少于机关总数10%的比例,对本辖区内各机

---

① 《圣祖仁皇帝实录》卷六,康熙元年五月二十一日,《清实录》第4册,第113页。转引自郑小悠《人命关天:清代刑部的政务与官员(1644—1906)》,上海人民出版社2022年版,第238页。
② 徐矛:《中华民国政治制度史》,上海人民出版社1992年版,第278页。
③ 张程:《制度与人情——通俗解读中国古代政治制度的发展历程》,华文出版社2021年版,第268页。
④ 2014年5月9日,习近平在参加河南省兰考县委常委班子专题民主生活会时的讲话。

关公务员考核工作进行核查了解。

（二）考核监督与具体做法

国外的考核监督通常包括自我监督、专业机构监督、上级领导监督等多种方式。例如，法国文官个人、行政对等委员会、上级领导、行政法院以不同的方式参与监督，文官个人在参与考核的过程中进行监督；行政对等委员会对考核结果畸轻畸重进行平衡，履行监督职责；上级领导在复核的过程中进行监督；行政法院通过审理上诉案件对考核进行监督。

中国古代官吏考课监督过程中发展出某些特色做法，效果比较突出。例如东汉的舆论监督，"东汉除了比较有效地开展上计以外，还创建了一项独具特色的考课与监察相结合的方式——'举谣言'，简单地讲，就是采集各地民间歌谣，观察各地民情民俗，将这些作为评估地方吏治与官员履职情况的重要凭据"[1]。我们可以理解为这是社会舆论对官员的监督，也可以理解为社会舆论对考核制度的有益补充，实际上发挥着监督考核结果的作用，因为民谣已经成为民众参与评价地方官员绩效的一种重要方式。再如，秦代的法律监督，通过明确法律责任实现监督效果。《秦律杂抄》规定："敢深益其劳岁数者，赀一甲，弃劳。"[2] 意思就是，擅自增加劳绩者，要受罚并取消劳绩。这就明确了考核中擅自增加劳绩者需要面临的法律后果。因为"秦汉根据业绩评定分数赐劳记功。劳是对业绩的量化，根据业绩优劣可'赐劳'或夺劳"[3]。

本章小结

我们在本章辨析了相关概念，包括属于被考核对象范畴的干部、官吏、国家工作人员、公职人员、公务员等，还包括与考核相关的概念，如审查、考察、考课、考绩、考核等。在明确了我们所讨论的考核制度是什么的基础上，进一步分析了考核制度不是什么，即厘清考核制度与选贤任

---

[1] 粟时勇、李向前、张霞编著：《古代官员考课制度史话》，党建读物出版社2021年版，第39页。

[2] 睡虎地秦墓竹简整理小组编：《睡虎地秦墓竹简》，文物出版社1990年版，第83页。

[3] 刘太祥：《简牍所见秦汉行政奖励制度》，《南都学坛》2017年第1期，第1—7页。

能、监察、奖惩、捐纳、考勤、职位分析、工资制度等的区别。在划定了具体的讨论范围之后，我们开始聚焦考核制度的功能定位，实际上是想说明白，我们究竟该对考核制度寄予怎样的期待？要满足这些期待，考核制度又该秉持怎样的原则进行设计？除此之外，考核制度内部的构成因素都有哪些？它们如何影响制度功能？对这些问题的解答就是本章要重点解决的问题。

我们认为，考核制度的主要功能包括检查、激励和导向。检查功能的目标在于通过考核明确履职状态。检查功能的实现有赖于"应该是什么"要明确、"实际是什么"要有标准、"应该是什么"与"实际是什么"的差距分析要客观。激励功能的目标就是通过考核实现被考核对象的积极工作动机。考核激励功能的实现需要把握目的和手段的匹配关系，或者说考核目标的设定与达成目标的举措要平衡。考核制度导向功能的目标就是通过考核实现对被考核对象的行为修正。发挥考核的导向功能，特别重要的是目标指标的权重应当体现导向的作用。

只有制度本身科学客观，检查才有科学客观的标准可依据，检查功能方能有效实现。因此，为实现检查功能，考核制度的设计应该坚持科学客观的原则。只有实绩这一可量化、可客观评价的观测维度，才可以激发被考核对象的内生动力，实现激励的效果。因此，为实现激励功能，考核制度的设计应该坚持突出实绩的原则。依法考核能为被考核对象的行为提供最稳定的预期，也是最能实现制度导向功能的方式。因此，为实现导向功能，考核制度的设计应该坚持依法考核的原则。

秉持这样的原则进行考核制度设计的同时，还要关注考核制度的主要构成要素，包括考核理念、考核主体、考核内容、考核程序、考核方法、考核结果运用和考核监督等。这些构成要素受历史阶段、价值追求、岗位职责，甚至是关系疏远、技术手段、管理目标等影响，需要结合不同的情况进行具体分析。

第三章

中国古代官吏考课制度的历史演变

"如果通览中国社会几千年的历史，我们会对一种永恒的、稳固的和持久的现象感到惊讶，我把它称为'官僚体制'。它最明显的特点就在于'文人官僚'组成的统治阶级从未退出过历史舞台。"① 韩非子曾指出，"明主治吏不治民。"② 治吏的有效手段就是对这些"文人官僚"的工作进行考课，即古代的官吏考课制度。宋代苏洵曾言"有官必有课，有课必有赏罚。有官而无课，是无官也；有课而无赏罚，是无课也"③。

任何一项制度，都是针对具体时空中的具体问题创造、发展出来的解决办法。我们研究和思考某一制度，自然无法脱离这项制度衍生的时空环境以及其意在解决的问题。我们评价某一制度是否正当、合理、有效或存在何种局限，更不能离开制度所处的环境。

为什么会出现考核制度，考核制度在中国历史上是伴随着国家的建立、官僚制的形成而存在的，还是随着历史的发展在诸多问题出现之后作为一种具体的解决办法才逐渐形成？要回答这些问题，我们只能从历史中去寻找答案。习近平总书记指出："我们学习中国历史上的吏治，目的是了解我国历史上吏治的得失，为建设高素质干部队伍提供一些借鉴。"④

---

① ［法］白乐日：《天朝的封建官僚机制》，佘振华译，广西师范大学出版社2021年版，第6页。
② （清）王先慎：《韩非子集解》，中华书局2003年版，第332页。
③ （宋）苏洵：《嘉佑集笺注》卷一〇，曾枣庄、金成礼笺注，上海古籍出版社1993年版，第285页。
④ 习近平总书记2018年11月26日在十九届中央政治局第十次集体学习时的讲话。

本章分析不同历史阶段官吏考课制度的具体内容和呈现出的特征，在此基础上，总结古代官吏考课的主体与内容、方法与程序、结果运用与监督等，试图厘清古代官吏考课制度的历史演变。

第一节　古代官吏考课制度的发展脉络

中国古代的官吏考课，可以追溯至战国的"上计"，历经几千年的发展变化，形成了一套一脉相承、一以贯之的制度体系。制度的发展"呈现出的韵律和节奏：它们也在经历着生、住、异、灭，像生命界的花木鸟兽一般；它们有时高歌猛进，有时也误入歧途，有时分道前行，有时又百川归海"[1]。

中国古代的官吏考课，其发展有自己的特色。例如，始终围绕皇权而运作。"个体成员的动荡生活和脆弱命运与整个阶级的恒久存在和稳定延续形成了一种强烈的反差……整个官员群体和官僚制度依然围绕君权而运作。整个'二十四史'就是这一官僚制度的真实写照。"[2]

我们在面对复杂的考核制度体系，追溯其逻辑起点并试图描绘出它的发展图景时，要按照制度构成因素的发展将其划分为不同的历史分期，并具体描绘每一个分期制度因素的不同特点。"历史分期的问题在很大程度上是一个视角问题，甚至就是一个定义问题。定义不取决于历史的'本质'，而取决于，或是可以取决于人们关注的问题，甚至人们概括或叙述的便利。"[3] 显然，我们所作的历史分期，也完全是从我们所关注的考核制度本身出发，服务于我们勾勒出这一制度发展脉络的便利所需。因此，如果质疑分期划分的逻辑不正确，或是分期划分的理由不充分，也不是完全没有道理，只是限于个人知识、视野的局限，在当下这不失为一种最为妥当的处理方式。

---

[1] 阎步克：《品味与职位：秦汉魏晋南北朝官阶制度研究》，中华书局2002年版，第647页。

[2] [法]白乐日：《天朝的封建官僚机制》，佘振华译，广西师范大学出版社2021年版，第19页。

[3] 苏力：《大国宪制：历史中国的制度构成》，北京大学出版社2018年版，第76页。

一 伴随着官僚制而出现的官吏考课

"中国古代考核制度随着部落联盟议事会的公职分工而萌芽，又随着夏商周奴隶制国家的产生、发展破土而出，到春秋战国时期，随着封建官僚制的产生而初步形成。"① 从逻辑上来说，先有共同体——官僚群体产生，共同体内部成员的行为需要被衡量，且衡量的标准需要人为设计，这样才会产生真正意义上的考核制度。

尧舜禹时代的组织形式是部落联盟，里面有首领和其他承担部落联盟公共事务的人员。部落联盟首领需要对他的继任者进行考核，也需要对其他承担公共事务的人员进行考核。通常对继任者的考核采取的是类似我们现在的"试用期"制度。在三年"试用期"里，尧对舜进行了多种多样的考察，既有将自己女儿嫁给舜以考察其德行的做法，也有委以推行德教的重任以考察其管理能力的做法。最后，尧给出了舜在三年"试用期"里的考核评定，对舜说，"女谋事至而言可绩，三年矣。女登帝位。"② 意思就是，舜考虑事情细密周详，说到能做到，三年了，可以登上帝位了。部落联盟首领还需要对其他承担公共事务的人员进行考核。尧通过巡守的方式对官员进行考核；舜则要求三年一考查，三考分出高下，然后根据考核的结果进行奖惩，即"三岁一考功，三考绌陟，远近众功咸兴"，③ 这是考核制度的雏形。

夏、商、周时期，官吏考课等法律制度已有文字记载。《周礼》详细记录了周代的人事行政法律制度。但基于血缘亲缘关系的社会治理从根本上否定了考课的意义。考课存在的意义在于提供一种相对统一的评价标尺，衡量并规范官吏的绩效和行为。那么，当最高政治权力的转移以及权力的分配完全是基于血缘关系的世袭时，血缘就已经成为了唯一的评价标尺，自然没有考课的必要。"从严格意义上讲，三代时期是贵族政治，没有官僚制度。一直到战国时期，出现了职业官吏队伍，官僚制度才随之而

---

① 邱永明：《中国古代职官考核制度史》，华东师范大学出版社 2023 年版，第 23 页。
② （汉）司马迁撰：《史记》，中华书局 1959 年版，第 22 页。
③ （汉）司马迁撰：《史记》，中华书局 1959 年版，第 39 页。

诞生。"① 官吏考课制度的诞生自然是以官僚制度的诞生为前提，出现了职业官吏队伍这个群体，才会出现以此群体为对象的考课制度。

在苏力看来，官僚制是弥补嫡长继承制弱点的一项重要制度。② 官僚制的出现是保证更优政治治理的历史必然选择，但此时的官僚制是类似中央政府的官僚政治，仅局限于政治精英对统治者的辅佐而形成的一个群体。官僚制的出现必然会引发两个问题：一是究竟什么样的政治精英可以成为辅佐统治者的官僚，这涉及官吏选拔的问题，而在考课制度的初始阶段，官吏选拔和官吏考核往往没有明显区分。二是统治者通过什么手段可以判定辅佐他的官僚是合格的政治精英，这就是官吏考课制度的源起。显然，这种官吏考课是指对辅佐统治者的政治精英的考课。总体来说，官僚制度的诞生催生了官吏选拔和考课的客观需要。官吏选拔解决的是究竟什么样的政治精英可以成为辅助统治者的官僚。官吏考课解决的是究竟依据什么样的标准判断官僚的辅佐是否符合统治者的需要。

从官僚制度的发展来看，地方政府的官吏考课要晚于中央政府的官吏考课，这点不难理解。当类似中央政府的官僚政治在西周③出现时，政治治理的另一重要制度——分封制也同时出现。可以说，分封制也是弥补嫡长继承制弱点的一项重要制度。"为维护王室团结，为消除或至少弱化非嫡长子基于自我利益或独自或联手阴谋篡夺王位，为配合嫡长继承制实践，就有必要让所有非嫡长子也能系统地和制度化地分享部分政治权力和利益。"④ 这是分封制的制度功能，也是各诸侯权力的来源。由此可见，各诸侯的权力来源于周天子。考课权作为一种重要的人事管理权力，自然也掌握在周天子手上。与周天子的做法相似，各诸侯王也将自己采邑中由嫡长子继承之外的土地分封给其他亲属。这样的分封等级制度基于血缘亲疏关系，也就不存在严格意义的地方政府官吏考课。

---

① 刘文瑞：《中国古代政治制度（下）：地方体制与官僚制度》，中国书籍出版社2018年版，第150页。

② "建立一个官僚系统，让这个系统来辅佐政治合法性足够只是个人能力不足的嫡长子治理国家。"苏力：《大国宪制：历史中国的制度构成》，北京大学出版社2018年版，第91页。

③ "中国的官僚制度在……西周国家……的政治实践中就已见端倪。"参见李峰《西周的政体：中国早期的官僚制度和国家》，吴敏娜等译，生活·读书·新知三联书店2010年版，第2页。

④ 苏力：《大国宪制：历史中国的制度构成》，北京大学出版社2018年版，第95页。

需要注意的是，这并不意味着基于功绩而获取身份完全不可能。"西周春秋一方面实行世卿世禄世官之法，但也有'选贤任能'的观念，也有功绩制的因素。周代的身份主要是从前人继承而来的，但自致的、通过自身努力达到的身份，在一定范围之内仍然存在。"①

战国时期军功制是官吏选拔的主要途径，事实上也是考核官吏的重要标准，它打破了宗法关系与官禄之位的关联。但由于军功制自身的局限性，例如只适用于战时等，随着全国的统一，尚未成熟的军功制就发生了较大变化。"秦国在战国时期，军功就与劳考相结合。入仕靠军功，而升迁则靠劳绩，由于秦汉时期选考合一，故人们多把含有考课劳绩内容的军功制以'军功'一词总而扩之。"②"随着秦的统一，在不急于补充大量官员的前提下，过去将入仕与考课合二为一并以入仕为主的军功制，肯定会出现向以升迁为主而考察劳绩的中劳制转化，即由'功'向'劳'的转化。"③"上计"制正是体现了这样的一种转化，它是一种考核各地官吏政绩的制度，一直沿用到隋唐以前。

韩非认为君与臣的利益是不同的，君臣是相互利用的，所以他说："君以计畜臣，臣以计事君。君臣之交，计也。"④ 意思就是，君主按照自己的算计畜养臣下，臣下也按照自己的算计侍奉君主，君臣之间的关系，是相互算计的关系。

形成于春秋战国时期的上计制度，其功能定位客观上体现了这样的君臣关系。上计的"计"指的是一种赋税文件，上计最开始是以赋税为主要内容的考核制度。地方长官年终将下一年的预算计划写在木券上呈报国君，相当于制定了下一年的年度目标。国君将木券分成左右券，左券发还地方，年终国君或相关官吏根据右券进行考核，相当于依据年度计划对照检查完成情况。这种做法是后世官吏年度考核制度的起源。现有的研究多

---

① 阎步克、邢义田、邓小南等著：《多面的制度——跨学科视野下的制度研究》，生活·读书·新知三联书店2021年版，第40页。
② 刘文瑞：《中国古代政治制度（下）：地方体制与官僚制度》，中国书籍出版社2018年版，第181页。
③ 刘文瑞：《中国古代政治制度（下）：地方体制与官僚制度》，中国书籍出版社2018年版，第181页。
④ （清）王先慎：《韩非子集解》，中华书局2003年版，第128页。

认为上计是中央对地方官吏的考课。但也有学者认为"以上计为考课制度，确有一定道理，但上计作为官吏的年终工作总结，只在各级地方行政首脑中进行，并非普遍适用，更接近于对地方政府机关的考核，而不是对官吏个人的考核"①。研究里耶秦简的部分学者也持此种观点，认为需要区分"计"与"课"，前者是对机构的考核，后者才是对官吏个人的考核。

商鞅变法中的考核制度

分封制下，基于血缘亲疏关系维系治理实质上并不会产生考课的需要。但当一个社会制度向另外一个社会制度转型，当打破固定的等级分封成为现实需要时，如何促成新的特权阶级，客观上需要建立除等级之外的衡量标准。商鞅变法回应了这一现实需要。作为一场社会制度的革命，有学者认为，"商鞅变法是在一个社会制度向另外一个社会制度转型过程中的唯一成功的变革案例"②。

商鞅所处的春秋战国时代，正是奴隶制社会向封建制社会过渡的时期，也正是新兴地主阶级向奴隶主贵族夺取政权的时期。战国时期，战国七雄基本上都采取了军功爵制度，基于军功而非血缘这一新的逻辑形成新的特权阶级，但无疑商鞅变法推行的效果最好。商鞅变法中的奖军功、实行统一度量、建立县制都客观上推动了考核制度的发展。

商鞅变法中的考核制度以"人"为制度设计的出发点，人性假设是"民生则计利，死则虑名"（《商君书·算地》）。用利益作为制度设计和实施的驱动力是商鞅变法成功的重要原因。例如，"能得甲首一者，赏爵一级，益田一顷，益宅九亩"（《商君书》）。意思就是，能够在战场上斩首一名"甲士"（穿有盔甲的士兵，相对应的是"徒兵"），就能够获得爵位并分田分地。

---

① 刘文瑞：《我国古代官吏考课制度建立于何时》，《西北大学学报》（哲学社会科学版）1990年第1期，第92页。

② 王耀海：《商鞅变法研究》，社会科学文献出版社2014年版，第12页。

二 秦代伴随着度量衡统一而出现的量化考课

秦始皇创立了皇帝制度，将所有权力都集中于皇帝，所谓"天下之事无小大皆决于上"①。自然，皇帝也掌握着考核权。秦始皇废除分封制，实行郡县制。中央实行的是三公九卿制，三公是指丞相、太尉和御史大夫，九卿则为奉常等分掌中央政府各部门政务。丞相府、御史府掌管中央对地方的"上计"事宜。郡守是一郡的最高行政长官，由皇帝任命。郡下面分为若干个县，大县设置县令，小县设置县长。在郡县制的管理体制下，要加强中央对地方的控制，要体现皇权对百官的掌控，尤其是任命时要基于百官治理能力的评价结果，那么，对官吏进行考课成为必然趋势。

秦代考课制度一个最为显著的特点就是实现了量化考课。② 这是因为秦统一度量衡，使得量化工作业绩成为可能。"因度量衡才可能，否则完全不可能的另一重要制度实践是历史中国独有的监察考课制。这回应的是，从正面看，如何定期系统公平考察大量官员的工作绩效，特别是那些可量化的工作业绩，如税收等……"③ 秦代的法律全面细致地规定了官员管理财产的职责，并以度量衡予以量化考核。秦汉时期实施的"上计"制度，县令需将辖区内的户口、垦田、粮食、税收等量化指标逐级上报。这些量化指标如果没有统一度量衡，将无法转化为相对准确且可以相互比较的信息，自然也就无法充分比较各地官员的工作业绩，并基于比较给出相应的奖惩，从而达到考课奖优罚劣的效果。

但是，由于历史中国幅员辽阔、地形复杂，既没有先进的测量工具，也缺乏专业的测绘人才，"几乎从'上计'的一开始，皇帝就知道，许多统计数字就是用来应付考核问责的具文"④。"上计簿，具文而已，务为欺谩，以避其课。"⑤ 尽管如此，为什么一直到隋唐之前都坚持"上计"？在

---

① （汉）司马迁撰：《史记》，中华书局1959年版，第258页。
② 到了汉代，评定绩效的方法主要采取了量化法。"上计中的户口、垦田、农桑、赋税、盗贼、断狱，以及功劳等考核项目，都是直接通过数量反映出来的；而不能用数量表示的其他行政事务，也是通过一定的标准换算成分数，如'得若干算'和'负若干算'。"参见邱永明《中国古代职官考核制度史》，华东师范大学出版社2023年版，第128页。
③ 苏力：《大国宪制：历史中国的制度构成》，北京大学出版社2018年版，第287—288页。
④ 苏力：《大国宪制：历史中国的制度构成》，北京大学出版社2018年版，第300页。
⑤ （汉）班固撰：《汉书》，中华书局1962年版，第273页。

苏力看来，"这些不可靠数字在政治治理中的最重要功能之一，其实是作为一个依据，拒绝和抵制专断任性之税收，是对国家税收和财政的一种制度约束"①。具体到考课制度，统一度量衡让量化考课成为可能，让官吏考课制度有了相对公平的比较依据，是考课制度发展的一个良好开端，尽管从一开始就存在着无法避免的弊端。

里耶秦简中的"计"与"课"

2002年，湖南省湘西土家族苗族自治州龙山县里耶镇出土3万多枚秦简，其内容主要为秦代洞庭郡迁陵县文书档案。这是继秦始皇兵马俑之后秦代考古的又一重大发现。秦代庙堂之上的种种抉择传递到神经末梢时产生过何种悸动？里耶秦简中的官吏考课简可以为我们提供一些思路。

里耶秦简中既有"计"，也有"课"，两者都与考核相关。"'计'的考核对象是国家机构，是对国家资财现有状况的总结和统计；而'课'的问责对象则是具体职官和实际负责者，是对国有资财增减情况的记录和监督。"②

里耶秦简中的"课志"记载了迁陵县属机构的考课项目，但这些考课项目并非官吏考课的全部内容。有学者认为，"计尽管不完全是针对考课，但这些统计材料可用于县属机构和职官的考课。'课'未覆盖各机构的全部职能，是因为县廷已掌握相当一部分跟官员政绩有关的数据。考课时要求各机构提交'课'，是由于县廷掌握的数据不很全面，需要进行补充"③。

以下是里耶秦简中迁陵县丞上报朝廷的文书，上面记载的是郡守和县令治理郡县的情况（见图3-1）。

---

① 苏力：《大国宪制：历史中国的制度构成》，北京大学出版社2018年版，第301页。
② 沈刚：《〈里耶秦简〉（壹）中的"课"与"计"——兼谈战国秦汉时期考绩制度的流变》，《鲁东大学学报》（哲学社会科学版）2013年第1期，第64—69页。
③ 肖鑫：《里耶秦简所见秦代地方官吏的考课制度》，硕士学位论文，湖南大学，2020年，第12页。

图 3-1　里耶秦简：迁陵县丞上报朝廷的文书①

以下是另一枚里耶秦简，上面记录了任职职务和任职时间等信息（见图 3-2）。

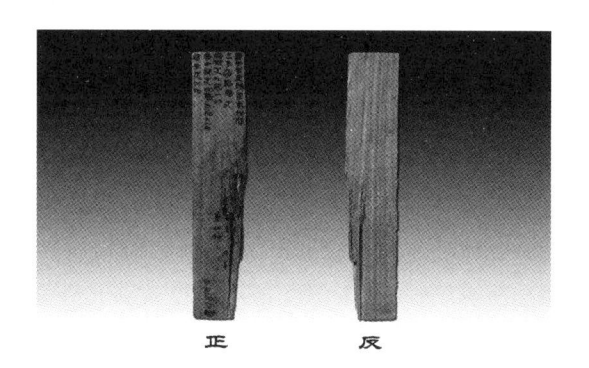

图 3-2　里耶秦简②

"这一组秦简用当时的话来说就是'令史的伐阅'，令史是县令的下属官吏，主管文书，伐指功绩，阅指任职资历。这枚秦简就记录了资中县令史阳里人扣的履历：十一年九月提拔为吏，担任乡吏九年

---

① 图片来源：简牍_馆藏文物_里耶秦简博物馆 [EB/OL]. [2023-09-19]. http://lyqjbwg.com.cn/view.php?id=874#maodian.

② 图片来源：简牍_馆藏文物_里耶秦简博物馆 [EB/OL]. [2023-09-19]. http://lyqjbwg.com.cn/view.php?id=923.

零一天，担任管理农事的田部吏四年零三个月十一天，担任令史二个月，户版记录年龄为36岁，可担任掌管工程的司空属官之职。这就是当时官吏任职与提拔的重要依据，记录官吏所任职务和任职时间，类似于今天的'履历表'。"①

三　汉推举制的官吏选拔方式决定了只需对行政长官进行考核

汉武帝之前的中央行政体制基本上沿袭了秦代，我们称之为"汉承秦制"②。汉武帝以来，政治精英的选拔采取推举制。"三公、九卿、郡太守、县令，这些是由皇帝由中央政府任命的。"③ 郡县掾属，必须得本地人充当。汉武帝"令州郡察吏、民有茂材异等可为将相及使绝国者"，命令州郡长官考察并向上推荐当地官民中具有杰出才能、可以担当将相之责以及能出使极远之国的人。除地方长官外的地方官吏主要来源于地方政府以及高、中级官吏的推荐。尽管中央政府会对被推举者进行考察和试用，但不可避免的是，长此以往，朝廷高官、地方长官、地方门阀势力就会垄断推荐权。事实上，官吏之间也会形成基于推荐关系的不同门派。他们能否获得更多的政治资源，在仕途上发展能否如意，在很大程度上取决于拥有推荐权的地方力量。从另一个角度来说，他们只会对推荐他们的地方力量负责，两者之间形成了捆绑关系，中央政府自然无须对他们进行考课，只需要考课拥有推荐权的行政长官即可。他们自会将这种监督的力量往下传导，达成考课的效果。"大量下级官吏是通过行政长官的自行辟除所形成的连带责任关系来约束的。因此，从人事管理的逻辑上看，汉代统治者只要有对行政长官的考核就足够了，不需要针对所有官吏个人制定考课制度。"④ 事实上，我们也看到，历史确实如此。"秦汉官吏的考核制度，以

---

① 简牍_馆藏文物_里耶秦简博物馆［EB/OL］.［2023-09-19］. http://lyqjbwg.com.cn/view.php?id=923.

② 西汉全盘继承秦朝的法律制度，即便同为西汉的丞相，曹参作为萧何的继任者，也完全按照萧何确立的规章制度办事，这就是成语"萧规曹随"的故事，意思就是按照前人的经验做事。

③ 钱穆：《中国历代政治得失（新校本）》，九州出版社2012年版，第18页。

④ 刘文瑞：《中国古代政治制度（下）：地方体制与官僚制度》，中国书籍出版社2018年版，第219页。

上计制度为主，侧重对地方行政首长的政绩考核。"① 这里实际上还反映出了另一个问题，这样一种官吏选拔制度的发展必然会带来中央政府人事管理权力的削弱。下级官吏自然难以体会到中央政府的管理权威，他们感恩的是具有推荐权并最终将他们推上这个职位的地方力量。

董仲舒的官吏考课思想

2016年5月17日，习近平总书记在哲学社会科学工作座谈会上指出，"在漫漫历史长河中，中华民族产生了儒、释、道、墨、名、法、阴阳、农、杂、兵等各家学说"，并列举了一大批"留下了浩如烟海的文化遗产"的思想大家的名字，其中一位就是董仲舒。那么，董仲舒这位思想大家给我们留下了什么文化遗产呢？

董仲舒（公元前179—公元前104），广川（河北省景县广川大董故庄村）人，西汉哲学家，儒学发展的重要人物。汉景帝时代，他任经学博士，教授了大量弟子。汉武帝时代，他被任命为江都相，之后调任胶西相，后因年老辞职回家，专心著述直至寿终正寝。

董仲舒认为，"擥名考质，以参其实。赏不空施，罚不虚出。"意思是，要依据名声考察实质，以参验真实情况。不凭空奖赏，也不凭空处罚。② 除此之外，《汉书·董仲舒传》详细记录了汉武帝与董仲舒的三问三答（又称"天人三策"），集中体现了他的政治哲学思想。由后人汇编董仲舒的文章而成的《春秋繁露》之《考功名》一篇具体反映了他的官吏考核思想。我们从这些文献出发，聚焦官吏考核思想，深刻领悟董仲舒这位思想大家给我们留下的文化遗产。

量材授官

当今的干部选拔任用强调选贤任能，干部考核强调将政治标准放在首位。早在汉代，董仲舒就提出"量材授官、录德定位"的思想。《汉书·董仲舒传》中，汉武帝提出的第二个问题是"廉耻贸乱，贤

---

① 刘文瑞：《中国古代政治制度（下）：地方体制与官僚制度》，中国书籍出版社2018年版，第213页。

② （汉）董仲舒著，周桂钿解读：《春秋繁露（节选）》，国家图书馆出版社2019年版，第201—202页。

不肖浑淆，未得其真"，廉洁的人和无耻的人混淆，好人与坏人混杂，分不清楚。汉武帝认为无法区分贤吏和愚吏是当时吏治的主要问题。董仲舒则认为，出现这种现象的原因在于缺乏以才能为衡量标准的考核制度。"且古所谓功者，以任官称职为差，非谓积日累久也。故小材虽累日，不离于小官；贤材虽未久，不害为辅佐。是以有司竭力尽知，务治其业而以赴功。"意思就是，古时候是以任职是否称职来考核官员的功劳，而不是以任职时间长短为标准。才能是重要的衡量标准，所以才能小的人即便任职时间很长，也可能只是个小官；有才能的人尽管任职不长，也不妨碍他成为辅佐大臣。因此，所有的官员都会竭尽所能，努力做好工作，积累自己的业绩。但是，"今则不然。累日以取贵，积久以致官，是以廉耻贸乱，贤不肖浑淆，未得其真"。意思就是，现在却不是这样，官员任职时间久了就可以升至高位，所以才会廉洁与无耻的人不分，好人坏人混杂，分不清楚。为此，董仲舒提出的对策是："毋以日月为功，实试贤能为上，量材而授官，录德而定位，则廉耻殊路，贤不肖异处矣。"意思就是，不用做官时间的长短来计算功劳，而是实际考察官吏的贤能，衡量才能后再授予官职，考察德行后再确定职位，那样，廉洁和无耻的人、好人和坏人就能够区分了。

分类考核

当今的干部考核强调分级分类的原则，主要指的是合理划分被考核对象，差异化设置考核内容等。董仲舒的分类考核思想主要体现为考核周期依据考核范围与职位高低来确定。尽管两者所指不同，但分类的思想是一致的。例如，他认为，"考试之法，大者缓，小者急；贵者舒，而贱者促。诸侯月试其国，州伯时试其部，四试而一考。天子岁天下，三试而一考。前后三考而黜陟，命之曰计。"意思就是，考核的频率要根据范围大小和职位高低来确定，大范围的、对职位高的官吏考核频率小一些，小范围的、对职位低的官吏考核频率要大一些。具体来说，诸侯对官吏的考核是每个月进行，各州长官对其所辖的考核是每个季度进行，四次考核之后就举行一次大型考核。天子每年在全国范围内举行一次考核，三次考核之后就举行一次大型考核。前后进行三次大型考核之后决定免除还是晋升。

业绩为重

当今的干部考核强调注重实绩的原则。早在汉代，董仲舒就强调考核要突出工作业绩。一是工作业绩不是一时一事的成绩，而是积累的成绩。董仲舒认为"考绩之法，考其所积也"，意思就是主要考查他们在工作中积累的成绩。二是考查业绩时还要注意其他因素，例如"合其爵禄，并其秩，积其日，陈其实"，意思就是，考查官吏才能时，还要结合爵位俸禄、官职品级、任职时间、实际工作能力等。三是在名声和业绩之间，后者更为重要。董仲舒认为，"不能致功，虽有贤名，不予之赏；官职不废，虽有愚名，不加之罚。"意思就是，没有建立功绩，即使名声好，也不奖赏，能尽守职责，即使有愚笨的名声，也不惩罚。

综合排序

当今的干部考核强调客观公正的原则。早在汉代，董仲舒官吏考核思想中的综合排序设计就体现了这一原则，主要体现为：一是功劳与过错会影响考核结果，"计功量罪，以多除少"，意思就是计算功劳和罪过，两者相抵，计算出成绩。二是横向比较，个人的业绩在官吏群体内部进行比较，"然后外集"，就是看看个人业绩在天下官吏中处于什么位置。三是等次细分，所有官吏的业绩分为上、中、下三个等次，各等次又分上、中、下三个小的等级，总共是三等九级，其中以一等为最高，五等为中等，九等为最低。

赏罚相当

当今的干部考核强调奖惩分明的原则。早在汉代，董仲舒就强调按照实际功绩进行赏罚，且赏罚力度要与实际功绩相符。他认为，"考绩绌陟，计事除废，有益者谓之公，无益者谓之烦。擥名责实，不得虚言，有功者赏，有罪者罚。功盛者赏显，罪多者罚重。"意思就是，考核官吏政绩决定罢黜或提升，根据事迹决定任用与否，对民有益的称为公，没有益处的称为烦扰。按照名声考查实际事迹，不能只听空洞的言论，有功绩的奖赏，有罪过的惩罚，功绩显著的奖赏也显著，罪过多的惩罚重。

量材授官、分类考核、业绩为重、综合排序、赏罚相当是董仲舒官吏考核思想的主要内容。除此之外，董仲舒政治哲学中的德治与教化、不与民争利等思想都是宝贵的文化遗产。

四 魏晋南北朝政局动荡使得考核制度发展艰难

魏晋南北朝时期政局的重要特点是动荡，动荡的局面影响了考核制度的发展。这种影响主要体现为，即便对于是否要实行考核制度以及如何实行考核制度等基础问题上，支持者与反对者之间仍存在较大的张力。考核制度的支持者们寄希望于通过制定考课法，加强对官吏的考核，从而实现中央集权统治。考核制度的反对者们则极力阻挠制度实施，以便实现个人或集团的利益最大化。所以，我们可以看到，这两股势力体现在考核制度上就是考课法被多次提上议程并制定颁布，但鲜有付诸实践。例如，刘劭的《都官考课法》、王昶的《百官考课事》、杜预的《五条课郡县法》，等等。

除了考核制度反对者这一阻碍条件，创造于三国时期魏国并在魏晋南北朝时期成为主要选官制度的九品中正制也对官吏考课产生了极大的影响。九品中正制的最大特点就是将官吏推举的权力由地方改为中央政府要员。朝廷选举贤能官员兼任中正官，负责考察推举地方官吏供吏部参考。制度的最终实施效果是加速了门阀政治的形成，与制度设计初衷背道而驰。事实上，作为与官吏选拔密切相关的官吏考课制度也深受影响，这是因为九品中正制既对没有当官的士人进行评价，也对在职官员进行评价，"中正在实际的操作过程中，对现任官员的品评实际上侵犯了有司的黜陟考课功能"[①]。由于九品中正制的实施实际上侵夺了原本属于考课机构的考课权，考核制度只能在这两种制度的纠葛中艰难发展。

尽管环境如此，南北朝时期考核制度发展也有可圈可点的地方，最为突出的就是开始颁布考核结果运用的相关诏令，使得考核结果运用更加明确、更显权威。例如，宣武帝时曾颁布了《景明考格》《正始考格》《延昌考格》，"三个考格都将考核等第与官阶升降直接对应地联系起来，从此使得官员的考核结果使用不再局限于具体职位职务的升黜"[②]。

---

① 戴卫红：《北魏考课制度研究》，博士学位论文，中国社会科学院研究生院，2006年，第64页。

② 邱永明：《中国古代职官考核制度史》，华东师范大学出版社2023年版，第186页。

五 隋唐五代考课权统一于吏部

九品中正制并没有实现强化中央对于官吏选拔的制度设计初衷,[①] 但中正官以及从中央到地方的吏部、功曹等专管人事任免的机构和官职的设立,使得官吏管理的职能分工更加清晰,是后来礼部管考选、吏部管任用的雏形,为隋唐考课专门机构的建立提供了借鉴。

历史发展到隋朝,中央集权的要求在官吏选拔和考课制度中得以充分体现,也实实在在发挥了作用。"与汉朝不同,隋朝的州县官员不得自己任命下属,下属任用权收归吏部,由中央指派。这就令中央政府必须以可靠和有效方式来选拔更多的官员。"[②] 于是,在官吏选拔制度上产生了科举制,借助于科举制产生了一大批直接忠于皇权而不受制于地方力量的官吏。官吏的来源如此,对这些官吏的考课自然也会体现中央集权的要求。

"隋文帝废除了州郡长官自辟僚佐的制度,把人才任免的权力集中于中央吏部。《通典·选举二》载:'当时之制,尚书举其大者,侍郎铨其小者,则六品以下官吏,咸吏部所掌。自是,海内一命以上之官,州郡无复辟署矣。'州郡僚佐为吏部所授,强化了中央对地方官的管理,有利于中央考核制度推行到地方一般官吏。因此,刘炫曰:'大小之官,悉由吏部,纤介之迹,皆属考功……'意思是由于官吏的任免权收归中央,因而官吏小小的一点事迹,都归属吏部考功司考核。"[③]

因此,我们不难理解,为什么中国古代考核官吏的专门机构,经过魏晋南北朝300余年官制改革的孕育,伴随着三省六部制的确立,至隋唐才最后形成。从隋唐至明清,官吏的考核工作一直由位于六部之首的吏部负责。吏部成为隋唐中央事务最繁忙的单位之一,大大小小的官吏全部由吏部掌管,零零碎碎的事务都属于考课的范围。

[①] "中正评语,连做官人、未做官人通体要评,而吏部凭此升黜;如是则官吏升降,其权操之中正,而不操于此官之上司。这是把考课、铨叙与选举混淆了。于是做官的也各务奔竞,袭取社会名誉,却不管自己本官职务与实际工作,而其上司也无法奈何他。"参见钱穆《中国历代政治得失(新校本)》,九州出版社2012年版,第55页。

[②] 苏力:《大国宪制:历史中国的制度构成》,北京大学出版社2018年版,第418页。

[③] 邱永明:《中国古代职官考核制度史》,华东师范大学出版社2023年版,第204页。

"唐代官制乃承附北魏太和、北齐、杨隋之系统。"① 唐初的官吏考核非常严格,从考课资格②、考课内容、考课标准、考课结果运用等都有非常明确的规定。安史之乱后,考课制度开始流于形式且考课结果运用的作用逐渐失去效果。当然,我们不能据此判断唐代中后期的考课制度是不科学、不合理的。我们需要做的是直面这样一种现象,并从中发现它走向这种必然结果的原因,同时从这种必然结果里试图发现它后续的发展轨迹。从制度的发展变化来看,这种趋势不可阻挡,因为唐代的官吏考课结果与职位升降直接挂钩。这是唐代官吏考课制度能充分发挥作用的重要原因,也是其后期流于形式的重要原因。"由于奖惩黜陟直接影响甚至决定官吏的自身利益,官吏在自身利益的驱使下,势必要想方设法使考课的结果能促进自身利益的最大化,起码能使自身利益不受损。而绝大多数官吏的这种努力,必然又会导致考课结果的平均化趋向。"③

《资治通鉴》记录的唐初官员考核

按照唐初的官制,三省六部制中,中书省的长官为中书令,门下省的长官为侍中,尚书省的长官为尚书令。但由于唐太宗曾任尚书令,这一官职常年空缺,左右仆射作为尚书省的副长官掌握实权。吏部是尚书省六部之首,掌管全国官员的任免、考课等。629年,房玄龄任尚书右仆射,王珪任侍中。

《资治通鉴》记载,"房玄龄、王珪掌内外官考,治书侍御史万年权万纪奏其不平,上命侯君集推之。魏徵谏曰:'玄龄、珪皆朝廷旧臣,素以忠直为陛下所委,所考既多,其间能无一二人不当!察其情,终非阿私。若推得其事,则皆不可信,岂得复当重任!且万纪比来恒在考堂,曾无驳正;及身不得考,乃始陈论。此

---

① 陈寅恪:《隋唐制度渊源略论稿 唐代政治史述论稿》,商务印书馆2015年版,第91页。
② "对于哪些官吏具备参加考课的资格,唐代有明确的考格。天宝时规定,当年任职厘事应在二百天以上,到任不足二百天(不包括调任者),或请假超过百天等,则不得参加当年考课。"刘文瑞:《中国古代政治制度(下):地方体制与官僚制度》,中国书籍出版社2018年版,第306页。
③ 刘文瑞:《中国古代政治制度(下):地方体制与官僚制度》,中国书籍出版社2018年版,第308页。

正欲激陛下之怒，非竭诚徇国也。使推之得实，未足裨益朝廷；若其本虚，徒失陛下委任大臣之意。臣所爱者治体，非敢苟私二臣。'上乃释不问"①。

房玄龄、王珪掌管内外官员的考核，治书侍御史权万纪奏他们不公平，唐太宗命侯君集核查实情。魏徵谏言："房玄龄、王珪都是朝廷的老臣，一直因忠直被陛下委任，他们考核的官员很多，中间很难没有一二人不当！了解实际情况，他们终归不会徇私。假如查得真有失当的地方，那就都不可相信，要不然以后他们怎么能重新担此重任！而且权万纪近来常在考堂，竟然没有纠正错误，等到自己参加考核没有取得好成绩才来异议。这正表示他要激怒陛下，不是竭诚为国的做法。如果查出实情，对朝廷没有助益；如果本来就是虚词，空失陛下委任大臣的用意，我关心的是政治大体，不敢苟且私袒二臣。"唐太宗于是不再追问。

治书侍御史是唐初御史台的副长官，仅次于御史大夫，主持御史台的日常事务。从这则史料记载中不难发现，治书侍御史作为监察体系的成员，以监察官员的形式对考核结果进行监督。但这种监督往往带有主观色彩，例如因牵涉监督者自身考核结果而提出异议，监督结果是否对考核结果或考核主体、被考核对象产生影响则完全取决于统治者是否追究。

六 宋元考核组织中监察部门的地位显著上升

"考课之任，唐则属之吏部，专以考功郎主之；宋兴之初，祖宗特重其事，故不但委之司存，而特命清望之官同任其事。"② 意思是，皇帝特别重视考课，在吏部考功司之外还命令清望之官一起负责考课。"'清望之官'是指的皇帝近臣中书、翰林学士、知制诰（起草诏令的）等官。"③ 在此基础上，宋代初期形成了由清望之官负责的审官院，考课在

---

① （宋）司马光编著，（元）胡三省音注：《资治通鉴》，古籍出版社1956年版，第6070页。
② 《文献通考》卷三十九《选举十二》，转引自侯建良《中国古代文官制度》，党建读物出版社、中国人事出版社2010年版，第113页。
③ 侯建良：《中国古代文官制度》，党建读物出版社、中国人事出版社2010年版，第113页。

京官员和地方上的高级官员，考课院则负责考课各官府的辅助工作人员和州官、县官。宋神宗元丰改制后，恢复吏部主管。

这些都是皇帝为更直接掌控考核而采取的措施。但与之相比，宋元考核组织的突出变化在于监察部门在考核过程中的地位显著上升，主要表现为：一是宋元行政体制改革客观上促使了监察部门在考核中的作用提升。宋元时期朝廷为加强对地方的监察，形成了以诸路监司为主干的监察系统，元代则以各道宪司为主。"宋太宗时，各道转运等使直属朝廷而互不统属，同时又都肩负着明显的监察任务（统称'监司'），已在考察地方官善恶能否中发挥重要的作用，从而形成了地方官考核'专以监司所第登记为据'的局面。到神宗进而作了'监司以上，命御史中丞、侍御史考核'的规定后，各地以监司牵头考察，在朝以御史台和其他有关部门共同主持考核的格局，便明朗化了。这就确立了监察部门在整个考核过程中前所未有的重要地位。"① 二是"磨勘"②的考核方式重在校验官员的过失，因直接与官员晋升相关使得监察部门的作用更加凸显。但这样一种重资历而非才能，重校验过失而非考核功绩的做法势必会让官员产生不求有功、但求无过的思想，指望着循资升迁而极大地扼杀了工作的积极主动性。"经宋元这个政坛表层跌宕起伏，而其深层集权程度仍在强化的过渡时期的催化后，考核已成了对监察记录的年度总结，成了一个大体上附属于监察的过程。"③

王安石变法中的官员考核

王安石非常强调有能力的政府官员对于实现良好政府的重要作用。"王安石强调经过改革的官僚体制是最基本的需求，因为所有其他改革措施能否成功在根本上都取决于此……然而事与愿违，王安石

---

① 楼劲、刘光华：《中国古代文官制度》，中华书局2009年版，第344页。

② "宋代磨勘，绝不等于原来意义上的考课。磨勘与考课混称，并不表明磨勘就是考核官员的绩效，而只能说明此时的考课，已经见不到一个个活生生的面孔，看不出一件件活生生的事例；'考课'已经被分解为对于印纸历子等簿历文状的核查检覆，已经被'磨勘'这种只重档案不重人的做法所充斥。正是考课制度的日益公文化、程式化，直接导致了磨勘制度的产生。"吴宗国主编：《中国古代官僚政治制度研究》，北京大学出版社2004年版，第277页。

③ 楼劲、刘光华：《中国古代文官制度》，中华书局2009年版，第352页。

改善官僚行为的努力，只取得了有限且值得怀疑的成绩。"①

青苗法是王安石变法的核心内容。农民在春天青黄不接的时候容易入不敷出。有钱有粮的富户让农民以地里的青苗为担保借钱借粮给农民，约定收粮后加息偿还，利息很高。如遇灾年还不起，则只能卖地。青苗法的初衷是由政府替代富户借钱给农民，利息远低于富户。政府的钱来自于常平仓和广惠仓的储粮。前者是政府专门用来储存平抑粮价粮食的仓库，后者是政府防灾救济的储备粮库。

为有效推行青苗法，王安石将青苗法在地方上推行的效果作为考核和奖惩官员的依据。"当时就有强迫百姓贷款的禁令，而政府部门也把贷款多少作为政绩，虽然想要不强迫百姓贷款却做不到。遇到灾年荒年，是有可以延迟还贷的规定，但年景好坏并不能预先确定，而灾年荒年又经常遇到，于是政府部门的官员正好借机上下其手，即玩弄手法，串通作弊。"②尽管青苗法制度设计时已明确"不愿请者，不得抑配"，但当青苗钱的发放与回收成为考核和奖惩官员依据的时候，强制摊派或冒领就不可避免。

王安石变法中的另一项重要内容——农田水利法，也因为兴建水利成为官员的考核目标，出现强制兴修水利，增加百姓负担的情况。"看来，政绩成为灾难，古已有之。"③

七 明清"考满""考察"相辅相成

明代的官吏考课制度没有完全承袭之前的做法。例如，明代实际上取消了唐代"四善二十七最"中确立的按照职务分类考核的做法。明代将工作岗位按照工作量和难易程度确定为"繁""简"两类，而确定工作量的主要标准则类似于关键绩效指标。例如，"规定府、州、县分别以缴纳田粮15万石、7万石和3万石为界，以上者为'繁'，以下者为'简'"④。

---

① ［美］刘子健：《宋代中国的改革：王安石及其新政》，张钰翰译，上海人民出版社2022年版，第142页。
② 梁启超：《王安石传》，解玺璋译写，湖南人民出版社2013年版，第480页。
③ 梁启超：《王安石传》，解玺璋译写，湖南人民出版社2013年版，第481页。
④ 侯建良：《中国古代文官制度》，党建读物出版社、中国人事出版社2010年版，第121页。

明代官吏考课主要包括"考满""考察"两种。所谓考满,"是指给职官规定一定的任职期限,期限届满,对其在任期内的德业表现进行综合评定,然后根据不同等次决定官吏的去留及职务升降的制度"①。考满是对所有官吏的全面考核,是在官吏任职三、六、九年时的考绩。考察是对所有官吏的普遍考核,"其目有八:曰贪,曰酷,曰浮躁,曰不及,曰老,曰病,曰罢,曰不谨"②。"洪武二十六年颁布《诸司职掌》及《考核通例》以后,官员的任职考核,以《诸司职掌》所规定的任职要求为依据。"③

清代将"考满""考察"两种方式合并,定期进行普遍考核。文职三年一次,武官五年一次。京官的考核称为"京察",外官的考核称为"大计"。京察按照官员的品级档次、身份地位分"列题""引见""会核"三种方式进行考核。大计按照官员的档次分"考题""会覆"两种方式进行考核,具体如下表3-1所示:

表3-1　　　　　　　　清代大计考核方式表

考核对象	考核主体	考核方式	考核程序
布政使、按察使	皇帝、督抚	考题	1. 督抚将所出具的考语、履历清单咨吏部 2. 吏部将各省所报汇奏皇帝裁定
两司以下之道、府、厅、州、县官	皇帝、督抚、布政使、按察使、各层级上司官	会覆	1. 上司官考核,逐级上报,两司布政使、按察使汇核加考报督抚 2. 督抚对上报的材料合作,作注考,并报吏部 3. 吏部会同都察院官考核题覆 4. 评优的卓异者、入于六法的被劾者,通过资料了解,并引见皇帝而确定

注:本表内容根据薛刚《清代文官考核研究》,中国社会科学出版社2020年版,序言第1—3页整理而得。

---

① 方振邦、罗海元:《党政领导干部考核评价》,中国人民大学出版社2019年版,第543页。
② (清)张廷玉等撰:《明史》,中华书局1974年版,第1721—1724页。
③ 杜婉言、方志远:《中国政治制度通史·第九卷·明代》,人民出版社1992年版,第437页。

明清的考课制度体现了分权制衡的思想。明代设立布政司和按察司，分管地方行政和司法大权，体现了分权制衡的思想。在考课当中，这种分权制衡的思想也有所体现。例如，由按察使主持布政司正官的考满，监察御史主持按察使的考满，最后由皇帝控制监察御史的考满。这样，布政使、按察使、监察御史三者之间相互制衡。明清的考课制度还体现了中央对地方制衡的思想。"对府州县地方官员考满，规定府州县正官的考满由布政使和按察使共同主持，府州县的副官及属官等由正官考核……所有府州县的考核结果得出后，由布政使和按察使送交考功司进行复查，以保证中央对地方官员的有效控制。"[①]

考课制度发展到清代，制度设计已经相当完善，不仅有专门的考核机构、严格的考核程序、多种多样的考核方法，还有奖惩分明的考核结果运用、多种考核监督方式等。例如，清代乾隆期间，督抚每年年终对本省布政使、按察使、学政、知府等出具考核评语，以密折的形式不经过吏部，直接呈送给皇帝，被称为"年终密考"。

应当说，清代前期考核制度的实施成效相当显著，尽管考核过程中难以避免会出现一些问题，但因其惩处力度之大、制度执行之坚决，考核制度对于整饬吏治发挥了一定的作用。但是，就如同清代的其他制度走向一样，在经历了康乾盛世之后，考核制度也从巅峰走向衰落。"从嘉道至清末，考核制度已经失去了激浊扬清的功能，制度虽存，但形同虚设。"[②]到底是考核制度随着经济社会的衰落而难以发挥作用，还是由于考核制度难以发挥作用，经济社会开始衰落，似乎都有可能。总之，中国古代官吏考课制度发展至此，已是奏响了谢幕的曲目。

张居正的"考成法"

明代张居正的"考成法"并不是我们所理解的划定官员职责，然后依据职责规范去考核的做法。"考成法"的基本内容是通过考查账簿的方式对需要稽核的事项进行查考，依据查考结果对相关人员进

---

① 方振邦、罗海元：《党政领导干部考核评价》，中国人民大学出版社2019年版，第546—547页。

② 邱永明：《中国古代职官考核制度史》，华东师范大学出版社2023年版，第485页。

行赏罚。"考成法"的逻辑出发点是"事",稽核的内容是皇帝颁发的诏令中有要求复勘、议处、催督查核的事项,特别是关于钱粮及其他紧要的事情。稽核的依据是账簿,需要酌量道里远近、事情缓急,定立完成的期限等。稽核的周期是每月核查,每半年通查。每个月,各科要根据账簿进行核查,实行一件,注销一件;每半年,各科要对应完未完的事项进行通查,并提出处理意见。同时,"考成法"明确规定了监督主体,即规定六部对各抚按官的监督、六科对六部的监督以及内阁对六科的监督。①

考成法的核心是随事考成,正是通过一件事一件事地督促完成,才使改革一步一步地走向成功……考成法的成功,是张居正强力推行的结果,而不是广大官僚心悦诚服接受的结果。它与官僚集团的利益、习惯、价值取向等相左,甚至与当朝的治理方式、治理精神不容。因此,张居正去世不久,申时行任首辅时即停止执行考成法。②

第二节 古代官吏考课主体与内容

考课主体与内容是考课制度的重要组成部分,回答的是"谁来考、考什么"这两个关键问题。考课权是一种重要的人事管理权力。考课主体是掌握考课权的权力主体。古代官吏考课主体呈现出分级管理和专职化的变化特征,"唐代以后逐步形成了由部门和地方长官对下属官员进行初步考核、吏部汇总审核定考、监察部门协助并监督、皇帝决定高级官员考课结果的考课基本模式"③。考课内容是考课价值导向、施政重点、治理理念的重要体现。古代官吏考课内容呈现出"官为君设"的特征和区分不同类别、职位的变化倾向。

一 古代官吏考课的主体

总体来看,中国古代最初以最高统治者为唯一考课主体。隋唐之前没

---

① 陈国平:《张居正改革中的考成法考论》,《中国法学》2020年第4期,第130—146页。
② 陈国平:《张居正改革中的考成法考论》,《中国法学》2020年第4期,第130—146页。
③ 侯建良:《中国古代文官制度》,党建读物出版社、中国人事出版社2010年版,第112页。

有专门的考课机构，考课主体由某些高级职位的官员担任。隋唐之后则成立专门的机构进行管理，这些机构当中有一些职位专门从事考课工作。需要注意的是，隋唐之后尽管吏部总揽考课，但实际上，高级官员的考课裁定权仍由皇帝亲揽。① 本书拟从考课职位和考课机构两个维度来展开论述。

(一) 古代官吏考课的主体

"五帝官天下，三王家天下，家以传子，官以传贤。"② 也就是说，氏族部落联盟时期以传贤来继位，夏、商、周三代的王以传子来继位。无论是传贤继位还是传子继位，考课的主导权掌握在"王"的手上。例如，原始社会末期，舜对各部落首领的考核，考核标准、考核内容等均由舜掌握。原始社会末期的"禅让"制被破坏后，出现了"大人世及以为礼"的世袭制。夏、商、周三代，王、诸侯、卿大夫都是世袭制，依靠家族血缘关系来确定，虽官吏考课不存在实质的意义，但不可否认的是，当时已有了对百官的管理，包括官吏的考课。我们关于古代官吏考课主体的讨论从《周礼》的记载开始。

1. 大宰、小宰、宰夫、司会等职官执行西周中央政府的官吏考课

目前史学界对西周中央职官的结构并没有达成共识。③ "总的来说，一致之处是研究者都认为在周王之下存在着一个称为'公'的层级，辅助周王管理百官。而对在王朝任职的公的性质、具体数目以及对公以下西周职官系统的划分方面还存在较大的分歧。"④

西周中央政府的官吏考课与诸侯国的官吏考课分别由不同的职位负

---

① 明朝"在京四品以上官员，包括内阁大学士、大小九卿及詹事府、翰林院等近侍衙门和太医院、钦天监等专业机构的正官，3年初考、6年再考时俱不停俸，不考核，直接引至御前奏请复职，走一过场而已，到9年任满通考，其能力高下、任职好坏，也全由皇帝裁定，'黜陟取自上裁'……由此可见，与任官一样，高级官员的考课裁定权也是由皇帝亲揽，吏部考功其实只能对中下级官员进行考课。"参见杜婉言、方志远《中国政治制度通史·第九卷·明代》，人民出版社1992年版，第439页。

② 谢保成：《官制史话》，社会科学文献出版社2011年版，第13页。

③ 囿于知识储备与研究的重点，本书对此不做进一步的探讨和分析。本书关于西周中央政府与诸侯国官吏考课职位的分析，主要依据《周礼》的记载。

④ 王治国：《金文所见西周王朝官制研究》，博士学位论文，北京大学，2013年，第74页。

责。诸侯国和各部的官吏考课分别由诸侯、州伯或地方官员主持。根据《周礼》的记载，在中央政府当中，天官冢宰负责管理百官，冢宰下设大宰。除此之外，还有小宰等多种职官，负责宫廷事务。其中跟官吏考课相关的职官包括小宰、宰夫、司会等。

大宰用八种法①来治理中央政府各行政职能部门，其中一种为"官计法"，即每年通过统计考核来判断管理的好坏。以"廉洁而有好名声、廉洁而有能力、廉洁而恭敬不懈、廉洁而公正无私、廉洁守法、廉洁而明辨是非"② 六个方面来判断群吏的管理业务。小宰主要负责建立邦国宫中的刑罚，用来治理君王宫中政事法令以及所有宫中的纠察和禁令，邦国官吏的考核由小宰辅助大宰进行。月终接受群吏的小计材料，辅佐大宰接受年终的大计材料。宰夫是考核百官的官，掌管朝廷的法令法规，侧重考核财务的收支，也兼及其他方面的管理。"岁终，则令群吏正岁会；月终，则令正月要；旬终，则令正日成，而以考其治。治不以时举者，以告而诛之。"③ 意思就是，年终的时候，宰夫就命令群吏们核正年统计表；每月末，就命令群吏们核正月统计表；每旬末，叫他们核正日统计表。司会掌管中央和邦国一切物资财政的支出，用与司书、职岁等官互相参照的方式来考核各官的日统计表、月统计表和年统计表。

2. 丞相、御史大夫、柱下史、内史等是秦朝主要的考课主体

秦朝中央政府初步形成了"三公九卿"的中央决策和行政管理机构。

---

① "以八法治官府：一曰官属，以举邦治；二曰官职，以辨邦治；三曰官联，以会官治；四曰官掌，以听官治；五曰官成，以经邦治；六曰官法，以正邦治；七曰官刑，以纠邦治；八曰官计，以弊邦治。"见《周礼》卷二。意思是：用八种法来治理中央政府各行政职能部门。第一种叫做官属法，设置属官来进行邦国的治理；第二种叫官职法，明确各官的职掌，区分国家管理的职责；第三种叫官联法，加强各官之间的联系，协同各官共同进行治理；第四种叫官掌法，明确各官的常务工作，听凭他们进行正常的管理；第五种叫官成法，以八件旧法成事品式，用来组织国家的常规管理；第六种叫官法法，即当职所主管的法度，用来保证国家政务管理的正常进行；第七种叫官刑法，官府适用的刑法，用来纠察国家管理中的违法事件；第八种叫官计法，每年通过统计考核来判断管理的好坏。参见彭勃、徐颂陶主编《中华人事行政法律大典》，中国人事出版社1995年版，第4页。

② "以听官府之六计，弊群吏之治：一曰廉善，二曰廉能，三曰廉敬，四曰廉正，五曰廉法，六曰廉辨。"见《周礼》卷三，参见彭勃、徐颂陶主编《中华人事行政法律大典》，中国人事出版社1995年版，第5页。

③ 《周礼》卷三。参见彭勃、徐颂陶主编《中华人事行政法律大典》，中国人事出版社1995年版，第8页。

"三公"指的是丞相府、太尉府、御史大夫府。"九卿"指的是九个主要的中央行政事务管理机构。

秦朝大一统后,全面废除了分封制,在地方管理上采取的是郡县制。郡级机构的长官有监御史(也称监公)、郡守、郡尉。这种官职的设置是模仿中央政府的"三公"模式,其中监御史掌管监督,郡守管理百姓,郡尉掌管兵权。县级机构的长官为县令(万户以上县)或县长(万户以下县),主要属官有县丞(掌管文书及刑法)、县尉(掌管治安)。县以下设有若干乡、亭、里。乡有三老、有秩、啬夫、游徼,分掌教化、听讼、收赋税和捕贼盗。亭为秦朝最基层的地方治安组织,亭的主要负责人称为亭长,例如刘邦在秦朝时曾任泗水亭亭长。

秦朝中央对郡县地方官的考核分为三种:第一种是类似于年度考核的"上计",第二种是朝廷派出御史到郡县监督、视察并将考核结果呈报皇帝,第三种是中央围绕专项工作对地方官进行考核。第一种考核当中,中央决策机构中与"上计"相关的职位是丞相、御史大夫、柱下史。御史大夫和柱下史主持上计工作。柱下史是御史大夫的属官,负责审阅各郡县、各部门呈送的有关户口、垦土及钱谷出入的上计报告;第二种考核中,涉及的职位在中央是御史大夫,御史大夫负责协助丞相工作,对百官进行检举纠察、行政处分,在郡县则由监御史掌管监督;第三种考核中,"有关财政经济的,先实行对口上计,中央受计部门有内史、大内、少内、治粟内史、太仓等"①。内史承担着考核主体的角色。《仓律》中记载,"到十月牒书数,上内(史)"。据《秦律十八种·厩苑律》记载,"今课县、都官公服牛各一课,卒岁,十牛以上而三分一死;不盈十牛以下,及受服牛者卒岁死牛三以上,吏主者、徒食牛者及令、丞皆有罪。内史课县,大(太)仓课都官及受服者。"意思就是,现在每年对各县、都官的官有驾车用牛考核一次,有十头以上,一年间死了三分之一,不满十头的以及领用牛一年间死了三头以上,主管的吏、饲牛的徒,令、丞都有罪。由内史考核各县,太仓考核都官和领用牛的人。

3. 丞相、御史大夫、郡国守相等是汉朝主要的考课主体

汉朝的官吏考核主要包括三类。第一是中央对地方行政长官的考核

---

① 邱永明:《中国古代职官考核制度史》,华东师范大学出版社2023年版,第76页。

（"上计"）；第二是中央各部门内部的考核；第三是地方行政长官对僚属的考核。"两汉考核，除上计外，另有部门考核，由三公诸卿及郡国守相主持，对象则为其僚属。这类考核，每年一次，称'小考'或'常课'。小考由主管给予考绩评语，大课则根据三次考绩予以奖惩。"①

第一，中央对地方行政长官的考核主体是丞相和御史大夫。丞相考核郡国守相，负责岁终课殿最，即拟定考核等次上报皇帝。御史大夫负责审查郡国上报考课情况的真伪虚实。除此之外，西汉中央主管上计事务的官员还有"计相"。东汉时期没有设置丞相一职，丞相、御史大夫的考课权力一分为三，由太尉、司徒和司空掌管。太尉管军事，司徒管民政，司空管工程。太尉、司徒均承担中央机构当中对各政府部门和地方政府各级官吏的考核与管理。如太尉"掌四方兵事、功课，岁尽即奏其殿最而行赏罚"②。司徒"凡四方民事功课、岁尽即奏其殿最而行赏罚"③。后来，随着皇权和相权斗争的日益激化，考课的权力逐渐转移到由皇帝一手扶植起来的尚书台手中。"西汉后期至东汉，名义上仍由三公④负责考课，实权已转归尚书台三公曹。"⑤

第二，中央各部门内部的考核主体是各部门长官，包括太常（秦朝称"奉常"）、光禄勋（秦朝称"郎中令"）、大理（秦朝称"廷尉"）、大鸿胪（秦朝称"典客"）、大司农（秦朝称"治粟内史"）等。

第三，地方行政长官对僚属的考核主体是郡国守相。守相主管所属各县的考核。地方负责"上计"工作的职位包括：郡丞守相的主要助手长史或丞兼任上计吏，负责郡国上计具体事宜。例如，郡丞年终将本郡的统计材料送往京城，配合中央对地方官吏的"上计"，即"岁尽遣吏上计……"⑥。西汉时期，郡国到中央上计者为郡丞和长史，除此之外，还

---

① 孔令纪编：《中国历代官制》，齐鲁书社1993年版，第83页。
② 《后汉书》卷三十四。参见彭勃、徐颂陶主编《中华人事行政法律大典》，中国人事出版社1995年版，第88页。
③ 《后汉书》卷三十四。参见彭勃、徐颂陶主编《中华人事行政法律大典》，中国人事出版社1995年版，第88页。
④ 汉朝的三公指的是太尉、丞相、御史大夫。
⑤ 谢保成：《官制史话》，社会科学文献出版社2011年版，第142页。
⑥ 《后汉书》卷三十八。参见彭勃、徐颂陶主编《中华人事行政法律大典》，中国人事出版社1995年版，第89页。

有计掾、计史、计佐等由郡国守相辟除的上计吏。东汉时期，郡丞、长史就不再亲自赴京上计，而是直接由计掾、计史、计佐进行上计。①

4. 考功郎、考课尚书郎成为魏晋南北朝专职的考课主体

魏晋南北朝时期，官吏考课最显著的变化是出现了官吏管理的专门机构，还出现了专职的考课官员。汉献帝建安十八年（213年）魏公曹操执政时始设吏部，直至清宣统三年（1911年）撤销吏部，吏部共经历了1798年。②吏部的创立标志着中国古代官吏管理的专门机关形成。考课作为官吏管理的重要手段，中国古代考课机构随着吏部的变化而不断调整。

中央对地方行政长官的考核主体是尚书台。魏晋时期已形成独立的尚书台。北魏时期，太延元年（435年），太武帝下诏："太守覆检能否，核其殿最，列言属州。刺史明考优劣，抑退奸吏，升尽贤良，岁尽举课上台。"③我们可以看出，太守、刺史、尚书台按照职责分层进行考核。太守对县令进行考核，将考核情况上报州刺史。刺史按照考核情况对官吏进行提拔或罢黜。年底刺史还要将太守、县令的考核情况上报尚书台。

"五部尚书承担国家的主要行政事务，其中吏部尚书负责主管百官的选任和任期考绩。伴随着二十五尚书郎的出现，考功郎、考课尚书郎等成为专职的考课官员。"④魏晋时，负责百官考课的是考功郎，隶属于吏部尚书。南朝时，功论郎取代考功郎掌管考课，隶属于都官尚书。"南朝将功论郎隶属于监察机构的都官尚书，从组织上保证监察机构参与考课过程，以强化监察机构的考课职能，不过就功论郎而言，则是强化考课职官的监察职能。"⑤北朝中后期，考功郎中掌考课百官，隶属于吏部尚书。考课职官演变具体见表3-2。这说明，此时考核制度与选拔任用制度还

---

① 刘文瑞：《中国古代政治制度（下）：地方体制与官僚制度》，中国书籍出版社2018年版，第185页。
② 安作璋主编：《中国吏部研究》，党建读物出版社2011年版，序言第2页。
③ （北齐）魏收撰：《魏书》，中华书局1974年版，第86页。
④ 李铁：《中国文官制度》，中国政法大学出版社1989年版，第177页。
⑤ 王东洋：《六朝隋唐时期考功郎隶属及其职掌之变化》，《史学集刊》2007年第3期，第77—81页。

未进行明显区分，考核机构也未专职化。

表3-2 考课职官演变①

时期	主管上级	考课官官职	员额	参考文献
曹魏	吏部尚书	考功郎	1人	《宋书》卷39
刘宋	都官尚书	功论郎	未知	《宋书》卷39
南齐	都官尚书	功论郎	未知	《唐六典》卷2
萧梁	吏部尚书	秩论郎中	未知	《唐六典》卷2
北齐	吏部尚书	考功郎中	未知	《北齐书》卷45
北周	吏部中大夫	司士中大夫	未知	《唐六典》卷2

5. 吏部考功司为隋唐主要的考课主体

隋朝，吏部为尚书省六部之一，下辖吏部、主爵、司勋、考功四司。从职位上来看，尚书为长官，吏部侍郎为尚书的副职，各司设郎和承务郎。"值得注意的是，隋代常临时特命要官，在尚书省考功司之上直接主持和监督一般官员的考第，这不失为考核组织和步骤上的一个重大的变化。"②

在唐代，吏部考功司主管考课。主管官吏考核的人员包括校官、监官、主管、皇帝。京官和外官分别考核。"每年敕定京官位望高者二人，其一人校京官考，一人校外官考。又定给事中、中书舍人各一人，其一人监京官考，一人监外官考。（考功）郎中判京官考，员外郎判外官考。"③考功司的长官考功郎中④主管对京官的考课，副长官考功员外郎主管对外官的考课。在地方上，由各州县的功曹参军事、司功负责考课事务。隋唐考课职官演变具体见表3-3。

---

① 杨文娜：《唐代考功郎中研究》，硕士学位论文，兰州大学，2020年，第10页。
② 楼劲、刘光华：《中国古代文官制度》，中华书局2009年版，第299页。
③ （唐）李林甫等：《大唐六典》卷2《尚书吏部》，三秦出版社1991年版，第45页。
④ 韩愈在担任考功郎中时，曾写下《蓝田县丞厅壁记》一文，讽刺唐代县丞一职形同虚设，消磨志士。

表 3-3　　　　　　　　　隋唐考课职官演变①

时期	主管上级	考课官官职	员额	参考文献
隋文帝	吏部尚书	考功侍郎	1 人	《隋书》卷 28
隋炀帝	吏部尚书	考功郎	1 人	《隋书》卷 64
唐高祖武德元年至高宗龙朔二年（618—662）	吏部尚书	考功郎中	1 人	《旧唐书》卷 43
高宗龙朔二年至总章三年（662—670）	吏部尚书	司绩大夫	1 人	《旧唐书》卷 43
高宗咸亨元年至唐亡（670—907）	吏部尚书	考功郎中	1 人	《旧唐书》卷 43

"亲王、大都督、各州刺史、大都督府长吏以及带有节度、观察使等职的上中下都督、都护等官员，也由于职位崇重，不在考功郎中与员外郎所考之限，而直接由皇帝定考。"②

6. 枢密院、吏部、提刑司等是辽金主要的考课主体

"辽朝在中央设立考核机构，主管职官考核与监察事宜。考核机构有吏部，下设尚书、侍郎、郎中、员外郎等属官；隶属南枢密院的吏房，设有吏房承旨、主事、令史。"③

"金初枢密院为临时负责职官考课的机构，而非专职考核机构。在熙宗之后由尚书省、吏部等机构取代了枢密院，而成为金朝职官考核的专门机构。"④ 吏部掌管职官的考课之事，御史台负责纠察、弹劾官员。地方考核机构为提刑司，主要的判断依据是金章宗在明昌三年（1192）时想要实施考课法，丞相刘玮奏曰："考课之法本于总核名实，今提刑司体察廉能赃滥以行赏罚，亦其意也。"⑤ 承安四年（1199），提刑司被改为按察司，并被取消了采访廉能、总核名实之权。⑥ 宣宗贞祐三年（1215），罢按察司。此后地方职官由中央派遣官员对其进行考核。⑦

---

① 杨文娜：《唐代考功郎中研究》，兰州大学 2020 年硕士学位论文，第 10 页。
② 李超纲、宋小海、李江编：《中国古代官吏制度浅论》，劳动人事出版社 1989 年版，第 168 页。
③ 武玉环：《辽金职官管理制度研究》，人民出版社 2019 年版，第 48 页。
④ 武玉环：《辽金职官管理制度研究》，人民出版社 2019 年版，第 207—208 页。
⑤ 武玉环：《辽金职官管理制度研究》，人民出版社 2019 年版，第 209 页。
⑥ （元）脱脱等撰：《金史》，中华书局 1975 年版，第 2091 页。
⑦ 武玉环：《辽金职官管理制度研究》，人民出版社 2019 年版，第 210 页。

7. 国子监考选局、中书省是宋元主要的考课主体

宋代"中央设立有专门负责考核的部门，即国子监考选局。国子监考选局下设考科司，专门负责考核官员的职责。地方上也有专门负责考核官员的部门，如中书门下、御史台等，其职责主要是监督、督促、考核地方官员"①。"宋代考课机构，改变了唐代由吏部考功司专负其责的制度，而由吏部三诠注拟职务的办法，分割了考功司的职权。"② 宋太祖时，设立审官院负责考核在京官员和地方上的高级官员。宋太宗时，设立考课院负责考核幕职官与县官。宋神宗裁撤了考课院之后，又将审官院并入吏部。

尽管元代中央机构由原有的三省改为一省，但吏部仍然统领考课全局，六部直接隶属于中书省，所以最高考课机构是中书省。"路、府、州、县逐级考课下属官员，并汇总上报行中书省，行中书省审核汇总上报中书省，中书省定考课结果。"③ "元朝有些其他官职也对职官的考课承担责任。例如司农司也有考课地方官员的职责……元朝采取的是一种专职官员考核与兼职考核相结合的办法，以此来对各级官吏进行全面考课。"④

8. 吏部、都察院是明清主要的考课主体

在明代，吏部是皇帝直接管辖的一个中央行政机构。吏部下设司务厅、文选清吏司、验封清吏司、稽勋清吏司、考功清吏司（从职位上来看，尚书1人，左右侍郎各1人。司务厅设司务2人，各清吏司设郎中1人，员外郎1人，主事1人）。尽管"朝廷具体负责组织考核的部门中，吏部考功司已不是总枢纽，甚至也不是唯一主管考簿校核的部门了。武官考核已由兵部主管，吏员考核事宜则部分划归吏部验封司"⑤，但考核仍然由吏部主管，都察院参与，皇帝还经常指派内阁大臣参与中央层面的官吏考核。

明代中央机构的官员四品以上由皇帝亲自裁定，京官四品以上及近侍

---

① 浅论宋朝职官考核制度（下）[EB/OL].（2023－09－19）. https：//www.163.com/dy/article/I1IBBS2C0553PY1V.html.
② 蒲坚：《中国古代行政立法》，北京大学出版社1990年版，第376页。
③ 侯建良：《中国古代文官制度》，党建读物出版社、中国人事出版社2010年版，第114页。
④ 方振邦、罗海元：《党政领导干部考核评价》，中国人民大学出版社2019年版，第533—534页。
⑤ 楼劲、刘光华：《中国古代文官制度》，中华书局2009年版，第357页。

官、御史、布察司四品以上、按察司、盐运司五品以上，"任满黜陟，取自上裁"。五品以下先由部门长官考核再报吏部复考并决定结果。地方官员分级考核，都察院考核布政司、按察司长官，吏部复考并报皇帝裁定。布政司、按察司考核府、州正职，府、州考核县正职和府、州其他官员。

清代三品以上由吏部报皇帝裁定。四、五品由皇帝指定的王大臣初考后再奏呈皇帝。其余官员由各机关长官考核。"考功清吏司①，郎中，满洲3人，汉1人；员外郎，满洲2人，蒙古1人，汉1人；主事，满洲1人，汉2人。"② 这是因为清朝进行职位设置时，一方面要保护满族贵族的利益，另一方面又要调整满汉、满蒙等的民族关系，因此对职位人选的民族均作出了规定。

清代地方官员除了河道、盐运等特殊行业实行垂直考核，一般都是按行政层次逐级考核，即县考核所属官员报府或直隶州，府州考核所属报给道，道考核所属报给布政司，司审核汇总报给总督巡抚，③ 每一级都要把下级上报的所有官员的考语认真复核。总督、巡抚把全省官员的考课情况认真审核后报给吏部，其中对布政司、按察使两位官员的考课，由总督、巡抚亲自出具考语，咨送吏部汇总并题奏皇帝定夺。④

晚清"文官考绩制度主要是沿用清朝前期及明代的考绩制度，但有所损益。考绩的体系由考满和考察两大体系改为考察一种。考察的机构是吏部的考功司，对地方官的考绩，中央派有考绩官员（计处官），但考绩的实权在督抚"⑤。

（二）古代官吏考课主体变化的特征

从古代官吏考课制度的历史演变当中可以看出，官吏考课主体呈现出

---

① 吏部负责铨选、考核官员，其中铨选属于内务，由吏部左侍郎负责；而对于外官的考核，则属外务，由右侍郎负责，陈廷敬曾担任吏部左侍郎。

② 《钦定大清会典》卷十一。参见彭勃、徐颂陶主编《中华人事行政法律大典》，中国人事出版社1995年版，第952页。

③ 林则徐担任江苏巡抚时，注重对地方官员的考语，更加注重自身作为考核主体的能力提升，留下了不少佳话。例如，他在道光十二年的《密陈司道府考语疏》中提道："臣窃谓察吏莫先于自察。必应各属大小政务逐一求尽于心。然后能举以验属员之尽心与否。"

④ 侯建良：《中国古代文官制度》，党建读物出版社、中国人事出版社2010年版，第114页。

⑤ 房列曙：《中国近现代文官制度》（上），商务印书馆2016年版，第67页。

分级管理的分化特征，且随着"皇权"和"相权"力量的对比变化而产生相应的变化，历经多年的发展，考课事务出现专职化倾向。

1. 体现了分级管理的分化特征

中国古代官吏考课机构的变化，实质上是考课权所属主体的变化。考课主体的变化与中国行政管理体制的发展密不可分。从历史来看，"中国行政管理体制自古以来就是推行'属地化'分级管理模式，平民百姓所有的事情均服从其所隶属的行政管理层级的控制和管理"①。古代官吏考课主体的变化体现出分级管理的分化特征。尽管历代考课机构有所变化，但大体上采取的是行政首长负责制的做法。按照行政系统及其上下级关系来逐级考核，主管部门统一负责，各地各部门对所属中、下级官员的考核。

秦汉时期的考核，主要包括地方行政系统的考核和朝廷各专项政务系统的考核。地方行政系统的考核，"是以各种簿籍的逐级上报和审计为核心展开"②。丞相、御史大夫考核郡守，郡守考核县令，诸卿逐级考核各地直属官。"当时既严格按行政系统及其上下级关系来逐级考核，又按皇帝—丞相—各部门和地区长官这种人事权的划分层次来逐层确认官僚考绩……"③

按照官员品级来区分考课主体的做法，自北魏孝文帝以来不断明确，各朝代具体的品级划分会有所区别。例如，北魏孝文帝时期，"六品以下官员的考等和赏罚，由尚书省审核后报皇帝批准；五品以上则由皇帝亲自与公卿大臣会议裁定……"④ 唐朝，考功郎中和考功员外郎只负责四品以下官员的考课，三品以上的官员由皇帝亲自裁决。明代中央机构四品以上的官员、京官四品以上及近侍官、御史、布察司四品以上、按察司、盐运司五品以上，由皇帝亲自裁定，五品以下先由部门长官考核再报吏部复考并决定结果。清代三品以上由吏部报皇帝裁定，四、五品由皇帝指定的王大臣初考后再奏呈皇帝，其余官员由各机关长官考核。

---

① 周黎安：《转型中的地方政府：官员激励与治理》（第二版），格致出版社、上海三联书店、上海人民出版社2020年版，第42页。
② 楼劲、刘光华：《中国古代文官制度》，中华书局2009年版，第245页。
③ 楼劲、刘光华：《中国古代文官制度》，中华书局2009年版，第250页。
④ 楼劲、刘光华：《中国古代文官制度》，中华书局2009年版，第292页。

2. 体现了"皇权"和"相权"力量对比的变化

"首先是皇权的需要创制了文官体系与文官制度。这就是中国文官制度最本质的特征之一……皇权至上，就需要确立忠于皇权和维护皇权的统一规范，由此产生了职官考绩法。"①

西周时期的巡狩，是周天子考察诸侯政绩的一种方式。战国时的上计已成为君主了解官吏的重要手段，"岁终奉其成功，以效于君"。在宰相制度形成之后，官吏考课机构的变化，在某种程度上体现了皇权和相权的力量对比变化。"'皇权'和'相权'之划分，这常是中国政治史上的大题目。"②

秦汉时期的丞相，拥有治理国家的一切大权，包括审核郡国上计，考课百官，奏行赏罚的权力。官吏考课由丞相、御史大夫总其成而上计于皇帝。这一阶段的考课主体表面上是皇帝，实际上掌握考课大权的是丞相。相权的过重势必会带来权重欺主的可能，皇权的集中和强化不可或缺。从汉武帝开始，考课实权的变化反映了中枢决策系统的转变。西汉初年，丞相为百官之首，汉武帝在以丞相为首的官僚系统之外建立了一套体现自己意志的人员班子，并以"尚书"的职权扩充为基本手段，逐渐组成了一个以皇帝为核心的决策发号施令系统。到东汉初年，尚书台已经演变成为中枢决策系统，而三公（丞相）、九卿则基本上成为执行机构，考课权从丞相之手重归于皇帝之手。

唐代的相权分别执掌于几个部门，"三省"（即中书省、门下省、尚书省）的职权会合，才相当于汉代的宰相职权，实际上权力分散、互相制约，有利于强化皇权。"皇权"和"相权"的撕扯也体现在宋朝考课机构的变化上。宋太祖、宋太宗时，为巩固皇权，在吏部考功之外又增设两个负责考课的机构。"又把审官院分东西两院，东院主文选，西院主武选。又别置'三班院'，来铨衡一辈内廷供奉及殿直官。如此则用人之权，全不在宰相。这是宋初皇室在一种自卑感的私心下，蓄意要减夺中书宰相职权而添设的。"③ 这种为巩固皇权、分割事权而设立的机构必然会

---

① 李铁：《中国文官制度》，中国政法大学出版社1989年版，第9页、第22页。
② 钱穆：《中国历代政治得失（新校本）》，九州出版社2012年版，第8页。
③ 钱穆：《中国历代政治得失（新校本）》，九州出版社2012年版，第78页。

带来机构重叠、事权分散、相互扯皮的弊端。

明初，朱元璋不断削减丞相职权，后废除中书省，丞相所属权力收归皇帝独揽，丞相之名被撤除。之后，内阁、军机处成为没有宰相之名的宰相，相权大大缩减。到了清代，康熙时期设立南书房，雍正时期设立军机处，皇权进一步加强并达到空前的程度。皇权不断集中和日益强化，考课机构实际上已成为完全体现皇权意志的机构。

3. 体现了趋于专职化的特征

考课是对官吏任职状态的评价，既包括对官吏本身表现的评价，也包括与同级官吏对比而形成的评价。对官吏本身表现的评价包括官吏本人在任职过程中的表现和任职绩效的呈现，与同级官吏对比而形成的评价是确定考课等次的重要依据。因此，不难理解，由专职的人员和机构来承担纷繁复杂的考课任务是考课制度发展的必然趋势。

秦汉时期，承担考课任务的主体是各层级的行政长官。魏晋南北朝时期，皇权对官吏的控制加强，产生了专门负责考课官吏的职能部门——尚书省吏曹。吏曹尚书下属的考功郎和考课尚书郎主管考课事宜，改变了秦汉时期由行政长官兼理考课的状况。由专门的考课官吏替代行政长官考课的做法，进一步提升了官吏考课工作的专业化、职业化水平。唐朝设吏部考功司，专门负责官吏考课，则是官吏考课工作专职化的一大重要变化。专门的机构、专职的官员、专设的职能，推动了中国古代官吏考课制度的专职化发展。

二 古代官吏考课的内容

国家所面临的主要问题和中心任务直接转化为官吏考课的内容。总体而言，古代官吏的考课内容基本上都离不开品行、能力、勤勉、功绩、廉政、年劳等方面，只是各个朝代的侧重点有所区别。

(一) 历代的官吏考课重点

原始社会末期，舜在担任部落联盟首领时，每三年就要考核一次各部落首领的政绩，考核三次之后，依据政绩予以升降，即所谓"三载考绩，三考黜陟幽明"。但具体的考核内容，因为缺乏相应的文献记载，尚不得而知。

据《周礼》记载，"三岁，则大计群吏之治，以知民之财，器械之数；以知田野夫家六畜之数，以知山林川泽之数，以逆群吏之征会"①。意思就是，以三年为周期考核官吏，以考核来掌握老百姓的经济状况、礼器兵器的数量、田地以及男女劳力还有六种家畜的数量、山野河流等的荒枯状况、赋税征收情况等。

战国时期，随着世卿世禄制度的废除和封建官吏选任制度的诞生，官吏考课制度初步建立起来，以"上计"作为官吏升降的依据。"上计"的内容侧重工作实绩，包括垦田与赋税、刑狱治安等。例如，《商君书·去强篇》载："强国知十三数：竟（境）内仓口（仓库）之数，壮男壮女之数，老弱之数，官（官吏）士（学士）之数，以言取食之数，利民（靠谋利为生者）之数，马、牛、刍（饲料）、藁（禾秆）之数。"

秦汉沿用了战国的上计制度。秦汉的官吏分为地方行政系统的官吏和朝廷各专项政务系统的官吏。因此，考核主要有中央对郡县地方官的考核以及上级对主管部门官吏的考核。云梦睡虎地出土的秦简记载了郡守对县道官实施考核的条文，总体而言，考课的内容包括功绩、年劳和品行等。但"同是对地方长官的考核定等，有的侧重于断狱和盗贼，有的偏重于户口增殖或减少，有的则以'劝民农桑''县无逋事'或以组织军事征调和漕运的绩效为主"②。上级对主管部门官吏的考核比较类似现在的专项考核，只不过现在专项考核是对具体某项工作的考核，而秦代则是对主管某项工作官吏的考核。例如"对管理饲养牲畜官吏的考课，每季度考评一次，每年正月举行大课。考核的内容是有关牛的肥瘦、死亡和繁殖等"③。

除了官吏考核，秦代还确立了一套以"五善""五失"为主要内容的官吏职业规范。具体而言，秦的"为吏之道"是"精洁正直，谨慎坚固，审悉无私，微密纠察，安静毋苛，审当赏罚"。具体的要求是：所有官吏应当做到"五善"，避免"五失"。"五善"即"忠信敬上""清廉毋谤""举事审当""喜为善行""恭敬多让"。也就是说，要对皇帝忠诚老实，对上司顺从恭敬，清正廉洁，办事谨慎，乐于行善，态度谦逊等。"五

---

① 《周礼》卷七。参见彭勃、徐颂陶主编《中华人事行政法律大典》，中国人事出版社1995年版，第19页。

② 楼劲、刘光华：《中国古代文官制度》，中华书局2009年版，第252页。

③ 邱永明：《中国历代职官管理制度》，杭州大学出版社1998年版，第86页。

失"指的是"夸以迣""贵以大""擅制割""犯上弗知害"和"贱士而贵贝货"。具体而言，就是要避免虚夸成绩、妄自尊大、独断专行、冒犯尊长、重财轻才。

"上计"制度在汉代广泛推广。"上计"的主要内容包括：一是户籍财政。户口增减及财政收支情况是衡量官吏政绩的主要依据。与此相关联的还包括直接反映郡县财政状况的指标，如漕运、盐铁、粮食产销、垦田和人口增减的比例等。二是治狱惩盗。盗贼多少成为衡量地方官吏的重要指标。三是边戍状况。主要包括边郡屯戍的赋税、收支财务数据以及戍卒守边的情况。四是地理行政。即边界变迁，行政区域的更置，以及郡国的某些行政官吏情况，均属此项考绩范围。五是劝课农桑。要求考绩人员对地方官员个人在从事农桑生产方面所具备的才能及对事业的责任感作出详尽考评报告。①

东汉末期至魏晋南北朝时期，政局动荡客观上影响了考课工作的开展和考课制度的建设。魏明帝为整饬吏治，曾令散骑常侍刘劭起草了《都官考课法》，共七十二条，但具体内容因缺乏相应的史料不得而知。《三国会要》记载了对尚书、侍中的具体考课内容。"尚书侍中考课：一曰掌建六材以考官人；二曰综理万机以考庶绩；三曰进视惟允以考谠言；四曰出纳王命以考典政；五曰罚法以考典刑。"② 具体意思就是：从五个方面对尚书侍中进行考课，一是掌管建立各官署的不同用人要求以考核官员；二是综合治理各种政务以考核他的各项政绩；三是进言和看待问题一定要公允以考核其直言极谏；四是出纳国君的诏命以考核管理政务；五是据法惩罚以考核执法用刑。

晋武帝继位后颁布诏书，确立了《五条课郡县法》，其主要内容包括："一曰正身，二曰勤百姓，三曰抚孤寡，四曰敦本息末，五曰去人事。"③ 南朝基本沿袭了两晋的考课之法。北朝的考课以北魏和北周较为

---

① 该部分内容根据李铁《中国文官制度》，中国政法大学出版社1989年版，第189—191页整理而得，但本书认为，"宗室名籍"虽属于上计吏需上呈的文书，不上报会被追究相关责任，但不属于据此核定考核等第的主要内容，因此未纳入。
② 《三国会要》第十九卷，参见彭勃、徐颂陶主编《中华人事行政法律大典》，中国人事出版社1995年版，第135页。
③ 李铁：《中国文官制度》，中国政法大学出版社1989年版，第202页。

全面。北魏最有代表性的是《三等黜陟法》，地方官吏的考课范围包括租税、盗贼、狱讼、选举、农桑、灾害、户口、道路、亭障、漕运等。北周的《六条课郡法》对考课内容作了详细的规定：一是先治心，又治身。治心指的是心气清和，不作邪僻之虑，以至公之理进行治理，达到民众的从化；①治身指的是仁义、孝悌、忠信、礼让、廉平、俭约、无倦、明察。② 二是敦教化，指的是教民以孝悌，使民慈爱；教民以仁顺，使民和睦；教民以礼义，使民敬让。三是尽天利，指的是劝课有方，尽地利而使民丰衣食。四是擢贤良，指的是采用多种方法运用贤良之士辅助治理。五是恤狱讼，指的是治狱之官赏罚得中，轻重皆当。六是均赋役，指的是不舍豪强而征贫弱，不从奸巧而困愚拙，存恤民之心。

"隋代考核制度似乎未有重大变更。有关的做法，如把考绩分为重'上下'等，强调'功德行能'和依考等升降官僚的级别，用不同的标准考核不同性质的官职，等等，很明显是北朝制度的继续发展。"③

唐朝按照流内官和流外官、京官和地方官的不同分别制定相应的考核内容，其中从九品官至一品官为流内官，采用"四善二十七最法"，强调的是为官道德和任职才能，具体见表3-4。为官道德主要体现为"四善"，即"一曰德义有闻，二曰清慎明著，三曰公平可称，四曰恪勤非懈"，要求官吏崇德修身、清正廉洁、公道正派、勤政务实。任职才能主要体现为"二十七最"，实际上是明确了各种不同部门和工作的最高标准："铨衡人物，擢尽才良，为选司之最；扬清激浊，褒贬必当，为考校之最；礼制仪式，动合经典，为礼官之最；音律克谐，不失节奏，为乐官之最；决断不滞，与夺合理，为判事之最；推鞫得情，处断平允，为法官之最。"④

---

① "是以治民之要，在清心而已。夫所谓清心者，非不贪货财之谓也，乃欲使心气清和，志意端静。心和志静，则邪僻之虑，无因而作。邪僻不作，则凡所思念，无不皆得至公之理。率至公之理以临其民，则彼下民孰不从化。"参见李铁《中国文官制度》，中国政法大学出版社1989年版，第208页。

② "躬行仁义，躬行孝悌，躬行忠信，躬行礼让，躬行廉平，躬行俭约，然后继之以无倦，加之以明察。行此八者，以训其民。"参见李铁《中国文官制度》，中国政法大学出版社1989年版，第209页。

③ 楼劲、刘光华：《中国古代文官制度》，中华书局2009年版，第299页。

④ （唐）李林甫等撰，陈仲夫点校：《唐六典》卷二《尚书吏部·考功郎中》，中华书局1992年版，第42页。

表3-4　　　　　　唐代"四善二十七最"的主要内容

名称	主要内容	考核等次
四善	一曰德义有闻	一最四善——上上
	二曰清慎明著	
	三曰公平可称	
	四曰恪勤非懈	
二十七最	献可替否，拾遗补缺，为近侍之最	一最三善——上中
	铨衡人物，擢尽才良，为选司之最	
	扬清激浊，褒贬必当，为考校之最	
	礼制仪式，动合经典，为礼官之最	一最二善——上下
	音律克谐，不失节奏，为乐官之最	
	决断不滞，与夺合理，为判事之最	
	都统有方，警守无失，为宿卫之最	无最而有二善——中上
	兵士调习，戎装充备，为督领之最	
	推鞫得情，处断平允，为法官之最	
	仇校精审，明为判定，为校正之最	
	承旨敷奏，吐纳明敏，为宣纳之最	无最而有一善——中中
	训导有方，生徒充业，为学官之最	
	赏罚严明，攻占必胜，为将帅之最	
	礼仪兴行，肃清所部，为政教之最	
	详录典正，辞理兼举，为文史之最	职事粗理，善最不闻，为中下
	访察精审，弹举必当，为纠正之最	
	明于勘核，稽失无隐，为勾检之最	
	职业修理，供承强济，为监掌之最	爱憎任情，处断乖理，为下上
	功课皆充，丁匠无怨，为役使之最	
	耕耨以时，收获成课，为屯官之最	
	谨于盖藏，明于出纳，为仓库之最	
	推步盈虚，究理精密，为历官之最	背公向私，职务废阙，为下中
	占候医卜，效验居多，为方术之最	
	讥察有方，行旅无壅，为关津之最	
	市廛不扰，奸滥不作，为市司之最	居官谄诈，贪浊有状，为下下

神宗熙宁元年（1068年）颁行《守令四善四最》考课法。"四最"是"断狱平允、赋人不扰、均役屏盗、劝课农桑、赈恤饥穷、导修水利、户籍

增衍、整治簿书"。① 次年的《考校知县、县令课法》，又以"四善三最"为考课标准，更加明确具体。"三最"：狱讼无冤、催科不扰为治事之最；农桑垦殖、水利兴修为劝课之最；屏除奸盗、人货安处、赈恤困穷、不致流移为抚养之最。可以看出，唐宋时期的考课结合了道德与才能，并辅之以功绩，考课内容较为全面。元代基本沿袭了唐宋的考课内容。明代在此基础上，完善了考课标准，主要从工作量、工作态度、工作成效三方面考核官吏。

金代的考课内容为"四善十七最"（见表3-5），"四善"沿袭了唐代的规定。"十七最"具体为："一礼乐兴行，肃清新部，为政教之最；二赋役均平，田野加辟，为牧民之最；三决断不滞，与夺当理，为判事之最；四钤束吏卒，奸盗不滋，为严明之最；五案簿分明，评拟均当，为检校之最；六详断合宜，咨执当理，为幕职之最；七盗贼消业，为学官之最……十检察有方，引旅无滞，为关津之最；十一提防兼顾，备御无虞，为河堤之最；十二出纳明敏，数无滥失，为监督之最；十三谨察禁囚，轻重无怨，为狱官之最；十四物价课实，奸滥不行，为市司之最；十五戎器完肃，捍守有方，为边防之最；十六议狱深情，处断公平，为法官之最；十七差级均平，盗贼止息，为军职之最。"②

表3-5　　　　　　　金代"四善十七最"的主要内容

名称	主要内容	考核等次
四善	一曰德义有闻	凡县令以下，三最以上有四善或三善者为上，升一等；三最以上有二善者为中，减两资历；三最以上有一善为下，减一资历。节度判官，防御判官，军判以下，一最而有四善或三善为上，减一资历；一最而有二善为中，升为榜首；一最而有一善为下，升本等首
四善	二曰清慎明著	
四善	三曰公平可称	
四善	四曰恪勤非懈	
十七最	一礼乐兴行，肃清新部，为政教之最	
十七最	二赋役均平，田野加辟，为牧民之最	
十七最	三决断不滞，与夺当理，为判事之最	
十七最	四钤束吏卒，奸盗不滋，为严明之最	
十七最	五案簿分明，评拟均当，为检校之最	

① （元）脱脱等撰：《宋史》，中华书局1977年版，第3761页。
② 吴爱明、吴俊生、余兴安、张成福：《中国公务员大辞典》，中国经济出版社1993年版，第238页。

续表

名称	主要内容	考核等次
十七最	六详断合宜，咨执当理，为幕职之最	
	七盗贼消弭，使人安静，为巡捕之最	
	八明于出纳，物无损失，为仓库之最	
	九训导有方，生徒充业，为学官之最	
	十检察有方，行旅无滞，为关津之最	
	十一提防兼顾，备御无虞，为河堤之最	
	十二出纳明敏，数无滥失，为监督之最	
	十三谨察禁囚，轻重无怨，为狱官之最	
	十四物价课实，奸滥不行，为市司之最	
	十五戎器完肃，捍守有方，为边防之最	
	十六议狱深情，处断公平，为法官之最	
	十七差级均平，盗贼止息，为军职之最	

元代基本沿袭了唐宋的考课内容。"五事考课升殿法"的主要内容是"一户口增；二田野辟；三诉讼简；四盗贼息；五赋役平"。

明代在此基础上，完善了考课标准，主要从工作量、工作态度、工作成效三方面考核官吏。明末开始，官吏考课的主要内容为"四格"——才、守、政、年："才则或长或平或短，守则或清或平或浊，政则或勤或平或怠，年则或青或中或老。"① 具体来说，才指的是履职能力，考核的是官吏在所处职位上承担相应职责时所具备的履职能力。守指的是品行操守，考核的是官吏施政过程中的职业道德、职业操守。政指的是为政状况，考核的是官吏对工作的重视程度。年指的是官吏的年龄，考核的是官吏的身体状况是否具备胜任正常工作的条件，通常以年龄大小来判定。"八法"即考察的内容，包括"贪、酷、浮躁、不及、老、病、罢、不谨"。"凡年老有疾者为民，贪者发边充军，不谨者冠带闲住，浮躁、浅露、才力不及者，俱降一级调外任。"② 需要注意的是，"明代对官员考

---

① （清）光绪朝《钦定大清会典事例》卷八〇，中华书局1991年版，第28页。
② 方振邦、罗海元：《党政领导干部考核评价》，中国人民大学出版社2019年版，第553页。

核,特别是对地方官的考核,经历了由抚恤到苛敛的发展过程。前期,统治者大力推行休养生息政策,官员考核注重其在兴学校、劝农桑、修水利、增户口、垦田地等方面的成绩,但随着国家支出的增长和地方豪强隐匿田地的加剧,赋役征发困难,国库空虚,逐步形成以'催科为殿最'的态势"①。

清代的官吏考课内容基本上沿袭了明代的要求,"清皇太极天聪、崇德朝地方驻守官员考核,突出军事占领、军事斗争的特点,职责明确,主要以捕获逃走汉人,得明朝船只,抚养辖区汉民为考核标准,分别优劣"②。公元1647年确定"四格八法"制度,"四格八法"的内容与明代基本一致。

(二)历代官吏考课内容变化的特征

历代官吏考课内容不变的是始终体现出官为君设的古代官制本质,即中国古代官吏考课制度始终围绕着官吏管理的本质——忠君而设计,体现了"君控制臣"的思想。变的是考课内容随着经济社会发展,在不同的朝代、不同的官职之间有所区别,呈现出分类管理的趋势,体现了施政重点变化等。

1. 体现了官为君设的古代官制本质特征

"官是替君治民的,这正是古代官制最本质的特征,即官为君设……官既为君而设,就必然要以忠君为核心,构建起一套严密的管理机制,以保证为君者选任官吏得心应手,这是古代官制的又一基本特征……考课……等制度,虽然有管理官员制度化的一面,但也有君对臣更加严密控制的一面……但其考课标准又非常明显地以'忠君'为主旨,只要效忠皇帝、死心塌地为皇帝卖命,便会升官增禄,甚至耀祖光宗。"③ "在实践中,各级政权、官吏是否能够忠诚地履行最高统治者的命令、意志,以及在职任内是否有显赫的行政政绩,是其唯一的行为标准。这样,忠诚与政绩构成维护皇权规范的核心……这规范历代相因,汇融成职官考绩法。"④

---

① 安作璋主编:《中国吏部研究》,党建读物出版社2011年版,第476页。
② 薛刚:《清代文官考核研究》,中国社会科学出版社2020年版,第37页。
③ 谢保成:《官制史话》,社会科学文献出版社2012年版,第6—7页。
④ 李铁:《中国文官制度》,中国政法大学出版社1989年版,第22页。

2. 体现了分类管理的分化特征

分类管理的分化特征既体现在对人的分类管理上，也体现在对事的分类管理上。对人的分类管理主要体现为：一是纵向上的各级行政官吏，通常按照户口增减、垦田多少、社会治安等标准进行考核；二是横向上的专门业务官吏，按照不同的职事要求进行考核。对事的分类管理主要体现为对专项业务工作进行全国范围的考核。例如，两汉时期，"中央政府部门还按职能向全国实行单项考核，诸如民事、军事、农事、工程漕运、司法断狱、学校礼仪等方面，均制定有切合业务特点的考核条例"①。

"汉代虽然还没有形成用来分类考核全国官僚的标准体系，却已经零散地出现了一些分类考核的雏形。"② 汉代许多职务的地位和性质还不明确，尚在不断地调整当中，因此，没有形成与这些职务相对应的评价标准不足为怪。汉代分类考核的雏形主要体现为对不同类别的官吏，会形成大致相同的品行标准。例如，尽管对各地的郡县长官偏重的绩效会因不同时期、不同地区的施政重点有所差异，但基本上都以"户口、税赋、盗贼"等为衡量标准，这是地方行政长官的普遍考课标准。对于皇帝身边近臣，"元帝以后，光禄勋每年以朴质、敦厚、逊让、有行四科来课第郎、从官……"③

魏晋时期王昶撰集的《王昶考课事》中体现了分类考核的思想，对尚书、侍中以及公卿制定不同的考课标准，公中的诸卿亦有不同的考课标准。例如，尚书、侍中的考课标准是：一曰掌建六材以考官人，二曰综理万机以考庶绩，三曰进视惟允以考谠言，四曰出纳王命以考赋政，五曰罚法以考典刑。公卿的考课标准是：掌建邦国以考制治，九功时以考事典，经纶国体以考奏议，共属众职以考总摄，明慎用刑以考留狱。

唐朝按照流内官和流外官、京官和地方官的不同分别制定相应的考核内容。其中，针对流内官的"二十七最"是按照当时的二十七种职务系列制定的能力政绩标准，是典型的分类考核。例如，区分了皇帝身边近臣、铨选部门官吏、考核工作人员、礼官、监察官员、牧官等，不同的职

---

① 韦庆远、柏桦编著：《中国官制史》，东方出版中心2001年版，第401—402页。
② 楼劲、刘光华：《中国古代文官制度》，中华书局2009年版，第252页。
③ 楼劲、刘光华：《中国古代文官制度》，中华书局2009年版，第252页。

务对应不同的考核标准。但"二十七最"实际上只是提出了二十七种职务系列的最高标准,即"最"要达到的条件。流外官吏的考核标准比较统一,但也会进行细分,有较为具体的考课标准。

尽管"在宋元时期,唐代二十七最所代表的以不同才绩标准考核各类官职的思路已经中止,代之而起的,是在政绩要求更为笼统,而行能条件更为突出的标准上,为某些官职补充有关考核条款的办法"①。但不同时期对地方官员的考课,区分不同的官职有相应的标准。例如,以"七事"考监司(即路一级的转运使司、提点刑狱司等),以"四善三最"考守、令(州、县官)。

"联系到明代考核内容和标准上几乎完全一概而论的状态,给人的印象是,经宋元过渡以后,唐代以二十七最为代表的分类考核倾向,实际上已转移到组织步骤上。"② 明代认为官吏职责分内的事按照职责进行考核,因此与唐代二十七最不同的是,明代不再规定不同业务官吏的具体考课标准。尽管明代没有采用唐朝二十七最的量等办法,也没有规定不同业务官吏的考课标准,但明代会按照实际工作岗位的工作量和难易程度来确定不同的考核标准。无论是为强化控制的组织步骤上的分类考核,还是为合理管理的考核内容上的分类考核,都体现了中国古代官吏考核制度一如既往的发展趋势——分类管理的分化倾向。

当然,"除按职务分工制定考课内容和标准之外,对所有的官吏还有统一的标准。在隋以前,以所谓的清正、治行、勤谨、廉能等;唐、宋则以德义有闻、清慎明著、公平可称、恪勤不懈;明清是清、慎、勤。这些被认为是所有官吏应该具备的品德,也是考核的基本内容"③。

3. 体现了施政重点的变化特征

考课内容与不同时期的政治主题、不同地区的施政重点有较为直接的关系。例如,每一个朝代的开国之初,往往会重视"治农桑、兴学校",并将此作为考核地方官员的重要内容。例如,北宋立国之初,为加强中央集权、恢复国民经济、稳定社会秩序,考课地方官的重点是劝课农桑、户

---

① 楼劲、刘光华:《中国古代文官制度》,中华书局2009年版,第345页。
② 楼劲、刘光华:《中国古代文官制度》,中华书局2009年版,第358页。
③ 韦庆远、柏桦编著:《中国官制史》,东方出版中心2001年版,第399页。

口增益、剪除盗贼等。

以明朝的赋税征收考核为例，随着赋税征收日趋困难，明朝曾调整考课制度，寄希望于考课制度能督促官员征赋。之前各布政司及直隶府、州在汇总下属衙门报表的同时要将税粮文册报户部供查勘，户部查对后回报吏部，作为吏部对官吏考课评价的参考因素。税粮是否完足会影响到官吏考课，但不影响是否参加考课。随着土地兼并和隐匿现象加重，税粮是否完足在考课中的作用越来越大。"天下官员三年六年考满者，俱令赴部给由，所欠税粮立限追征。九年考满就便铨注任内钱粮完足，方许给由。"① 先是三、六年考满，如果有欠缴税粮的，必须在限期内征缴完成。九年考满的时候，只有在任期内钱粮完足了，才被允许给出考课证明文件。税粮完足成为参与考课的前置条件，后来征税不足除了不能参加考课，还要被停发俸禄，甚至降职。后来甚至发展到"考选将及，先核税粮，不问抚字，专于催科"②，逐步形成以"催科为殿最"的态势。

第三节　古代官吏考课方法与程序

考课方法及程序回答的是"怎么考、按什么步骤考"这两个问题。为了达到考核的目的，实现考核的制度功效，不同时期的考核方法有所区别，考核程序也会随着发生变化。古代官吏考课的方法大致可以总结为三类：第一类是总结汇报法，依靠自下而上的汇报；第二类是评议鉴定法，依靠自上而下的评价；第三类是论资排辈法，考核结果依据年资而非绩效。古代官吏考课的程序随考课方法而有所区别，且不同朝代繁简程度不一。

一　古代官吏考课的方法

（一）总结汇报法

总结汇报法指的是官吏自己进行总结，然后按照隶属关系向主管部门或长官汇报的考课方法。

商周时诸侯的"朝觐"制度是一种典型的自下而上的总结汇报法。

---

① 正德《明会典》卷一四《吏部》十三《考功清吏司明令》。
② （清）谷应泰：《明史纪事本末》卷七二《崇祯治乱》，中华书局1977年版，第2476页。

西周对诸侯的考核采取巡狩和述职的方式进行，对中央部门或官吏则采取日成、月要、岁会和大计等方式。日成指的是官员每隔十天作一次工作小结，相当于现在的平时考核。月要指的是每月进行一次工作小结。岁会则是每年一次全年工作小结，相当于现在的年终工作总结。三年一度进行的对百官的全面综合考核，则称为大计。根据《周礼》的记载，"岁终，则令百官府各正其治，受其会，听其致事，而诏王废置。三岁，则大治群吏之治而诛赏之。"[①] 意思就是，每年年底，国君要接受百官的统计报告，听取他们的政绩报告，以及对有功者晋升和有罪者废退的情况汇报。每三年进行一次大规模统计考核群吏的政绩并进行惩罚和奖励。

战国时期的"上计"是"诸侯朝觐述职制度的发展，但与朝觐有本质上的区别"[②]。因为诸侯有相对独立的统治权，而战国时期的官吏是按照职位委任的，只有治理权。"上计"的具体做法是：每年朝廷的重要官吏和地方长官须把各种预算数字写在木券上，一分为二，国君执右券，臣下执左券。年终时，臣下须到国君处核报。国君根据考核成绩决定升迁或免职。上级官吏对下级官吏的考核往往也采取同样的办法。秦汉时期基本沿袭了上计的做法，计簿与集簿是汉代对地方官吏考核的凭据，各郡县均有自己的工作记载。各郡国呈上工作记载之后，上计吏还要接受中央的审查和质询。也就是说，地方官吏要对中央进行工作汇报，中央也会对地方工作进行指导。

朝觐制度是明代考核地方官的主要方式之一。公元1318年，朱元璋"征天下布政使及知府来朝，命吏部课其殿最……朝觐考察，自此（洪武十一年）始"[③]。公元1396年，明朝规定外官三年一朝觐，称为"大计"。在非朝觐之年，州县须按月把官员的表现上报给府，府对所属官员考核以后，再逐年把考核情况上报给布政使司，满三年即做一通盘考核。大计之年，则由布政使率其府州县正官赴京师朝觐，接受考察。

（二）评议鉴定法

评议鉴定法与总结汇报法的最大区别在于，前者是自上而下，由上级

[①] 《周礼》卷二，参见彭勃、徐颂陶主编《中华人事行政法律大典》，中国人事出版社1995年版，第19页。

[②] 韦庆远、柏桦编著：《中国官制史》，东方出版中心2001年版，第398页。

[③] （清）龙文彬撰：《明会要》卷46，中华书局1956年版，第846页。

官员对下级官员的工作情况通过评议做出书面鉴定。后者是自下而上，由下级官员给上级官员总结汇报工作情况。

北魏时期，太守复核检查县官的政绩，确定上下等级，上言所属的州刺史。刺史明察考核下属官员的优劣，对于奸恶的官吏要革职降级，对忠诚良吏则要提升晋级，年底将官员的考绩结果报告上司。"太守覆检能否，核其殿最，列言属州。刺史明考优劣，抑退奸吏，升进贞良，岁尽举课上台……"①

有的朝代直接采用评议鉴定法进行考课。例如"元朝采用'廉访'之法，每个道都设肃正廉访司，每司有肃正廉访使八人，二人留司掌握总的情况，其余六人到下面巡察官员的功过优劣"②。"元代的廉访与计年。武宗至大三年（1310年）令考功印历纸给亲民官员，年终时监治官验属官的行绩作出书面评定，而由肃政廉访使进行考校，行省吏部尚书依此而为黜陟。"③

有的朝代综合运用评议鉴定法和总结汇报法进行考课。例如，唐朝的考课一般由中央各部门和地方长官考核所属官员。对于被考课官吏而言，就是将自己一年的功过行能进行总结汇报。对于中央各部门和地方长官而言，就是依据所属官员的个人总结评议鉴定等次。考课的结果汇集到中央尚书省，经尚书省审核后上奏皇帝。

（三）论资排辈法

秦汉时期，董仲舒曾明确反对论资排辈，"累日以取贵，积久以致官，是以廉耻贸乱，贤不肖混殽，未得其真"④，由此建议朝廷"毋以日月为功"。董仲舒建议从实考察官吏功过，以任官称职而不以积日累久作为用官的依据，这从另一个侧面反映了论资排辈法在秦汉时期甚至之前就存在，并产生了一定的负面影响。

三国两晋南北朝时期，政局动荡，世家大族把持中央政权，武人把持地方政权，官吏考课制度没有正常推行。北魏时期创立了"停年格"制，

---

① 《魏书》卷四《世祖纪》，参见彭勃、徐颂陶主编《中华人事行政法律大典》，中国人事出版社1995年版，第209页。

② 朱庆芳主编：《国家公务员考核实务》，经济日报出版社1994年版，第15页。

③ 白钢主编：《中国政治制度通史》，社会科学文献出版社2011年版，第751页。

④ 苏玉堂：《中外人事制度方略全书》，中国人事出版社1993年版，第162页。

即按照年资来升职，所有官吏除犯罪之外，满三年自然升级，这样自然就不存在考核。唐代中叶，《循资格》及其原则逐渐渗透到考课法当中。

宋代的磨勘制度中被诟病最多的是考核逐渐以年资晋迁为主，采取的就是论资排辈法。"官员任内职务品级的升迁，不以政绩为依据，而仅仅取决于年资，不仅不能激励官员创业建绩的雄心大志，而且对整个文官队伍的素质也是有百害而无一利。"① 但"资历至上"的原则之所以常用不衰绝不是偶然。相对于门阀士族势力的"无功受禄"，"资历至上"是一种历史的进步，至少让一些具有基层实践的官吏有机会被充实到中上层官僚队伍中来。相对于"贤能"等标准，"资历至上"的原则显然更容易操作与核查，也更容易得到认可，它至少实现了形式上的平等。

（四）其他方法

具体的绩效评价方法有很多种，如比较法、指标衡量法等。② 例如，秦简中记录了很多关于计课的律令，"《均工律》规定：新工匠在第一年内要完成定额的一半，第二年就要求与老工匠一样"③。汉代采取与上年或历年比较的方法来评估绩效。"'春种树六十五万六千七百九十四亩，多前四万六千三百廿亩'，以上'如前''多前''将东海郡一年来的进步显示出来'。这种对比评估动态分析法，能够反映社会经济现象在一定时期内增加的绝对量。"④

二 古代官吏考课的程序

"正义不仅应得到实现，而且要以人们看得见的方式加以实现。"这句谚语强调的是法律层面上程序对于实现正义的价值体现。在古代官吏考

---

① 李铁：《中国文官制度》，中国政法大学出版社1989年版，第227页。

② 在当代公务员考核中，会采取相对绩效评估的方法，有点类似古代的比较法。中央在考核地方官员的绩效时理性地运用相对绩效评估的方法来减少绩效考核的误差，增加其可能的激励效果。参见周黎安《转型中的地方政府——官员激励与治理》（第二版），格致出版社、上海三联书店、上海人民出版社2020年版，第46页。除此之外，地级市政府对县级政府的考核，不仅有完整的数量化的指标体系，而且各项工作的业绩表现被折算成具体分数，在县（市）间进行排序计算，彻底贯彻了相对绩效评估的原则。参见周黎安《转型中的地方政府——官员激励与治理》（第二版），格致出版社、上海三联书店、上海人民出版社2020年版，第375页。

③ 邱永明：《中国古代职官考核制度史》，华东师范大学出版社2023年版，第78页。

④ 邱永明：《中国古代职官考核制度史》，华东师范大学出版社2023年版，第114页。

课制度中，程序的设计在价值层面的意义并不明显，但在工具层面对于发挥考课制度的功效具有较为显著的作用。

总体来看，古代官吏考课的程序分为两种：一种是按照行政层级和人事权分配的逐级考核，采用总结汇报法的考课通常采用自下而上的程序，采用评议鉴定法的考课通常采用自上而下的程序。另一种是按照考、校、监职能定位的分步考核，通常是先考，后校，再监。

（一）按照行政层级和人事权分配的分级考核

春秋战国时期，地方机构数量不多且中央国家机构的设置并不完善，"上计"程序主要是县令或郡守直接向国王报告。随着国家机构的不断完善，加之国王亲自受计所产生的诸多弊端，自汉代建立了从地方到中央逐级上计的系统。① 主要程序分为："第一步郡国课县。乡级的主管官吏对有关上计事项进行审查核实，然后登记并上报到县。各县派遣计吏将该县的户口、垦田、税赋、钱谷出入等汇总编制成簿，由丞尉呈送郡国。郡受计以后，派督邮巡县，进行督核。第二步中央课郡国。各郡国根据县的上计簿，综合汇编成郡的计簿，然后遣上计吏带着计簿及其他备查资料，奉计京师。一般情况下，由丞相接受上计，御史大夫核察真伪，皇帝有时亲临受计。"② 需要注意的是，刺史省察贯穿上计过程中，确保考核的严肃性。

清代"每一州县官的考核评估报告，均由其直接上司——知府、直隶厅州同知或分巡道初拟，然后呈交布政使和按察使；藩臬二司审阅后附加评语（考语）再呈交总督和巡抚。督抚复审这一报告后，直接批准或提出修正意见，然后上交吏部"③。

（二）按照考、校、监职能定位的分步考核

唐朝实现了考、校、监三位一体的考核体系。考核程序是：第一步初考或司考。中央各司和地方各州长官考定下属官吏，给每一个人写一个"考状"，并当众宣读，允许被考人提意见。然后按照规定的一定比例，

---

① 秦代的上计制度是由县级行政单位直接上报中央，而西汉时期则是县首先上报上一级行政单位郡，再由郡上报给朝廷。
② 邱永明：《中国历代职官管理制度》，杭州大学出版社1998年版，第120页。
③ 瞿同祖：《清代地方政府》，范忠信、何鹏、晏锋译，新星出版社2022年版，第43页。

定好上考、中考、下考各有多少。第二步是校考。派人带着初考结果到中央进行校考。校考官、监考官、考功郎中和员外郎汇集考簿，了解情况，检查审定考核等级，发现初考有问题的，予以驳回。① 第三步是将定考结果呈交皇帝批准，然后颁发考牒，以为凭证，考状由吏部存档。

此外，还有按照官阶品位区分的分类考核。明代的考课按照官吏的不同类别采取不同的考课方法，故考课程序也有所区别。京官、府州县官、入流品官、杂职官、教育官、吏掾都按照考满法进行考课。地方官、京朝官（部、寺、监官）都按照考察进行考课。京朝武官、外任武官都按照军政法进行考课。

第四节　古代官吏考课结果运用与监督

考课结果运用及监督回答的是"考后有何用""如何确保考核公平"这两个问题。中国古代官吏考课制度从建立之初就明确了考课结果的运用。考课结果运用与俸禄、晋升等密切结合，发挥着奖优惩劣的制度功效。同时，官吏考课制度与监察制度之间关系紧密，都是官吏管理的重要环节和手段。

一　古代官吏考课的结果运用

中国古代官吏考课制度从建立之初就明确了考核结果的运用，考核结果运用与俸禄、晋升等密切结合，发挥着奖优惩劣的制度功效。当然，古代官吏考课结果的确定有时候存在主观因素。例如，历史上卢承庆三改评语的故事就值得思考。卢承庆是唐高宗时期的吏部考功员外郎，负责官员考评事务。有一年，运粮船突遇大风，船沉粮没。卢承庆给主管漕运粮草官员的评价是"监运损粮，考中下"，中下是考核九等中的第六等级，不及格，中下等级的考核结果将面临俸禄受罚、政治前途受损的惩罚。因该官员一言不发，卢承庆认为遭遇大风，"非力所及，考中中"，中中是考核九等中的第五等级，及格。后见该官员仍淡定自若，卢承庆欣赏此人的风度，给出评语"宠辱不惊，考中上"，中上是考核九等中的第四等级。

---

① 孔令纪编：《中国历代官制》，齐鲁书社1993年版，第171页。

对卢承庆三改评语的做法主要存在两种解读：一种认为卢承庆尊重事实，让考核结果更加客观公正，是有利于考核权威的做法；另一种则认为卢承庆随意更改评语，随意确定考核结果，是有损考核权威的做法。无论是否损害考核制度权威，都说明考核结果的确定科学与否影响考核制度功效的发挥。同样，考核结果的实际运用如何，也是影响考核制度功效发挥的重要因素。

（一）考课与俸禄的结合

春秋战国时期，随着国家政治制度的变革，封建官吏制度取代奴隶主贵族的分封制，从而揭开了封建官吏考课制度的序幕，也同时揭开了封建官吏俸禄制度的序幕。考课结果与俸禄的结合有两种主要的形式，一种是考课结果影响官吏级别，从而间接影响官吏所享受的相应物质待遇。另一种是考课结果直接运用于俸禄的增减。

秦代考课不合格有可能被罚款，罚款交不上则用罚劳役来代替。秦代"每一个部门均有相应固定的考课细目，有规定生产指标的所谓'程籍'，考课合格者为'中程'，否则为'不中程'"①。考课不达标时，依照秦律相关部门负责人会受到相应处罚。按照秦统一前的法律，主管官员只有连续三次考评都是最后一名时才会面临赀二甲并罢免。"采山重殿，赀啬夫一甲，佐一盾；三岁比殿，赀啬夫二甲而法（废）。"② 在秦律中，有些罪责是可以用钱来赎罪的，考课不合格就属于其中之一，称为"赀甲盾"。如果缴纳不起罚款，就以服劳役的形式代替，称为"居赀"。官吏大多仍旧从事之前的工作，罚款从其薪俸或伙食费中扣除。

"汉朝将从中央到地方各级官吏的考课的结果主要应用于奖赏与惩罚。奖赏方面主要包括迁、增秩、赐爵、赐金等；而惩罚的方式主要由左迁、减秩、免、夺爵、罚金等。"③ 可以看到，迁、左迁是由于官吏职位改变而相应物质待遇改变，增秩、减秩是在保留官职的基础上，直接增加或减少俸禄。赐金、罚金则是最典型的直接对俸禄、财产等的赏罚。除此

---

① 周海锋：《秦官吏法研究》，西北大学出版社2021年版，第128页。
② 陈伟主编：《秦简牍合集》释文注释修订本（壹），武汉大学出版社2016年版，第167页。
③ 方振邦、罗海元：《党政领导干部考核评价》，中国人民大学出版社2019年版，第502页。

之外，还有一些实物方面的赏赐，例如赐田宅、奴婢、车马、牛酒等。汉宣帝很注重以实际业绩来考察官吏。"二千石有治理效，辄以玺书勉厉，增秩赐金，或爵至关内侯。公卿缺，则选诸所表以次用之。"① 这里体现的考课结果运用包括：用玺书加以鼓励、提高品级和俸禄、赏赐黄金、封爵、三公九卿出缺时有选拔任用的资格等。

北魏时期，考课黜陟与官员俸禄制相对接，出现了削禄或夺禄的黜罚方式。考课黜罚所采取的夺禄措施，即将官员实际经济收入与其在任期间的政绩相结合。

唐代官吏的考课结果与俸禄紧密结合。按照唐朝对流内官"四善二十七最"的考课标准，考课结果分为九等，即上三等（上上、上中、上下）、中三等（中上、中中、中下）、下三等（下上、下中、下下）。"获得中上以上等级者，每进一等，加禄一季；获得中中者，保持本禄不变；中下以下等，每退一等，夺禄一季。"② 简单地说，每次考课结果最终都会兑现为各级官员的俸禄或官阶。

（二）考课结果与法律责任的结合

在明代，"凡内外官给由，三年初考，六年再考，并引请，九年通考，奏请综其称职、平常、不称职而陟黜之。陟无过二等，降无过三等，其甚者黜之、罪之。京官六年一察，察以巳、亥年。五品下考察其不职者，降罚有差"③。这里提到的考核结果中包括黜之、罪之，其中黜之是罢免，罪之则是更为严重的结果，属于犯罪，要追究法律责任。"若是在履行公务的过程中，由于官吏能力所限，或者出于疏忽大意，或者是由于不负责任，最终导致其在考核时被评定为不职，那就属于犯罪。"④

（三）考课结果与晋升的结合

据《史记》记载，"［萧］何乃给泗水卒史，事第一，秦御史欲入

---

① 《汉书》卷八九，参见彭勃、徐颂陶主编《中华人事行政法律大典》，中国人事出版社1995年版，第68页。
② 杜文玉：《唐代如何通过考课制度改善吏治》，《人民论坛》2018年第23期，第142—144页。
③ （清）张廷玉等撰：《明史》，中华书局1974年版，第1737页。
④ 杨玉明：《明代公罪制度研究》，法律出版社2014年版，第208页。

言征何，何固请得毋行"①。萧何担任了泗水郡的郡吏，在考课中得了第一名。秦御史想回去请示征召萧何到朝廷供职，萧何坚决请求才没有被征召回去。这反映出秦代已运用官吏考课结果作为官吏选拔任用的依据。

汉代"课第长吏不称职者为殿，举免之。其有治能者为最。察上尤异州，又状州中吏民茂才异等，岁举一人"②。意思就是，不称职者列为下等，要给予免职处分。有治理能力的列为优等。列为上等政绩特别突出的州，每年可以从官吏或百姓中推荐一名才能出众的人。这里面是两个层次的意思：一是对负责的官吏进行考课，区分殿最进行免职或提拔；二是政绩特别突出的州，每年可以推荐一名才能出众之人。

"魏晋南北朝时期郡守经过考课后，官职调整有以下几种情形：第一，平调其他郡担任长官。第二，升任为州刺史或副官。第三，迁转为中央朝官。"③

唐代官吏的考课结果与晋升紧密结合。小考时，赏罚体现为加禄、夺禄，大考时，赏罚体现为进阶、降级。"中品以下，四考皆中中者，进一阶；一中上考，复进一阶；一上下考，进二阶；计当进而参有下考者，以一中上覆中下，以一上下覆二中下。"④"五品以下官员，四年之内，皆获中中者，可以晋升一阶。四考中获一中上考，则可再升一阶；四考中获一上下考，则再晋升两阶。"⑤

在宋代，"官吏'有私罪者，皆未听磨勘'，不得循资序进。如果是京朝官犯赃罪，则延缓磨勘序进时间，文臣由五年缓至七年，武臣由七年缓至十年。金代……官吏有犯选格者，不得计考循迁，并根据具体情况，

---

① 《史记》卷五十三《萧相国世家》，参见彭勃、徐颂陶主编《中华人事行政法律大典》，中国人事出版社1995年版，第34页。

② 《续汉志补注》，参见彭勃、徐颂陶主编《中华人事行政法律大典》，中国人事出版社1995年版，第67页。

③ 粟时勇、李向前、张霞编著：《古代官员考课制度史话》，党建读物出版社2021年版，第51页。

④ 《新唐书·百官志》，转引自李铁《中国文官制度》，中国政法大学出版社1989年版，第220页。

⑤ 杜文玉：《唐代如何通过考课制度改善吏治》，《人民论坛》2018年第23期，第142—144页。

给予不同处分"①。在清代,"记录,是清朝的官员考核奖励,类似于后世的记功备案。记录四次,就可以升一个级别"②。

当然,也并非所有的考课结果都理所当然成为晋升的依据。例如,隋炀帝时就曾提出"不得以考核晋升品级"。"秋七月庚申,制百官不得计考增级,必有德行功能,灼然显著者,擢之。"③ 意思就是,秋七月庚申日,命令百官不得以考核晋升品级,必须是德行和功劳才干特别突出的,才可得到提拔。

(四)考课结果与任免的结合

在秦代,将失职的官吏派到新地任职,是一种惩罚。考课不合格的官吏常常被谪至新地为吏,成为"新地吏"。新地指的是刚划归领土内的新土地,通常条件比较恶劣。例如,"梓潼丞略坐课,以故秩为新地吏二岁",梓潼县丞略因考课不合格被谪为新地吏两年,仍维持之前的品秩。④ 考课弄虚作假,原本是要免官的,但秦代调整了处罚,以制度的形式明确罪吏为新地吏的来源。如岳麓秦简中记载:"今南郡司马庆故为冤句令,诶(诈)课,当(1036)废官,令以故秩为新地吏四岁而勿废,请论庆。制书曰:'诸当废而为新地吏勿废者,即非废。'"⑤ 意思就是,庆(现在是南郡司法)在冤句令任上的时候,为应付考课而造假,按照规定应该免官。但律令中有明确规定,"诸当废而为新地吏勿废者,即非废"。本来应该免官而没有免,司马庆最终"以故秩为新地吏四岁",即被派遣到新地任职以代替免官的处罚。

北魏时期,郡县长官如果在治理抢劫、盗窃行为等方面表现突出,可以兼任两县或多县。"凡县令中有能治理本县劫盗、维护治安的,兼治两个县,享受两个县的俸禄;能治理好两个县的官员,就兼任三个县的长

---

① 武玉环:《辽金职官管理制度研究》,人民出版社2019年版,第226页。
② 张程:《制度与人情——通俗解读中国古代政治制度的发展历程》,华文出版社2021年版,第2—3页。
③ 《隋书·炀帝纪》,参见彭勃、徐颂陶主编《中华人事行政法律大典》,中国人事出版社1995年版,第228页。
④ 周海锋:《秦官吏法研究》,西北大学出版社2021年版,第129—130页。
⑤ 陈松长主编:《岳麓书院藏秦简》(伍),上海辞书出版社2017年版,第56页。

官，在任职三年后升任为郡的地方长官。"①

（五）考课结果与其他

秦代对专门工作进行考课时，也有具体的考核结果运用，包括奖赏可作为劳绩的天数，酒、牛肉等实物，免除徭役，惩罚鞭笞等。例如，"以四月、七月、正月肤田牛。卒岁，以正月大课之，最，赐田啬夫壶酒束脯，为旱〈皂〉者除一更，赐牛长日三旬；殿者，谇田啬夫，罚冗皂者二月。其以牛田，牛减絜，治（笞）主者寸十。有（又）里课之，最者，赐田典日旬；殿，治（笞）卅"②。意思是，在每年四月、七月、十月、正月评比耕牛，满一年，在正月举行大考核，成绩优秀的，赏赐田啬夫酒一壶，干肉十条，免除饲牛者一次更役，赏赐牛长资劳三十天；成绩低劣的，申斥田啬夫，罚饲牛者资劳两个月，如果用牛耕田，牛的腰围减瘦了，每减瘦一寸要笞打主事者十下。又在乡里进行考核，成绩优秀的赏赐里典资劳十天，成绩低劣的笞打三十下。

南朝时，"朝廷还根据官员生前考核等第来决定其去世后赠官的大小。宋侍中、尚书左仆射刘延孙卒后，孝武帝'诏曰：考终定典，宜尽哀敬。可赠司徒，给班剑二十人，侍中、仆射、侯如故。'"③

北朝时，"考课结果还影响去世后的待遇，特别是谥号的评定。北魏后期，侯忻'除龙骧将军、中散大夫'，其卒后，'诏褒勤奋，叙追考阶，赠平北将军、燕州刺史'。侯忻虽然去世，朝廷依然根据其考核结果，予以赠官。官员谥号的评定，也会参照官员生前治绩品状。北魏孝明帝时，元晖薨后，'考德累行，谥曰文宪公'"④。"谥号的确定过程中，先由掌管人物品评的中正官提供记录其生前功绩和过错的书面材料，然后交给掌管礼宾祭祀的太常博士官来评议。这需要查阅官员生前的考课结果，以根据其德行功绩确定谥号。"⑤

---

① 粟时勇、李向前、张霞编著：《古代官员考课制度史话》，党建读物出版社2021年版，第51页。

② 陈伟主编：《秦简牍合集》释文注释修订本（壹），武汉大学出版社2016年版，第49页。

③ 邱永明：《中国古代职官考核制度史》，华东师范大学出版社2023年版，第184页。

④ 邱永明：《中国古代职官考核制度史》，华东师范大学出版社2023年版，第189页。

⑤ 粟时勇、李向前、张霞编著：《古代官员考课制度史话》，党建读物出版社2021年版，第54页。

明太祖（洪武十一年）时曾临时征布政使和知府来朝，命吏部考课政绩，且直接将考课结果与官吏考绩来朝所受接待规格挂钩。"称职而无过者为上，赐坐而宴。有过而称职者为中，宴而不坐。有过而不称职者为下，不预宴，序立于门，宴者出，然后退。"① 考核结果为称职且无过的，可以坐着吃。考核结果为称职但有过的，只能站着吃。考核结果不称职且有过的，只能站在门外看别人吃，等赴宴者出来后，一同退出（见图3-3）。

图 3-3　明太祖宴会坐席图

图解：这是作者拍摄于北京市昌平区的"明镜昭廉"明代反贪尚廉历史文化园中"历史陈列馆"的一张图片，清晰地再现了当时的场景。

按照清朝的规定，"贪、酷皆革职提问，不谨、罢软皆革职，年老、有疾者均休致，浮躁者降三级调用，才力不及者降二级调用"②。表3-6是学者统计的清代大计官员处分人数一览。

---

① 《明史》卷71《选举志三》，转引自杜婉言、方志远《中国政治制度通史·第九卷·明代》，人民出版社1992年版，第137页。
② 陈一容：《道光朝大计官员处分人数考》，《近代史研究》2007年第1期，第139页。

表3-6　　　　　　　　清代大计官员处分人数一览表①

朝代	贪酷	贪	酷	不谨	年老	有疾	才力不及	浮躁	罢软	老疾	类型不明	合计
顺治												3031
康熙	381	255	22	846	1518	920	918	627	480	16		5983
雍正		6		133	271	105	152	76	70			813
乾隆	1			471	1479	653	645	264	317	9		3839
嘉庆				130	564	218	200	77	98			1287
道光				234	572	225	288	144	85			1548
咸丰				87	141	44	75	26	22			395
同治				109	88	22	61	75	39			394
光绪				124	69	31	41	30	25		4	324
宣统				1	2	2	2	2				9
合计												17623

二　古代官吏考课的监督

为了确保考课的真实与全面，中国古代对官吏实行严格的监督，定期依法监察履职情况。这种监察往往与考课同步进行，既是对考课过程和结果的监督，也是对官吏行为规范的全面监督，考课与监察相辅相成，形成对考课的有效监督。

我们所讨论的考课监督，主要指的是对考课工作或是考课权所有者行使考课权力的监督，不同于监察。考课侧重对官吏任职期间日常工作情况的全面定期考察，监察则是对官吏任职期间遵守法纪情况的经常性督促和检查。考课覆盖各级官员，尤其是从事具体事务的官吏，监察则主要侧重中央和地方各级长官。监察偏重于惩罚的意义，且因事因人随时随地发生。

中国古代的官吏考课制度与监察制度之间关系紧密，都是官吏管理的重要环节和手段，对官吏都有激励约束的作用。两者经过长期的发展，已经形成了具有各自鲜明特点的制度体系。

（一）连坐、举报制等互相监督法

早在秦代，"谁来监督监督者"这一治理难题就已被提上日程，对于

---

① 陈一容：《道光朝大计官员处分人数考》，《近代史研究》2007年第1期，第144页。

官吏行为的监督也有较为深入的思考。《商君书·禁使》记载:"今恃多官众吏,官立丞、监。夫置丞立监者,且以禁人之为利也;而丞、监亦欲为利,则何以相禁?故恃丞、监而治者,仅存之治也。"意思就是,现在治国的人,依靠官多吏众,官吏下又设辅佐和监察人员。设立辅佐和监察人员是为了禁止官员们谋私利。但辅佐和监察人员也想谋私利,那么怎么去禁止呢?因此依靠辅佐和监察人员治理国家是暂时的。针对这一问题,《商君书·禁使》的思路就是:分开他们的权势,使谋私之道有障碍。当他的势力难以隐瞒私利之时,即使再凶恶也不敢做坏事。《商君书·禁使》中也提及了君主无法凭借一年一次的簿书去核定官吏的决断,也就是说君主对官吏的考课实际上缺乏必要的支撑。"夫吏专制决事于千里之外,十二月而计书以定,事以一岁别计,而主以一听,见所疑焉,不可蔽,员不足。"意思是说,官吏在远离国君千里之外的地方决断政务,十二月按时将决断的事登在簿书上。一年一计,而君主听一次,即使有所怀疑也不能断定,因为物证不足。

后任检举前任,实现监督的效果。在秦代,考课不合格是失职罪的一种。在考课过程中故意弄虚作假,则有可能会被处以严重的惩罚,甚至是罢官。"定阴〈陶〉忠言,律曰:'显大夫有皋当废以上勿擅断,必请之。'今南郡司马庆故为冤句令,诽(诈)课,当(1036)废官,令以故秩为新地吏四岁而勿废,请论庆。"①"诈课,当废官。"意思是在考课时弄虚作假,将被免职,且永不叙用。② 定陶的忠检举南郡司马庆,应当被免职而没有免职。作者周海锋推测庆从冤句赴南郡任职后,由忠接任冤句令,而忠不久又被调至定陶任县令。根据里耶秦简实用行政文书推断,秦代后任官员有检举前任官员失职之责,而此份秦简上的内容正是忠作为后任检举前任的一个证明。

秦代的连坐制和举报制可视作对官吏考课制度的补充,防止考课官吏与被考课官吏之间相互包庇。秦代实行官吏的连带责任制度也发挥了上级对下级监督的作用。例如"募马五尺八寸以上,不胜任,奔挚(絷)不如令,县司马赀二甲,令、丞各一甲。先赋募马,马备,乃鄰从军者,到

---

① 陈松长主编:《岳麓书院藏秦简》(伍),上海辞书出版社2017年版,第56页。
② 周海锋:《秦官吏法研究》,西北大学出版社2021年版,第130页。

军课之,马殿,令、丞二甲;司马赀二甲,法(废)"①。意思是招募供乘骑的军马体高应在五尺八寸以上,如果马不堪使用,在奔驰和羁系时不听指挥,县司马罚二甲,县令、丞各罚一甲。先征取蓦马,马数已足,即在从军人员中选用骑士。到军后进行考核,马被评为下等,县令、丞罚二甲;司马评为下等革职永不叙用。从这里可以看出,县令和县丞对县司马招募军马的工作考核结果负连带责任,某种程度上可以促使上级官员加强对下属的监督管理。

(二)考课与监察相辅相成

从制度设计出发,任何权力的运行,都存在对该项权力的监督和制约。与汉代分级考课相对应的是分级监察。为确保考课的真实与全面,汉代出现了考课与监察的互相渗透。汉代中央设刺史一职,负责对郡国守相②施政情况进行监督,上奏中央,作为对上计资料核查的重要参考。"全国分为十三个调查区,每一区派一个刺史。平均每一刺史的调查区域,不会超过九个郡。调查项目也有限制,政府规定根据六条③考察;六条以外,也就不多管。地方实际行政责任,是由太守负责的。政府派刺史来调查,不过当一个耳目。所以太守官俸二千石,而刺史原始只是俸给六百石的小官。根据政府规定项目调查,纵是小官也能称任。而且惟其官小,所以敢说敢讲,无所避忌。"④

司隶校尉受命于皇帝,负责巡查中央百官及京师地区官员,纠察不法

---

① 睡虎地秦墓竹简整理小组编:《睡虎地秦墓竹简》,文物出版社1990年版,释文部分第81页。

② 按照刺史设立之初的规定,刺史的监察对象是郡国二千石一级的官吏,不能监察县级官吏。监察的内容是"六条",除此以外不监察。但权力有扩张的本性,在运用中,刺史的权力不断扩大,西汉末年,刺史监察对象已经扩大至县级官吏,而监察的内容也逐渐超出"六条"的范围,开始侵夺地方官的行政权力。于是,刺史渐渐地从地方监察官演变成凌驾于郡以上的地方行政长官。

③ "一条,强宗豪右田宅逾制,以强凌弱,以众暴寡。二条,二千石不奉诏书、遵承典制,倍(背)公向私,旁诏守利,侵渔百姓,聚敛为奸。三条,二千石不恤疑狱,风厉杀人,怒则任刑,喜则淫赏,烦扰刻暴,剥截黎元,为百姓所疾,山崩石裂,祅祥讹言。四条,二千石选署不平,苟阿所爱,蔽贤宠顽。五条,二千石子弟恃怙荣势,请托所监。六条,二千石违公下比,阿附豪强,通行货赂,割损正令也。"这里面除了第一条是关于地方豪强的,其余五条都是规范二千石地方官员的。转引自王汉昌主编《中国古代人事制度》,劳动人事出版社1986年版,第63—64页。

④ 钱穆:《中国历代政治得失(新校本)》,九州出版社2012年版,第16页。

行为。皇帝还会根据需要临时派遣使者到地方巡视官吏，考察其施政得失。地方上，郡太守对所属县的长吏同样具有监察的职责，除此之外，专设督邮一职，巡查县令（长）施政情况。因此，可以看出，汉代形成了自中央到郡国再到县逐级的监察系统，监察结果为统治者考课官吏提供了重要参考和依据。"尽管秦汉时期监察的功能正在随专制主义中央集权的发展而逐渐扩大，但在总体上，其与考核相比仍然只占辅助和补充的地位。除事涉严重违法渎职等少数场合外，当时的监察，主要是附属于考核，通过对官僚功绩的查核和最终应得考等的影响，而间接发挥作用的。"①

汉宣帝时曾下诏指出："上计簿具文而已，务为欺谩以避其课……御史察计簿疑非实者按之，使其伪毋相乱。"② 这说明，汉代时汉宣帝已经意识到，下级官府每年向中央政府呈报人口、土地、赋税、徭役状况的统计材料只是一纸空文，人们千方百计进行欺骗以逃避考核。因此，汉宣帝下诏要求御史要认真察看各地的统计报告，凡是有疑问或是怀疑不真实的地方，就要立案审查追究，不能真假混杂。事实上，汉代形成了明确的考课责任制，并记入法律条款，即"上计律"。"上计律"规定：其一，凡上报不及时者治罪；其二，凡计簿中欺瞒不实者治罪。一旦发现弄虚作假行为，当场作出处理，轻者降职、罢官，重者入狱问斩。③

除此之外，"汉代还发展了新的考核方式：'举谣言'和'行风俗'。这两种考核方式采取从民间'采风'的方式了解官吏执政的实际情况，可以有效规避上计中官员弄虚作假的缺点，弥补了官方考核途径的缺点"④。

隋炀帝时提倡百姓举奏。隋炀帝发现州县长官如果一味追求功利只求考课，虚设成绩，而没有治理政务的实事，则容易造成纲纪废弛，于是提倡百姓举奏。州县长官若为政苛刻，百姓可以到朝廷密封上奏。"苟为徼幸以求考课，虚立殿最，不存治实，纲纪于是弗理……其民下

---

① 楼劲、刘光华：《中国古代文官制度》，中华书局2009年版，第244—245页。
② 《汉书》卷第八，参见彭勃、徐颂陶主编《中华人事行政法律大典》，中国人事出版社1995年版，第69页。
③ 邱永明：《中国历代职官管理制度》，杭州大学出版社1998年版，第121页。
④ 靳腾飞：《秦汉简牍所见吏治问题研究》，博士学位论文，武汉大学，2016年，第51页。

有知州县官人政治苛刻，侵害百姓，背公徇私，不便于民者，宜听诣朝堂封奏……"①

（三）拾遗、访单、编刻书籍等做法

明代的拾遗制度可被视作监督的一种形式。"所谓拾遗，是指对在考察之时应当查处而未被查处的'不职'官吏，事后由监察官吏进行纠劾或弹劾的制度……拾遗不但具有查处在考察中漏网的不称职官吏的作用，而且也具有对考察工作本身进行监督，维护考察工作的严肃性和公正性的作用。"②"制度设计的本意是借助清议及监察的力量，以制约考察者，但在现实中，往往不是为了考察不公，而是纠举不职，制度也随之变为'内外官考察自陈后，则与各科具奏。拾遗纠其不职者'。真正的考察不公却得不到纠正。"③

明代嘉靖末年采用的"访单"是主要针对考语填注不实的情况采取的一种纠正举措，通常只在荐举卓异及弹劾不法时使用，对考语起补充作用。它是"朝廷进行重大决策前发给相应官员征询意见的一种带有档案性质的文书，其目的是广泛收集信息从而保证决策科学合理"。访单由主管考核的官员开出，"访单者，吏部当察时，咨公论以定贤否，廷臣因得书所闻以投掌察者"。访单与考语相互比对，从制度设计上来看，也可视作对考核的监督。但制度实施过程中，则变异为官僚之间基于个人恩怨的吹捧攻击，完全失去了监督的作用。

明代万历年间还有一种可称为社会监督的方式，有学者④认为，《万历辛亥京察记事始末》一书是编刻者为其师受到京察不公正处分的鸣冤书。大概的背景是明朝自弘治元年（1488年）始，禁止京察被处分的官员上疏自辩，后来发展为不仅禁止官员自辩，还禁止亲友代为辩解。《万历辛亥京察记事始末》一书可以看作编者周念祖在京察高度强调结果权

---

① 《隋书·炀帝纪》，参见彭勃、徐颂陶主编《中华人事行政法律大典》，中国人事出版社1995年版，第229页。
② 刘志坚、刘杰：《明代统治者的官吏考核思想研究》，《组织人事学研究》2001年第2期，第22—24页。
③ 李瑶：《明代职官考核制度研究》，天津人民出版社2022年版，第289页。
④ 黄友灏、黄澂：《明万历朝京察申辩禁令下士大夫鸣冤的新方式——以〈万历辛亥京察记事始末〉的成书历史为例》，《学术研究》2020年第11期，第133页。

威性的背景下采用编刻书籍的新方式替岳和声鸣冤，批评京察主持者徇私枉法、公报私仇，也可以看作当时的士大夫及其亲友另辟途径对京察进行监督的一种方式。

（四）对考课者及考课过程进行监督

对考课者的考课具有重要的理论和实践意义。南宋对考课者进行考课。"南宋高宗绍兴五年制定了《监司八事考绩》，八事的具体内容为：'举官当否，劝课农桑，增垦田畴，户口增损，兴利除害，事失案察，较正刑狱，盗贼多寡'。"① 之后，南宋还颁布了其他对监司官员考绩的法令，开创了对主持考课者实行反考、对监察官实行反监察的先河。

唐代设置专门的考课监督者，对官吏考课进行监督。每年由皇帝下别敕，在京官中确定两位德高望重的高级官员，其中一人校京官考，一人校外官考。同时还会确定给事中、中书舍人各一人，其中一人监督京官考课，一人监督外官考课。"每年别敕定京官位望高者二人，其一人校京官考，一人校外官考。又定给事中、中书舍人各一人，其一人监京官考，一人监外官考。"② 唐代对考课不实实行追改制度。"若发现因考课不实而受奖励晋升的，即使遇到恩赦，也不能将错就错，一定要追改过来。"③

（五）文官考核问责制

清代在文官考核问责制的建设上做过努力，强调在考核过程中，各级主管官员依据考核结果荐举或参劾属员负有行政责任，并承担负面后果。具体而言，清代的文官考核问责制主要包括"大计卓异荐举问责制""京察一等荐举问责制""考核处分问责制""滥举滥劾问责制"等。④

卓异荐举制是清代对地方官员在大计中得优等者的一种升迁优先奖励。大计中优等者为卓异，可以获得荐举。"如果卓异官与荐举的情况不符或者荐举后有犯赃事故，督抚及属下各级官员均要负相应的行政责任并

---

① 方振邦、罗海元：《党政领导干部考核评价》，中国人民大学出版社2019年版，第525页。
② 《唐六典》卷二。参见彭勃、徐颂陶主编《中华人事行政法律大典》，中国人事出版社1995年版，第240页。
③ 邱永明：《中国古代职官考核制度史》，华东师范大学出版社2023年版，第240页。
④ 薛刚：《清代文官考核研究》，中国社会科学出版社2020年版，第239—252页。

受到相应的行政处分。"① 可以看出，大计卓异荐举问责制既要求荐举前严格审查卓异者是否满足既定的标准条件，同时要求对卓异者的履职过程进行监督。同时，对于滥举滥劾，清代也有相应的问责实例。例如，康熙四十二年（1703年）江西大计，巡抚张志栋因优官不举，劣员不参，平常者举卓异而被革职。②

同样，京官考核中列为京察一等的人员，享有外放优先的资格。"先尽京察一等人员，如一等无人，或一等之员遇有事故，及始勤终怠者，方准以二等人员题升、保送。"③ 京察一等荐举问责制主要针对京察一等官员犯有劣迹等行为，对保举者采取降级留任等处分。与大计卓异荐举问责制的"革职"相比，降级留任的处分要轻得多。

"考核处分问责制主要是针对大计、京察考核过程中八法（六法）处分不当、不公或滥行参劾问题，对各级负有考核职权的主管官员进行责任追究的制度。"④ 也就是说，荐举不当要受到处分，参劾不当或不实同样会受到处分。这在一定程度上强化了考核的严肃性，从制度层面有效地减少了滥举滥劾等行为。

本章小结

我们在本章梳理了中国古代官吏考课制度的发展脉络，从官吏考课制度的源起进行分析，明确了官吏考课制度产生的历史背景。以朝代为脉络，回顾了不同朝代考课制度发展的标志性特征。如秦代统一度量衡使得量化考核成为可能，汉代的官吏选拔制度直接影响了考课制度的作用对象和范围，动荡的魏晋南北朝政局使得考课制度的发展举步维艰等。

跳出朝代的叙事，我们以考核制度的构成要素为分析对象，观察了古代官吏考课的主体与内容、方法与程序、结果运用与监督。总体而言，古代官吏考课主体在"皇权"和"相权"力量对比变化中发展，呈现了分

---

① 薛刚：《清代文官考核研究》，中国社会科学出版社2020年版，第179页。
② 薛刚：《清代文官考核研究》，中国社会科学出版社2020年版，第248页。
③ （清）光绪朝《钦定大清会典事例》卷五六，中华书局1991年版，第718页。
④ 薛刚：《清代文官考核研究》，中国社会科学出版社2020年版，第246页。

级管理和专职化的倾向。考课内容始终体现出官为君设的古代官制本质，且随着经济社会发展，体现施政重点的变化等。考课方法则大体按照自下而上或自上而下的方式进行，或采取总结汇报法，或采取评议鉴定法等。考课程序在不同朝代虽繁简不一，但基本都采取分级考核或按照考、校、监等不同职能定位进行。考课结果运用既与俸禄增减、职位升降、职务任免等相关，有的还需承担相应的法律责任。至于考课监督，不同朝代发展出了许多有效的监督手段，既有对考课过程的监督，也有对考课结果的追责。

总之，中国古代官吏考课制度的发展积累了丰富的实践经验。尽管随着朝代的更迭，制度的命运也阴晴不定，但它着实是后续制度发展的源泉，是我们无法视而不见的存在。

第四章

中国近代干部考核制度的发展

1840年，鸦片战争爆发。自此至1949年中华人民共和国成立，这一阶段考核制度究竟如何发展？相较于中国古代和中国当代的人事制度研究成果，中国近代人事制度的研究成果并不多，专门以人事制度当中的考核制度作为研究对象的著作更少。林代昭认为，与中国古代人事制度相比，中国近现代人事制度的一个显著特点是开始推行文官制度和公务员制度……如果说，中国古代人事制度的核心是科举制度，那么近现代人事制度的重大变动就是建立了文官制度（后改为公务员制度）。[①] 本章以近代干部考核制度的发展脉络以及制度的主要内容为分析对象，试图描绘一幅中国近代干部考核制度的发展图。

第一节 中国近代干部考核制度的发展脉络

我们通常将中国近代史划分为两个阶段，第一阶段始于1840年鸦片战争止于1919年五四运动前夕，被称为旧民主主义革命阶段。第二阶段始于1919年止于1949年中华人民共和国成立，被称为新民主主义革命阶段。为了论述的方便，我们将按照三个阶段来阐述中国近代干部

---

① 林代昭主编：《中国近现代人事制度》，劳动人事出版社1989年版，序言第Ⅰ—Ⅱ页。

考核制度的发展脉络。具体为：晚清时期①（1840—1912）、北洋政府时期（1912—1928）、南京国民政府时期（1928—1949）。

晚清时期考核制度发展的一个重要特点是出现了州县官事实考核制度。北洋政府时期的考核制度最初从司法官考核开始，然后发展到政府行政官员的专项考核或某类官员的专门考核。南京国民政府时期考核制度规范得到进一步细化完善。具体来看：

一　晚清时期：州县官事实考核制度

"晚清政府所制定的律、典、例、章合而成为官吏考核奖惩的依据。前清颁布的《大清律例》在晚清相当长时间里依然作为官吏考核的法律依据。"②"大计"（针对外官）和"京察"（针对京官）是清代主要的官吏考课制度。晚清时期，官吏考课制度的一大重要变化就是在大计和京察之外，新增了州县官的年度考核，同时缩短考核周期，调整考核内容，建立了州县官事实考核制度。

1904 年，"嗣后责成各省督抚考查州县，必以为守俱优，下无苛扰，听断明允，缉捕勤能，为地方兴利除害，于学校农工诸要政，悉心经画，教养兼资，方为克尽厥职"③。在此基础上，清政府制定了州县官考核的改革方案。州县官事实考核制度是整顿吏治的重要手段之一，因为晚清时期吏治腐败、捐纳保举滥行已危及统治。

州县官事实考核制度在发展中不断完善。政务处统一考核时间、考核标准、考核结果运用等具体要求。地方按照各自对于具体要求的理解，实际执行州县官事实考核，在此过程中发展完善制度。例如，1906 年，政务处制定了州县事实的五项条款，具体内容包括：一是政务处统一制定表

---

① 采用"晚清时期"的表述，而非通用的"清末"，借鉴了郑天挺先生对"末期"和"晚期"的区分，末期是指旧的生产关系完全崩溃瓦解，并向新的社会制度过渡的阶段。晚期是指这个制度已经开始走向崩溃，但是还没有完全崩溃，在个别方面还有发展的余地。参见郑天挺《清史简述》，中华书局 1980 年版。李曙光在其《晚清职官法研究》中吸纳了这一观点，并指出"严格说来，'末期'是包括在'晚期'中的，是'晚期'的最后那段时间"。参见李曙光《晚清职官法研究》，法律出版社 2017 年版，第 3 页。本书赞同这一说法。从考核制度来看，晚清时期的考核制度呈现出了较大程度的发展，契合"在个别方面还有发展的余地"的判断。
② 陈一容：《晚清文官考核制度述论》，《重庆三峡学院学报》2004 年第 2 期，第 81 页。
③ 关晓红：《清末州县考绩制度的演变》，《政治法律》2005 年第 3 期，第 16 页。

格样式，各省按照表格所列项目，如实填写已办或未办；二是统一规定每年年终考核，次年三月至五月止汇总上报，不得任意延缓；三是前后任的政绩进行区分；四是优秀等次要有标准和限制；五是要求督抚慎选僚属，不要随意更换调整。①

州县官事实考核制度对"京察"和"大计"也产生了影响。"在每年一度的州县考核制度化、常规化之后，吏部奏请变通京察事宜，仿照州县考核办法，新设官职不以四格法为准……1909年，吏部在宪政筹备事宜单中，将拟改订外省大计章程、归并考核州县事实章程，作为筹备宪政第三年改革方案的重要内容。"② 最终，清政府包括州县考绩制在内的改革没能实现目标，以失败告终。但是，对州县官考核以整顿吏治的尝试客观上推动了考核制度的发展。

二 北洋政府时期：从司法官考核开始

我们所说的北洋政府时期，是指1912年至1928年由北洋军阀掌握统治权的那段时间。"北洋政府在不到10年的时间内就基本废除了中国封建职官管理制度，初步建立起了中国近代文官法律制度，并对南京国民政府乃至我国台湾地区现行的公务员制度产生了重大影响。"③

北洋政府时期，最先开始的官员考核是司法官考核，专项考核、专门类别官员的考核法规随后相继出台。1914年，北洋政府司法部公布实施了《司法官考绩规则》《审判及检查事务成绩表编制细则》，这是北洋政府时期最早的官员考核法规。④ 在此之后，1914年12月，北洋政府公布了《征收田赋考成条例》。1919年，北洋政府内务部拟定了《各警察机关委任警察官考绩升用暂行办法》及《各警察机关委任警察官考绩升用暂行办法之解释》，对警察官的考核做出相应规定。

---

① 关晓红：《清末州县考绩制度的演变》，《政治法律》2005年第3期，第17页。
② 关晓红：《清末州县考绩制度的演变》，《政治法律》2005年第3期，第22页。
③ 武乾：《论北洋政府的文官制度》，《法商研究》（中南政法学院学报）1999年第2期，第116—122页。
④ 这些法规不断完善，1921年，《考核法官成绩条例》《考核法官成绩条例实施细则》和《考核法官成绩委员会会议规则》等法规出台。1924年9月，政府颁布《大理院考绩规则》。

三 南京国民政府时期：细化完善一系列考核规范

"因国民党以'为人民服务''作人民公仆'相标榜，故在其取得全国政权后，对君主专制时代使用的'官吏'一词，也极为避讳，'渐有采用公务员名词以代官吏之倾向'。"① 南京国民政府时期公务员管理制度体系的重要构成部分就是一套考核制度，包括对公务员的态度、工作成绩等内容进行全面评价和考察的规定、规范、方法、标准、程序等制度规范。南京国民政府的考核制度包括：《公务员考绩法》《公务员考绩奖惩条例》以及实施细则等法律规范。考核制度规定，公务员任职期满一年就要进行考绩，由铨叙部主管，各机关具体办理。

南京国民政府时期对官员考核的规范进行了细化和完善。以司法官考核为例，1929年《公务员考绩法》颁布之后，司法官考核由原来的每月一次和每半年一次调整为年考核和总考核。年考核为一年一次，总考核为三年一次。"年考的负责机关为各法官所在单位，但其依据规定考核后需报铨叙部统一登记，总考则由铨叙部直接行使登记考核权力。"② 除了考核周期的调整，对量化考核的标准进行了细化。司法行政部颁布了《高等以下各级法院推检结案技术标准》，按照法官承办案件的不同性质，如民事、刑事，同时参照案件的处理难易程度确定标准。如民事案件中简易诉讼案件三件作二件。③

第二节　近代干部考核的主体与内容

从考核主体来看，晚清时期的考核主体仍以吏部为主，1911年吏部被裁后，责任内阁的铨叙局负责考核事务。北洋政府时期的考核主体为铨叙局，司法官考核还成立了考绩委员会。南京国民政府1928年撤销了铨叙局，1930年成立考试院，考试院成为考核的主体。

---

① 董霖编著：《中国政府》下册，世界书局1941年版，第918页。转引自郭宝平《民国政制通论》，山西人民出版社1995年版，第228页。
② 蔡鸿源主编：《民国法规集成·第37册·公务员考绩法》，黄山书社1999年版，第151页。
③ 杨艳林：《南京国民政府时期法官奖惩制度研究》，硕士学位论文，安徽大学，2016年，第16页。

从考核内容来看，晚清时期的考核内容主要延续之前的四格八法，但州县官事实考核不再沿用四格内容，聚焦职能内容，如征钱粮、有无命盗案、词讼结案情况、监禁羁押人数等，并增加了新政改革的建学堂、种植、工艺、巡警等内容。北洋政府时期的考核内容大都集中于工作业绩，有的还涉及个人品行、道德表现等内容。南京国民政府时期的考核内容主要包括工作、学识和操行三大项。

一 近代干部考核的主体

晚清"文官考绩制度主要是沿用清朝前期及其明代的考绩制度，但有所损益。考绩的体系由考满和考察两大体系改变为考察一种。考察的机构是吏部的考功司，对地方官的考绩，中央派有考绩官员（计处官），但考绩的实权在督抚"①。

晚清的官吏考核机构仍以吏部为主，清末官制改革并没有对吏部进行多大的调整。1911年成立责任内阁，吏部被裁，后来在责任内阁里设置铨叙局，负责文官考试、处分等。"至此，吏部——这一包括考核惩戒职掌在内的封建中国官吏最高管理机构最后裁撤，不久，内阁铨叙局也随着清朝政府的覆亡而成为历史。"②

北洋政府时期的人事管理机构为铨叙局，局内下设六科办事，即：叙官科、典试科、恩恤科、荣典科、勋章科及庶务科。1914年2月公布《修正铨叙局官制》，铨叙局职掌有变化，增加了文官任免、升转、勋绩、考核等业务内容。北洋政府时期建立了包括专项考核、分级分类考核的制度，但"除司法官考绩委员会外，其他系统、部门没有建立考绩委员会，中央政府和地方政府也未建立考绩委员会，专司考绩工作"③。1914年，北京民国政府拟定《官吏考绩办法》，规定"中央各署人员，由各该署长官切实考核，各署加具考语，复核由政事堂办理……各省一切文官，各县由道尹考核……各道尹等由巡按使考核"④。1916年，国务会议讨论通过

---

① 房列曙：《中国近现代文官制度》（上），商务印书馆2016年版，第67页。
② 陈一容：《晚清文官考核制度述论》，《重庆三峡学院学报》2004年第2期，第81—85页。
③ 房列曙：《中国近现代文官制度》（上），商务印书馆2016年版，第308页。
④ 房列曙：《中国近现代文官制度》（上），商务印书馆2016年版，第287页。

《官吏年终考成案》，决定成立官吏考成审查会，对文官进行年终考核。这一阶段的考核既有中央政府机关行政首长的日常考勤及工作效率考核，也有部门的专项考核。例如，1913年《关于严行考核征收官吏令》要求财政部和各省民政长对征收官吏进行考核；1914年盐务署颁布《销盐考成条例》，规定由盐务署对运使、运副等相关官吏的销盐实绩按年考核；1921年《征收所得税考成条例》规定，各省区财政厅厅长（或所得税处处长）、警察厅厅长、道尹为所得税的督征官，财政部会对这些督征官进行考核。除此以外，还有针对不同官吏的考绩，例如，1916年教育部的《地方兴学人员考成条例》、1917年北京民国政府颁布的《县知事劝业考成条例》分别规定对办学兴学官员、县知事的考绩。

南京国民政府于1928年6月撤销了存在16年的铨叙局。同年10月颁布《中华民国国民政府组织法》，规定"考试院为国民政府最高考试机关，掌理考选铨叙事宜"。1930年，考试院成立，成为南京国民政府时期组成国民政府的五院之一，也是公务员考选、考绩的最高机构。按照1928年《考试院组织法》，考试院机构分为考试院本部、考选委员会（后改名为考选部）、铨叙部三部分。按照1929年《考绩法》的制度设计，考绩分为年考和总考。年考由各机关分别考核，报铨叙部登记；总考由铨叙部进行。1935年《考绩委员会组织通则》明确，各机关有上级长官或直接上级长官三人以上者，于每届考绩时得组织考绩委员会，考绩委员会委员由各机关主管长官就高级职员中指定之并以一人为主席，各直接长官或各再上级长官依公务员考绩法施行细则评定之分数等次及考语应提交考绩委员会汇核后报由主管长官复核决定之。南京国民政府在1935年《公务员考绩法》颁布之后，分别于1936年和1937年年初进行了两届年考，但1937年全面抗日战争爆发后，考绩停止。

二　近代干部考核的内容

晚清时期的州县官事实考核不再沿用之前的"四格"标准。"著自本年为始，年终各该督抚将各州县胪列衔名、年岁、籍贯清单，注何年月日补署到任，经征钱粮完欠分数，及有无命盗各案，词讼已结未结若干起，监禁羁押各若干名，均令据实开报，其寻常公罪处分，准予宽免，不准讳饰。任内兴建学堂几所，种植、工艺、巡警诸要政，是否举办，一并分别优劣，开列简明事实，不准出笼统宽泛考语。奏到后著交政务处详加查核，分起具奏，请旨劝惩。"① 可以看出，晚清时期的州县官事实考核除了征钱粮、有无命盗案、词讼结案情况、监禁羁押人数等，增加了新政改革的建学堂、种植、工艺、巡警等内容，考核的内容更加具体。同时还要求不许笼统宽泛地进行评价，要量化统计上报。

北洋政府时期，从北京民国政府施行的赋税征收官、司法官、县知事、办学兴学官员等的分类考核来看，考核内容大都集中于工作业绩，有的还涉及个人品行、道德表现等内容。以司法官为例，除每月一次的量化考绩外，司法官还要接受半年一次的复合考绩。司法部门主管官员每半年将所辖司法官的情况向司法部进行书面报告，报告的内容分为九个部分，即司法官考核的内容，分别是：品行（道德品行，有特殊之处应专门说明）、履历（业务上的经历）、学历及现况（修学及著述等情况）、执行职务之状况（执行职务之勤惰及原因）、交际状况（身体健康情况）、性格才能、志愿（个人任职意愿）以及其他参考事项等。②

从 1935 年《公务员考绩法》《公务员考绩法施行细则》、1939 年《非常时期公务员考绩暂行条例》、1943 年《非常时期公务员考绩条例》、1945 年《公务员考绩条例》的规定中可以看出南京国民政府时期的考核内容重点。公务员考核的内容主要包括工作、学识、操行三大项，但三项的占比不同，工作占比 50%，其余两项共占比 50%。可以看出，工作情况是考核的重点内容。

第三节 近代干部考核的方法与程序

从方法来看，晚清时期的官吏考核主要采取"列题""引见""会核"的方式。官吏品级不同，采取的考核方式不一样。除此之外，地方在实施州县官事实考核时，发展出了评估计分法的量化考核方法。北洋政府时期考勤多采用记录或评定的方式，司法官以及专项考核则采用定量考

---

① 朱寿朋编：《光绪朝东华录》，中华书局 1958 年版，总第 5193—5194 页。
② 谢舒晔：《从诋毁到赞誉：北洋司法官在司法变革中的蜕变》，《法学》2017 年第 7 期，第 94 页。

核的方法。南京国民政府时期量化公务员分类考核的标准，定性考核与定量考核相结合，同时强调平时考核与定期考核的结合。

从程序上来看，晚清时期，不同的考核方法采取不同的考核程序。北洋政府时期，对司法官的考核区分月考核和半年考核，采取不同的程序。南京国民政府时期，主要采取初核、复核、汇核、最后复核、核定等级、实行奖惩共六个步骤进行考核。

一　近代干部考核的方法

晚清时期，官吏考核严格按照层级区分考核方法。例如，一品、二品大员采取的是"列题"方式，三品以下"京堂"及部分四品、五品官采取的是"引见"方式，由吏部引见给皇帝面验。中央各机构属员及五品以下的其他中下级官员采取的是"会核"方式，皇帝、吏部考功司、都察院等均会参与其中。由此看来，级别越低，考核的要求越严格。除此之外，晚清时期推行的州县官事实考核制度在实践中探索了一些有益做法。例如，江西在实施州县官事实考核制度时采用了评估计分法，即"根据考核项目，确定每一等级的标准，在各等级中又依据程度和数目差异细分为积分不同的等差，这样可在同一等级显示出差别，最后将各项总分累计，使得考核标准更加缜密，便于操作"。[①]

北洋政府时期，中央政府机关注重考勤管理。考勤的方法分为考勤簿、日记簿和功过记录簿三种形式。国务院办公厅设考勤簿，工作人员亲自签署姓名并记录抵达和离开的时间。日记簿由国务院统一制定格式，逐日记录所办事项，每星期汇总送总理审阅。功过记录簿由国务院统一制定格式，由国务院总理根据官员的出勤及工作表现进行评定，每月核阅一次，年终总核一次。按照1914年的《司法官考绩规则》《审判及检查事务成绩表编制细则》，对司法官每月进行一次量化考绩，内容主要是每月收受以及结案的案件总数。[②] 专项考核则多采用定量考核的方法。例如，1914年的《征收厘税考成条例》规定，以财政部核定的按月比较额和按

---

① 关晓红：《清末州县考绩制度的演变》，《政治法律》2005年第3期，第19页。
② 谢舒晔：《从诋毁到赞誉：北洋司法官在司法变革中的蜕变》，《法学》2017年第7期，第94页。

年比较额作为考核基础。各征收官依照比较额增收的记功，以增收成数为记功的次数。1914年的《征收田赋考成条例》规定了具体的定量考核方法。

南京国民政府时期量化公务员分类考核的标准，定性考核与定量考核相结合，同时强调平时考核与定期考核的结合。根据1935年《公务员考绩条例施行细则》的规定，工作占50分，由长官负责填写，主要包括"勤惰摘要"和"工作概况"两个方面。学识占25分，操行占25分。这一阶段的考核基本上是定性评价，较大依赖行政首长的主观判断。1939年的《非常时期公务员考绩暂行条例》细化了评定标准。例如，严守办公时间，平时请假不逾规定日数，于应办事件无过误者，30分。同时，还对平时考核作出了相应的规定，要求各机关主管长官，平时对于所属公务员工作情况、操行及学识等严密考核，每月记录。1945年，考核分甲、乙、丙三类进行且考核标准日益明确。

二　近代干部考核的程序

晚清时期，官吏考课采取分类的方式，不同类别的官吏采取不同的考核方式，不同考核方式对应不同考核程序。例如，"列题"的程序是：吏部向被考察官员任职的部门发文，了解其工作情况，然后由吏部统一交给皇帝，皇帝审阅后直接评定；"引见"的程序是：吏部开列任职履历、事实呈报皇帝，皇帝审阅后亲自面验把关、确定；"会核"的程序是："本衙门堂官按照四格八法注考，造册密封，送吏部及督察院吏科、京畿道，后者查对考核册，吏部堂官会同大学士、都察院堂官、吏科给事中、京畿道御史考核，在吏部依次过堂，会核后结果造册上报，凡'应留'中列为一等者或'应去'者，引见皇帝最后确定。"[①]

北洋政府时期，对司法官的考核分为每月一次和半年一次。每月一次的考核程序为：编制并填写审判及检查事务成绩表，然后由上一层级的长官填写意见后，按照层级逐级上报。半年一次的考核程序为：各司法部门的主管官员每年6月、12月将其所辖官员的情况以报告书的形式向司法部报告。

---

① 薛刚：《清代文官考核研究》，中国社会科学出版社2020年版，序言第1—3页。

南京国民政府时期非常重视考核程序的规范。总体来看，此阶段的公务员考核程序包括六个部分：一是初核。按照1935年的《公务员考绩法》的规定，由直接上级长官根据工作概况拟定初核分数。1939年的《非常时期公务员考绩暂行条例》将初核的主体调整为考绩委员会。二是复核。1935年法规规定由上级长官执行复核，主管长官执行最后复核。但长官仅有一级时，即由该长官考复。复核主要是对初核分数加具评语。三是汇核。考绩委员会汇核各直接长官评定之分数等次及考语，供主管长官最后复核参考。四是最后复核。主管长官统一评分标准，加具总评，并决定奖惩。五是核定等级。考绩表经主管长官复核后，汇送铨叙机关核定登记。六是实行奖惩。各铨叙机关核定登记后，通知各机关分别办理奖惩。

第四节　近代干部考核的结果运用与监督

从结果运用来看，晚清时期的官吏考核与惩戒制度紧密结合。北洋政府时期的考核结果主要作为官员任用和奖惩的依据。南京国民政府时期，考核与任用、薪酬，甚至是培训制度都密切关联。

从考核监督来看，晚清时期如果发现考核主体有袒护被考核对象的行为，会对考核主体进行相应的处分。除此之外，舆论和社会监督也是晚清时期考核监督的重要方式。北洋政府时期对公务员考核工作的监督很少见且缺少相应的制度规范。南京国民政府时期，铨叙部派相关人员参加中央及地方的考核委员会，确保考核监督的效果。

一　近代干部考核的结果运用

"晚清政府极其腐败，但其统治机器照常运转一百余年，这与清统治者致力完善的一整套职官法律制度不无关联。"[1] 在这些职官法律制度当中，考课制度发挥了督促官吏忠于职守、整顿吏治的重要作用。晚清官吏考课制度之所以能发挥较大的作用，主要在于考课制度与官吏惩戒制度的紧密结合。例如，按照规定，官吏考课不称职者分为"六法"，复核之后

---

[1] 李曙光：《晚清职官法研究》，法律出版社2017年版，第10页。

要进行处分。"不谨者、罢软无为者革职；浮躁者，降三级调用；才力不及者，降二级调用；年老者、有疾者，休致。""光绪三十四年，贵州、浙江等18省大计共处罚不谨官71人，罢软官15人，年老官41人，有疾官19人，且被处罚官吏的总人数超过了被此次大计保荐的171名卓异官总人数。"① 当然，捐纳制度、重大典礼时的"推恩"在某种程度上妨碍了考核结果的运用。

北洋政府时期的考核结果主要运用于官员任用和奖惩两方面。1913年《文官甄别法草案》规定的文官甄别方法中与考核相关的有两项：一是审查其服官后历办之事务，二是质问其服官后历办之事务。据此可得官员甄别任用的重要参考依据就是其业绩。1915年的《知事办学考成条例》规定奖励包括颁给勋章、记名或进等、进级或加俸、记功等；惩处包括降等、罚俸、记过等，严重的还可能褫职。1921年的《法官升转暂行规则》明确了成绩卓异必须具备的条件，② 实际上也包含了考核的要求，如"无积压案件、发表法学专业论文"等。

1929年，南京国民政府颁布《公务员考绩法》。但由于当时公务员任用制度尚未建立，公务员考核结果运用没有落实，《公务员考绩法》只不过徒具形式而已。1933年《公务员任用法》颁布，1935年《公务员考绩法》与之配套并颁布。依据该法第七条的规定，同年11月，南京国民政府颁布《公务员考绩奖惩条例》。按照《公务员考绩奖惩条例》，公务员年考"一等晋级、二等记功、三等不予奖惩、四等记过、五等降级、六等解职"。公务员总考"一等升等、二等晋级、三等记功、四等不予奖惩、五等记过、六等降级、七等解职"。"国民政府公务员考绩制度最突出的表征，就是公务员考绩制度与任用制度、薪俸制度相关联。通过考绩升降官等和升降薪俸，使考绩制度和任用制度、薪俸制度环环相扣……除了考绩制度对公务员进行奖励升官、晋薪和惩戒降低官等、降薪直至免职以外，考绩还与培训制度挂钩。"③

---

① 陈一容：《晚清文官考核制度述论》，《重庆三峡学院学报》2004年第2期，第83页。
② 谢舒晔：《从诋毁到赞誉：北洋司法官在司法变革中的蜕变》，《法学》2017年第7期，第90—101页。
③ 房列曙：《中国近现代文官制度》（上），商务印书馆2016年版，第712页。

二 近代干部考核的监督

晚清时期,严格的惩处量刑发挥着对考核的监督作用。例如,道光帝时期规定"若在大计卓异评定后犯贪酷不法,其原荐官员与之同在一省,一旦被发现当年大计有意回护,督抚将降三级调用,司道等官则降二级调用"①。意思就是,被保举者的贪腐不法行为是在大计评定为卓异之后发生的,就会被调查大计期间保举者与被保举者之间是否有袒护行为,若有,前者也会受到相应的处分。这种做法客观上可以起到对大计的监督作用,避免考核主体与被考核对象双方相互勾连,保证结果可信。除此之外,舆论和社会监督也是晚清时期考核监督的手段。例如,"著各省奏单刊入官报,与众共知,以通下情而伸公论……各该督抚务当破除情面,查吏安民,切实遵办,用副朝廷力挽颓风勤恤民隐之至意"②。意思就是,采取政务公开的方式,将州县的考核置于公众的监督之下,同时也督促督抚强化对下属能力的判断。

北洋政府时期,对公务员考核工作的监督很少见且缺少相应的制度规范。公务员的监督工作主要由监察机关执行。1914 年,北洋政府成立平政院,这是北洋政府的行政监督和行政裁判机关。另一个独立行使职权的监察机关是肃政厅,履行纠弹和行政诉讼的职能。

南京国民政府时期,铨叙部负责对文官考核进行审核。针对考核监督无法深入的问题,铨叙部作出改进,派相关人员参加中央及地方的考核委员会,实地考核,强化考核监督的效果。"然本部审查考绩案,不过在形式上察其是否合法,至内容是否确实,则无从而知。欲由本部直接考核,不惟机关多人员众,事实有所不许,亦有侵越各机关长官权限之嫌,而此种间接考核,则又不能得其真相,深虑未符于公允之旨。今后改进,拟由本部派高级人员,参加中央各主管机关考绩委员会,地方各主管机关由铨叙分机关首长参加,其余则由上级人事机构派员参加下级机关考绩委员会,俾作直接之实地考核,至人事主管人员则已法定为所在机关考绩委员

---

① (清)光绪朝:《钦定大清会典事例》卷八〇;中华书局1991年版,第45页。
② 关晓红:《清末州县考绩制度的演变》,《政治法律》2005年第3期,第16页。

会当然委员。"①

本章小结

我们在本章分析了自鸦片战争爆发至中华人民共和国成立这段历史时期的考核制度变化。尽管囿于知识积累和所获取材料的局限,我们无法对考核制度的发展进行详细的论述,但至少我们发现了这一阶段考核制度发展的耀眼之处。例如,晚清时期的州县官事实考核制度、北京政府时期的司法官考核等。除此之外,在考核的主体与内容、方法与程序、结果运用与监督等方面,这一阶段也有一些做法可圈可点。

例如,考核主体发生了较大的变化,北洋政府时期司法官的考核成立考绩委员会,南京国民政府时期成立考试院作为考核主体。考核内容也有相应的发展,并且越来越固定于业绩、品行等维度。考核方法方面有较为细致的定量考核办法,如晚清时期江西在实施州县官事实考核制度时采用的评估计分法,北洋政府时期对司法官主要考核每月收受以及结案的案件总数等。考核程序的规范被提上日程,逐渐形成了相对固定的考核步骤。考核结果运用方面虽然主要集中在薪资和职务的调整之上,但南京国民政府时期,考核结果开始与培训关联了,应当说是考核结果运用的一种新尝试。考核监督的具体做法有差别,晚清时期依靠严格的处分制度确保监督效果,北洋政府时期的考核监督很少,南京国民政府时期依靠派相关人员参加中央及地方的考核委员会来确保监督效果。

总之,我们对这一历史时期着墨不多,这一阶段考核制度的发展脉络也并不清晰。但它是这样的一个客观存在,我们呈现它、思考它,也期待未来能有更多的发现。

---

① 房列曙:《中国近现代文官制度》(上),商务印书馆2016年版,第715页。

第 五 章

中国当代公务员考核制度的发展

我们回顾了考核制度的源起，看到了源自战国的"上计"制度①发展至中国近代的全貌。历经几千年的发展变化，中国形成了一套一脉相承、一以贯之的考核制度体系。在考核制度发展和完善的过程中，古代官吏考课等吏治思想和制度设计理念曾在不同的历史时期产生过重要的影响。

中华人民共和国成立之初，干部考核制度的发展主要体现为充分运用干部鉴定、干部审查等方式，致力于干部素质的提高和干部工作的改进。党的十一届三中全会重新确定党的正确政治路线之后，1979年中央组织部下发的《关于实行干部考核制度的意见》对围绕党的中心工作加强干部考核提出了明确要求，为确立和推行干部考核制度奠定了基础。1994年《国家公务员考核暂行规定》、1995年《事业单位工作人员考核暂行规定》、2003年《中央企业负责人经营业绩考核暂行办法》等相关法律规定出台，为逐步形成和持续推进干部分类考核创造了条件。随后，2005年《中华人民共和国公务员法》、2007年《公务员考核规定（试行）》等相关法律法规出台，为深入发展体现党政机关、事业单位和企业干部人事分

---

① 中国古代官吏的考课制度究竟起源于哪个朝代，目前仍然存在一些争议。有学者认为《尚书·舜典》记载的"三载考绩，三考，黜陟幽明。"表明考课自此产生。有学者认为《尚书》记载的尧舜时期对原始部落首领的考核以及《周礼》记载的"六计""八法"等，并不是真正意义上的考课制度。主要理由是，《尚书》对此的记载多是后人的一种演绎，《周礼》本身是一本众说纷纭的书。同时，将西周时期的巡狩作为一种专门的官吏考课制度有点勉强，在宗法血缘关系性质的世卿世禄制下，论的是血缘而非功绩。后面这种观点参见刘文瑞《中国古代政治制度（下）：地方体制与官僚制度》，中国书籍出版社2018年版，第161页。本书同意刘文瑞的观点，官吏考课现象的存在并不意味着考课作为一种制度已经形成。官吏考课制度的诞生是以官僚制度的诞生为前提，只有出现了职业官吏队伍这个群体，才会出现以此群体为对象的考课制度。

类管理思想的考核制度指明了方向。党的十八大以来，认真落实新时期好干部标准，围绕知事识人，当代公务员考核制度在新时代积累了新经验，取得了新的重要进展。

第一节　当代公务员考核制度的发展脉络

中华人民共和国成立以来中国公务员考核制度在干部考核制度的基础上不断发展，逐步形成了较为完善的制度体系。

1949年至1978年，干部鉴定和干部审查是干部考核的主要形式。①分部分级管理干部制度推动在实际工作中考察干部的政治品质和业务能力。这期间受政治运动的影响，干部考核工作一度停滞。1978年至1987年，在"四化"方针的指导下，干部考核思路进一步明确，工作进一步规范，以岗位责任制为基础的干部考核工作得以发展。1987年至1992年，在酝酿公务员制度过程中，考核试点工作开展，年度考核制度建立，专业技术职务任命考核工作开展，培训工作考核得以规范。1992年至2000年，公务员考核制度正式建立，年度考核制度不断完善，考核等次确定不断合理化，考核公正性大力改进，考核制度逐步体现行政机关特点。2000年至2012年，公务员考核政策法规体系得到完善，公务员考核制度体现科学发展观的要求。2012年以来，在新时代好干部标准的指引下，党中央高位推进公务员考核工作，公务员平时考核全面推进，考核结果运用于职务职级并行制度，对政治素质的考核力度加大，民生领域重点问题的专项考核工作推进的同时，基层考核得以简化，公务员考核制度不断健全。

一　以干部鉴定和干部审查为主要形式的干部考核制度（1949—1978）

中华人民共和国成立前夕，为全面了解干部，中央组织部就开始部署干部鉴定工作。按照1948年中央组织部《关于组织部门业务与请示报告

---

① 需要说明的是：考核制度不同于鉴定、审查制度，但在中央组织部1979年《关于实行干部考核制度的意见》出台之前，并没有严格意义上的干部考核，而是在鉴定、审查工作中体现考核的内容。故本章第一节具体介绍了这一阶段的干部鉴定、干部审查工作。

制度的通知》要求，县以上干部，首先是各级党委委员和主要部门的负责干部，应将附有包括本人意见之鉴定，在一年内分批汇集报告中央组织部。但由于解放战争正在进行，加之干部鉴定的内容、方式等均未有统一的部署安排，许多地方没有完成中央组织部要求的任务。

中华人民共和国成立后至改革开放初期，国家实行高度集中统一的统管干部方法，机关、企事业组织的干部统一由组织部门负责，企事业单位的干部管理一直按照机关干部人事管理的统一模式开展。这一时期普遍实行干部鉴定、干部审查，并将结果运用于干部的提拔任用。

（一）进行干部鉴定

"按年度对干部进行定期考核的最初形式是实行干部年终鉴定制度。"① 中华人民共和国成立之初，接管政权、稳定政治秩序、改造社会、发展经济等工作客观上都需要扩充干部队伍，因此出现了大规模发展党员干部的局面。但由于发展党员干部缺乏严格的程序规定和实质性的考察，干部队伍素质参差不齐，亟须提高干部素质和改进干部工作。以干部鉴定为主要方法的干部考核致力于促进干部素质的提高和干部工作的改进。②

1949 年 11 月，中央组织部发布的《关于干部鉴定工作的规定》（以下简称《鉴定规定》）要求，每隔一年左右的时间，各地均需对其所属干部进行一次鉴定。干部鉴定是干部在一定工作或学习期内各方面表现的检查和总结，其目的在于经过鉴定，使干部能更好地认识与提高自己，改进工作；同时使党的组织得以系统全面了解干部，有计划地培养和提拔干部，因此建立干部鉴定制度不仅是推动干部工作的重要方法，而且也是正确执行党的干部政策的重要方法。③

1953 年至 1955 年，中央组织部每年都会下发关于当年进行年终干部鉴定的通知，部署干部鉴定工作。中央管理的干部鉴定需要上报中央组织部。但是，干部年终鉴定工作推行得并不顺利。"由于新中国刚刚建立，巩固政权、恢复经济、建立新的秩序的任务十分繁重和紧张，在实际工作

---

① 戴晓曙主编：《干部分类考核方法研究》，党建读物出版社 2019 年版，第 6 页。
② 曹志主编：《中华人民共和国人事制度概要》，北京大学出版社 1986 年版，第 165 页。
③ 罗国亮：《干部考核制度：新中国 60 年来的演变与启示》，《中共南宁市委党校学报》2009 年第 5 期，第 5—11 页。

中，干部年终鉴定制度坚持得不很好。如1954年年底，中央组织部只收到26个省、市和中央一级13个部门送来的干部鉴定，大约只占应送鉴定的12%。"① 有时还会因为某些政策执行等紧急任务而暂时终止某个层级的干部年终鉴定工作。例如1953年，由于实行粮食统购统销政策，任务紧急，中央组织部决定暂停当年的县级机关干部的年终鉴定。

1956年11月，中央组织部发布《中央关于干部年终鉴定问题的通知》，将每年一次的干部年终鉴定变更为调动工作（提拔）时的鉴定，若长期没有调动工作，则每隔三年到五年进行一次鉴定。受政治运动的影响，在相当长一段时间内，干部鉴定工作并未得到贯彻执行，形同虚设。1962年10月召开的中央组织工作会议提出加强干部管理，抓好干部的考察、鉴定和监督的要求，同时作出恢复干部鉴定制度的决定。1963年1月，中共中央《关于对中央管理的干部进行一次重新考察了解的通知》要求对干部进行一次全面考察和普遍鉴定。

（二）建立分部分级管理干部制度

一直以来，党的干部由中央及各级党委的组织部统一管理，军队系统单独管理。但是，"由于党委的组织部直接管理的干部范围过宽，不可能与各个管理业务的部门取得经常的密切联系，从干部的实际中来考察他们的政治品质和业务能力"②。1953年11月，中共中央第二次全国组织工作会议通过了《关于加强干部管理工作的决定》。"逐步建立在中央和各级党委统一领导下，在中央和各级党委组织部统一管理下的分部分级管理干部的制度。"1955年1月，《中共中央管理的干部职务名称表》出台，中央组织部下管"省部级、地厅级"两级干部。随后，各省和部委仿效中央，制定各自管理的干部职务名称表，初步建立分部分级管理干部制度。在建立党委各部分管干部制度之后，干部管理中的干部考察任务则由中央及各级党委的各部承担。

（三）逐步区分干部审查与干部考核

党在各个历史时期曾采取了各种措施对干部进行了多次审查。中华人

---

① 张志坚、苏玉堂：《当代中国的人事管理》（上），当代中国出版社1994年版，第369页。
② 中共中央文献研究室：《建国以来重要文献选编》（第4册），中央文献出版社1993年版，第573页。

民共和国成立之后，干部队伍迅速扩大，干部成分较过去任何时期均为复杂。为全面了解干部的真实情况，1953年11月，中央发布《关于审查干部的决定》（以下简称《审查决定》），决定在两三年内对全国干部进行一次细致的审查，审查的范围应包括各级党政机关、人民团体及财经、文教等部门中的全部干部，审查的侧重点为政治审查，同时辅以思想品质、工作能力等方面的审查。

干部审查的目的是全面地了解干部，从政治上进行审查，弄清每个干部的政治面目，清除混入党政机关内的一切反革命分子、阶级异己分子、蜕化堕落分子，以保持干部队伍的纯洁；同时多方面地了解和熟悉干部的思想品质、工作才能，以便更有计划地培养干部，正确地使用干部。此时的干部审查与干部考核尚未进行区分，干部审查承担着干部考核的任务。

随着干部审查工作的不断推进，1955年，《中共中央批准中央组织部1955年8月1日给中央的工作报告》将干部审查的目的改为"为了在政治上弄清每个干部的面目，清除混入党政机关内的一切反革命分子及各种坏分子，以保持干部队伍的纯洁和便于正确地使用干部"。"这才将以搞清和处理干部政治历史问题为目的的干部审查和以考核、了解干部政治、业务素质及工作成绩和工作态度为目的的干部考核做了初步的区分。"①

1955年10月，中共中央发出《关于审干工作同肃反斗争结合进行的指示》，要求审干工作同肃反斗争密切结合进行，并明确了两者的任务、性质和工作方法的区别，强调肃反斗争是要肃清暗藏的反革命分子和其他坏分子，而审干则是审查属于好人一类干部的政治、历史问题。此时，干部审查已不承担了解干部业务素质、工作业绩等干部考核的职责。干部审查与干部考核的制度作用得以明确区分。

（四）政治运动影响干部考核的标准和方法

1957年之后，几次重大政治运动都曾使干部考核在标准和方法上出现过一些问题。例如，用"左"的观点衡量干部，对干部的言行无限上纲上线；在方法上，强调要结合当时的政治运动考核干部，这些都影响了干部

---

① 张志坚、苏玉堂：《当代中国的人事管理》（上），当代中国出版社1994年版，第370页。

考核工作的健康发展。① 受政治运动的影响，考核制度不能顺利贯彻执行。

1966年至1976年，"各级干部管理部门处于瘫痪状态，大批熟悉业务的干部遭到打击，正常的干部考核工作被迫中止。对干部的诬陷打击代替了实事求是的考察；所谓的路线斗争中的派性立场代替了对干部全面、历史的分析和评价；敌对式的专案审查代替了领导与群众相结合的正确考核方式，一大批优秀干部受到摧残和迫害，一批野心家、社会渣滓受到重用"②。

粉碎"四人帮"后，中央高度重视干部考核工作。邓小平同志在多个场合多次提到要实行考核制度，"所有的企业、学校、研究单位、机关，都要有对工作的评比和考核"③。1977年，中共中央发布的《关于召开全国科学大会的通知》动员全体科学技术工作者向科学技术现代化进军，强调"四个现代化的关键是科学技术现代化"，明确提出"应当恢复技术职称，建立考核制度，实行技术岗位责任制"。1978年3月，邓小平同志同国务院政治研究室负责人谈话，在谈到按劳分配问题时说："要实行考核制度。考核必须是严格的、全面的，而且是经常的。"④

二 以"四化"方针为主要指导的干部考核制度（1978—1987）

1979年，邓小平同志在《思想路线政治路线的实现要靠组织路线来保证》的讲话中指出，要加快实现干部队伍的"革命化、年轻化、知识化、专业化"。"'革命化''年轻化''知识化''专业化'，作为一个个单独的词汇，在新民主主义革命时期和中华人民共和国成立初期的党的文献中均已出现过，但是汇集在一起，作为一个有机整体来表述干部队伍的建设方针却是在改革开放初期出现的。"⑤

1983年，中央组织部印发《关于领导班子"四化"建设的八年规

---

① 张志坚、苏玉堂：《当代中国的人事管理》（上），当代中国出版社1994年版，第374页。

② 张志坚、苏玉堂：《当代中国的人事管理》（上），当代中国出版社1994年版，第374页。

③ 《邓小平文选》第2卷，人民出版社1994年版，第151页。

④ 《邓小平文选》第2卷，人民出版社1994年版，第102页。

⑤ 王蕾：《新时期干部队伍"四化"方针的形成》，《当代中国史研究》2016年第2期，第35—43页。

划》，明确提出到1990年年底以前跨出三大步：通过机构改革，使各级各部门领导班子"四化"建设有一个较大的突破；到1985年年底以前，在继续提高"四化"程度的基础上，基本实现新老干部交替的正常化；到1990年年底以前，实现各级各部门领导班子的"四化"，并通过建立一套比较完整的制度，经常保持领导班子的合理结构。1986年11月，中央办公厅转发中央组织部《关于领导班子年轻化几个问题的通知》中强调，领导班子年轻化应以革命化为前提，符合知识化、专业化的要求。以"四化"方针为指导的干部考核工作呈现出较好的发展态势，这一阶段的主要工作体现为：明确干部考核思路、规范干部考核工作、推行岗位责任制等。

（一）明确干部考核思路

1979年，中央组织部召开全国组织工作座谈会，对干部考核提出具体意见，一般一年全面考核一次。

1980年，中央组织部发布的《关于重新颁发〈中共中央管理的干部职务名称表〉的通知》明确，干部考核工作在党管干部的原则下开展。该通知要求各级党委的组织部门和党委其他管理干部的部门，应当在党委领导下，积极做好对干部的考察、考核等各项具体工作。同时强调，加强对科学和技术干部的管理，要把对科学技术干部的考核、晋级等各项制度建立和健全起来。同时要求考察了解干部和考核干部，必须充分走群众路线。

（二）规范干部考核工作

一是规范干部考核的综合性文件出台。1979年11月，中央组织部发布的《关于实行干部考核制度的意见》对干部考核的内容、方法、期限、标准等作出具体规定。这是中华人民共和国成立后第一个关于干部考核工作最全面、最详尽的文件，标志中国干部考核工作开始形成制度，是中国公务员考核的蓝本。

二是规范干部吸收录用的考核。1982年9月20日，煤炭工业部、劳动人事部联合发布《关于整顿煤矿井下"以工代干"问题的通知》。该通知明确，属于转干范围的"以工代干"人员，征得本人同意后，由所在单位的组织、人事部门进行考核，并进行民意测验，广泛听取群众意见，符合干部条件的补办干部手续。1982年9月29日，劳动人事部发布《关于制定〈吸收录用干部问题的若干规定〉的通知》，明确吸收录用干部要进行德、智、体全面考核的要求，同时规定，试用期间，录用单位对录用的干部要认真考察其思想品质、政治表现和身体状况。1983 年 2 月 12 日，中央组织部、劳动人事部联合发布的《关于整顿"以工代干"问题的通知》明确，按照国务院颁发的各种业务技术职称暂行规定，取得业务技术职称的"以工代干"人员，经有关部门考核审定，确实符合干部条件的承认为干部，补办干部手续。

三是规范干部选拔使用的考核。1986 年，中共中央发布的《关于严格按照党的原则选拔任用干部的通知》强调，提拔干部决定作出之前，必须按拟任职务所要求的德才条件进行严格考察，既要看历史表现，也要根据不同岗位、不同工作的实际采用不同的标准着重考察近几年的工作实绩。同时强调要注意发现和起用能创造性工作、扎实为人民办事的干部。

此外，地方出台相关政策文件，规范培训学习中的考核。如陕西省明确，两年以下的离职学习，除时间很短的以外，也要认真进行考试或考核，将成绩记入本人档案，作为考察使用的依据之一。

（三）推行岗位责任制

1981 年 8 月 30 日，国家人事局《关于印发〈一九八一年全国人事局长会议纪要〉的通知》明确，在考察干部时，既要看干部的全部历史，又要看干部的现实表现，主要是看党的十一届三中全会以来的表现。要加强行政监察工作，对犯错误的干部，既不能姑息迁就，也不能无限上纲，揪住不放，要多做思想教育工作，帮助他们在工作中改正错误。同时，提出要建立干部岗位责任制，做到各司其职、各负其责，有秩序、高效率地进行工作。

1982 年《宪法》第 27 条规定，一切国家机关实行工作责任制，实行工作人员的培训和考核制度。1982 年 12 月 20 日，劳动人事部发布通知，建立国家行政机关工作人员岗位责任制，同时明确，实行岗位责任制要同考核制度、奖惩制度以及工资制度的改革紧密结合。机关实行岗位责任制和个人执行岗位责任制的情况作为考核内容出现。

1984 年 6 月，中央组织部、劳动人事部联合发布《关于逐步推行机关工作岗位责任制的通知》，在政府机关中逐步建立岗位责任制。1984 年 12 月，全国劳动人事厅（局）长会议召开，会议要求建立和健全科学的、符合实际的考核制度，建立健全岗位责任制。之后，政府各部门纷纷建立岗位责任制，开展考核工作。

三 酝酿公务员制度过程中的干部考核制度（1987—1992）

1987年，党的十三大报告明确要建立国家公务员制度，明确干部人事制度改革的重点是建立国家公务员制度，主要管理方法包括："凡进入业务类公务员队伍，应当通过法定考试，公开竞争；他们的岗位职责有明确规范，对他们的考核按法定的标准和程序进行，他们的升降奖惩应以工作实绩为主要依据……"①"建立国家公务员制度的同时，还要按照党政分开、政企分开和管人与管事既紧密结合又合理制约的原则，对各类人员实行分类管理。"②

1988年，原国家人事部成立，逐步推行公务员制度。这一阶段的干部考核工作以公务员制度的探索和试行为背景，积累了不少实践经验。

（一）部署考核试点工作

1987年9月，中央组织部召开了党政领导干部年度工作考核试点工作会议，具体部署进行考核试点工作。中央组织部在1987—1988年，先后在浙江省椒江市、上海市和外交部直接组织了县（市）党政领导干部年度工作考核试点、地方政府工作部门领导干部年度工作考核试点和中央、国家机关司处级领导干部年度工作考核试点。

（二）建立年度考核制度

1988年，中央组织部《县（市、区）党政领导干部年度工作考核方案（试行）》和《地方政府工作部门领导干部年度工作考核方案（试行）》出台。1989年2月，中央组织部和国家人事部联合下发《中央、国家机关司处级领导干部年度工作考核方案（试行）》，明确"建立年度工作考核制度，为中国实行公务员制度创造条件，使干部考核工作逐步规范化、制度化，适应干部分类管理的要求。"这三个方案是此阶段干部考核工作的基本遵循。

（三）实行专业技术职务任命考核

1988年，中央职称改革工作领导小组发布《中央国家机关实行专业

---

① 侯建良：《公务员制度发展纪实》，中国人事出版社2007年版，第50页。
② 张志坚、苏玉堂：《当代中国的人事管理》（上），当代中国出版社1994年版，第111页。

技术职务任命制度的规定》，明确任命专业技术人员担任专业技术职务，应当考核其本专业的学术水平和技术水平以及实际工作能力。具体的岗位职责、任职条件和考核办法可以由各部门根据各自的工作性质并结合专业技术管理岗位的特点制定。

（四）规范培训工作考核

1989年，人事部发布《关于国家行政机关工作人员培训工作的通知》，对国家行政机关工作人员培训工作考核制度提出具体要求，包括：一是学习马克思列宁主义、毛泽东思想的考试考核制度；二是业务培训考试考核制度；三是对单位培训工作状况进行考核的制度。

四 符合行政机关特点的公务员考核制度（1992—2000）

1992年，党的十四大提出要逐步建立健全符合机关、企业和事业单位不同特点的分类管理机制和有效的激励机制。1993年，《国家公务员暂行条例》颁布实施，标志着公务员的人事管理从大一统的干部人事制度体系中分离出来。1994年，原国家人事部印发《国家公务员考核暂行规定》，在全国正式推行公务员考核制度。

"据统计，1994年全国各级行政机关参加考核的人员近513.5万人，占当年行政机关总人数的97.2%；其中被评为优秀的近75万人，约占考核总数的14.6%；被评为不称职的6161人，约占0.1%。1995年参加考核的人员近522.5万人，占当年行政机关人数的98.9%；其中被评为优秀的72万人，占13.8%；不称职的4806人，占0.09%。"[①]

1995年至1996年，原国家人事部制定出台了关于公务员考核制度方面的综合性法规和政策指导性文件，各地区、各部门也先后制定了具体的考核工作实施办法，公务员考核工作全面铺开。

（一）正式建立公务员考核制度

公务员考核制度是公务员制度的重要组成部分。1993年《国家公务员暂行条例》对公务员考核列专章作出规定。公务员考核的依据是职位分类，依据各级国家行政机关确定的职位职责和任职资格条件开展。

1994年，原国家人事部印发《国家公务员考核暂行规定》，在全国正

---

① 侯建良：《公务员制度发展纪实》，中国人事出版社2007年版，第132页。

式推行公务员考核制度。1995年、1996年，原国家人事部相继发布通知部署全面开展公务员考核工作并强化对考核工作的指导，对各地区、各部门在开展考核工作中陆续反映的一些问题进行明确。从1994年起各地区各部门都要在政府机关建立正规的考核制度，未按照要求实施年度考核的单位，不得兑现《国家公务员考核暂行规定》的相关待遇。

（二）完善年度考核制度

随着公务员考核制度的实践推进，改进完善考核制度也被提上日程。从1994年起，为了保证年度考核工作的质量，加强对国家公务员年度考核工作的宏观管理，各级行政机关开始建立年度考核工作审核备案制度。地方各部门的年度考核工作由同级政府人事部门负责审核备案。国务院各部门的年度考核工作由人事部负责审核备案。未经审核备案的，不能按照考核结果兑现有关待遇。审核备案的方法是：年度考核基本结束时，各单位将考核工作总结和《年度考核工作审核备案登记表》送同级政府人事部门。

（三）合理确定考核等次

《国家公务员考核暂行规定》中明确考核结果分为优秀、称职、不称职三个等次。考核实践中有很多单位反映希望增加基本称职等次。对于这一问题，1996年1月19日，原国家人事部发布《关于实施国家公务员考核制度有关问题的补充通知》，明确了实际工作中仍然按照三个等次确定考核结果的做法要求，但同时提出了3—6个月考验期的做法，即对于考核结果介于称职与不称职之间的人员，给予3—6个月的考验期，考验期满后根据表现确定考核结果。这种做法既维护了法规的严肃性，也回应了希望增加基本称职等次的要求。

1998年，中纪委、中央组织部、原国家人事部下发《关于受党纪处分的党政机关工作人员年度考核有关问题的意见》进一步明确受党纪处分的党政机关工作人员年度考核等次的确定。受党内警告处分的当年，参加年度考核，不得确定为优秀等次。此外，该意见还对受党内严重警告处分、撤销党内职务处分、留党察看处分等的党政机关工作人员年度考核有关问题进行了相应的规定。

（四）大力改进考核的公正性

1998年的全国人事厅（局）长会议强调了围绕提高考核的公正性、

真实性、鲜明性，从扩大参加考核的范围、增宽考核内容的触角、净化考核的环境、科学分析考核的结果以及提高考核的透明度等方面对改进考核制度提出具体要求。"一要实行多层面考核，进一步扩大参加年终考核民主测评、推荐的范围；二要扩大考核的触角，既要重视了解工作时间内的情况，还要注意了解生活、社会交往等情况；三要净化民主测评、推荐的环境，让参加测评、推荐的人员说公道话、说真话，防止考核失真；四要科学分析民主测评、推荐的结果，防止简单的'以票取人'；五要公示结果，接受群众监督。"①

五 符合科学发展观要求的公务员考核制度（2000—2012）

2005年，中共中央发布的《关于印发〈建立健全教育、制度、监督并重的惩治和预防腐败体系实施纲要〉的通知》强调，抓紧制定干部实绩考核评价标准，该标准应当体现科学发展观和正确政绩观要求。2008年7月，国家公务员局成立。组建国家公务员局是中央根据新的形势发展要求作出的重大决策，对推动公务员考核制度的发展具有重要的现实意义。

（一）形成较为完善的公务员考核政策法规体系

2000年，原国家人事部下发《二〇〇〇年人事工作要点》，对规范化考核提出明确要求。同年，原国家人事部下发《关于进一步加强国家公务员考核工作的意见》，"从充实内容、改进方法、增设考核等次、加强考核结果的使用、严格备案管理制度等几个方面，对完善公务员考核制度提出了新的要求，对探索定性与定量相结合的考核方法加强了工作指导。考核法规不断充实和完善，基本形成了比较系统完备的制度体系"②。

2003年，原国家人事部印发《国家公务员通用能力标准框架（试行）》，梳理了公务员的通用能力标准，对公务员考核中"能"的具体表现进行了细化。通用能力标准包括：政治鉴别、依法行政、公共服务、调查研究等九大方面。

2005年，《中华人民共和国公务员法》进一步完善了考核规定。具体表现为，"一是考核等次由三等变为四等，增加了'基本称职'这一等

---

① 侯建良：《公务员制度发展纪实》，中国人事出版社2007年版，第126页。
② 卓越：《公务员绩效评估》，中国人民大学出版社2010年版，第137页。

次；二是考核内容上增加了'廉'，之前的条例中将'廉'归入德的内容考核，对公务员的德、能、勤、绩进行全面考核，重点考核工作实绩。公务员法也体现了这种变化，规定'全面考察公务员的德、能、勤、绩、廉，重点考核工作实绩'。三是考核方式上，区分了领导成员和非领导成员，规定'对领导成员的定期考核，由主管部门按照有关规定办理'"①。

2007年，中央组织部、原国家人事部颁布《公务员考核规定（试行）》，对考核对象作出补充规定，包括请病假、事假的公务员；调任或转任；挂职锻炼；单位派出学习、培训；新录用；无故不参加考核；受处分；不进行考核或参加年度考核不定等次的公务员；考核中违纪行为的处理等。

截至2008年12月底，30个省（区、市）转发了《公务员考核规定（试行）》，大部分省份结合自身实际，制定了公务员考核规定实施细则或办法，形成了以公务员法为依据，各省（区、市）实施细则为辅助的公务员考核法规体系。

2010年，针对《公务员考核规定（试行）》实施中遇到的普遍性问题，人力资源和社会保障部起草《实施〈公务员考核规定（试行）〉有关问题的答复意见》，作为指导各地各部门考核工作的依据。2011年，人力资源和社会保障部会同中央组织部研究修改《实施〈公务员考核规定（试行）〉有关问题的答复意见》，督促引导各地各部门建立健全平时考核制度。

（二）推动公务员考核联系点工作

2010年，河北、江苏、福建、江西、湖南、陕西6省建立了公务员考核工作联系点，截至2012年年底，各地各部门建立联系点、试点300多个。在此期间，全国行政机关公务员考核工作经验交流会定期召开，各地总结公务员法实施以来的考核工作，交流推广公务员考核工作尤其是平时考核工作的经验做法。

（三）部署人口资源环境指标纳入干部考核体系

2004年3月10日，胡锦涛同志在《在中央人口资源环境工作座谈会上的讲话》中明确要求组织部门会同有关部门抓紧研究考核标准，尽快把人口资源环境指标纳入干部考核体系。2005年12月3日，国务院发布

---

① 卓越：《公务员绩效评估》，中国人民大学出版社2010年版，第137页。

《关于落实科学发展观加强环境保护的决定》,将环境保护考核的情况作为干部选拔任用和奖惩的依据之一,把环境保护纳入领导班子和领导干部考核的重要内容。①

六 新时代好干部标准的公务员考核制度(2012年至今)

党的十八大以来,习近平总书记提出了新时期好干部标准:信念坚定、为民服务、勤政务实、敢于担当、清正廉洁,强调要建立科学规范的干部考核评价体系(具体见表5-1)。党的十九大提出了新时代建设高素质专业化干部队伍的目标,这些标准和目标为建立科学规范的干部考核评价体系提供了基本遵循和具体要求。党的二十大报告指出,完善干部考核评价体系,引导干部树立和践行正确的政绩观,推动干部能上能下、能进能出,形成能者上、优者奖、庸者下、劣者汰的良好局面。②

表5-1　习近平总书记党的十八大以来关于干部考核的重要讲话精神

序号	时间	会议/标题	讲话精神	出处
1	2013年9月23日至25日	在参加河北省委常委班子专题民主生活会时的讲话	要建立科学规范的干部考核评价体系,形成激励干部求真务实的有效机制	《习近平关于力戒形式主义官僚主义重要论述选编》,中央文献出版社2018年版
2	2016年5月12日	提高解决改革发展基本问题的本领——关于科学的思想方法和工作方法	发扬钉钉子精神,要建立规范的干部考核评价体系,形成激励干部求真务实的有效机制	《习近平总书记系列重要讲话读本(2016年版)》
3	2017年7月19日	中央全面深化改革领导小组第三十七次会议	会议指出,加大改革创新在干部考核和提拔任用中的权重	《人民日报》(2017年07月20日01版)

---

① 侯建良:《公务员制度发展纪实》,中国人事出版社2007年版,第126页。
② 习近平:《高举中国特色社会主义伟大旗帜 为全面建设社会主义现代化国家而团结奋斗——在中国共产党第二十次全国代表大会上的报告》(2022年10月16日)[EB/OL].(2022-10-16)[2023-03-14]. http://jhsjk.people.cn/article/32551700.

续表

序号	时间	会议/标题	讲话精神	出处
4	2017年10月18日	中国共产党第十九次全国代表大会	完善干部考核评价机制，建立激励机制和容错纠错机制，旗帜鲜明为那些敢于担当、踏实做事、不谋私利的干部撑腰鼓劲	人民网－中国共产党新闻网 http://jhsjk.people.cn/article/30150140
5	2017年12月18日至20日	中央经济工作会议	要完善干部考核评价机制，为干部大胆创新探索撑腰鼓劲	《人民日报》（2017年12月21日01版）
6	2018年7月3日至4日	全国组织工作会议	要建立日常考核、分类考核、近距离考核的知事识人体系，强化分类考核	人民网－中国共产党新闻网 http://jhsjk.people.cn/article/30150140
7	2018年11月1日	在民营企业座谈会上的讲话	对支持和引导国有企业、民营企业特别是中小企业克服困难、创新发展方面的工作情况，要纳入干部考核考察范围	《人民日报》（2018年11月02日02版）
8	2019年2月22日	中共中央政治局会议（审议《党政领导干部考核条例》）	要坚持干部考核正确导向……要旗帜鲜明把政治标准贯穿干部考核工作始终……要完善干部考核方式方法和结果运用	《人民日报》（2019年02月23日01版）
9	2022年1月19日	十九届中央纪委六次全会	要落实干部考核、工作检查相关制度，科学评价干部政绩，促进干部更好担当作为	《人民日报》（2022年01月19日01版）
10	2022年6月19日	中共中央政治局第四十次集体学习	建立符合新时代新阶段要求的干部考核评价体系	《人民日报》（2022年6月19日01版）

（一）全面推进公务员平时考核

这一阶段，公务员平时考核工作得到全面推进。主要体现为：一是大力推进公务员平时考核工作。2013年，全国平时考核工作经验交流会对推进公务员平时考核工作在制度建设、考核指标体系创建、考核方式方法创新、考核结果使用途径拓宽等方面提出了具体要求。人力资源和社会保障部多次会同中央组织部召开公务员平时考核工作座谈会,全国各省(区、市)和新疆生产建设兵团都不同程度地开展了平时考核工作,天津、浙江等省市机关已实现平时考核常态化。2013年各地各部门建立联系点或试点330多个。① 二是完善公务员平时考核制度建设。2014年,国家公务员局出台《关于深入开展公务员平时考核试点工作的通知》,对公务员平时考核的制度内容进行完善,填补了制度空白。② 三是继续加强考核工作联系点建设。2014年,各地各部门建立试点、联系点达580多个。

(二)考核结果运用于职务与职级并行制度

党的十八大以来,党中央、国务院在总结前期试点的基础上,在全国推行县级以下机关公务员职务与职级并行制度。2015年,中共中央办公厅、国务院办公厅发布的《关于县以下机关建立公务员职务与职级并行制度的意见》明确,职级主要依据任职年限和级别,"任现职级或职务期间每有1个年度考核为优秀等次,任职年限条件缩短半年;每有1个年度考核为基本称职等次,任职年限条件延长1年"。这一规定大大提高了年度考核结果运用的实际作用。2019年,中共中央办公厅发布的《公务员职务与职级并行条例》规定,"公务员晋升职级所要求任职年限的年度考核结果均应为称职以上等次,其间每有1个年度考核结果为优秀等次的,任职年限缩短半年;每有1个年度考核结果为基本称职等次或者不定等次的,该年度不计算为晋升职级的任职年限"。年度考核结果与晋升和待遇提升紧密联系,极大提升了公务员对年度考核工作的重视程度,也激发了公务员干事创业的积极性。

(三)全面考核政治素质

党的十八大以来,中央全面从严治党、从严管理干部和习近平总书记关于坚持严管和厚爱结合、激励和约束并重的要求体现在公务员考核方面,

---

① 中共中央文献研究室:《十六大以来重要文献选编》(下),中央文献出版社2007年版,第97页。

② 《中国人力资源和社会保障年鉴(工作卷)2015》,中国劳动社会保障出版社、中国人事出版社2016年版,第538页。

就是在考核内容上强调对政治素质的考核。《党政领导干部考核工作条例》将政治标准放在首位，坚持干部考核的政治考核属性。2019年6月新修订的《中华人民共和国公务员法》在考核重点中增加了对政治素质的考核。

（四）推动民生领域重点问题的专项考核

2019年6月新修订的《中华人民共和国公务员法》在考核方式上增加了专项考核。事实上，这一阶段的公务员考核始终围绕民生领域重点问题展开，从扶贫工作成效、食品安全工作评议、农民工工资支付到"菜篮子"市长负责制等。

一是省级党委和政府扶贫工作成效考核。从2016年到2020年，国务院扶贫领导开发小组每年组织一次针对中西部22个省、自治区、直辖市党委和政府扶贫开发工作成效的考核。考核内容包括减贫成效、精准识别、精准帮扶和扶贫资金，考核方式引入第三方评估。"考核结果作为对省级党委、政府主要负责人和领导班子综合考核评价的重要依据。"[①]

二是食品安全工作评议考核。从2016年开始，[②] 国务院食品安全委员会统一领导每年开展一次针对各省（区、市）人民政府的食品安全工作评议考核，考核内容包括食品安全工作措施落实情况和食品安全状况。

三是保障农民工工资支付工作考核。从2017年到2020年，解决企业工资拖欠问题部际联席会议每年组织开展一次农民工工资支付工作考核，[③] 从组织领导、制度建设、工作成效等方面对各省（区、市）人民政府及新疆生产建设兵团进行考核。考核内容主要包括加强对保障农民工工资支付工作的组织领导、建立健全工资支付保障制度、治理欠薪特别是工程建设领域欠薪工作成效等情况，有效预防和解决拖欠农民工工资问题。

四是"菜篮子"市长负责制考核。从2017年开始，[④] 由农业部牵头会同"菜篮子"食品管理部际联席会议其他成员单位针对36个城市的"菜篮子"市长负责制的落实情况开展考核，每两年一次。考核内容包括

---

① 中共中央办公厅、国务院办公厅：《省级党委和政府扶贫开发工作成效考核办法》（2016）。

② 国务院办公厅：《食品安全工作评议考核办法》（2016）。

③ 国务院办公厅：《保障农民工工资支付工作考核办法》（2017）。

④ 国务院办公厅：《"菜篮子"市长负责制考核办法》（2017）。

"菜篮子"产品生产能力、市场流通能力、质量安全监管能力、调控保障能力和市民满意度五个方面。

需要注意的是，我们应当重视专项考核与公务员平时考核、年度考核的结果衔接。我们认为，这种衔接可以通过两种方式实现："一是专项考核的成绩直接作为常规考核中相关考核指标的成绩；二是将专项考核的成绩作为常规考核中的加分或减分项目。"[1]

（五）简化基层考核加强党的作风建设

2017年12月，习近平总书记对加强党的作风建设作出重要指示。2018年，中央办公厅对统筹规范督查检查考核工作作出明确规定。2019年，中央办公厅发布的《关于解决形式主义突出问题为基层减负的通知》中将2019年确定为"基层减负年"。减轻基层迎检负担成为公务员考核重点关注的问题，地方在转变考核方式、减轻考核负担、加强作风建设等方面进行了尝试。如湖北省纪委监委全面清理督查检查考核事项，简化基层考核，变"年终考"为"日常考"，实行日常数据考核。宁夏回族自治区出台《2019年督查检查考核工作计划》，严格控制总量、频次和审批管理，计划内事项严格审查备案，计划外事项严格审批，未经授权不得开展。

第二节　当代公务员考核的主体与内容

公务员制度的发展、国务院机构改革等背景都影响公务员考核的主体与内容。目前来看，当代中国公务员考核由党委承担考核工作主体责任，组织（人事）部门承担具体考核工作责任。当代公务员考核内容逐步发展为"德、能、勤、绩、廉"五个主要维度，同时每个维度的具体内容和评价指标不断细化。

一　当代公务员考核的主体

公务员考核相关的主体既包括考核工作的管理机构，也包括具体执行考核工作的主体。干部考核工作是干部人事管理工作的重要组成部分，中

---

[1] 刘福元：《公务员行为规范中的责任机制建构——迈向公务员行为的规则之治》，法律出版社2015年版，第271页。

国人事管理体制的变化影响着考核工作管理机构的变化。人事管理机构的干部管理范围发生变化，人事权的主体发生变化，相应地考核权的归属也会发生变化。例如，中央组织部门的干部管理范围从"下管三级"变化为"下管一级"，那么，原来由中央组织部门承担人事权的干部管理工作就下沉到下一级组织部门，相应考核权也就不再属于中央组织部门。同样地，政府机构改革也会影响到考核权的归属变化。总体来说，考核工作管理机构由中共各级党委组织部门、各级政府的人事部门及其他国家机关的人事机构组成，按各自的干部管理权限进行分级管理。

（一）考核工作管理机构的变化

1. 中华人民共和国成立之前，党委组织部门是干部考核的管理机构

党管干部是中国干部管理制度的根本原则。中国共产党各级党委组织部门始终是中国干部管理的核心机构。中华人民共和国成立之前，干部考核工作的管理机构为各级党委组织部，干部考核的主体同样也是各级党委组织部。1924年5月，中央组织部正式创立，毛泽东为第一任中央组织部部长。1937年1月，中央组织部跟随党中央进驻延安，延安时期，陈云任中央组织部部长。延安时期，陕甘宁边区的干部考核由考绩委员会实施。《边区公务员考核奖惩暂行条例》规定："边区公务人员每年考绩时，由各主管机关长官及高级职员3人以上组织考绩委员会，以1人为主席；边区、分区、县之考绩委员会组织后，呈请边区政府委员会批准后行之；各机关之考绩委员会，经其主管上级机关批准后行之。不得有任何阻难，亦不得置之不理。"1938年，党的六届六中全会《关于各级党委暂行组织机构的决定》明确在各级党委之下设组织部，干部考察是组织部的重要职责之一。1940年，党中央决定在各党委组织部、军队政治部下设干部科，有计划地审查、配备和提拔干部。

2. 中华人民共和国成立后，中央对干部的管理层级发生变化

中华人民共和国成立后，干部考核工作的管理机构仍然为各级党委组织部。中央对干部的管理层级由"下管三级"变化为"下管一级"。

中华人民共和国成立之初，干部管理采取各级党委组织部高度集中管理的模式。1951年，中央组织部拟定了中央管理干部职务名单及各级党委管理干部的职务范围和办法，当时实行的是中央和各级党委"下管三级"干部。具体来说，就是"中央局管理相当于县主要干部以上的职务，

省、直辖市委管理区主要干部以上的职务，县管理乡村主要干部"①。1955年，为了健全分部分级干部管理体制，中央组织部印发《中共中央管理的干部职务名称表》。时隔几个月，中央组织部对该文件进行了修改，"中央管理的干部范围为中央、国家机关司、局长，省（市）正副厅局长，地委正、副书记、专员以上干部"②；1980年，中央组织部重新颁发了《中共中央管理的干部职务名称表》，明确规定了各级党委实行"下管两级"的原则，"中共中央大体上管到中央一级机关的正副司局长和省一级机关的正副部长、正副厅局长及地、市委正副书记、正副专员（市长）"③。

1984年，中央组织部重新修订了《中共中央管理的干部职务名称表》，适当下放人事管理权限，由原来的"下管两级"改变为"下管一级"。"改革后，中央对省、自治区、直辖市一级，只管党委和纪委的常委及政府、人大常委会、政协和顾问委员会的正副职负责人；对中央一级机关，则只管正副部长和党组成员。"④

3. 1980年以前，政府系统中的人事管理机构经历了多次的分与统过程

首先，中华人民共和国成立之初，中国政府系统中没有统一的人事管理机构。政务院人事局、内务部干部司、政法委人事局和文教委人事处等几个条块分割的设置，协助中共中央组织部管理干部。这是一个"分"的状态。

其次，1950年，政务院人事局与内务部、财委、文教委、政法委的人事管理机构合并，成立中央人民政府人事部，主要负责人事调配和任免等工作，没有干部考核的职能设置。1954年11月，中央人民政府人事部改为国务院人事局（国务院组成部门），负责办理国务院秘书厅及各直属机构处级干部的考察等事项。这是一个"统"的状态。

再次，1959年，国务院人事局被撤销，业务改由内务部管理。政府人事管理职能不再由专门机构承担，而是由中央部委内设的司局具体负责相关的政府人事管理工作。这又是一个"分"的状态。

最后，1971年，国务院政工小组成立，承担被撤销的内务部的一部

---

① 张志坚、苏玉堂：《当代中国的人事管理》（上册），当代中国出版社1994年版，第74页。
② 余兴安：《当代中国人事制度》（上册），中国社会科学出版社2022年版，第81页。
③ 张志坚、苏玉堂：《当代中国的人事管理》（上册），当代中国出版社1994年版，第84页。
④ 余兴安：《当代中国人事制度》（上册），中国社会科学出版社2022年版，第105页。

分工作，另一部分工作由中央组织部承担。1978 年，国务院设立民政部，内设政府机关人事局（属于部属内设机构），负责政府机关人事工作，职能设置包括干部奖惩工作等。这又是一个"统"的状态。

4. 1980 年以后，政府系统中的人事管理机构有效整合并相对稳定

1980 年 7 月，国务院发布《关于成立国家人事局的通知》，合并民政部政府机关人事局和国务院军队转业干部安置工作小组办公室，成立国家人事局，直属国务院领导，负责干部的考核和晋升工作等。

1982 年 5 月，国家劳动总局、国家人事局、国家机构编制委员会和国务院科学技术干部局合并成立劳动人事部，承担对政府系统干部的考核等综合管理职能。

1988 年，国务院机构改革，撤销劳动人事部，建立国家人事部，组建劳动部。人事部是国务院综合管理国家人事工作和推行人事制度改革的职能部门，主要职能包括：建立和推行公务员制度，研究拟订国家公务员考核等各项法规，并负责组织实施等。

2008 年，国务院机构改革，人事部、劳动和社会保障部的职责整合划入人力资源和社会保障部，同时组建国家公务员局，由人力资源和社会保障部管理。至此，基本上形成了组织部门管理领导干部，人力资源和社会保障部以及国家公务员局管理非领导干部公务员的格局。

5. 2018 年之后，中央组织部统一管理公务员工作

2018 年，党的十九届三中全会通过《中共中央关于深化党和国家机构改革的决定》，中国开启改革开放后的第八次国家机构改革。中共中央印发《深化党和国家机构改革方案》，明确中央组织部统一管理公务员工作，加强党对公务员队伍的集中统一领导。方案明确，将国家公务员局并入中央组织部，不再保留单设的国家公务员局。这是公务员管理体制的历史性变革。中央组织部对外保留国家公务员局牌子，统一管理公务员录用调配、考核奖惩、培训和工资福利等事务。这样，公务员管理的机制进一步理顺，领导干部和非领导干部公务员的管理实现了统一。

2021 年，中共中央印发《中国共产党组织工作条例》，进一步明确了中央组织部和地方党委组织部的主要职责。具体包括：负责干部工作和干部队伍的统一管理，按照干部管理权限和分工负责领导班子建设的有关具体工作；负责公务员工作的统一管理等。

（二）考核主体设置及成员的变化

1949年11月，中央组织部发布《关于干部鉴定工作的规定》，推行干部鉴定工作。刚开始，干部鉴定的主体是中国共产党的各级组织部门和政府各级人事部门。除军队系统单独管理之外，党的干部一直由中央及各级党委的组织部统一管理。但是，"由于党委的组织部直接管理的干部范围过宽，不可能与各个管理业务的部门取得经常的密切联系，从干部的实际中来考察他们的政治品质和业务能力"[1]。1953年11月，中共中央颁发《关于加强干部管理工作的决定》，提出逐步建立在中央和各级党委统一领导下，在中央和各级党委组织部统一管理下的分部分级管理干部的制度。1955年1月，《中共中央管理的干部职务名称表》出台，中央组织部下管"省部级、地厅级"两级干部。随后，各省和部委仿效中央，制定各自管理的干部职务名称表，初步建立分部分级管理干部制度。在建立党委各部分管干部制度之后，干部管理中的干部考察任务则由中央及各级党委的各部承担。例如，1953年11月，中共中央发布《关于审查干部的决定》（以下简称《审查决定》）。《审查决定》明确，审查干部工作，必须在中央及县以上各级党委的统一领导下，由各部分工负责，逐级进行；必要时，可在党委领导下成立审查干部委员会。[2] 1955年10月，中共中央宣传部《关于文教干部管理工作中若干具体问题的暂行规定》出台，明确"中央宣传部和各级党委宣传部（文教部）在中央及各级党委领导下，中央及各级组织部的统一管理下，负责管理全国文教系统的干部，并对全国文教机关、团体的干部工作进行监督"[3]。

---

[1] 中共中央文献研究室：《建国以来重要文献选编》（第4册），中央文献出版社1993年版，第573页。

[2] 各级领导机关的主要领导骨干，由上一级党委负责审查（如地委委员，正、副专员由省委负责审查，其余类推）；各部门的领导骨干由同级党委负责审查；各部门的一般干部由本机关负责审查。党委直接负责审查的干部，由党委各部在党委统一部署下分工负责；各机关负责审查的干部，由各机关首长亲自负责组织领导核心进行审查。各机关中负责审查干部的领导核心，须经同级党委批准。对某些领导不强、骨干太弱的部门，各级党委应设法调派若干骨干以加强其领导。如一时无法调派，则审查工作宁可暂缓进行。驻在各地的中央各部直属机构，原则上均由所在地党委负责审查，中央各主管部门应协助地方党委进行。

[3] 中共中央组织部、中共中央党史研究室、中央档案馆：《中国共产党组织史资料（第九卷）文献选编》（下），中共党史出版社2000年版，第343页。

1979年，中央组织部《关于实行干部考核制度的意见》（以下简称《考核意见》）明确要求全面建立干部考核制度。按照《考核意见》的要求，干部的考核工作，应按照干部管理权限，在党委领导下，由各级组织、人事部门负责。进行定期考核时，可成立临时考核组织，吸收正派公道、原则性强、在群众中有威信的领导干部、专业技术干部和组织、人事部门的干部参加，在党委领导下进行考核评定工作。但是，由于中央管理的干部、各级党委管理的干部、中央各部门党组管理的干部，这三者有一部分是相互交叉的，存在同时由两级或三级党委（党组）管理的情形。为此，1980年，中央组织部在重新颁布的《中共中央管理的干部职务名称表》中指出，凡属此种情形，均由最上一级党委主管，下级党委（党组）应从考察、考核等方面协助管理。

1988年至1998年，中央组织部先后出台了关于县（市、区）党政领导干部、地方政府工作部门领导干部、中央国家机关司处级领导干部的年度工作考核方案，具体规定了考核主体、考核主体成员构成、具体办事机构等，具体如表5-2所示：

表5-2　　　　1988—1998年各类考核对象的相关考核主体

序号	考核主体	考核主体成员构成	具体办事机构	被考核对象	考核依据
1	地（市、州、盟）设非常设性的考核委员会，向所属各县（市、区）派出考核工作组	由地（市、州、盟）委书记或副书记、市（州、盟）人大常委会主任或副主任、专员（市长、州长、盟长）或副专员（副市长、副州长、副盟长）、地（市、州、盟）委组织部部长、地（市、州、盟）纪委书记及地（市、州、盟）的人事、监察、审计等部门的负责人组成	地（市、州、盟）委组织部	县（市、区）党政领导干部	1988年《县（市、区）党政领导干部年度工作考核方案（试行）》

续表

序号	考核主体	考核主体成员构成	具体办事机构	被考核对象	考核依据
2	地方人民政府设立非常设性的考核委员会	考核委员会由地方党委书记（或副书记）、政府首长、人大常委会主任（或副主任）党委组织部长、纪委书记和人事、监察审计等部门的负责人，以及机关干部代表等组成	相应的组织人事部门	第一类：由地方人民政府首长提名，人民代表大会常务委员会决定任免的政府工作部门的行政首长	1988年《地方政府工作部门领导干部年度工作考核方案》
3	地方政府各工作部门组织非常设性的考核领导小组	由部门的正副首长、机关党委书记、干部（人事）处（科）长以及机关干部代表组成考核领导小组	相应的组织人事部门	第二类：由地方人民政府决定任免的各工作部门的副职行政首长①以及由地方人民政府各工作部门决定任免的中层行政首长	1988年《地方政府工作部门领导干部年度工作考核方案》
4	中央和国家机关党委、直属机构成立非常设性的考核委员会	由部委正副部长、正副主任和机关党委书记、人事（干部）司（局）长以及干部代表等组成	只对处级职能部门的正副负责人进行考核时，可不成立考核委员会，由考核办公室负责组织实施	正副司长、正副局长、正副主任	1989年《中央国家机关司处级领导干部年度工作考核方案（试行）》

① 由地方人民政府决定任免的各工作部门副职行政首长，也可由考核委员会直接组织考核。

续表

序号	考核主体	考核主体成员构成	具体办事机构	被考核对象	考核依据
5	机关各司局成立非常设性的考核小组	由正副司长、正副局长、正副主任、党支部书记以及本司局干部代表组成	临时性的考核办公室以人事（干部）司（局）为主，吸收机关党委等部门的负责同志参加	本司局正副处长、正副主任	1989年《中央国家机关司处级领导干部年度工作考核方案（试行）》

1994年《国家公务员考核暂行规定》的出台，标志着中国公务员考核制度正式建立，公务员考核的主体责任及主体设置更加清晰规范。总体来看，考核责任划分一般是党委（党组）承担考核工作主体责任，党委（党组）书记是第一责任人，组织（人事）部门承担具体工作责任。考核主体包括三种：第一种是非常设性考核委员会或考核小组。1994年《国家公务员考核暂行规定》明确，国家行政机关在年度考核时设立非常设性考核委员会或考核小组，在部门负责人的领导下，负责国家公务员年度考核工作。考核委员会或考核小组由部门负责人、本部门人事等有关单位负责人和国家公务员代表组成。国家公务员代表由民主推选产生，人数不少于考核委员会或考核小组总人数的三分之一。考核委员会或考核小组的日常事务由本部门的人事机构承担。第二种是考核委员会。2007年中央组织部、人事部颁布的《公务员考核规定（试行）》规定，机关在年度考核时可以设立考核委员会。考核委员会由本机关领导成员、公务员管理及其他有关部门人员和公务员代表组成。2020年中央组织部颁布《公务员考核规定》修改了代表组成的表述，调整为"考核委员会由本机关领导成员、组织（人事）部门、纪检监察机关及其他有关部门人员和公务员代表组成"，增加了纪检监察机关。第三种是考核组。2019年，中共中央办公厅印发了《党政领导干部考核工作条例》明确，根据工作需要，党委（党组）可以组建和派出考核组。考核组组长根据每次考核任务确定并授权，应当具有较强的组织领导能力，坚持原则、敢于担当。

二 当代公务员考核的内容

公务员考核内容的变化充分体现了时代对公务员要求的变化。中国当代的公务员考核最初着重考核政治忠诚与工作能力,经过发展变化,目前已形成以"德、能、勤、绩、廉"为内容的考核标准,且要求不断细化,具体见表5-3。

在考核指标设计上,考核内容实现了与干部队伍建设目标的深度契合。中华人民共和国成立之初,干部鉴定重点考察立场、观点、作风、掌握政策、遵守纪律、联系群众、学习态度等方面,指标设计较为单一,且相关评价标准基本不涉及量化评价。1979年意见强调,从德、能、勤、绩四个方面进行考核,"考核干部的工作成绩,主要看对现代化建设直接或间接所作的贡献"。2002年《党政领导干部选拔任用工作条例》进一步完善考核指标设计,在德、能、勤、绩的基础之上增加了"廉"。党的十八大以来,干部考核指标设计以新时期好干部标准为指导,强调信念坚定、为民服务、勤政务实、敢于担当、清正廉洁。党的十九大以来,干部考核工作契合创新发展、协调发展、绿色发展、开放发展、共享发展要求,强调为实现高质量发展目标精准设置关键性、引领性的考核指标,且各地干部考核主管部门均在积极探索量化分级评价体系。

(一) 考核维度逐步稳定

中华人民共和国成立前后,对党忠诚是干部考核的重要维度。1940年,《中央关于审查干部问题的指示》明确,"从历史上和现在工作表现上仔细考察每一个党的干部在政治上对党的忠诚程度、工作能力、长处和弱点"。1941年,陕甘宁边区把干部忠实党的纲领政策、群众意识、工作态度及奉献精神等作为考核内容。1949年的干部鉴定工作主要强调政治层面的审查。可以看出,中华人民共和国成立前后,干部考核工作的重点在于筛选出对党忠诚的干部。

1979年,中央组织部《关于实行干部考核制度的意见》确定了"德、能、勤、绩"四个维度。该意见还强调不同类型的干部,考核的重点应该进行区分。技术干部和专业干部侧重考核技术、业务水平和成果;党政干部侧重考核政治思想水平、政策水平和工作能力;对领导干部要求应更严些、更高些,要着重考核政策思想水平、组织领导能力、熟悉业务的程

第五章 中国当代公务员考核制度的发展 / 223

表 5-3 当代公务员考核的维度和具体内容

序号	考核维度	具体考核内容	被考核对象	考核依据	备注
1	政治层面的审查	重点应放在立场、观点、作风、遵守纪律、联系群众、学习态度等方面；对新干部的鉴定，则应着重划清敌我界限，树立革命的人生观，并通过鉴定对其进行初步的审查	干部	1949年，中央组织部《关于干部鉴定工作的规定》	
2	政治思想和业务能力	政治思想方面，考察了解他们对党的路线、方针、政策的认识和执行情况，在马克思列宁主义、社会主义和资本主义的阶级斗争中的表现；他们的政治历史、思想作风、道德品质；业务方面，考察了解他们完成工作任务的情况和工作中的贡献；科学技术水平和业务能力。对高、中级科学技术干部，还应当考察了解他们培养新生力量的情况	科技干部	1964年中央组织部《关于科技干部管理工作条例试行草案》	
3	德、能、勤、绩	考德，是考核干部的政治立场和思想品质，主要看是否坚决拥护党的政治路线和思想路线，贯彻执行党的方针政策，遵守党纪国法和社会主义公共道德，热爱祖国，努力为四个现代化贡献力量。考能，是考核干部的业务、技术管理水平、工作效率和文化程度，是否具备胜任现职的能力。考勤，是考核干部的工作态度和事业心，是否肯学肯钻，对业务精益求精，任劳任怨，勇于创新，充分发挥工作积极性。考绩，是考核干部的工作成绩，主要看对现代化建设直接或间接所作的贡献	干部	1979年中央组织部《关于实行干部考核制度的意见》	

续表

序号	考核维度	具体考核内容	被考核对象	考核依据	备注
4	德、能、勤、绩、重点考核工作实绩	德，是指政治、思想和道德品质表现；能，是指业务知识和工作能力；勤，是指工作态度和勤奋敬业的表现；绩，是指工作的数量、质量、效益和贡献	公务员	1994年《国家公务员考核暂行规定》	
5	思想政治建设、领导班子现代化建设的能力、工作实绩三个方面	工作实绩主要体现为：在经济建设、社会发展和精神文明建设、党的建设方面所取得的成绩和效果。地方县以上党委、政府领导班子的工作实绩主要包括：各项指标的完成情况，经济发展的速度、效益和后劲，以及财政收入增长幅度和人民生活水平提高的程度，教育、文化、卫生、体育事业的发展，环境与生态保护，人口与计划生育，社会治安综合治理等状况；党的思想、组织、作风、制度建设的成效等。对部门领导班子，还要重点考核其发挥职能作用、完成各项工作任务，为经济建设服务的情况等	领导班子	1998年中央组织部《党政领导干部考核工作暂行规定》	
6	思想政治素质、组织领导能力、工作作风、工作实绩、廉洁作风五个方面	强调并细化了思想政治素质考核的内容，具体分为理论素养和思想水平、政治方向和政治立场、群众观点和群众路线、政治品德和道德品质	领导干部	1998年中央组织部《党政领导干部考核工作暂行规定》	

续表

序号	考核维度	具体考核内容	被考核对象	考核依据	备注
7	德、能、勤、绩、廉，重点考核工作实绩	较之1994年《国家公务员考核暂行规定》，单列了"廉"这一维度，改变了之前将"廉"归入"德"中进行考核的做法	公务员	2005年《中华人民共和国公务员法》	
8	德、能、勤、绩、廉，重点考核工作实绩	德，是指思想政治素质及个人品德、职业道德、社会公德等方面的表现；能，是指履行职责的业务素质和能力；勤，是指责任心、工作态度、工作作风等方面的表现；绩，是指完成工作的数量、质量、效率和所产生的效益；廉，是指廉洁自律等方面的表现	公务员	2007年，中央组织部、国家人事部颁布《公务员考核规定（试行）》	较之1994年《国家公务员考核暂行规定》，德的维度上细化了思想道德的内容，涵盖个人品德、职业道德、社会公德等
9	德、能、勤、绩、廉，重点考核政治素质和工作实绩	较之2007年《公务员考核规定（试行）》，强调重点考核政治素质	公务员	2019年6月起施行新修订的《中华人民共和国公务员法》	

续表

序号	考核维度	具体考核内容	被考核对象	考核依据	备注
10	德、能、勤、绩、廉，重点考核政治素质和工作实绩	1. 德。全面考核政治品质和道德品行，重点了解学习贯彻习近平新时代中国特色社会主义思想，坚定理想信念，坚守初心使命，忠于党、忠于国家、忠于人民，忠于宪法，增强"四个意识"，坚定"四个自信"，做到"两个维护"，带头践行社会主义核心价值观，恪守职业道德，遵守社会公德、家庭美德和个人品德等情况。 2. 能。全面考核适应新时代要求履职尽责的政治能力、工作能力和专业素养，重点了解政治鉴别能力、学习调研能力、依法行政能力、群众工作能力、沟通协调能力、贯彻执行能力、改革创新能力、应急处突能力等情况。 3. 勤。全面考核精神状态和工作作风，重点了解忠于职守，遵守工作纪律，爱岗敬业，勤勉尽责，敢于担当，甘于奉献等情况。 4. 绩。全面考核坚持以人民为中心，依法依规履行职位职责，承担急难险重任务，依法完成工作的数量、质量、效率和所产生的效益等情况。 5. 廉。全面考核遵守廉洁从政规定，落实中央八项规定及其实施细则精神等情况，重点了解秉公用权、廉洁自律等情况。	公务员	2020年，中央组织部《公务员考核规定》	德的方面增加了指导思想，三个"忠于""四个意识"，"四个自信""两个维护"，践行德行等内容；能的方面增加了新时代履职尽责的"能力"；勤的方面细化了精神状态和工作作风的考核内容；绩的方面增加了"以人民为中心，依法履职，急难险重任务情况"；廉的方面增加了遵守规定，落实中央八项规定内容

度、执行民主集中制的状况和工作的实际成效。

1994年《国家公务员考核暂行规定》仍然按照"德、能、勤、绩"四个维度进行考核，但强调重点考核工作实绩。公务员考核制度的功能和考核重点已经由最初的政治审查转变为实绩评价。

2005年《中华人民共和国公务员法》确立了"德、能、勤、绩、廉"五个维度，改变了之前将"廉"归入"德"中进行考核的做法。自此，中国公务员考核维度就一直确定为"德、能、勤、绩、廉"。

2019年6月起施行新修订的《中华人民共和国公务员法》仍然按照五个维度考核，但强调重点考核政治素质和工作实绩。这是继1994年《国家公务员考核暂行规定》强调考核工作实绩之后，对政治素质考核的一次回归。2020年，中央组织部《公务员考核规定》进一步强调了对政治素质的考核。

可以看出，中国当代公务员考核的维度经历了从单一的政治审查到全面的工作实绩考核，再到政治素质与工作实绩并重的方向转变。

(二)"德、能、勤、绩、廉"的标准不断细化

1. 强化对"德"，尤其是职业道德的考核

习近平总书记强调，国无德不兴，人无德不立。做官先做人，做人先立德；德乃官之本，为官先修德。对公务员"德"的考核源自中华传统文化对"官德"的推崇。习近平总书记指出："所谓官德，也就是从政道德，是为官当政者从政德行的综合反映，包括思想政治和品德作风等方面的素养。这是一个历史的范畴。"①

中华传统文化对"德"提出了较高的要求。但是，对"德"的考核一直以来都是考核的重点和难点问题。"德"的考核一直是中国公务员考核的主要内容。总体来看，"德"的主要内涵和考核标准没有较大的变化。自1994年《国家公务员考核暂行规定》明确"德"的主要内容之后，公务员"德"的考核标准有一些调整。2007年《公务员暂行规定（试行）》在"德"的标准上增加了"职业道德""社会公德"的表述。2011年《关于加强对干部德的考核意见》增加了"家庭美德"的表述，见表5-4。

---

① 习近平：《用权讲官德 交往有原则》，《求是》2004年第19期，第36页。

表5-4　　　　　　　　　　　关于"德"的考核

序号	时间	规定	"德"的具体内容
1	1994	《国家公务员考核暂行规定》	德，是指政治、思想和道德品质的表现
2	2002	《国家公务员行为规范》	政治坚定、忠于国家；勤政为民、依法行政；务实创新、清正廉洁；团结协作、品行端正
3	2007	《公务员考核暂行规定（试行）》	德，是指思想政治素质及个人品德、职业道德、社会公德等方面的表现
4	2011	《关于加强对干部德的考核意见》	考核道德品行，主要考核干部的社会公德、职业道德、个人品德、家庭美德
5	2016	《关于推进公务员职业道德建设工程的意见》	坚定信念、忠于国家、服务人民、恪尽职守、依法办事、公正廉洁

公务员的道德品行考核，尤其是职业道德的考核，其标准和内容日益具体。2011年，国家公务员局制定《公务员职业道德培训大纲》，以忠于国家、服务人民、恪尽职守、公正廉洁为主要内容，大力加强公务员职业道德培训。同年，中央组织部印发《关于加强对干部德的考核意见》，进一步明确考核干部德的基本要求，改进和完善干部德的考核方法，充分运用干部德的考核结果。该意见明确，对干部德的考核，要体现国家公职人员职业特点和所肩负的责任，坚持政治性、先进性、示范性要求，以对党忠诚、服务人民、廉洁自律为重点，加强政治品质和道德品行的考核。

2016年7月，中组部、人社部、国家公务员局联合印发《关于推进公务员职业道德建设工程的意见》。该意见强调，加强公务员职业道德的考核评价，开展公务员平时考核、年度考核、任职考察等工作时，都要注重了解职业道德表现情况。个人述职要述德，民主测评要测德，考察谈话要问德，综合分析研判要分析评价公务员的职业道德素养和表现情况。公务员职业道德建设要突出政治性、示范性、约束性、可操作性，以"坚定信念、忠于国家、服务人民、恪尽职守、依法办事、公正廉洁"为主要内容。

早在2010年，福建省以成为国家公务员局平时考核工作联系点为契机，先行先试大胆创新，细化评价标准，明确试点单位在平时考核中，对"德、廉"内容不设分值，实行一票否决；突出考核"能、绩、勤"，并合理设置分值。① 2012年，河南省在全省行政机关公务员中评选表彰了50名公务员职业道德楷模，表彰他们扎根基层一线、爱岗敬业、甘于奉献、恪守职业道德的行为。② 2023年，山西省晋中市在全省首家出台《晋中市公务员平时考核实施细则（试行）》，明确对政治素质考核不合格的，实行"一票否优"。③

从各地公务员考核实践来看，"德"的考核指标目前主要包括政治品质和道德品行。政治品质包括政治方向、政治立场、政治态度、政治纪律、党性原则等方面的表现。具体来说，在重大政治事件中的表现情况以及对党的路线、方针、政策的理解度和具体行为表现等可以体现政治品质。有的地方将组织观念、纪律意识、大局意识、服务意识等意识层面的表现也归为政治品质考核的内容，考核公务员在具体工作中是否执行组织决议、听从领导指示，是否能在工作时遵守政府或单位各项纪律和规章制度、维护公共利益、遵守各项保密工作规定，是否对工作认真负责，是否能着重长远、全心全意为人民服务等。道德品行则包括个人品德、家庭美德、社会公德、职业道德等。

公务员职业道德的发展脉络

"德"是中华传统文化中对个人修身的要求和追求的目标，也是历史的治乱规律所阐明的对掌握权力之人的要求。"古代政治的评价标准，道德是第一位的，才能和作为是第二位的。"④ 张程在他的书里讲述了一个关于考核标准的故事。明朝有个工部主事，叫

---

① 先行先试大胆创新努力探索公务员考核新路子［EB/OL］.（2014-09-02）［2024-05-01］. http://www.scs.gov.cn/dfbmgzdt/201409/t20140902_2091.html.
② 河南省评选表彰50名行政机关公务员职业道德楷模［EB/OL］.（2013-06-25）［2024-05-01］. https://www.zyjjw.cn/zykx/df/2013-06-25/1372159304106494.html.
③ 【关注】"一票否优"晋中市出台公务员平时考核实施细则［EB/OL］.（2023-02-07）［2024-05-01］. https://www.sohu.com/a/638201672_121106854.
④ 张程：《制度与人情——通俗解读中国古代政治制度的发展历程》，华文出版社2021年版，第10页。

邵经武。工部负责征收车船税，而车船税是定额收税。邵经武被派到湖北荆州征收车船税，他收了三个月，就完成了定额，剩下的九个月都闲着。但是在朝廷考核的时候，朝野都觉得他是个好官，因为他"爱民"。① 这种道德评判高于业绩评价的做法是中国古代官吏评价的常见做法。

当然，古代官吏对"德"的要求与现代公务员考核中的"德"存在一定的差异。例如，古代对官员道德有"服务人民"的要求，但服务人民是手段，而非目的，这种服务以维护王权统治为本位。现在，人民是国家的主人，服务人民是目的，而非手段。古代对官员道德有"忠诚"的要求，"但古代的'忠'，主要指的是忠于封建君王和他所统治的国家，体现的是一种封建依附关系。现代领导干部要求的'忠'，主要是忠于党、忠于国家、忠于人民，强调的是对大局利益的维护"②。

清朝的解体并未给腐朽的官吏制度带来任何改变，民国时期的官僚集团内部腐败严重，职业道德的约束几乎无从谈起。南京国民政府时期，在引进西方公务员制度的同时，政府当局尝试改变公务员录用等制度环境。但由于长期的封建意识累积以及民主思想的匮乏，很多尝试最终成为泡影，职业道德的建设亦是如此。

中华人民共和国的成立，干部人事制度改革的推进，工作重心从革命战争转向社会主义建设，全国上下掀起投身建设的热潮，这些都为干部职业道德的建设创造了条件。但是，"马克思主义原理和历史事实告诉我们：干部道德的基础是建立在物质基础上的社会生活，没有经济社会的发展强行要求道德的纯洁与高尚是不符合规律的"③。在特殊历史时期，干部职业道德的建设曾成为某些阴谋分子排除异己的手段，职业道德的发展偏离了正确的方向。

---

① 张程：《制度与人情——通俗解读中国古代政治制度的发展历程》，华文出版社2021年版，第9页。
② 吴黎安：《做合格的领导——中国古代官德概要》，电子工业出版社2013年版，第77页。
③ 洪巍城：《百年中国公务员职业道德建设的经验与启示》，《山西高等学校社会科学学报》2019年第10期，第18—22页。

改革开放以来，尤其是公务员制度建立之后，公务员职业道德建设的发展方向明确，成效显著。从管理体制来看，党管人才的基本原则确保了党对干部、党对公务员道德建设的领导。党的自我革命的勇气和能力为公务员职业道德的建设提供了保障。对腐败问题的打击和清理，公务员队伍的教育培训，公务员行为规范的制度完善，公务员职业道德楷模事迹的宣传等举措不断促进公务员职业道德建设实现他律和自律的结合。

2. 细化对"能"，尤其是履职能力的考核

经济社会发展的不同阶段势必对公务员的能力提出不同的要求。"能"的考核标准体现了不同的时代特征。此外，不同层级、不同类别的公务员所需的知识和能力也必然存在较大的差异。

1979年，中央组织部《关于实行干部考核制度的意见》明确，考能是考核干部的业务、技术管理水平、工作效率和文化程度，是否具备胜任现职的能力。1994年《国家公务员考核暂行规定》明确，"能"是指业务知识和工作能力。2003年，原国家人事部印发《国家公务员通用能力标准框架（试行）》，梳理了公务员的通用能力标准，能力标准框架是公务员能力建设的主要方向，也是公务员"能"的考核的主要标准。2007年《公务员考核暂行规定（试行）》将"能"界定为履行职责的业务素质和能力。

2020年，中央组织部《公务员考核规定》明确，全面考核适应新时代要求履职尽责的政治能力、工作能力和专业素养，重点了解八种能力等情况，具体见表5-5。对比2003年的《国家公务员通用能力标准框架》，2020年的《公务员考核规定》吸纳了政治鉴别能力、依法行政能力、沟通协调能力，将"公共服务能力"改为"群众工作能力"，将"应对突发事件能力"改为"应急处突能力"，将"调查研究能力"和"学习能力"合并为"学习调研能力"，增加了"贯彻执行能力"，删除了"心理调适能力"。

表 5-5　　　　　　　　　　国家公务员通用能力标准框架

序号	能力	标准	2020年
1	政治鉴别能力	有相应的政治理论功底，坚持党的基本理论、基本路线、基本纲领和基本经验，认真实践"三个代表"重要思想 善于从政治上观察、思考和处理问题，能透过现象看本质，是非分明 具有一定的政治敏锐性和洞察力，正确把握时代发展要求，科学判断形势 贯彻执行党的路线、方针、政策	吸纳
2	依法行政能力	有较强的法律意识、规则意识、法制观念 忠实遵守宪法、法律和法规，按照法定的职责权限和程序履行职责、执行公务 准确运用与工作相关的法律、法规和有关政策 依法办事，准确执法，公正执法，文明执法，不以权代法 敢于同违法行为作斗争，维护宪法、法律尊严	吸纳
3	公共服务能力	牢固树立宗旨观念和服务意识，诚实为民，守信立政 责任心强，对工作认真负责，密切联系群众，关心群众疾苦，维护群众合法权益 有较强的行政成本意识，善于运用现代公共行政方法和技能，注重提高工作效益 乐于接受群众监督，积极采纳群众正确建议，勇于接受群众批评	改为"群众工作能力"
4	调查研究能力	坚持实践第一的观点，实事求是，讲真话、写实情 坚持群众路线，掌握科学的调查研究方法 善于发现问题、分析问题，准确把握事物发展的历史、现状和产生的影响 积极探索事物发展的规律，预测发展的趋势，提出解决问题的建议 善于总结经验，发现典型，指导、推动工作	整合"学习能力"

续表

序号	能力	标准	2020年
5	学习能力	树立终身学习观念，有良好的学风，理论联系实际，学以致用 学习目标明确，根据自己的知识结构和工作需要，从理论和实践两方面积累知识与经验 掌握科学学习方法，及时更新和掌握与工作需要相适应的知识、技能 拓宽学习途径，向书本学、向实践学、向他人学	整合"调查研究能力"
6	沟通协调能力	有全局观念、民主作风和协作意识 语言文字表达条理清晰，用语流畅，重点突出 尊重他人，善于团结和自己意见不同的人一道工作 坚持原则性与灵活性相结合，营造宽松、和谐的工作氛围 能够建立和运用工作联系网络，有效运用各种沟通方式	吸纳
7	创新能力	思想解放，视野开阔，与时俱进，具有创新精神和创新勇气 掌握创新方法、技能，培养创新思维方式 对新事物敏感，善于发现、扶植新生事物，总结新鲜经验 善于分析新情况，提出新思路，解决新问题，结合实际创造性地开展工作	改为"改革创新能力"
8	应对突发事件能力	有效掌握工作相关信息，及时捕捉带有倾向性、潜在性问题，制订可行预案，并争取把问题解决于萌芽之中 正确认识和处理各种社会矛盾，善于协调不同利益关系 面对突发事件，头脑清醒，科学分析，敏锐把握事件潜在影响，密切掌握事态发展情况 准确判断，果断行动，整合资源，调动各种力量，有序应对突发事件	改为"应急处突能力"
9	心理调适能力	事业心强，有积极、乐观、向上的精神状态和爱岗敬业的热情 根据形势和环境变化适时调整自己的思维和行为，保持良好的心态、情绪 自信心强，意志坚定，能正确对待和处理顺境与逆境、成功与失败 良好的心理适应性，心胸开阔，容人让人，不嫉贤妒能	删除，增加"贯彻执行能力"

公务员能力考核的思考

我们先从一则故事说起。故事的真伪我们无从考证，但至少说明在当时的社会环境下，存在以"约束家人"为标准来考核官吏治理能力的可能性。

故事的主人公是桂阳县令阮嵩。唐贞观中，桂阳令阮嵩妻阎氏极妒。嵩在厅会客饮，召女奴歌。阎披发、跣足、袒臂，拔刀至席，诸客惊散。嵩伏床下，女奴狼狈而奔。刺史崔邈为嵩作考词云："妇强夫弱，内刚外柔。一妻不能禁止，百姓如何整肃？妻既礼教不修，夫又精神何在？考下。"① 按照唐朝贞观年间的考核规定，县令一般由功曹参军来考核，刺史往往主持考核会议。刺史崔邈因为县令阮嵩惧内之事进而认定其连妻子都管不好，更不用说治理百姓了。妻子这么无礼，丈夫的才能也就可得而知，因此给他的考核等级定为下等。

当然，以某一件具体事情的处理作为评定一个官吏在考核周期内表现的决定性因素，未免过于主观。但确实"能"的考核并非一件可以轻易量化或客观进行评价的事情。国外公务员考核对"能"的界定可以分为两个方面：一方面是基于岗位的工作能力，往往会依据不同的职业而有所区别，指的是为了实现工作目标或绩效产出等需要具备的能力；另一方面是基础素质和能力，体现个人特点的行为能力，主要表现为公务员在人际交往能力、领导力、事业心、沟通技能、团队能力和分析能力等方面表现出色所需的个人特点和行为。如何考核这两方面的能力，同样是值得思考的问题。

有的国家采取细化考核指标的方式来明确考核标准，以便实现更加科学准确的"能力"评价。例如，美国国家开发署在考核公务员的沟通能力时，将沟通能力细化为口语沟通、书面沟通和演讲能力，每个指标都有详细解释和评价尺度。口语沟通的评价尺度包括：用易于理解的方式把复杂、专业或敏感信息表达清晰、简洁；使用与所任职位相称的语言词汇；表达具有自信，语言指令明了；有很强的语言组织能力表达自己的想法；使用面部表情、眼神、手势等沟通信息。如此细致的衡量标准，虽然能在某种程度上避免主观判断的偏差，但

---

① （唐）张鷟撰：《朝野佥载》卷四，中华书局1984年版，第49页。

实际上完全符合这些标准，是否就可以塑造出完美的"口语沟通能力"，得出口语沟通能力佳的判断，这也是存疑的。

有学者将中国公共部门的工作划分为创新性工作和模仿性工作，认为前者需要能吏，后者需要循吏。能吏需要创新能力，循吏需要模仿能力。对能吏应该授权管理，只问结果不管过程，对循吏应该集权管理，只看过程不看结果。[①] 这和国外公务员"能"的考核基于岗位的工作能力思路是一致的，且明确了不同能力的考核应当采取不同的方法。

各地在实践当中，不断探索"能"的公务员考核方法。例如，在定性评价方法的基础上，探索运用现代科学技术和数学方法，采集和整理被考核对象的数据信息，进行定量考核。尽管如此，公务员"能"的考核仍然任重道远，目前尚未找到能行之有效且适合推广运用的考核方法。

3. 坚持对"勤"，尤其是勤奋敬业的考核

公务员制度建立以来，中国公务员考核中"勤"的标准越来越明确。1994年《国家公务员考核暂行规定》明确，"勤"是指工作态度和勤奋敬业的表现。2007年《公务员考核暂行规定（试行）》将"勤"的主要内容调整为"责任心、工作态度、工作作风等方面的表现"。2020年的《公务员考核规定》全面考核精神状态和工作作风，重点了解忠于职守，遵守工作纪律，爱岗敬业、勤勉尽责，敢于担当、甘于奉献等情况。

从各地公务员考核实践来看，"勤"的考核指标通常细化为"出勤情况、团队合作精神、工作主动性、工作作风、工作态度"等。具体包括：一是勤奋度，通常最基本的要求是以出勤率的方式呈现，即是否严格遵守上下班时间、平时请假次数多少等。二是工作态度，通常最基本的要求是以良好的工作面貌来对待本职工作。例如，公务员对本职工作的努力程度和钻研程度，考核其是否精益求精、乐于奉献、不断开拓进取等。随着信息技术的运用，"工作态度"这种难以量化的主观评价类指标的考核，也可以依托信息技术在留痕的工作记录中找到相关佐证，使得考核更为公平公正。三是工作规范，通常最基本的要求是严守工作规程，规范履职行

---

① 董克用、李刚：《官员任用与考核之道》，《人民论坛》2014年第16期，第50—51页。

为，有的地方还有统一着装、使用礼貌用语等要求。

何为"勤"？

"勤"是中国自古至今一直倡导的行为准则。《尚书·周书·周官》记载了周成王告诫官吏的话语，"功崇惟志，业广惟勤。"① 意思就是，远大的志向方能铸就伟大的功绩，工作勤奋才能完成伟大的事业。南宋诗人吕本中在《官箴》中指出："当官之法，惟有三事：曰清、曰慎、曰勤。知此三者，可以保禄位，可以远耻辱，可以得上之知，可以得下之援。"② 意思就是，为官之道在于遵守清廉、谨慎、勤勉三条法则，遵守这三条法则，就可以保住职位，远离耻辱，上司赏识，下属拥护。

那么，究竟何为"勤"？三国时诸葛亮的"臣鞠躬尽瘁，死而后已"是一种"勤"。曾国藩将"勤"解释为："勤，不必有过人之精神，竭吾力而已矣。"习近平总书记20字的好干部标准，有一条就是"勤政务实"。按照2020年《公务员考核规定》，"勤"主要体现为精神状态和工作作风，重点了解忠于职守，遵守工作纪律，爱岗敬业、勤勉尽责，敢于担当、甘于奉献等情况。这些表述都是判断，需要各种各样的现象来支持这样的判断。例如，怎么算"勤勉尽责"？习近平总书记在《做焦裕禄式的县委书记》中指出："责任就意味着尽心尽责干事。对定下来的工作部署，要一抓到底、善始善终，坚决防止走过场、一阵风。"③

"勤"的要求往往不容易达到。清代乾隆皇帝希望官吏能够勤奋工作，但他发现"许多地方，所谓勤奋的官员'不过是按时上班，循规蹈矩地处理文件后，早早下班，回家闭门不见一客'"④。很显然，乾隆皇帝时期的官吏既没有达到皇帝所期望的"勤奋"，也没有达到曾国藩所界定的"竭吾力"。也就是说，"勤"不仅仅意味着按

---

① 人民日报评论部：《习近平用典》（第一辑），人民日报出版社2015年版，第122页。
② 人民日报评论部：《习近平用典》（第一辑），人民日报出版社2015年版，第71页。
③ 习近平：《做焦裕禄式的县委书记》，中央文献出版社2015年版，第9页。
④ 张宏杰：《饥饿的盛世：乾隆时代的得与失》，重庆出版社2022年版，第66页。

时上下班,循规蹈矩处理好工作。

即便达到了"勤"的要求,也未必能实现目标。弗兰克·B.吉尔布雷思和莉莲·M.吉尔布雷思在《勤奋的人未必成功》一书中提出了"成功的秘诀不是勤奋"这一观点。从考核制度来看,这一核心观点就是工作做得好不好要看结果,而不是过程有多忙碌。这实际上也提醒我们,在用"勤"作为考核指标时,需要关注几个可能的误导。例如,误导被考核对象把精力放在表现得很勤奋上面,误导产生目标不明的勤奋,误导将勤奋作为逃避责任的借口。

4. 突出对"绩",尤其是工作实绩的考核

中国的公务员考核一直突出对工作实绩的考核。1994 年《国家公务员考核暂行规定》明确,"绩"是指工作的数量、质量、效益和贡献。2007 年《公务员考核暂行规定(试行)》将"绩"的主要内容调整为"完成工作的数量、质量、效率和所产生的效益"。这一调整的重要变化在于将难以确定标准的"贡献"转变为可以估摸的效益,包括经济效益、社会效益等。2020 年的《公务员考核规定》全面考核坚持以人民为中心,依法依规履行职位职责、承担急难险重任务等情况,重点了解完成工作的数量、质量、效率和所产生的效益等情况。可以看出,承担急难险重任务等情况成为工作实绩考核的重要内容,这充分体现了新时代对干部担当作为的新要求。

从各地公务员考核实践来看,"绩"的考核指标目前可以划分为四个方面,具体包括:一是对标目标任务的工作完成度。具体来说,就是公务员在考核周期内是否达到或超额完成工作任务。完成度既可以采取工作完成率等量化的数值体现,也可以采取是否达成等定性评价体现。二是工作完成本身的困难度、复杂度、创新度。具体来说,困难度主要体现为公务员所从事的工作难度系数如何,涉及范围如何,是否需要攻坚克难等方面。复杂度主要体现为公务员所从事的工作是否需要应对烦琐复杂的事项等。例如,云南省玉溪市公务员考核将解决复杂问题作为考核公务员"绩"的指标。创新度主要体现为公务员完成工作是否需要创新方法、技术或程序,是否需要提出新构思等。例如,江苏省南京市财政局公务员考核将工作创新作为考核公务员"绩"的指标。三是工作完成过程中的速度、准确度等。具体来说,公务员在考核周期内是否保质保量完成工作任务,是否办事高

效等可以体现工作速度。是否仔细、精准完成工作目标并达到预期效果等可以体现工作准确度。四是工作完成的群众满意度、社会实效、行政成本节省等维度。工作完成是否符合群众的要求，达到群众满意的程度可以体现群众满意度。工作完成有无过错或失误，是否呈现出明显的效果可以体现工作实效。除此之外，在有限的人力、物力及财政资源的前提下，公务员是否实现了行政工作成本的控制或节省等都可以体现是否节省行政成本。

当然，具体到每个单位，并非四个方面的指标全部都体现。即便在同一个单位，不同类别的公务员"绩"的考核，其重点指标也不一样。例如，山东省济宁市行政审批服务局的平时考核工作中，区分科室负责人、窗口业务工作人员、综合科室工作人员设定个性化指标，这些个性化指标当中，对"绩"的考核有明显的区分。科室负责人的"绩"更多强调工作实效，即完成工作任务情况、承担急难险重工作情况、改革创新情况等。窗口业务工作人员的"绩"主要体现为办件数量和质量。综合科室工作人员的"绩"则既从工作数量、工作质量、工作效率和成效三个方面来体现。[①] 具体如表5-6所示：

表5-6　　山东省济宁市行政审批服务局平时考核部分指标

个性指标 （科室负责人）	履职能力	工作成效	作风表现	组织协调
评价内容	全面把握部门和科室职责，明确工作中的风险点和特色亮点；决策能力强，完成工作周密有方，工作有计划、有思路、有方法等	工作实绩，完成工作任务情况；承担省、市、局中心工作和急难险重任任务情况；改革创新情况等	开拓进取，思路全面、系统；擅于通过培训学习加强管理运用能力；服务发展、服务群众意识；从实际出发，调查研究，注重实效等	组织领导、沟通协调方面的能力；进行团队建设，调动积极性合作解决问题方面的能力；根据工作任务进行目标分解和资源分配方面的能力

---

① 公务员绩考融合典型案例 | 济宁市行政审批服务局：构建"四化"考核机制 考准群众"满意度"［EB/OL］.（2023-10-12）［2024-06-08］. https://mp.weixin.qq.com/s?__biz=MzIwNTk2NzkzMA==&mid=2247583119&idx=2&sn=690cf27bf98d9e5f819091d0f7996084&chksm=972b02daa05c8bcce396ae8471807868f522e87049fbae d9a859ae92824912502e456fb402d0&scene=27.

续表

个性指标（窗口业务工作人员）	业务能力	服务态度和形象	办件数量和质量	服务承诺兑现情况
评价内容	熟练掌握业务审批事项的规定和办理流程；对服务对象提出的问题能够准确理解并解答，能够第一时间灵活处理各类业务问题和特殊情况，解决群众难题	窗口柜台及工作区内的卫生和物品设备摆放规范有序，严格落实大厅着装、仪容和证件佩戴的管理规定；遵守工作纪律，上班期间不做与工作内容无关的事；言谈举止文明，态度和蔼、主动热情耐心等	全省统一政务服务平台各类政务服务事项规范梳理上网运行和办理情况以及网上咨询事项办理情况；按时办结率和办理总数情况是否在全理范围内，是否存在超期办件情况；业务办理各环节的标准化操作和服务对象"好差评"评价情况等	以办事群众和企业利益为考量，主动落实首问负责、限时办结、空缺办理、廉洁高效等服务承诺；认真梳理业务模板和服务指南，做好承诺公开和宣传工作，积极解决践诺过程中出现的问题等
个性指标（综合科室工作人员）	工作数量	工作质量	工作效率和成效	业务能力
评价内容	根据岗位职责，完成重点工作的数量、上级领导交办的任务以及一些临时性工作情况	完成既定的目标、达成工作要求和标准；工作职责落实到位，每件工作都力争做到最好；严格要求、积极改进工作中的失误；努力提高工作科学化、规范化	在规定时间内完成工作任务；积极主动、雷厉风行；工作产生的各方面效益，尤其是基础性、长效性工作的成效和工作贡献	按照法定的职责、权限和程序履行职责、落实工作、执行公务；政策理论水平、工作思路；工作计划科学合理；领会和执行上级的工作部署和要求；处理突发事件的能力；创造性开展工作

无功就是有过

清代纪昀在《阅微草堂笔记》当中记载过这样一个故事，体现了政绩考核"无功就是有过"的思想，具体故事如下：

郑又言，此媪未至以前，有一官公服昂然入，自称所至但饮一杯水，今无愧鬼神。王哂曰："设官以治民，下至驿丞闸官，皆有利弊之当理。但不要钱即为好官，植木偶于堂，并水不饮，不更胜公乎？"官又辩曰："某虽无功，亦无罪。"王曰："公一生处处求自全，某狱某狱，避嫌疑而不言，非负民乎？某事某事，畏烦重而不举，非负国乎？三载考绩之谓何？无功即有罪矣。"官大踧踖，锋棱顿减。①

这个故事的意思就是，有个身穿官服的官员，昂首挺胸地来到阎王那，说自己所到之处不过是饮水一杯，无贪腐行为，无愧于鬼神。对此，阎王冷笑道："朝廷设立官制是为了治理国家、造福百姓，下到管理驿站、水闸的小官，都要按着理法来权衡其政务利弊。要是不贪不占就算是好官，那么在堂上树个木偶，它连一口水都不喝，岂不是更胜于你？"官员申辩说，"我虽无功，但也无过。"阎王说："你一生处处保全自己，为避嫌而在审判案子时不敢伸张正义，这不是辜负了百姓吗？为怕麻烦而不检举某件事情，这不是辜负了国家吗？应当怎么看一个官员的考绩？无功就是有过。"

5. 明确对"廉"，尤其是廉洁从政的考核

2005年《中华人民共和国公务员法》在考核内容上增加了"廉"这一维度，明确全面考察公务员的德、能、勤、绩、廉，重点考核工作实绩。2007年《公务员考核暂行规定（试行）》明确，廉是指廉洁自律等方面的表现。2010年《中国共产党党员领导干部廉洁从政若干准则》正式发布实施，将"廉"的要求提到了前所未有的高度。2015年，中共中央印发《中国共产党廉洁自律准则》，深入推进党风廉政建设和反腐败斗争。2020年的《公务员考核规定》全面考核遵守廉洁从政规定，落实中央八项规定及其实施细则精神等情况，重点了解秉公用权、廉洁自律等情况。在实际操作中，"廉"的考核通常实行"一票否决"的定性考核

---

① （清）纪昀：《阅微草堂笔记》，浙江古籍出版社1997年版，第11页。

方式。

从各地公务员考核实践来看，"廉"的考核指标可以划分为四个方面，具体包括：一是廉洁自律情况。具体来说，是否保持艰苦奋斗、克勤克俭等优良作风，是否保持生活健康、积极公益等生活作风等可以体现廉洁自律。二是遵守廉政规范情况。具体来说，是否遵守所在岗位的廉政责任要求，是否存在公款吃喝等违规行为等可以体现遵守廉政规范情况。三是廉洁从政情况。具体来说，是否严守法纪，认真对待手中的权力，不以权谋私、严格依法办事等可以体现廉洁从政情况。四是公道正派情况。具体来说，是否不徇私情，严格要求配偶和子女等可以体现公道正派情况。

关于"廉"的思考

自古至今，对官吏"廉"的要求一直没有改变。"'吏不廉平，则治道衰'，出自汉宣帝神爵三年（公元前59年）颁布的诏书。意思是：官吏不廉洁、判案不公正，治理形势就会衰败。"[①]

怎样才算做到了"廉"呢？2014年3月，习近平总书记在调研指导河南兰考县党的群众路线教育实践活动时，曾讲述过张伯行的故事。张伯行被康熙誉为"天下第一清官"，为官四十多年，以清廉爱民闻名天下。他认为，"居官以廉为本，故见理明则不妄取，爱名节则不苟取，畏法律则不敢取。虽有安勉之不同，皆可以谓之廉"[②]。意思是，当官以廉洁为本，明白了这个道理就不会任意获取，珍惜名誉就不会随意获取，敬畏法律就不敢轻易获取。这三种境界虽然不同，但都可以称之为廉洁。他还写过一篇《却赠檄文》，表明了他的清廉态度："一丝一粒，我之名节；一厘一毫，民之脂膏。宽一分，民受赐不止一分；取一文，我为人不值一文。谁云交际之常，廉耻实伤。"

[①] 人民日报评论部：《习近平用典》（第二辑），人民日报出版社2018年版，第211页。

[②] （清）张伯行：《困学录集粹》，清同治福州正谊书院本。明代理学家薛瑄在《从政录》中提到，"见理明而不妄取者，上也；尚名节而不苟取者，其次也；畏法律、保禄位而不敢取者，为下也。"意思是上乘境界是不妄取，不苟取次之，下乘境界是不敢取，提倡主观自觉的廉洁。张伯行认为，这三种境界都属于廉洁的表现。

"廉"为何难以考核？原因很多：第一，与"廉"相关的信息具有隐蔽性，难以获取。近年来反腐下马的巨贪，为了隐藏自己的不法行为，不少都有着一副清廉的假样子。例如，四川德阳市委原副秘书长毛文华非法收受财物近千万元，却将多年贪污受贿的小部分钱款当作廉洁款上交组织。像这样的贪腐分子，由于其刻意隐藏其行为动机和行为表现，很难在日常的工作生活当中以考核的方式被发现。第二，与"廉"相关的行为具有隐蔽性，难以发现。除了行为人会刻意隐藏行为动机和表现之外，为避免信息泄露，贪腐行为往往发生在单个个体身上，极少跟他人之间产生合谋。因此，除非有针对性地进行财务审计等专业行为，否则很难找到蛛丝马迹。考核这种方式显然难以发现问题。既然难以发现问题，自然就很难做出是否"廉"的判断。

第三节　当代公务员考核的方法与程序

考核方法及程序回答的是"怎么考、按什么步骤考"这两个问题。为了达到考核的目的，实现考核的制度功效，不同国家以及同一国家在不同时期的考核方法有所区别，考核程序也会随之发生变化。目前中国基本上形成了领导与群众相结合、平时与定期相结合、定性与定量相结合的考核方法。不同的考核方法，其考核程序有所区别，且繁简程度不一，大体上分三步推进：一是制定考核法律规范，规定考核的基本原则；二是人事主管部门制定考核实施细则；三是各机关具体进行考核工作。考核工作基本上包括评定、调整和确认三个步骤。

一　当代公务员考核的方法

中华人民共和国成立之前，干部考核主要采取审查的方式进行，审查主要采取填写书面材料和谈话交流方式进行。例如，1940 年，中央《关于审查干部问题的指示》指出："审查每个干部时，必须由被审查的干部自己填写表格，并写详细的履历，由干部科工作人员与之作详细谈话，对其重要关节必须找出旁证人写出证明书，根据上述的材料精细地审查，并由干部科会议讨论作出结论。"

中华人民共和国成立之初，干部考核主要采取鉴定的方式进行。例如，1949年，中央组织部发布的《关于干部鉴定工作的规定》明确，干部鉴定采取个人自我检讨、群众会议讨论、领导负责审查三种方式结合进行。

此外，科学技术干部的考核主要采取自上而下和自下而上相结合的方法进行。例如，1964年，中央组织部拟定的《关于科学技术干部管理工作条例试行草案》指出，"考察了解科学技术干部，应当采取自上而下和自下而上相结合的方法。主要通过阶级斗争、生产斗争、科学实验三大革命运动，从他们的日常表现、业务实践和学术活动中，根据不同对象，采取不同方法，逐个地进行深入系统地考察了解，把他们的政治历史、工作情况和科学技术水平、业务能力切实地掌握起来。"

1979年，中央组织部制定的《关于实行干部考核制度的意见》明确了干部考核的方法为：领导和群众相结合的方法以及平时考察和定期考核结合的方法。这样的考核方法一直沿用到2007年，《公务员考核暂行规定》增加"定性与定量相结合的方法"，确定了公务员考核实行领导与群众相结合、平时与定期相结合、定性与定量相结合的方法，按照规定的权限、条件、标准和程序进行。尽管2020年《公务员考核规定》删除了考核方法的表述，但在考核实践中基本上还是采取这些方法。

（一）领导与群众相结合的方法

领导与群众相结合是指在实行公务员考核的过程中，把直接行政首长的考核与群众参与考核结合起来。这是行政首长负责制与党的群众路线的工作方法在公务员考核工作中的具体体现。

按照宪法、国务院组织法和地方各级人民政府组织法的有关规定，各级国家行政机关及其所属的工作部门均实行行政首长负责制，各级行政首长按照法定权限统一领导本机关或本部门的各项工作并承担相应的行政责任。因此，考核公务员是宪法和地方各级人民政府组织法赋予行政首长的职责。公务员考核必须在行政首长的主持或直接参与下进行，同时考核结果的最后决定权在行政首长。与此同时，考核还要贯彻和运用群众路线的方法，多渠道、多形式听取群众的意见，确保考核结果的公正。

自1979年《关于实行干部考核制度的意见》明确，采取领导与群众相结合的考核方法开始，这一方法一直沿用至今。其间有一些政策文件对该方法的具体做法和相关要求进行了明确。例如，2001年《关于进一步加强和改进党政机关年度考核工作的意见（试行稿）》明确，要坚持领导与群众相结合的方法，使被考核人的领导、同级、下级等不同层次的人员，通过多种形式参与考核过程，使考核结果综合反映各方面的意见。直接面向群众的党政工作部门和窗口单位，要面向社会，在一定范围内接受直接服务对象的评议，通过多种方法和渠道听取意见，把机关内外的意见结合起来，综合考虑确定考核结果。对各方面的意见要进行分析，采取实事求是的态度客观公正地确定被考核人的年度考核结果。对测评结果要具体分析，不能简单地以票以分数确定考核等次，避免简单化、绝对化。

总体来看，在考核实践中这些考核方法通常有三种不同程度的结合方式：一是领导直接评定法。被考核人的领导在听取个人述职之后，参照平时考核结果，在听取群众意见的基础之上，直接给出被考核人的考核结果。二是民意测定法。将考核内容细化为若干项目，每一项目确定相应的分值，由被考核人的直接上、下级和同事等填写考核表，按照不同考核主体的权重对考核分值进行计算加总，最后得出被考核人的考核结果。三是领导评定与民意测定结合的方法。领导评定采取上级评价下级的方式，以打分、写评语等形式进行，评价等次对应相应的分数。民意测定采取填写民主测评表的方式进行，参加测评人员填写相应表格，给出评价等次。最终，按照领导评定得分乘以相应权重加上民意测定评分乘以相应权重，得出考核结果。

民主测评的实践运用

2019年，中央组织部《党政领导干部考核条例》出台，其中第20条第二款明确了年终考核中民主测评的主要做法，"根据对领导班子和领导干部考核内容的要求设计测评表，由参加民主测评的人员填写评价意见。参加测评的人员范围，按照知情度、关联度、代表性原则，结合实际确定。"2020年中央组织部《公务员考核规定》第14条第二款明确：对担任机关内设机构领导职务的公务员，在一定范围内进行民主测评。根据需要，可以对其他公务员进行民主测评。实践中，民主测评的运用如下：

一是年度考核中增加民主测评的环节，邀请服务对象对被考核者进行测评评价。例如，安徽省宁国市在公务员年度考核工作中加强民主测评这一环节，对在民主评议中不过关或考核等次较差者实行淘汰制，在全市形成了"能者上、平者让、庸者下"的用人导向。该市在公务员年度考核时，邀请服务对象对被考核者进行测评评价，把考核的话语权交给服务对象，由服务对象对照考核者的德才表现、工作履职、服务态度、办事效果等情况，对单位每位公务员进行民主评议并作出具体排名。单位考核领导小组通过听取实绩述职、个别谈话、查阅资料等办法对民主评议结果进行全面核验。对于年度考核民主评议环节中不称职得票率超过1/3或综合表现排在倒数第一名的公务员，考核结果认定为不称职，由单位领导对其进行诫勉谈话，并视具体情况分别作出轮岗、降职、免职、责令辞职等处理。截至目前，该市对2名年度考核不称职的公务员给予辞退，对6名年度考核基本称职及不定等次的公务员进行了诫勉谈话。①

二是平时考核中进行民主测评。表5-7是浙江省温州市龙湾区某单位公务员平时考核的民主测评表，②平时考核的周期为每季度。民主测评结果在公务员平时考核的100分总分中占20分。从测评表中可以看出，该单位民主测评主要包括三部分的评价，一部分是总体评价，另一部分是对德能勤绩廉的分项评价，还有一部分是政治表现反向测评，主要内容有规矩意识不强、担当精神不够、计较个人得失、违反中央八项规定、违反组织纪律。该单位区分了民主测评的主体，不同主体设置不同的测评权重，主要领导、班子领导、科室负责人、一般干部按照4∶3∶2∶1的权重考核赋分开展民主测评，以优秀票得1分、称职票得0.8分、基本称职票得0.6分、不称职票得0.4分、弃权票得0.7分的标准计算。

---

① 安徽宁国市 民主评议不称职将降职［EB/OL］.（2015-12-03）［2024-06-12］. http：//www.xinhuanet.com/politics/2015-12/03/c_128496275.htm.
② 关于印发《龙湾区科学技术局在编干部平时考核工作实施方案》的通知［EB/OL］.（2022-08-16）［2024-06-12］. http：//www.longwan.gov.cn/art/2022/8/16/art_1229505821_2014086.html.

表 5-7　××××年×单位在编干部平时考核民主测评表

参加人员类别：主要领导□　班子领导□　科室负责人□　一般干部□

测评日期：　　年　月　日

姓名	总体评价			分项评价																政治表现 反向测评				
				德				能				勤				绩				廉				
	优秀	称职	基本称职	不称职	好	较好	一般	差	好	较好	一般	差	好	较好	一般	差	好	较好	一般	差	规矩意识不强	担当精神不够	计较个人得失	违反八项规定	违反组织纪律

说明：请参加测评人员在相应的空格内打"√"。

三是以民主测评结果推动平时考核落地见效。实践中，有些地方采取了常态化的民主测评，且依据测评结果进行相应的惩戒。例如，江苏南通如皋市建立机关公务员民主评议动态表，通过落细落小日常评议记录内容推动平时考核落地见效。该市实行"不满意红线"制度和月度评议排名制度，当月出现一次评议"不满意"或评议排名处于最后10%的，经调查确属有工作失责的，给予批评和诫勉谈话教育；一个月内两次出现"不满意"或评议排名处于最后5%的，给予通报批评；一个月内三次出现"不满意"或连续两个月排名处于最后5%的，调离工作岗位，并视情节轻重给予党纪政纪处分。

（二）平时考核与定期考核相结合的方法

平时考核主要是考核公务员日常履行岗位职责的情况，年度考核则是对公务员在固定期限内德能勤绩廉全方位的考核。平时考核是定期考核的基础，为定期考核提供依据。

1979年中央组织部《关于实行干部考核制度的意见》明确了采取平时考察与定期考核相结合的方法。其中，平时考察指的是党组织通过和干部谈话、听取思想、工作汇报和群众反映等方法了解干部情况，并注意搜集本人写的有价值的工作总结、报告、文章。平时考察的结果作为定期考核的基础。

2001年《关于进一步加强和改进党政机关年度考核工作的意见（试行稿）》对平时考核与年度考核之间各有重点、互为补充的关系进行了详细论述，强调平时考核的重点是日常工作任务完成情况和出勤情况，可以通过考勤和周、月、季、半年工作总结等方式进行。年度考核对干部的德、能、勤、绩进行全面评价，重点是全年政治表现和工作任务完成情况，结合年度工作总结进行。平时考核是年度考核的基础，年度考核要以平时考核为依据，要结合平时考核和民主测评结果进行综合评估，对于重点专项工作也可采取目标责任制考核，使考核结果真实地反映被考核人的情况。

2007年《公务员考核规定（试行）》明确，平时考核重点考核公务员完成日常工作任务、阶段工作目标情况以及出勤情况，可以采取被考核人填写工作总结、专项工作检查、考勤等方式进行，由主管领导予以审核评价。定期考核采取年度考核的方式，在每年年末或者翌年年初进行。

2020年《公务员考核规定》明确平时考核是对公务员日常工作和一贯表现所进行的经常性考核，一般按照个人小结、审核评鉴、结果反馈等程序进行。同时，《公务员考核规定》还增加了专项考核的表述。专项考核是对公务员完成重要专项工作，承担急难险重任务和关键时刻的政治表现、担当精神、作用发挥、实际成效等情况所进行的针对性考核，可以按照了解核实、综合研判、结果反馈等程序进行，或者结合推进专项工作灵活安排。定期考核采取年度考核的方式，是对公务员一个自然年度内总体表现所进行的综合性考核，在每年年末或者翌年年初进行。专项考核、平时考核、定期考核三种类型的考核方式，各自发挥着作用，各有侧重、相互补充、相互印证。

总体来看，在考核实践中，平时考核与定期考核通常以三种方式相结合：一是平时考核的结果作为年度考核等次的评定依据，且占据较大的比重。年度考核等次要依据平时考核和年终考核情况综合确定。例如，甘肃山丹县①平时考核情况在年度考核中所占权重不低于60%。陕西渭南人社局增加平时考核权重，将平时考核结果比重提高到年度综合考核的85%。② 二是按照2019年中央组织部《公务员平时考核办法（试行）》第十二条规定，平时考核结果与年度考核结果挂钩。年度考核确定为优秀等次的，应当从当年平时考核结果好等次较多且无一般、较差等次的公务员中产生，当年平时考核结果均为好等次的，年度考核可以在规定比例内优先确定为优秀等次。三是按照2019年中央组织部《公务员平时考核办法（试行）》第十二条规定，当年平时考核结果一般、较差等次累计次数超过一半的，年度考核原则上应当确定为基本称职或者不称职等次。当年平时考核结果均为较差等次的，年度考核可以直接确定为不称职等次。

平时考核的地方经验

公务员平时考核工作经过多年试点，试点范围不断扩大，考核方式逐步固定。地方在推行平时考核的时候，积累了不少的工作经验。以下总结的是地方进行平时考核的一些常见做法：③

一是平时考核与绩效管理相结合。部分地方将平时考核的指标与部门和组织的绩效管理指标相结合。例如，吉林省长春市、江苏省常州市等地的政府绩效总体考评指标或市直单位综合考评"机关党建"指标都将平时考核工作纳入其中。再如，山东省日照市委编办将科室绩效管理与个人平时考核深度融合。④ 具体做法包括：第一，市委编办在"自我评价""述职评议"考核程序基础之上，前置"绩效计划"程序，用好"绩效计划"这个评价履职情况的"指向标""度量衡"。第二，市委编办在日常量化考核中融入绩效评估思维，明确

---

① 山丹县：强化公务员平时考核工作［EB/OL］.（2022－08－17）（2024－06－20）. http：//www.gszg.gov.cn/2022－08/17/c_1128920967.htm.
② 陕西渭南人社局机关平时考核动真格——组织人事［EB/OL］.（2013－07－19）［2023－08－19］. http：//renshi.people.com.cn/n/2013/0719/c139617－22257583.html.
③ 自2012年开始，笔者主持或参与了关于公务员考核的多个课题，前往不少地方进行了公务员考核的主题调研。与此同时，笔者所在的中国人事科学研究院也有不少专家同仁同步开展了相关研究。这些常见做法正是在调研的过程中，以及与专家同仁的交流中总结出来的。
④ 日照市委编办三项举措 促进绩效管理与平时考核深度融合－工作动态［EB/OL］.（2022－12－23）［2024－06－20］. http：//www.sdbb.gov.cn/page/content/A01031/405563.html.

24条考核指标，充分发挥平时考核"指挥棒"作用。第三，将绩效管理反馈融入考核评价，推动形成能者上、优者奖、庸者下、劣者汰的正确导向，有效发挥平时考核"风向标"作用。

二是平时考核与专项工作考核相结合。例如，江苏南通如皋市基层一线公务员的平时考核内容，既有乡镇分工工作的考核，又有全市重点工作的条线考核。因此，该市以"积分考核"为主要形式，建立用人单位日常监管和主管部门现场督查相结合的交叉式考核体系。用人单位主要承担日常监管责任，对公务员工作完成、考勤到岗、制度遵守等情况进行考核评分；主管部门主要承担项目督察责任，对公务员服务发展、打造亮点等情况进行考核评分。再如，江苏苏州吴江区公安局将平时考核结合社区民警压降违法犯罪警情专项考评、接处警民警"110处警满意度"专项考评等中心工作开展，从严整治队伍中少数人员的"庸、懒、散"问题，并将平时考核作为聘任警组长、选拔干部的重要依据。

三是平时考核与日常工作相结合。每一项工作都是平时考核的内容，变"指标考"为"事事考"。例如，山东省滨州高新区小营街道自2021年8月以来，探索建立"一事一评"平时考核机制，运用数据思维赋能过程管控。具体做法是：将抽象的考核指标落到一项项具体工作中，每名干部承办一项工作都作为一次专项考核，工作成效由上级实时评价赋分，以具体事例、翔实数据支撑平时考核。自"一事一评"平时考核实施以来，已有53项重点工作、649项中心工作、714项常规工作纳入平时考核，176名机关干部报送工作结果19200余条，累计赋分23500余分。①

（三）定性考核与定量考核相结合的方法

定性考核是对公务员的素质、业绩等进行定性评价。定量考核是通过一定的量化指标反映公务员的素质、业绩等。定性考核易于操作，但主观

---

① "小考核"撬动基层干部"大活力"——关于滨州高新区小营街道"一事一评"平时考核机制的调查与思考［EB/OL］.（2022-07-13）［2024-03-01］. https://baijiahao.baidu.com/s？id=1738187651478877624&wfr=spider&for=pc.

随意性强，现实中很容易产生偏差。定量指标能够更为真实地反映出公务员的业绩，避免主观因素干扰，使考核具有科学性、客观性。但是，公务员工作本身具有公共性、非营利性，难以分割，完全采用定量指标并不现实。因此，在考核指标的确定上，能定量的尽可能定量，不能定量的就定性。定性考核与定量考核相结合的方法旨在避免两种方法各自的不足，使之相互补充，保证公务员考核结果的准确性和科学性。

1996年，原国家人事部专门召开了"公务员量化考核研讨班"，讨论了如何提高公务员年度考核质量，减少考核中感情因素，增强考核结果的可信度，完善和推行量化考核方法等问题。除此之外，还对公务员量化考核作了交流和部署，要求量化考核工作要发展得更规范、更完善。2007年《公务员考核规定（试行）》进一步完善了公务员考核法规，明确了量化考核的方向。2020年《公务员考核规定》虽然没有定性考核与定量考核相结合的表述和相关规定，但公务员考核工作坚持"客观公正、精准科学"的原则要求也包含了定性与定量结合的意思。

总体来看，在考核实践中，定性考核与定量考核通常以两种方式相结合：一是以定量指标为主进行考核。以公务员的职位分析为基础，以公务员的职位职责和所承担的工作任务为基本依据，将公务员个人职责任务与机构部门的职能任务联系起来，制定符合实际的量化考核指标体系。二是将定性指标尽量量化。以德、能、勤、绩、廉五项标准为基础进行量化，不能量化者也要具体化、行为化，避免笼统、主观地进行考核。例如，江西省采取将定性指标的评分标准按照优、良、中、差四个等级进行描述（即标准描述法），清楚界定每一等级的评分依据。在描述评分标准时，尽可能具体、准确，并不断根据实践总的反馈逐步完善标准，追求定性指标的逐步量化。同时，根据"三定方案"确定的职责任务以及绩效管理层层分解的目标任务，选择"绩"的量化指标。

量化考核的地方探索

地方在推行量化考核的时候，积累了不少的工作经验。以下是总结的量化考核的地方探索经验：

一是注重量化考核。各地各部门在积极探索建立细化量化的平时考核指标体系的基础上，设置详细的量化考核公式，准确计算考核分数,并进行排名、公示。这一做法使得平时考核更为准确、客观,一定程度上解决了传统考核方法中不可避免的主观、笼统的缺陷。但是实践中,尽管各地各部门在建立精细、全面的指标体系方面做出了较大努力,取得了一定成果,但由于目前中国政府尚没有进行完整、规范的职位分析,不能做到使每一位领导以及公务员明确职责要求和职责范围,严重制约了量化考核指标体系的建立。

二是适时调整定性或定量考核的方式,并非一味追求指标的量化。例如,江苏苏州吴江区法院之前采取分解 KPI 指标,将办案数量作为考核主要内容。随着受案数大幅增长,这样的考核方式已经不能适应新形势的发展。自 2014 年开始,该地法院采用以部门为主要考核单位的考核模式,把考核权下放到部门负责人。法院根据受案数的增长情况,只考核到庭室层级,人员的考核由庭长具体执行,考核分数也由庭长全权分配。这样的考核模式更具灵活性和人性化,庭长也可以行使更多的权力来调动人员的积极性。

三是普遍采用信息技术来收集整理量化考核数据。各地各部门普遍积极开发平时考核软件、建立考核数据库和考核信息系统。通过加大运用现代信息技术,使数据采集更为真实准确,考核操作更为简便快捷,烦琐的考核过程、数据处理更为智能扁平,也减少了面对面考核,降低了考核成本,同时提高了考核的规范性。但是,信息技术本身并不能保证平时考核的客观公正性,还需要在引入专业人员、强化监督机制、为公务员提供申诉复议等方面付出努力。此外,应用信息技术需要在事前软、硬件方面进行较多投入,且与专业院校合作进行系统开发,培训合格的系统操作人员也需要一段时间、精力。各地各部门条件不一,有条件的地区部门应当克服畏难、疑虑、观望等消极情绪,通过"领导挂点、强化培训、典型带动"等方法积极开发使用信息技术,暂时缺乏条件的地区部门则不应当强求,扎实、细致、认真做好考核指标制定,严格规范考核程序,挖掘既有机关管理方法的潜力,也可以在相当大程度上扎实推动公务员量化考核的进行。

二　当代公务员考核的程序

在考核评价程序上，实现了从笼统、简单的程序规定到日趋规范的转变。中华人民共和国成立之初，对干部的考核评价程序仅规定自我检讨、群众会议讨论、领导负责审查三大步骤。目前，干部定期考核涵盖考核准备、述职、民主测评、个别谈话、调查核实、撰写考核资料、综合分析、评定考核结果、反馈等程序要求，考核评价程序不断规范。

（一）年度考核的程序

1994年《国家公务员考核暂行规定》明确了年度考核的基本程序要求：（1）被考核人个人总结。（2）主管领导人在听取群众意见的基础上，根据平时考核和个人总结写出评语，提出考核等次意见。（3）考核委员会或考核小组对主管领导人提出的考核意见进行审核。（4）部门负责人确定考核等次。（5）将考核结果以书面形式通知被考核人。

2007年《公务员考核规定（试行）》细化年度考核的程序要求增加了"对拟定为优秀等次的公务员在本机关范围内公示"的规定。同时，在1994年《国家公务员考核暂行规定》"将考核结果以书面形式通知被考核人"的基础上进一步规范，要求公务员本人签署意见。年度考核的程序具体为：（1）被考核公务员按照职位职责和有关要求进行总结，并在一定范围内述职；（2）主管领导在听取群众和公务员本人意见的基础上，根据平时考核情况和个人总结写出评语，提出考核等次建议和改进提高的要求；（3）对拟定为优秀等次的公务员在本机关范围内公示；（4）由本机关负责人或者授权的考核委员会确定考核等次；（5）将考核结果以书面形式通知被考核公务员，并由公务员本人签署意见。

2020年《公务员考核规定》进一步细化了年度考核的程序要求，具体包括：（1）总结述职。公务员按照职位职责、年度目标任务和有关要求进行总结，在一定范围内述职，突出重点、简明扼要填写公务员年度考核登记表。（2）民主测评。对担任机关内设机构领导职务的公务员，在一定范围内进行民主测评。根据需要，可以对其他公务员进行民主测评。（3）了解核实。采取个别谈话、实地调研、服务对象评议等方式了解核实公务员有关情况。根据需要，听取纪检监察机关意见。（4）审核评鉴。主管领导对公务员表现以及有关情况进行综合分析，有针对性地写出评语，提出考核等次建议和改进提高的要求。(5) 确定等次。由本机关负责人或者授权的考核委员会确定考核等次。对优秀等次公务员在本机关范围内公示，公示时间不少于5个工作日。考核结果以书面形式通知公务员，由公务员本人签署意见，具体见表5-8。

表5-8　　　　　　　　　公务员考核程序变化的比较分析

程序	1994年《国家公务员考核暂行规定》	2007年《公务员考核规定（试行）》	2020年《公务员考核规定》	比较分析
总结述职	被考核人个人总结	被考核公务员按照职位职责和有关要求进行总结，并在一定范围内述职	公务员按照职位职责、年度目标任务和有关要求进行总结，在一定范围内述职，突出重点、简明扼要填写公务员年度考核登记表	总结述职的要求越来越明确。具体要求包括总结的依据，述职的范围，述职的重点等
民主测评	考核担任国务院各工作部门司局级以上领导职务和县级以上地方人民政府工作部门领导职务的国家公务员，必要时，可以进行民主评议或民意测验	对担任机关内设机构领导职务公务员的考核，必要时可以在一定范围内进行民主测评	对担任机关内设机构领导职务的公务员，在一定范围内进行民主测评。根据需要，可以对其他公务员进行民主测评	民主测评的要求更加严格，改变了"必要时可以"的表述
了解核实			采取个别谈话、实地调研、服务对象评议等方式了解核实公务员有关情况。根据需要，听取纪检监察机关意见	增加了"了解核实"的要求，明确了核实的方式以及根据需要听取纪检监察机关意见

续表

程序	1994年《国家公务员考核暂行规定》	2007年《公务员考核规定（试行）》	2020年《公务员考核规定》	比较分析
审核评鉴	（1）主管领导人在听取群众意见的基础上，根据平时考核和个人总结写出评语，提出考核等次意见。（2）考核委员会或考核小组对主管领导人提出的考核意见，进行审核	（1）主管领导在听取群众和公务员本人意见的基础上，根据平时考核情况和个人总结，写出评语，提出考核等次建议和改进提高的要求；（2）对拟定为优秀等次的公务员在本机关范围内公示	主管领导对公务员表现以及有关情况进行综合分析，有针对性地写出评语，提出考核等次建议和改进提高的要求	要求主管领导的评语"有针对性"
确定等次	部门负责人确定考核等次 将考核结果以书面形式通知被考核人	由本机关负责人或者授权的考核委员会确定考核等次 将考核结果以书面形式通知被考核公务员，并由公务员本人签署意见	由本机关负责人或者授权的考核委员会确定考核等次。对优秀等次公务员在本机关范围内公示，公示时间不少于5个工作日。考核结果以书面形式通知公务员，由公务员本人签署意见	增加了公示的时间规定，完善了考核结果由公务员本人签署意见的要求

总体来看，总结述职的要求越来越明确，民主测评的规定越来越具体，了解核实的方式越来越固定，审核评鉴、确定等次的程序性要求越来越规范。公务员年度考核的程序基本上按照"总结述职—民主测评—了解核实—审核评鉴—确定等次"五个步骤进行。

（二）平时考核的程序

1994年《国家公务员考核暂行规定》没有明确平时考核的程序，只提出平时考核随时进行，由被考核人如实填写记录。2007年《公务员考核规定（试行）》对平时考核的程序提出了建议，可以采取被考核人填写工作总结、专项工作检查、考勤等方式进行，由主管领导予以审核评价。

2019年，中央组织部发布《公务员平时考核办法（试行）》，明确规定了公务员平时考核的三个步骤：个人小结、审核评鉴和结果反馈。具体包括：（1）个人小结。公务员对照机关要求、职责任务或者考核指标，如实对本人工作表现情况进行简要小结，以书面或者口头汇报形式报主管领导。（2）审核评鉴。主管领导对公务员的个人小结进行审核，提出考核结果等次建议，由同级主要领导审定，也可以由领导班子或者机关组织（人事）部门审定。审核评鉴应当结合日常了解、群众评价以及服务对象意见等情况，吸纳运用绩效管理等成果，根据需要听取纪检监察机关意见，注重公务员担当作为表现情况，综合研判，实事求是确定考核结果，防止简单依据个人小结对公务员作出评价。对直接面向群众的窗口单位和服务部门的公务员，可以在一定范围内开展服务对象评议。（3）结果反馈。有关领导或者机关组织（人事）部门采取适当方式，及时向公务员本人反馈考核结果，肯定成绩、指出不足，提出改进要求，听取本人意见。2020年《公务员考核规定》吸纳了平时考核的程序规定，强调一般按照个人小结、审核评鉴、结果反馈的程序进行。

平时考核流程改进的地方经验

在考核实践中，有的地方形成了较为严密的平时考核程序。例如，2011年起，浙江省宁波市试行"绩效对账"制度，通过记账、亮账、核账，进行公务员量化考核。主要内容有：建立"记账"体系，要求公务员对每周工作任务做出逐日安排，将每天的工作去向、办理事项和完成实绩，如实、及时、完整记录在工作日志上；搭建"亮账"平台，将每位公务员的工作日志和记录簿公开；建立"核账"制度，以处室、部门为单位开展"核账"，结合组织、领导和群众等多方面意见，对公务员的工作日志、工作任务和工作实绩做出评议，从而构建"日记录、周报告、月评议、年考核"的"绩效对账"考核制度。这一制度既注重了公务员的日常工作纪实，也引入了多方审核评价主体，因此量化考核程序严密、结果有效。

天津市不断优化量化考核工作流程，重视工作纪实和领导评鉴，并对不同类型的岗位实行了分类考核：对于日常事务性较多的岗位采取"每日或每周纪实、定期汇总"的方式跟踪考核；对于阶段性工作较多的岗位则将年内工作项目检查的关键点作为平时考核的节点；对于综合性事务较多的岗位则侧重定期检查。

第四节　当代公务员考核的结果运用与监督

中国当代的公务员考核结果运用实现了从单一的鼓励批评之依据转变为与公务员选拔任用、奖惩、激励、保障等密切相关的依据。考核监督实现了从主要通过确定考核组织成员人选的要求来保证考核的公正，转变为形式和内容更为丰富的全方位监督。总体来看，考核结果的运用更加多元化，对于发挥考核制度功效的促进作用更加明显；考核监督的方式更加多样化，对于确保考核公平公正的作用更加突出。

一　当代公务员考核的结果运用

在考核结果运用上，实现了从单一鼓励、批评到多环节运用的转变。中华人民共和国成立之初，以干部鉴定为主要形式的干部考核，其结果运用局限于表扬优点、批评不足等，以此来促进干部提高素质和改进工作。1979年意见明确了干部考核与激励约束相结合的思路，但激励约束的措施基本上仍局限于提拔任用以及调离现职、降职使用。随着公务员管理法治体系的建立与完善，考核结果作为调整公务员职务、级别、工资及奖励、培训、辞退的依据。目前，考核结果已实现与选拔任用、培养教育、工作整改、激励约束、监督问责等环节的紧密结合。

（一）制度层面的考核结果运用规定

中华人民共和国成立之初，考核结果主要用于表扬优点和批评不足。"中华人民共和国成立初期，尽管仍然存在防止和清除奸细的问题，但干部考察的主要目的，已经转变为促进干部素质的提高和干部工作的改进。"[①] 以干部鉴定为主要形式的干部考核通过考察干部的能力素质，依据考核结果对干部进行鼓励和批评。考核结果运用局限于表扬优点、批评不足等，以此来促进干部提高素质和改进工作。

1979年，中央组织部《关于试行干部考核制度的意见》明确考核结果运

[①] 曹志主编：《中华人民共和国人事制度概要》，北京大学出版社1986年版，第165页。

用主要体现为优者提拔任用,劣者调离现职或降职使用。该意见明确了干部考核与激励约束相结合的思路,强调干部考核要做到赏罚分明、有升有降。但激励约束的措施基本上还是局限于提拔任用,如对大公无私、精通业务、有组织才能和办事效率高的优秀分子,要提拔到领导岗位上来。经过两次考核达不到标准的,要调离现职,分配其他工作,有的要降职使用。

1982 年,国家行政机关工作人员建立岗位责任制。干部考核与岗位责任制的结合,推动考核结果与工作改进的结合。自 1994 年《国家公务员考核暂行规定》开始,考核结果与职级、职务、奖金等直接挂钩。2007 年《公务员考核规定(试行)》、2020 年《公务员考核规定》进一步细化完善考核结果运用,具体见表 5-9。

表 5-9　　　　　　　　考核结果运用比较分析表

考核结果	1994 年《国家公务员考核暂行规定》	2007 年《公务员考核规定(试行)》	2020 年《公务员考核规定》	比较分析
公务员年度考核确定为优秀等次的		当年给予嘉奖	当年给予嘉奖,在本机关范围内通报表扬;晋升上一职级所要求的任职年限缩短半年	增加了考核结果运用的奖励方式。2007 年增加了嘉奖,2020 年进一步增加了"通报表扬"以及缩短晋升任职年限①
公务员连续三年年度考核确定为优秀等次的	在本职务对应级别内晋升一级	记三等功。连续三年以上被确定为优秀等次的,晋升职务时优先考虑	记三等功;晋升职务职级时,在同等条件下优先考虑	2007 年增加了"记三等功"的奖励方式。明确了奖励方式的运用条件,如 2020 年明确晋升职务职级时,同等条件下优先考虑

---

① 2015 年,中共中央办公厅、国务院办公厅联合印发《关于县以下机关建立公务员职务与职级并行制度的意见》,规定"任现职级或职务期间每有 1 个年度考核为优秀等次,任职年限条件缩短半年;每有 1 个年度考核为基本称职等次,任职年限条件延长 1 年。"2019 年,中共中央办公厅印发《公务员职务与职级并行条例》,进一步明确年度考核结果在职务职级晋升中的运用,实现了年度考核结果与职务职级晋升的直接关联。

续表

考核结果	1994年《国家公务员考核暂行规定》	2007年《公务员考核规定（试行）》	2020年《公务员考核规定》	比较分析
公务员年度考核确定为称职以上等次的	国家公务员在现任职务任期内，年度考核连续两年被确定为称职以上等次的，在本职务工资标准内晋升一个工资档次	累计两年被确定为称职以上等次的，在所定级别对应工资标准内晋升一个工资档次	累计两年确定为称职以上等次的，在所定级别对应工资标准内晋升一个工资档次	"连续"改为"累计"，不再要求"不间断"
	连续五年被确定为称职以上等次的，在本职务对应级别内晋升一级	累计五年被确定为称职以上等次的，在所任职务对应级别范围内晋升一个级别	累计五年确定为称职以上等次的，在所任职务职级对应级别范围内晋升一个级别	"连续"改为"累计"，不再要求"不间断"
	国家公务员连续两年被确定为优秀等次或连续三年被确定为称职以上等次的，具有晋升职务的资格	确定为称职以上等次，且符合规定的其他任职资格条件的，具有晋升职务的资格	本考核年度计算为晋升职务职级的任职年限，同时符合规定的其他任职资格条件的，具有晋升职务职级的资格	
	国家公务员年度考核被确定为称职以上等次的，以其本年度12月基本工资额为标准，发给一个月的奖金	享受年度考核奖金	享受年度考核奖金	

续表

考核结果	1994年《国家公务员考核暂行规定》	2007年《公务员考核规定（试行）》	2020年《公务员考核规定》	比较分析
公务员年度考核确定为基本称职等次的		对其诫勉谈话，限期改进	对其进行诫勉，责令作出书面检查，限期改进	增加了基本称职等次，同时增加了考核结果运用的惩戒方式——"责令作出书面检查"
		本考核年度不计算为按年度考核结果晋升级别和级别工资档次的考核年限	本考核年度不计算为按年度考核结果晋升级别和级别工资档次的考核年限	
		一年内不得晋升职务	本考核年度不计算为晋升职务职级的任职年限；下一年内不得晋升职务职级	明确了"一年内"不得晋升职务的具体操作规范
		不享受年度考核奖金	不享受年度考核奖金	
			连续两年确定为基本称职等次的，予以组织调整或者组织处理	增加了连续两年基本称职的惩戒方式——"组织调整或组织处理"
公务员年度考核被确定为不称职	当年考核被确定为不称职等次的，予以降职	降低一个职务层次任职	按照规定程序降低一个职务或者职级层次任职	强调了程序规范

续表

考核结果	1994年《国家公务员考核暂行规定》	2007年《公务员考核规定（试行）》	2020年《公务员考核规定》	比较分析
公务员年度考核被确定为不称职		本考核年度不计算为按年度考核结果晋升级别和级别工资档次的考核年限	本考核年度不计算为按年度考核结果晋升级别和级别工资档次的考核年限	
		不享受年度考核奖金	不享受年度考核奖金	
	连续两年考核被确定为不称职等次的，按规定予以辞退	连续两年年度考核被确定为不称职等次的，予以辞退	连续两年被确定为不称职等次的，予以辞退	

需要注意的是，行政处分与考核结果运用存在紧密的联系。例如，2020年《公务员考核规定》第29条明确受处分公务员的年度考核处理规则。公务员受警告处分的当年，参加年度考核，不得确定为优秀等次。受记过处分的当年，受记大过、降级、撤职处分的当年及第二年，参加年度考核，只写评语，不确定等次。但是，考核结果运用的制度功能与行政处分的制度功能不能混淆。具体来说，就是不能混淆因考核不称职引发的降职和辞退，与因违法违纪所引发的行政处分。换句话说，不能对考核不称职的公务员进行行政处分，也不能对违法违纪的公务员只给予考核不称职等次，而不给予行政处分。

在专项考核中，中国公务员考核制度突出了考核结果运用与问责追责的关联。例如，2019年中办、国办印发《地方党政领导干部食品安全责任制规定》，首次将食品安全工作纳入地方党政领导干部政绩考核内容。

地方《公务员考核规定》实施细则的出台情况

1994年《国家公务员考核暂行规定》出台之后，截至2001年，包括湖北、宁夏、天津、广东等地均出台了相应的考核实施办法，具体见表5-10。

表 5-10 1994 年《国家公务员考核暂行规定》出台后
地方实施办法情况

主体	文件名称	出台时间
湖北省	《湖北省国家公务员考核试行意见》	1994.12.28
宁夏回族自治区	《宁夏回族自治区国家公务员考核暂行办法》	1994.10.30
四川省成都市	《成都市国家公务员考核办法（试行）》	1994.11.15
天津市	《天津市国家公务员考核实施办法》	1995.11.08
广东省	《广东省国家公务员考核实施办法（暂行）》	1995.12.01
上海市	《上海市国家公务员考核实施细则》	1995.03.13
广东省深圳市	《深圳市国家公务员考核实施细则》	1995.11.24
广西壮族自治区	《广西壮族自治区国家公务员考核实施办法》	1995.10.13
江苏省	《江苏省国家公务员考核实施办法》	1997.11.20
重庆市	《重庆市国家公务员考核办法》	1998.06.01
内蒙古自治区	《内蒙古自治区国家公务员考核暂行办法》	2001.11.30

各地考核实施办法内容总体差别不大。例如，制定细则的各省市都要求要将考核结果备案。其中，重庆市还要求对合格的考核结果，发给确认通知书，作为晋升工资的依据；对不合格的，应令其重新完善。被确定为优秀等次的人员，必须报人事部门认定，并颁发《优秀证书》。未经认定的，其确定结果无效。内蒙古自治区要求实行"国家公务员年度考核证书"制度，考核证书作为今后兑现使用考核结果的重要依据。

但考核实施办法的细节上有所区别。例如，成都市、重庆市和广西壮族自治区都规定考核委员会由本级政府领导和有关部门的负责人及国家公务员代表组成，一般为 7—9 人，负责国家公务员的年度考核工作。考核委员会的日常工作由同级人民政府人事部门承担。但重庆市的考核小组仅由 3—5 人组成，广西壮族自治区的考核小组由 3—7 人组成。再如，在考核程序方面，广东省、内蒙古自治区要求担任领导职务的公务员要在本部门作述职报告，主管领导采取个别谈话或召开会议等不同形式听取民意。广东省深圳市对于担任领导职务的公务员，要求其接受所在处（科）全体下属公务员的评鉴，以无记名方式填写测评表。内蒙古自治区考核程序中增加了年度考核的动员工作，在考核工作结束后要给予被考核人反馈，将考核意见结论、等次以书面形式告知被考核人，必要时可以与被考核人谈话。

当然，各地也有创新，例如江苏省规定在考核中介于称职与不称职之间的人员，暂缓确定等次，给予6个月的考验期。考验期满后，有明显改进的，可确为定为称职；没有明显改进的，确定为不称职。对于被确定为不称职等次而又无职可降的人员，可以降低一个级别；无级可降的，可以降低一个职务工资档次；如果其职务、级别、工资档次均处于最低档次的，则不再降低，但须给予严肃批评教育。湖北省明确了连续两年被评为不称职的公务员应当在3个月内予以辞退。

表5-11　　2007年《公务员考核规定（试行）》出台后地方实施办法的情况

主体	文件名称	出台时间
河北省	《河北省公务员考核实施办法（试行）》	2007.05.18
福建省	《福建省公务员考核办法（试行）》	2007.11.01
黑龙江省	《黑龙江省公务员考核实施细则（试行）》	2007.12.18
山东省	《山东省公务员考核实施办法（试行）》	2007.12.03
贵州省	《贵州省公务员考核实施办法（暂行）》	2007.12.06
江苏省	《江苏省公务员考核实施办法》	2007.12.04
山西省	《山西省公务员考核实施办法（试行）》	2007.11.28
安徽省	《安徽省公务员考核办法（试行）》	2008.03.01
河南省	《河南省公务员考核实施办法》	2008.11.24
上海市	《上海市公务员考核实施细则（试行）》	2008.07.31
浙江省	《浙江省公务员考核实施细则（试行）》	2008.11.13
广东省	《广东省公务员考核办法（试行）》	2009.01.23
湖北省	《湖北省公务员考核实施办法（试行）》	2012.12.26
新疆维吾尔自治区	《新疆维吾尔自治区公务员考核暂行办法》	2012.05.09

2007年，《公务员考核规定（试行）》出台后，河北、福建等地出台了相应的实施办法，具体见表5-11。除了对《公务员考核规定（试行）》的细化，各地还尝试性地进行了创新规定。例如，山东省规定凡因公务员有不良行政行为被投诉查实的，该机关公务员年度考

核优秀等次人数不得高于10%。河南省各机关单位的培训教育工作也会影响年度考核优秀等次人数，规定对培训教育法规政策贯彻落实不力、未完成培训教育任务的单位，适当核减该单位年度考核优秀等次比例。同时，按有关规定受到"一票否决"的单位和在本考核年度工作中有重大失误的单位，优秀等次比例控制在10%以内。湖北省也有关于受到"一票否决"和在年度工作中有重大失误的单位，优秀等次比例控制在10%以内的规定。再如，广东省增加了再申诉制度，对申诉处理决定不服的，可以自接到申诉处理决定之日起30日内向作出处理决定的上一级机关提出再申诉。经确认属考核不实的，应重新确定考核等次，并及时更改有关待遇和奖励。

（二）实践层面的考核结果运用做法

实践层面的考核结果运用主要有以下几种做法：

首先，细化奖惩条件，强化奖惩力度。制度规范对考核结果的运用做出了原则性规定。各地各部门在推行公务员考核过程中，细化了考核结果运用于公务员晋升级别、职务的条件，从而将考核结果与公务员提拔任用的联系落在了实处。对于考核奖金的发放，各地各部门也细化了规定。有的地方将年度考核结果与津贴补贴发放相挂钩。例如，2010年《玉林市公务员年度考核实施办法（试行）》实行公务员年度考核结果与公务员规范津贴补贴按月发放部分挂钩的制度：从年度考核备案的下月起，评定为称职及以上等次的，生活性补贴和工作性津贴全额计发；评定为基本称职等次的，其下年度工作性津贴按70%计发；评定为不称职的，其下一年度工作性津贴按50%计发。①

其次，增加奖励种类，强化奖惩力度。各地各部门在公务员考核过程中对考核结果的运用进行了有益探索，奖惩方法增多、奖惩力度加大的发展趋势非常明显。例如，在奖励中增添了"送健康"、组织学习、考察、疗养等手段，满足广大公务员丰富、多样化的需求。例如，甘肃省在2007年《公务员考核规定（试行）》出台之后，制定了相应的实施细则，

---

① 玉林市实施公务员考核办法 激活"一盘棋"[EB/OL]. (2010-09-25) [2023-03-27]. https://www.gxylnews.com/html/news/2010/09/25055.html.

其中在考核结果运用方面，结合甘肃的实际，规定年度考核为称职以上等次的，在年度考核结束后兑现年终奖金，并按照《甘肃省优秀公务员和事业单位先进工作者健康修养办法（试行）》（2010）有关规定，享受健康休养。更重要的是，从单纯的物质、精神奖励到更为积极地促进、提升公务员工作能力，拓宽公务员视野，这不仅激励了公务员的工作积极性，也使他们有更熟练的工作技能、更宽广的思路来科学合理地改进工作方法、提高工作实绩。显然，这些奖励更加符合大力推行公务员考核、提高政府部门效能的考核目的。在惩戒方面，各地各部门也增加了惩戒种类，除不享受年度考核奖金、诫勉谈话、辞退外，新增待岗处理、调整岗位、离岗培训等。这些做法不但加大了惩戒力度，也更加强调培训、学习，为公务员重返岗位、胜任职责创造条件。

再次，强调公务员个人考核结果与单位考核结果的相互影响。实践中，有的地方或部门将机构考核结果与公务员个人考核结果联系起来。例如，机构考核结果将决定公务员考核中优秀等次的比例和公务员考核奖金的发放，以及机构负责人的职务晋升。考核结果为优秀等次的公务员可以领到高于机构考核结果等次的奖金。这些规定显示了各地各部门努力通过加强公务员考核来强化政府绩效管理、提升政府效能的可贵探索，使二者相互促进、互为依托，共同为建设高素质的公务员队伍、提高工作效能服务。

最后，将公务员物质奖励纳入财政预算，保障奖励及时兑现。各地各部门在细化奖励种类、强化奖励力度的同时，纷纷强调将物质奖励所需经费纳入财政预算，保障奖励的及时、充分兑现。这样的做法是基于以下认知：公务员和普通民众一样，其生存、发展都是建立在一定物质基础之上的。特别是占公务员队伍最大比例的基层公务员，由于职业发展空间有限，对物质、安全的需求较为突出。物质奖励是激励广大基层公务员的最基本、也是最有效的方式。因此，各地各部门坚持以人为本、从实际出发，在强调考核公正、客观的基础上，加大对优秀、称职等次公务员的物质奖励力度，同时减少、不发其他等次公务员的考核奖金。这样，拉开了考核等次间物质奖励的差距，引发基层公务员更加重视考核，调动他们的工作积极性。

二 当代公务员考核的监督

从制度层面来看，1979 年《关于实行干部考核制度的意见》虽没有提出明确的考核监督主体，但重视对考核公正性保障的制度设计。1994 年《国家公务员考核暂行规定》、2007 年《公务员考核规定（试行）》、2020 年《公务员考核规定》都明确了考核工作的规范要求以及违反规定的相应后果。从实践层面来看，主要做法包括：机关内部的自我监督、公务员主管部门或作出人事处理决定的上一级机关对考核结果产生异议进行监督、组织部门对考核工作的开展进行监督检查、纪检监察部门对监督单位的公务员年度考核工作进行监督以及社会监督等。

（一）制度层面的考核监督规定

中华人民共和国成立后，党和政府一贯注重对考核工作的监督。1979 年中央组织部发布的《关于实行干部考核制度的意见》是中华人民共和国第一个关于干部考核工作最全面、最详尽的文件，但该意见没有明确提出考核监督，而是通过确定考核组织成员人选的要求来保证考核的公正。例如，该意见要求，进行定期考核时，可成立临时考核组织，吸收正派公道、原则性强、在群众中有威信的领导干部、专业技术干部和组织、人事部门的干部参加，在党委领导下进行考核评定工作。

1994 年《国家公务员考核暂行规定》明确要求，各部门的负责人、主管领导人员、考核委员会或考核小组成员，必须严格按规定要求，实事求是地进行考核。对在考核过程中有徇私舞弊、打击报复、弄虚作假行为的，必须严肃处理。

2007 年《公务员考核规定（试行）》明确，对在考核过程中有徇私舞弊、打击报复、弄虚作假等违法违纪行为的，依照有关规定予以严肃处理。

2020 年《公务员考核规定》第 13 条明确，机关在年度考核时可以设立考核委员会。考核委员会由本机关领导成员、组织（人事）部门、纪检监察机关及其他有关部门人员和公务员代表组成。纪检监察机关人员被纳入考核委员会中履行监督职能。2020 年《公务员考核规定》进一步明确，考核中发现公务员存在违纪违法问题线索的，移送纪检监察、司法机关处理。同时，进一步强化对公务员考核工作的综合管理和指导监督，强调县级以上公务员主管部门负责本辖区内公务员考核工作的综合管理和指导监督，每年按照不少于机关总数10%的比例对本辖区内各机关公务员考核工作进行核查了解。

（二）实践层面的考核监督做法

一是机关内部进行自我监督。自我监督的方式包括：有的成立考核领导小组，拟订考核计划，组织实施考核工作，监督考核程序，审核考核结果，接受申诉并进行复核，决定其他事项。有的成立目标管理考核办公室，不定期对公务员的平时考核日志记录情况进行抽查核实，有不当的行为或不妥的做法及时通报。有的平时考核试点单位建立暗访制度，实地暗访考核过程，纠正不规范行为。有的充分利用考核信息系统，进行后台监控，随时查看或比对考核数据，促进考核工作规范化。

二是公务员主管部门或作出人事处理决定的上一级机关对考核结果产生异议进行监督。按照《国家公务员申诉控告暂行条例》的规定，"年度考核定为不称职"可以向原处理机关申请复核，或者向有关机关提出申诉，但不得不经申请复核直接向有管辖权的机关提出申诉。也就是说，公务员对"年度考核定为不称职"不服的，必须先经过复核程序，未经复核，不得提出申诉。2018年修订的《公务员法》明确，公务员对包括"定期考核定为不称职"等涉及本人的人事处理决定不服的，也可以不经复核，自知道该人事处理之日起30日内直接提出申诉。受理申诉的组织是同级公务员主管部门或者作出该人事处理的机关的上一级机关。

三是组织部门对考核工作的开展进行监督检查。组织部门通过听取汇报、查阅资料、现场交流等方式，客观了解各单位公务员考核工作开展情况，对于督查中发现的问题现场进行反馈，对各单位实际操作中遇到的困惑现场答疑，对提出的意见建议认真听取并及时汇总，以督查的方式指导各单位突出政治标准，树立实绩导向，科学确定考核内容。①

四是纪检监察部门对监督单位的公务员年度考核工作进行监督，督促其依规依纪开展考核工作。具体做法包括：对被考核对象的监督主要采取筛查被考核对象的受处分情况，确定当年度不能评为优秀的人员名单。通

---

① 安图县开展公务员平时考核督查指导工作［EB/OL］.（2023-02-11）［2023-03-27］. https://view.inews.qq.com/k/20230211A029D200?web_channel=wap&openApp=false.

过查阅廉政档案、信访登记台账、问题线索处置台账等，对监督单位年度考核对象考核年度受党纪政务处分情况、尚在处分影响期情况进行逐一筛查，梳理出当年度不能评为优秀的有关人员，并以复函的形式及时回复监督单位。对考核过程的监督主要采取抽查并全程监督年度考核及测评会议，对民主评议和民主测评情况统计进行实时监票，确保考核对象测评统计结果的真实、准确。

五是社会监督。社会监督主要集中在直接面向群众的服务窗口履职的公务员考核当中开展。有的单位采取多种形式听取群众的意见，把群众的投诉和评议作为公务员考核的重要指标。有的单位通过开通网络举报平台、举报电话和信箱等方式，接受社会监督，促使考核工作人员及相关职能部门规范考核程序，确保考核结果公平公正。

一场表彰项目弄虚作假的"闹剧"

2021年，四川省成都市纪委监委通报5起形式主义、官僚主义典型案例，① 其中有一则案例值得注意，这是一场表彰项目弄虚作假的"闹剧"，同时也是考核监督确保考核结果公平公正的案例。

我们知道，目标责任制考核是组织绩效的考核，但可以传导到公务员个人的绩效考核，尤其影响领导干部的个人考核结果。2019年12月，在双流区委目标绩效考评中，时任区委史志办主任吴文全授意副主任陈俊芳等人，参照以前年度表彰项目伪造2份文件，并虚构了9个表彰项目。2020年2月，吴文全受到撤销党内职务、政务撤职处分，降为三级调研员。

事情的起因是这样的：2019年12月10日，双流区委督查室印发《关于做好2019年目标考评工作安排的通知》，其中要求有关单位收集整理受到表彰奖励、创优争先项目及其佐证材料，于2020年1月2日前经单位主要负责同志签字盖章后予以报送，以作为本年度所在单位目标考评计分认定项目。由于区委史志办平时表彰奖励、创优争先项目较少，而这项加分关系到当年单位的考核结果及评先评

---

① 成都通报5起形式主义官僚主义案例 [EB/OL]. (2021-04-15) [2023-08-19]. https://www.ccdi.gov.cn/yaowenn/202104/t20210415_86247.html.

优。吴文全授意综合科经办人员王某参照2015年受上级部门表彰文件进行伪造，要求将表彰奖励项目加至满分。随后，王某伪造2份表彰文件，其中虚构了9项区委史志办被表彰项目。2019年12月31日，成都市双流区委史志办公室向双流区委督查室报送了该单位2019年受到表彰奖励、创优争先项目及其佐证材料。这两份表彰文件引起了双流区委督查室的注意，因为文件中被表彰的地区，除双流区外，全是其他市州。督查室经与相关单位核实，发现两份文件系伪造，由此揭开了一场表彰项目弄虚作假的"闹剧"。

史志办主任吴文全等人，为在目标绩效考评中争取分数而伪造表彰文件，应当按照《中国共产党纪律处分条例》第七十七条规定进行处分。该规定明确，"在干部、职工的录用、考核、职务晋升、职称评定和征兵、安置复转军人等工作中，隐瞒、歪曲事实真相，或者利用职权或者职务上的影响违反有关规定为本人或者其他人谋取利益的，给予警告或者严重警告处分；情节较重的，给予撤销党内职务或者留党察看处分；情节严重的，给予开除党籍处分。弄虚作假，骗取职务、职级、职称、待遇、资格、学历、学位、荣誉或者其他利益的，依照前款规定处理。"

本章小结

在本章当中，我们回顾了中国当代公务员考核制度的发展脉络，感受到了时代的烙印在考核制度上的体现。中华人民共和国成立之初，以净化革命队伍为目的的干部鉴定，强调干部的政治忠诚。社会主义建设时期，以充分发挥年轻干部作用为目的的"四化"建设，强调年轻干部的能力素质培养。随着公务员制度的建立，公务员考核的法制化建设不断完善，年度考核、平时考核、任期考核、专项考核等不同功能定位的考核方式发挥着各自的作用。直面公务员考核中出现的唯GDP论等错误政绩观影响，倡导符合科学发展观要求的公务员考核。随着时代的发展，新时代好干部标准落实到考核内容当中，成为公务员队伍建设的重要指导。

中国当代公务员考核制度迎来大发展时期。制度设计趋于完善，制度实施经验丰富，有很多效果显著的做法。例如，在考核主体上，完成了中央组织部统一管理公务员工作，加强党对公务员队伍的集中统一领导。在考核内容上，实现了"德、能、勤、绩、廉"评价维度的稳定和评价标准的不断细化。

至此，我们完成了从中国古代至今考核制度发展脉络的梳理。几千年历史中的细节当然不可能被这些有限的文字所概括。从制度的发展来看，中国考核制度的脉络是比较清晰的，制度发展过程中的影响因素也是比较明显的。沿着这样的轨迹，我们接下来要进一步探讨中国考核制度发展过程中的危机、问题和变量，同时也看看外国文官考核制度是如何发展的。基于这些认知，我们可以判断出考核制度的发展趋势。

第 六 章

中国考核制度发展过程中的
危机、问题与变量

我们描述了古代官吏考课、近代干部考核以及当代公务员考核的大体情况。这种描述仅仅是对状态进行阐释,旨在告诉大家过去和现在考核制度是一种怎样的存在。但是,为什么会这样存在,从古至今,考核制度的这些变化究竟因为什么而产生,是哪些重要因素在影响甚至决定着制度变化的走向?本章旨在回答这些问题。

美国戴蒙德教授在《崩溃:社会如何选择成败兴亡》一书中,分析了过去社会、现代社会崩溃的现象之后,提出疑问"为什么有些社会会毁于他们自身做出的灾难性决策呢?"在他看来,这种群体决策失误的原因主要有五个:一是没有预见危机,二是没有觉察问题,三是理性的恶性,四是灾难性的价值观及其他非理性的失败,五是失败的方案。① 要避免社会群体决策的失败,就要预见危机、察觉问题、避免理性的恶性、防止灾难性的价值观和其他非理性失败、选择正确的方案。从"制度的自然生长"视角出发,中国考核制度的发展正是体现了这种思路。中国的考核制度经历几千年的沉淀,没有出现群体决策失误,至今仍然具有制度的生命力,主要原因在于决策者预见危机、察觉问题后对制度作出了调整,调整的内容尽量避免理性的恶,防止灾难性的价值观和其他非理性失败,最终找到正确的方案。

---

① [美]贾雷德·戴蒙德:《崩溃:社会如何选择成败兴亡》,江滢、叶臻译,世纪出版集团、上海译文出版社2011年版,第439—460页。

第一节　中国考核制度发展过程中的九大危机

任何社会的发展、制度的演变都会经历各种风险，既需要防范"灰犀牛"事件，也需要警惕"黑天鹅"事件。"灰犀牛"事件形容的是大概率、可预测、波及范围大的风险。"黑天鹅"事件形容的是小概率、难预测的突发风险。防范"灰犀牛"和"黑天鹅"风险，首先就要正视它们的存在，有效地预见危机。

对于考核制度而言，如果说"灰犀牛"是考核流于形式，那就要强化考核结果应用，加强考核监督，建立考核长效机制。"黑天鹅"由于无法被预测，对它的防范只能通过加强预案设计，强化风险防范的心理预期来削弱影响。在中国考核制度的演变过程中，对"灰犀牛"和"黑天鹅"风险的防范为制度完善提供了动力支撑。预见危机、察觉问题成为考核制度完善的前提。

从战国时期的"上计"制度开始，中国考核制度历经几千年的沉淀与变化，考核主体、内容、方法、程序、结果运用及监督等均不断地变化，现如今已发展成为新时代公务员管理制度的重要内容，为培养造就一支忠诚干净担当的高素质干部队伍提供了重要支撑。中国考核制度的发展过程，是一次次应对危机后的制度完善过程。从制度发展的视角出发，观察中国考核制度发展的历史脉络，尤其是面临的危机及应对之策，有助于更好地理解、发展并完善考核制度。

一　宗法制瓦解后政治精英评价标准缺失

追溯中国考核制度的起源，我们不难发现，考核制度正是应对政治精英评价标准缺失危机的产物。考核制度主要发挥检查、激励、导向等功能，当实践中出现对这些功能的需求时，考核制度应运而生。在中国古代历史的长河中，对检查、激励、导向等功能的需求在官僚制度形成之时就产生了，因此，中国考核制度伴随着官僚制度的形成而产生。

在官僚制度形成之前，政治精英群体从一开始就明确了基于血缘的资源分配规则，层层分封且世袭享有特权。例如，"嫡长子继承制是宗法制创建的基础和核心"①。类似嫡长子继承制这种基于血缘的资源分配规则，客观上不存在对考核制度的需求。因为，就如同在一个家庭内部，家庭资源的分配不需要依靠考核制度考查功能来实现。家庭内部成员的行为激励或导向也不需要通过考核制度实现。所以，尽管西周时期就已经有了上计制度的萌芽，周王以官员上报的财务报告来进行赏罚，但丝毫不影响分封制下的官员政治地位，上计制度的功效可想而知。

当嫡长子继承制逐渐被官僚制所取代，基于血缘的稳定且世袭的评价标准不再发挥作用之后，对考核制度的需求尤其是官员选拔任用的考核需求显现。因为在官僚制背景下，"选贤任能"成为官员选拔任用的信条，但什么是"贤能"，需要有明确的标准，官员政绩如何，同样需要有明确的标准。商鞅变法时的军功爵制是"论功升进"的渊源，但爵位有因滥赐和买卖而贬值的风险。事实上，历史也是如此演进的。军功爵制显然无法成为奖优惩劣各级官员的标准，同时它也只是战争背景下对军队成员的一种考核，显然无力承担现实中对官员功绩进行例行考查的制度需要。

在此背景下，"上计"制度得以发展。"《左传》记载，襄公十九年，'诸侯言时计功'，已具有根据报告考核功过之义。"② 秦代发展并统一了战国时普遍实行的上计制度，并写入法律条文之中。西汉时更是出现了上计簿、上计会议、上计律等一系列上计制度规范。尽管上计程序在隋唐时"已演变为单一的财计报告的上报、汇审和稽考……"上计内容在宋代"也由综合内容变为单一的财政收支内容"③，官员政绩考核与官员经济责任考核的功能区分越发明显，但秦汉时期的上计制度无疑发挥着考核官员政绩的重要作用，客观上弥补了政治精英评价标准的缺失。

二 士族门阀的"无功受禄"损害考课权威

东汉以来，世家大族势力不断发展，并逐渐在法律上可以按照门第高低享受政治、经济等特权，形成士族门阀制度。士族门阀的选官特权，是

---

① 金景芳：《中国奴隶社会史》，上海人民出版社1983年版，第148页。
② 刘雅泽：《秦汉上计制度探究》，《人民论坛·学术前沿》2020年第20期，第124—127页。
③ 李先富、董宇晖：《我国的上计制度及其历史演变简介》，《财会月刊》1999年第2期，第39页。

魏晋南北朝官僚政治的最典型特征之一。显而易见，士族门阀所享受的政治、经济等特权由其门第高低决定的，并且受法律的保护，与功绩无关，自然会出现"无功受禄"的现象。

"由于传统的考课制度对世族地主的特权有所妨碍，因此魏晋时期考课制度的实行情况很不好，其集中表现在当时官吏升迁常以清议毁誉进退而不由考课。"① 尽管统治者试图以缩短考课年限的方法来提高考课的权威，但由于一方面官吏升迁不以考课为依据，另一方面，士族门阀具有选官的特权，在这样的背景下，"南朝君主的督励考课之诏，并不能改变士族的无功受禄"②。

容易理解的是，这种"无功受禄"是以士族门阀制度的存在为前提的。当这一前提不存在时，考课的权威就会得以恢复，"无功受禄"的情况也会最大程度得到缓解。这也是为什么北朝的考课制度呈现出截然相反效果的原因。随着士族势力的衰弱，"清议"之风的消退，影响考课制度发挥作用的因素逐步减少，考课制度迎来了重振和革新。"军功传统一脉相承地发展为重事功、重吏绩的精神……孝文帝颁《外考令》，亲临朝堂考察黜陟，其场面之严肃、考核之认真，为魏晋以来所未有。"③

三　中央集权制的发展亟须专门考课机构

中央和地方关系的变化是影响考课制度发展的重要因素。当中央处理地方事务不多的情况下，中央对地方官吏的考课往往也不多。"在南北朝以前，由国家形态和政治体制所决定，中央和地方行政关系的运作，主要采取地方汇报、中央年终审查的机制。加之地方长官自辟僚属，豪强大族在很大程度上垄断地方政务等因素，中央实际处理的地方事务不是很多。士族子弟凭借门第和阀阅，往往能够平流进取，坐至公卿。在这种情况下，无论从中央官处理全国政务的要求来说，还是从地方官希望升迁的要求来说，内重外轻的问题并不明显，对中央官的地方工作经验要求尚未突

---

① 张文强：《魏晋北朝考课制度述略》，《北京师范大学学报》1988年第5期，第85—93页。
② 吴宗国主编：《中国古代官僚政治制度研究》，北京大学出版社2008年版，第126页。
③ 吴宗国主编：《中国古代官僚政治制度研究》，北京大学出版社2008年版，第126页。

出显现。"①

中央各方面权力的强化，必然会需要较多地处理地方事务。同样，当中央需要较多地处理地方事务时，自然会强化中央各方面的权力，包括考核权。这种要求体现在行政体制上，就需要行政机关具备从中央直贯地方的特点。"随着隋朝新的中央集权体制建立，首先带来的变化是中央直接面对的地方机构增加，以及官吏选拔和考核权的集中，中央要处理的地方政务因此大量增加。与此同时，随着门阀士族的衰落和大一统的重建，地方官的实权、地位有所衰落，高官要官都集中在朝廷，中央成为具有绝对优势的权力中心，内重外轻的格局因此形成。"② 隋唐时期形成的专门的官吏考课机构正是在这样的背景下形成的，也是应对中央处理地方事务日益增多的客观需要。

四 对档案资料的重视导致考课流于形式

官员治绩的总结，凝聚为印纸历子，③ 需要以书面文字呈报。文书的激增是伴随着官僚制充分发展的自然现象。宋代对档案资料的过分重视必然会造成文件积压，行政效率下降，并逐渐形成虚应故事的风气。一方面，中央推行政令，需要以文书资料的形式布置下去，但逐级传达下去往往演变成为颁布文书资料之始即为工作推动之尾。另一方面，为了使基层严格按照中央政令行事，减少创造性工作的空间，往往需要颁布更多的法令，但同时，"中央本为求得相互验证而尽可能搜集大量材料，在行政程序方面大费周章，而以不'任人'专'任法'、以消磨创造性活力为代价换得的，却是基层供报材料形式上的严密、内容相当程度的失实，上层反由于材料众多而更加无暇普遍核查"④。

宋代对磨勘档案资料的重视还有一个重要原因就是"磨勘"的内容日

---

① 唐代，郎官迁转与其他体系的官员迁转，其主要的特征是什么？[EB/OL]. (2022-08-29) [2024-08-18]. https://baijiahao.baidu.com/s?id=1742475249338467117&wfr=spide&for=pc.

② 唐代，郎官迁转与其他体系的官员迁转，其主要的特征是什么？[EB/OL]. (2022-08-29) [2024-08-18]. https://baijiahao.baidu.com/s?id=1742475249338467117&wfr=spide&for=pc.

③ 外任官员赴任时，朝廷发给印有各种项目的记录册，由官员于任上填写，作为考核其政绩的根据，称"印纸历子"。

④ 吴宗国主编：《中国古代官僚政治制度研究》，北京大学出版社2008年版，第284页。

渐集中于资历。宋代在人事工作中实行高度的中央集权，中下层官员的选拔任用权集中到中央之后，考核的事务繁杂。对于所选任者是否称职或贤能并不是监督铨司官吏的内容，自然也就没有考察候选官吏业绩的积极性。照章办事是监督铨司官吏的重要内容，有据可查的年资成为铨选的主要依据，考课已然变成了对印纸历子等档案资料的核查，"磨勘"也演变成只重档案不重人。尤其是宋仁宗时期，各级各类文武官员的磨勘年限确定之后，对"年资"的衡量成为磨勘的唯一尺度，失去了考课的本来意义。

事实上，历史进程中统治者或政治精英们对磨勘的诟病很多，也充分预见了磨勘只循资历的做法必然带来考课流于形式的危机。例如，范仲淹等"庆历新政"的倡导者们强烈批判磨勘法，认为这种方法会导致国家在急需用人之际无人可用。因此，提倡将磨勘的重点转为治事实效以激励文武百官建功立业。"凡有善政异绩，或劝农桑获美利，鞫刑狱雪冤枉，典物务能革大弊，省钱谷数多，准事大小迁官升任。"① 宋仁宗曾一度采纳了该建议，派按察使考察州郡官吏，但最终因遭到大批官吏反对而失败。

明代一改这种仅重视虚文和以简单评语确定考课等级的办法，确立了"三等八法"②，重视对官吏品德状况和工作能力的考察。清代在"三等八法"的基础上确定了"四格八法"，改善了考课过度依赖档案资料的问题。

五　考核者的主观认识不足引发考课虚应故事

事实上，尽管"四格八法"提供了一些考核的维度，但以简单评语确定考核结果的问题并没有得到实质性的解决。"或许，考评标准越是严格狭窄，官员们在推荐别人时所承担的风险可能就越大。作为一种原则，话应该越少越好。更进一步说，万一出了什么差错，描述行为比分析人品更容易搪塞。"③

考核者对考核工作以及自身在考核中应承担的责任认识不足，如何规

---

① 邓小南：《宋代文官选任制度诸层面》，中华书局2021年版，第98页。
② "三等"是指"称职、平常、不称"，"八法"是指"贪、酷、浮躁、不及、老、病、罢、不谨"。
③ ［美］孔飞力：《叫魂：1768年中国妖术大恐慌》，陈兼、刘昶译，生活·读书·新知三联书店、上海三联书店2012年版，第243页。

避风险成为自身行为的重要指导。如此一来，考核制度在实施过程中还滋生了其他的问题。首先，依靠上级对下级进行考评的制度客观上导致评语呆板固定，根本不能反映实际情况。对于表现不佳的下级，上级为了维持自己宽厚待人的形象，避免与下级结怨，让下级安心为自己办事，通常不会给出差评。除此之外，为避免皇帝认为自己治吏不严，进而怀疑自己的工作能力或作风，通常也不会给出差评。对于表现优秀的下级，由于日后下级的表现是不可控的因素，"人们需要回避风险。推荐一个日后表现令人失望（或甚至更为糟糕）的官员，会使推荐者本人受到处罚"。基于这样的考虑，上级也不会给出多么肯定的评价。[1] "对于这种状况，乾隆极其不满，他发现，一个被前任长官定义为'年老体衰'的官员，却被现任长官评价为'老成持重'，分明是文字游戏。"[2] 其次，考核标准受考核者的主观认识制约。"考评或许适宜用于官僚们自己认为是'好的'官员。在一个受规则束缚的环境里，最好的官员就是最少惹事的官员——也就是那些能规避麻烦，将消极应付视为美德的人。"[3] 最后，虚应故事成为考核者的理想行为选择。由于作出不利评语可能会带来私人怨恨，作出有利评语可能会在日后因被考核者行为瑕疵给自己带来察人不实的处罚，考核者从保护自身利益出发，理想的行为选择就是规避自身风险，将责任相互推诿。因此，"乾隆抱怨说，那些不合格候选人的升迁和留任考评也未被剔出，竟能一路上报到御前"[4]。《清实录》记载："月官人材之优劣，年力之衰健，可一望而得。而拱默观望，诿之吏部，吏部又诿之九卿。九卿吏部交相诿，实诿之于朕耳。"意思就是，总督和巡抚对考核官僚敷衍了事，三年一次的大考，没有部门肯负责任。考评官员推诿给吏部，吏部推诿给九卿，九卿和吏部互相推诿，实际上最后都是推给皇帝。

---

[1] ［美］孔飞力：《叫魂：1768年中国妖术大恐慌》，陈兼、刘昶译，生活·读书·新知三联书店、上海三联书店2012年版，第243页。
[2] 赵冬梅：《法度与人心：帝制时期人与制度的互动》，中信出版集团2022年版，第447页。
[3] ［美］孔飞力：《叫魂：1768年中国妖术大恐慌》，陈兼、刘昶译，生活·读书·新知三联书店、上海三联书店2012年版，第243页。
[4] ［美］孔飞力：《叫魂：1768年中国妖术大恐慌》，陈兼、刘昶译，生活·读书·新知三联书店、上海三联书店2012年版，第244页。

六 中华人民共和国成立之初干部队伍的快速发展需要考核的制度供应

中华人民共和国成立之初,因接管政权、稳定政治秩序、改造社会、发展经济等工作客观上需要大量的干部,干部队伍迅速扩充。1950年,党的干部数量为175万人,到1951年则发展到271万人。① 自1952年至1955年,基本上以每年新增40万—50万干部的速度扩充干部队伍,1956年新增干部数达到了115.31万人。"1957—1959年,适应大规模经济建设的需要,领导干部数量进一步增长,仅1959年就提拔县(处)级以上领导干部近6万人,县(处)级以上领导干部比1957年增加18.7%,三年间年平均增长5.9%。"②

与干部队伍快速发展同时出现的是干部成分复杂、思想不纯、素质良莠不齐等现象。干部队伍中的"老革命""工农干部"经历过战争考验,政治素质较高,思想觉悟比较先进。但因受教育程度有限,政治理论和文化素养不高。除此之外,还有一些混入干部队伍当中思想不纯的破坏分子。干部队伍认知水平的限制或思想动机的不纯体现在工作当中,很容易出现工作方法简单化或是工作作风官僚化,最终导致干部队伍严重脱离群众。

党中央及时预见了这种危机。1950年,毛泽东同志指出:"整训干部已经成了极端迫切的任务,各阶层人民相当普遍地不满意我们许多干部的强迫命令主义的恶劣作风,尤其是表现于征粮、收税和催缴公债等项工作中的上述作风,如不及时加以整顿,即将脱离群众。"③ 预见危机后,党中央采取了一系列的举措。例如,1950年在全党全军中开展整风运动,整顿教育干部,《中共中央关于在全党全军开展整风运动的指示》明确,"主要方式是阅读某些指定的文件,总结工作,分析情况,展开批评与自我批评"④。1951年,开始进行镇压反革命运动中的清理工作,分为

---

① 中共中央组织部等编:《中国共产党组织史资料》附卷一,中共党史出版社2000年版,第1327页。
② 中共中央组织部、人事部:《中国干部统计五十年》,党建读物出版社1999年版。
③ 《毛泽东文集》第6卷,人民出版社1999年版,第55—56页。
④ 中共中央文献研究室:《建国以来重要文献选编》(第1册),中央文献出版社1991年版,第187—188页。

"外、中、内"三层。外层指隐藏在社会上的反革命分子，中层指隐藏在我军政机关内部的反革命分子，内层指隐藏在我党内部的反革命分子；1951年年底开始在党政机关工作人员中开展"反贪污、反浪费、反官僚主义"的"三反"运动，加大对党员干部违法违纪行为的惩处力度。

这一阶段，普遍在军队开展干部评级。例如，1951年，中央人民政府人民革命军事委员会发布《关于干部评级工作的指示》，在军队中开展评级工作，要求以德、才、资的标准衡量干部现任职务来确定其等级。评级时，对德、才、资三者之互相关系，应以德、才为主，资为次，但又必须互相结合，反映出一个干部的全貌与本质。在行政机关开展干部审查、干部鉴定工作。例如，1953年《中共中央关于审查干部的决定》明确必须在两三年内对全国的干部进行一次细致的审查，要求清除混入党政机关内的一切反革命分子、阶级异己分子、蜕化堕落分子，以保持干部队伍的纯洁；同时又要多方面地了解和熟悉干部的思想品质、工作才能，以便更有计划地培养干部，正确地使用干部。1953—1955年，中央组织部每年都会部署干部鉴定工作。

干部鉴定与干部考核

中华人民共和国成立之初，干部考核工作主要采取干部鉴定、干部审查的方式。但鉴定与考核是两种不同的制度，有着不同的功能定位，相互不可取代。有学者指出，"在50年代，实行干部鉴定制度，对于管理和提高干部素质，确实起到过积极的作用。那时干部本人组织观念强，对于组织鉴定都很重视，自我批评比较自觉，自我鉴定检查得也比较深刻"[1]。

从时间周期来看，干部鉴定主要评价干部从参加工作截止到评价之日的表现情况。干部考核则评价某个特定周期，如年度考核评价某一年度，任期考核评价某个任期之内等。从方式和内容来看，中华人民共和国成立之初的干部鉴定采取自我鉴定、党小组鉴定、组织鉴定等方式，从思想意识、工作情况、学习情况等方面进行考察。后来的

---

[1] 沈阳市委组织部：《对执行干部鉴定制度情况的几点思考》，《党政干部学刊》1991年第8期，第35—37页。

干部考核采取领导与群众相结合、平时与定期相结合、定性与定量相结合等方法从德、能、勤、绩、廉等方面进行评价。从结果使用来看,干部鉴定通常是干部选拔任用之时的重要参考和依据。干部考核结果运用则关涉培训、奖金、晋升等资源分配。

七 干部老龄化与选拔任用中的考核强化

在经历了一段特殊的历史时期之后,各行各业普遍存在管理松弛的现象。邓小平同志指出,"要严格考核,赏罚分明。所有的企业、学校、研究单位、机关,都要有对工作的评比和考核"[1]。

干部工作经过拨乱反正和平反冤假错案之后,一大批曾遭到迫害的老干部得到重新任用,随之而来的是干部老龄化问题。干部老龄化成为中国干部队伍建设面临的重大问题。解决好干部队伍交接班的问题是全党面临的重要问题。"1964年省级政府班子成员中60岁以上的人数为63人,占比26.58%。到1979年,60岁以上的人数为262人,占比59.01%。"[2]

提拔培养中青年干部成为当务之急。1981年,陈云同志指出,"现在省委、地委的主要负责同志多数是六十岁以上的干部,其中不少还是七十岁以上的干部,政府各部委的领导同志大体也一样。他们中的大多数是大革命时期、土地革命战争时期或抗日战争时期的干部。县委的主要负责同志多数是五十岁左右的干部……这个问题现在不解决,或者解决得不好,共产主义事业在中国就有可能出现曲折"[3]。

废除领导职务终身制、提拔中青年干部进入领导班子是解决干部队伍交接的主要方法。"一方面要大胆提拔,加快提拔中青年干部,一方面又要严格把好政治标准这一关。德才相比,我们要更注重德,就是说要确实提拔那些党性强,作风正派,敢于坚持原则的人。"[4] 在此背景下,选拔任用过程中的干部考核显得尤为重要。

---

[1] 《邓小平文选》第2卷,人民出版社1994年版,第151—152页。
[2] 中共中央组织部、人事部:《中国干部统计五十年》,党建读物出版社1999年版。
[3] 陈云:《在党的十二次全国代表大会上的讲话》,中共中央文献研究室:《十二大以来重要文献选编》(上),中央文献出版社2011年版,第81—82页。
[4] 陈云:《在党的十二次全国代表大会上的讲话》,中共中央文献研究室:《十二大以来重要文献选编》(上),中央文献出版社2011年版,第81—82页。

1979年，中央组织部印发《关于实行干部考核制度的意见》，建立并逐步完善干部考核制度的举措走在了干部制度改革的前列。"据中央组织部原部务委员杨建生回忆，干部制度改革之初，之所以首先印发关于干部考核制度的意见，是因为当时设想，先抓住考核制度改革这个干部制度的中间环节，实现中间突破，两头延伸。所谓两头，一头是上，是进口；一头是下，是出口。"① 干部考核成为干部制度改革的突破口，并不断发展完善。

当代考核制度建立起步阶段的难点

1979年中央组织部印发的《关于实行干部考核制度的意见》对考核制度做了顶层设计，具体规定了考核的内容、方法、期限和标准等。"按照当时的设想，要在中央国家机关各部委和各省、区、市试点的基础上，经过两三年的努力，到1981年把以定期考核为主的干部考核制度普遍建立起来。"② 可以看到，在那个阶段，选人用人过程中的干部考核制度有了进展，但并没有开展常规化的干部考核工作。究其原因，主要是当时尚不具备实施考核的条件。

20世纪80年代，随着干部老龄化的问题越来越突出，干部工作的重心是选拔培养中青年干部。1983年10月，中央组织部发布了《关于建立省部级后备干部制度的意见》，明确了第三梯队建设的目标任务。因此，推荐和选拔后备干部成为该阶段的重点工作，考核考察成为干部选拔的重要手段。加之特殊历史时期过后，干部政策和知识分子政策落实等工作繁重，对于常规化的、面向所有干部的定期考核，因缺乏紧迫性，自然没有被提上议事日程。

由于缺乏常规化考核的客观需求，考核的实践只是在干部选拔任用中发展，考核方法尚在不断摸索当中。"就这项工作本身而言，当时推进主要依靠开会发文件提要求，缺少有指导有计划地分级分类试点，也还没有把形成制度或方法上的突破作为支撑。"③ 除此之外，

---

① 戴晓曙主编：《干部分类考核方法研究》，党建读物出版社2019年版，第12页注释。
② 戴晓曙主编：《干部分类考核方法研究》，党建读物出版社2019年版，第12页。
③ 戴晓曙主编：《干部分类考核方法研究》，党建读物出版社2019年版，第13页。

考核相关的配套制度也需要完善。种种条件的限制，使得考核制度建立的起步阶段困难重重。

八 错误的政绩观与考核价值导向的偏差

改革开放以来，广大干部已经牢固树立了"发展才是硬道理"的观念。由于经济增长是中国的主要发展目标，一段时期以来，对干部的考核，尤其是地方领导干部的考核，也以经济增长速度为主要指标。"有一些同志，对政绩问题缺乏正确的认识，工作的出发点不是更多地为群众办实事、谋实利，而往往是考虑个人的得失，热衷于上项目、铺摊子，搞华而不实、劳民伤财的'形象工程'。这样做的结果，往往会加大财政负担、影响经济持续健康发展、破坏资源和环境，干部群众对这种现象反映强烈。"①

2003年10月，党的十六届三中全会提出了"科学发展观"。党中央从人口多、底子薄、发展不平衡的状况将长期存在的现状出发，做出中国正处于或将长期处于社会主义初级阶段的基本国情的判断。为解决我国在社会主义初级阶段发展过程中面临的问题，例如粗放型经济增长方式没有根本转变等，党中央在总结发展实践、借鉴国外发展经验的基础上提出要全面贯彻落实以人为本、全面协调可持续发展的科学发展观。科学发展观，"第一要义是发展，核心是以人为本，基本要求是全面协调可持续，根本方法是统筹兼顾"②。按照科学发展观的要求，"各地区在推进发展的过程中，必须充分考虑资源和环境的承受力，统筹考虑当前发展和未来发展的需要，既重视经济增长指标、又重视资源环境指标；既积极实现当前发展的目标、又为未来发展创造有利条件"③。

同时，党中央提出要把树立和落实科学发展观与坚持正确的政绩观紧密结合起来。"考核干部政绩，要注重考察落实科学发展观的实际成效，

---

① 胡锦涛：《坚持立党为公、执政为民，树立正确的政绩观》（2003年11月27日）。中共中央文献研究室：《十六大以来重要文献选编》（上），中央文献出版社2007年版，第511页。

② 胡锦涛：《高举中国特色社会主义伟大旗帜，为夺取全面建设小康社会新胜利而奋斗》（2007年10月15日），《中国共产党第十七次全国代表大会文件汇编》，人民出版社2007年版，第14页。

③ 胡锦涛：《把科学发展观贯穿于发展的整个过程》（2004年5月5日）。中共中央文献研究室：《十六大以来重要文献选编》（中），中央文献出版社2007年版，第69—70页。

坚持用是否服务于人民、造福于人民，是否遵循客观规律和科学规律，是否推动经济社会协调发展，是否对子孙后代负责、对长远发展负责，作为考核干部政绩的根本标准。"① "要建立和完善科学的干部政绩考核体系和奖惩制度，形成正确的用人导向和用人制度。考核各级干部的政绩，既要看经济建设成果，又要看社会进步；既要看城市变化，又要看农村发展；既要看硬环境的加强，又要看软环境的改善；既要看当前的发展，又要看发展的可持续性；既要看经济增长的总量，又要看人民群众得到的实惠；既要看经济社会发展的成果，又要看党的建设的成效。"②

在科学发展观和正确的政绩观指导下，围绕如何树立正确的政绩观，实现全面、协调、可持续的发展，各地在考核制度方面进行更多的探索，一些地方的考核指标得到修正。例如，浙江省湖州市自2004年起取消干部政绩考核中的GDP指标。新的考核标准提高了对财政总收入、群众生活质量、环境保护和政府办事效率等内容的考核比重。

2013年中央组织部下发了《关于改进地方党政领导班子和领导干部政绩考核工作的通知》，要求不能仅仅把地区生产总值及增长率作为考核评价政绩的主要指标，不能简单地把经济增长速度与干部的德、能、勤、绩、廉画等号。"各地的干部考绩内容，更多地转向'三比'（比发展质量，比发展方式，比发展后劲）和'三看'（看全面工作，看经济、政治、文化、社会、生态文明建设和党的建设实际成效，看解决自身发展中突出矛盾和问题的成效），树立正确的考绩导向。"③

2019年《关于改进推动高质量发展的政绩考核的通知》更是把推动高质量发展作为政绩考核的主要内容。

错误政绩观之种种表现

2022年，中央纪委国家监委网站发布了一系列动画，生动地勾

---

① 胡锦涛：《把科学发展观贯穿于发展的整个过程》（2004年5月5日）。中共中央文献研究室：《十六大以来重要文献选编》（中），中央文献出版社2007年版，第71—72页。

② 胡锦涛：《坚持立党为公、执政为民，树立正确的政绩观》（2003年11月27日），中共中央文献研究室：《十六大以来重要文献选编》（上），中央文献出版社2007年版，第511页。

③ 中国组织人事报社编：《干部考察考核方法新探（2013—2018）》，党建读物出版社2018年版，第3页。

勒出了错误政绩观的种种表现。《错误政绩观之盲目搞项目》讲的是为了出政绩，不顾地方自身条件和全国科技创新发展布局，盲目上项目导致财政资金受损的行为；《错误政绩观之重形式轻效果》讲的是疫情防控中的形式主义，单纯以会议贯彻会议，以文件落实文件，在实际工作中不见诸行动的行为。该短片指出，形式主义实质是主观主义、功利主义，根源是政绩观错位、责任心缺失；《错误政绩观之打造经典调研路线》讲的是在上级检查工作时，该汇报不汇报，或者不如实汇报的行为。该短片进一步指出，调查研究是谋事之基、成事之道，领导干部要做到对基层的情况亲知、真知、深知，让调查研究真正有用有效；《错误政绩观之牺牲环境换虚假繁荣》讲的是盲目追求政绩，不惜牺牲土地、海洋资源和生态环境，换取一时一地经济增长的行为。该短片进一步指出，经济发展不能以破坏生态为代价，党员领导干部要坚持正确政绩观，坚持新发展理念，把握好经济发展与环境保护二者的平衡关系；《错误政绩观之新官不理旧账》讲的是同级的新一届政府及领导人员更替后，不承认上一届政府和领导人员对公民和市场主体作出的合同、承诺、债务等行为。该片进一步指出，"新官"必须理好"旧账"，方能实现了不起的政绩；《错误政绩观之地方 GDP 报花账》讲的是在地方政府在统计数据上做文章，通过数据打造发展假象的行为。该片进一步指出，这种行为的主观原因是有的领导干部"唯 GDP"政绩观根深蒂固，通过干预统计数据谋求政绩。彻底甩掉单纯追求 GDP 增幅包袱，推动高质量发展，才是实打实的政绩；《错误政绩观之重业务轻党建》强调了抓好发展是政绩，管好干部同样是政绩。树立正确政绩观，需要深入学习党的理论创新成果，运用党的科学理论优化思想方法、解决思想困惑、检视作风状态，以正确权力观、事业观、发展观指导实践、推动工作；《错误政绩观之阳奉阴违搞变通》讲的是棚户区改造过程中对党中央重大决策部署不敬畏不在乎的做法，其背后是政绩观错误、价值观走偏、权力观扭曲；《错误政绩观之承诺变"空头支票"》讲的是招商引资过程中不兑现承诺的行为。该片进一步指出，公职人员尤其地方领导干部要牢固树立正确政绩观，克服急功近利、好大喜功的思想，以"功成不必在我，功成必定有我"的责任和担当，切实提升科学履职、诚信履职的能力。

九　干部从严管理与考核约束过量激励不足

2009年，中共中央办公厅印发《关于进一步从严管理干部的意见》，明确要"加强和改进干部考核工作，进一步提高考核质量，整合考核资源，增强考核的真实性、准确性，充分发挥考核在干部管理工作中的导向、评价和监督作用"。除此之外，党的十八大以来，习近平总书记对全面从严治党、从严管理干部作出了一系列重要指示，为从严管理干部提供了遵循。

与干部从严管理相伴相生的现象是"为官不为"。"为官不为"的背后动机迥异，表现形式多样，但其损害政治生态、破坏工作风气、危害干群关系的后果是一样的。"近年来，针对不作为、乱作为等现象，一些单位实行了离任审计、述职述廉、巡视巡察等制度，目的就是编织更严密的制度之笼，堵塞以权谋私的口子。"[1]

2020年修订的《公务员考核规定》重申了习近平总书记提出的好干部标准，"信念坚定、为民服务、勤政务实、敢于担当、清正廉洁"，其中"敢于担当"直面"为官不为"这一现象，同时还将"责任心缺失，工作不担当、不作为"列为不称职等次的表现。制度设计层面上有相应的规定，制度执行层面上则需创新考核方法。如何在考核中分辨出干部是否"作为"，是否"真作为"，成为干部考核工作必须面对的新挑战。

"躲事儿"干部面面观[2]

《中国纪检监察》杂志2023年第10期刊登了一篇名为《"躲事儿"干部面面观》的文章。文章列举了"本就不想干：个人'小算盘'打得响；忐忑不敢干：'不出风头别冒险'；庸能不会干：'满河的石头能压菜的少'；捆着不让干：'裹脚的媳妇走路又疼又难'"等现象，辅之一些漫画，生动形象地勾勒出了"躲事儿"干部的各种

---

[1] 王俊峰：《组织防卫视角下"为官不为"的根源与治理之策》，《领导科学》2020年第6期，第101页。

[2] 陈杨、黄月：《"躲事儿"干部面面观》，《中国纪检监察》2023年第10期，第42—45页。

心路历程和行为表现。文章最后提出一些具体举措，希望达到"想干又能干：'拎袄就得拎领子'"的效果。这些举措包括：选人用人用实绩说话，让干事创业的人有"奔头"；追责板子既要高高举起更得精准落下，让庸政懒政的人真正吃"苦头"；评优绩效打破轮流坐庄"大锅饭"，让表现优异的同志尝"甜头"；鼓励保护创新，让敢为人先的干部有"劲头"。

第二节　中国考核制度发展过程中的七大问题

危机的发生是因为有问题存在。预见危机不一定能够察觉问题，但察觉问题有助于更好地判断和分析，找到解决危机的办法。中国考核制度在变化的过程中，产生了很多的问题。有些问题引发了上述危机，有些问题虽没有引发危机，但影响了制度功能的发挥。有些问题存在于某一特定的历史背景下，有些问题一直存在。有些属于制度本身必然会带来的问题，有些属于落实过程中走样而引发的问题。大体而言，主要包括七个方面的问题，具体分析如下：

一　问题一：制度设计不完善

"制度之所以重要，是因为它提供了秩序。"[①] 制度在实施过程中的最大困境在于无法提供预期的秩序，甚至出现破坏某种秩序的可能。制度功能的实现主要取决于制度本身的完善程度和实际运行的顺畅程度。体现在问题上，就是制度设计和实施层面的问题。公务员考核制度实施的实然状态与制度设计的应然状态之间产生偏离，于是就出现了一些问题。

首先，简单系统思维指导下的考核内容"求全"。按照复杂系统理论的观点，公务员的行为、政府组织是一个复杂系统，对政府组织里的公务员行为进行考核评价也是一个复杂系统。但我们在进行考核制度设计时，往往容易基于简单系统的思维，通过设立一个标准，或是不断地增加规

---

① ［美］诺思：《对制度的理解》，见［美］科斯、［美］诺思、［美］威廉姆森等：《制度、契约与组织——从新制度经济学角度的透视》，刘刚、冯健、杨其静、胡琴等译，经济科学出版社2003年版，第16页。

则，引导公务员朝着标准努力。考核制度设计应当基于复杂系统的思维，深入更深层次去设定标准。这种更深层次的标准有别于具体的行为标准，而是抽象的创新标准，或是说直击最原始的动力标准。在这一标准的引导下，突出公务员不同岗位的特点，创新工作方法，达成工作目标。"传统的整体思维关注的重点是事物的整体和全部，而对事物的具体构成要素则不进行过细的分析。反映在人事考核内容的设计安排上，十分注意其全面性，实行的是一种全面考核和完人考核标准。"① 在这种思想的影响下，"中国公务员考核内容的规定十分完整和全面，几乎与人有关的所有表现都列入了干部（尤其是领导干部）考核的范围，既有弹性较大的思想品德、工作作风，也有硬性的工作实绩、出勤情况，尽可能地做到面面俱到，无一遗漏。考核对象必须表现为一个'完人'，方才为大众所认同"② 但实际上，就如同司马光所说"考求于迹，则文具实亡"③。

其次，考核标准的模糊与内容的全面相辅相成。"干部考核内容的全面性与考核标准的模糊性是相辅相成的，考核内容过于全面一定程度上导致了考核标准的模糊。"④ 我们在之前的论述中曾表达过这样一种观点：秦朝统一度量衡使得量化考课成为可能。公务员考核制度的发展过程中，越来越重视量化考核，指标的量化、可操作化要求越来越高，但现实的需求在制度设计层面上并未得到充分地体现。一是从政策文本来看，原则性规定较多，实践性的规定较少，指导性内容较多，可操作性的内容较少，定性成分较多，定量成分较少，追求全面性，重点不突出。同时，没有针对组织及职位的不同而设定具体的考核内容，部门之间、被考核者之间缺乏可比性，可操作性不强。二是从具体实践来看，由于没有明确具体的考核内容和客观的考核标准，考核工作多凭主观判断开展，人缘、个人好恶、一时一事的印象成为影响考核结果的重要因素，无法做到客观公正。

最后，制度设计与制度实施之间存在天然的鸿沟。即便是设计得再完

---

① 刘重春：《中国当代人事行政制度的文化分析》，河北人民出版社 2012 年版，第 128 页。
② 刘重春：《中国当代人事行政制度的文化分析》，河北人民出版社 2012 年版，第 130—131 页。
③ 刘绪义：《古代官员考绩之法，中看不中用》，《中国人大》2016 年第 23 期，第 54 页。
④ 刘重春：《中国当代人事行政制度的文化分析》，河北人民出版社 2012 年版，第 131—132 页。

美的制度，在实施过程中可能也会面临这样那样的问题，更何况不存在完美的制度。"历朝历代都觉得要不拘一格降人才，但是历朝历代又强化从北魏开始的重资历的做法。"[1] 这是为什么呢？主要原因是重资历有其合理性。能力、素质没有统一的衡量标准，而资历却是一个较为客观的证明。事实上，考核为什么这么难？其症结也在此。制度的设计从一开始就注定不可能完善，因为考核的内容是可以掩饰，可以表演的，不可能绝对客观。

有学者总结了党政领导干部绩效评估研究中的六大基础性难题，即"行为绩效与结果绩效在数值上的逻辑联系难题、个人绩效与政府绩效的区分难题、主观努力与客观基础条件的区分难题、显性绩效与潜在绩效的区分难题、绩效评估的个性与共性把握难题以及定性评估与定量评估的整合难题"[2] 事实上，这也反映了考核制度实施的难点。在制度设计之初如果没有解决这些问题，在制度的实施过程中，就会直接导致制度功效发挥不足。例如，设计相关的指标要体现个人绩效与政府绩效的区分，可以采用相关的技术手段评价主观努力与客观基础条件的区分等。

制度设计时充分体现考核科学性与合理性的分级分类考核，实践当中并不能从根本上解决考核主体与对象脱节的难题。在我们的调研中，一些部委对司局级领导进行考核时，考核主体既包括分管部门的人员，也包括其他部门人员。但由于各部门职责范围不同，履职内容和工作重点也有差异，其他部门人员作为考核主体实际上可能并不熟知司局级领导的真实履职情况，考核主体与被考核对象脱节的现象比较明显，最终直接导致考核结果难以体现实际情况，不够客观公正和科学合理。

二 问题二：考核主体敷衍规避责任

"制度的落实对制度执行者（单位）来说，总是优先朝着阻力最小、切身利益最明显并且短期就能见效的方向挺进，这是一条规律。"[3] 一般来说，在各朝代的中后期，制度执行不力主要是由于朝纲混乱。除去朝代

---

[1] 张程：《制度与人情——通俗解读中国古代政治制度的发展历程》，华文出版社2021年版，第184页。

[2] 蒋文能：《县级领导干部绩效形成机理与评估机制研究》，中国经济出版社2021年版，序言第1页。

[3] 戴晓曙主编：《干部分类考核方法研究》，党建读物出版社2019年版，第37页。

更替的因素，制度执行不力导致考核失真失实的原因包括制度执行主体不勤政务、敷衍行为规避制度执行、选择性政策执行等。

首先，考课者职事废弛、不勤政务。例如，在考课结果确定上，全部设为中等成为考课者懒政的理由与护身。"在宋代，大量中考的出现，除在一定程度上反映出当时官员治事的实际水平、格条的拘泥死板外，也有不少是由考课者的职事废弛、不勤政务造成的。即便中央特设的专门考课机构，也往往失于核查而流于形式，概书中考。例如，熙宁五年（1072）中书门下曾报告说，考课院'考校职司课绩殿最，即只开坐逐人区别到部下官吏等第；其采访行实，但称采访到逐官行实合为中等'全无实状。"①

其次，考课者以敷衍行为规避制度执行。例如，考课主管部门玩忽职守，执行检查不力，使得制度法规形同虚设。宋代印纸历子的批书是吏部核验的主要依据，尽管这些档案资料使得主管部门的工作有据可查，但负责考课的部门只是依据档案资料来决定考课成绩，完全无须也无暇顾及档案资料的可靠程度。那么，从制度完善的角度来看，要使倚靠档案资料的考课方法更为科学合理，宋代解决问题的着力点是要求文档尽量翔实。"宋廷要求在申报课绩时填写非常具体的'实迹''实绩'，以便于日后核对。当时曾经规定，地方官员在任期间所采取的一切兴利除害措施，都必须各立条目，每一考都由当职官吏'从实批书'；官员在任期满，更需'精核'其治绩。"② 这样的要求带来了两个结果：一是地方上报材料尽可能讲究形式上的翔实，而忽视内容上的属实。二是考课主管部门在面对日益增多的档案资料时，往往也只审核形式上的材料完备，而忽视内容上的真实可靠。在这样的背景下，考核失真失实就成了必然。

最后，考课者选择性执行制度。"在面对考核时，干部们有三个选项。他们可以坚持他们已经知道在某种程度上奏效的政策方案，可以选择创新性的新方案，这些新方案可能带有更多潜在风险，但也可能更有回报，或者他们可以尝试合谋欺骗考核人员。"③ 选择性执行制度主要表现

---

① 邓小南：《宋代文官选任制度诸层面》，中华书局2021年版，第121页。
② 邓小南：《宋代文官选任制度诸层面》，中华书局2021年版，第348页。
③ 俞可平、［德］托马斯·海贝勒、［德］安晓波主编：《中共的治理与适应——比较的视野》，中央编译出版社2015年版，第228页。

为：选择对自己有利的部分执行，选择容易的部分执行等。"'选择性政策执行'是这样一种政治体制等级制结构的功能：它由直接的上级支配，迷恋困难的量化目标，地方政府对人民的需求具有一定的自主性。"① "地方领导干部首先根据成本—效益分析来执行政策。如果政策在干部考核体系中占据重要位置，增加了地方政府的收入来源，使'单个干部'及其在'影子政府'中的伙伴受益，而且使用现有的资源能够实现，那么它们更可能得到执行。"②

除了选择性执行制度，还有附条件执行制度。即在执行制度的过程中人为地增加一些有利于考核者的条件，使制度目标朝着有利于考核者个人利益的方向转变。伦敦经济学院查尔斯·古德哈特（Charles Goodhart）发现的古德哈特定律似乎可以解释这一现象。"一旦出于控制目的施加压力，则任何观察到的统计规律都将趋于崩溃。"③ 崩溃的原因在于导致规律性的个人行为背后的动机已经发生了变化。"换句话说，一旦有了新的规则，个人无论是有意识的还是无意识的，都不可避免地会去钻系统的空子。"④

三 问题三："一票否决"滥用

"随着政府内部考核指标体系的变化，诸如经济发展速度、财政贡献大小等关键指标不再成为唯一或最重要的指标，其他方面的硬性指标却层出不穷"⑤，尤其是"一票否决"的指标。

除了国家目标（如计划生育、环境保护、脱贫攻坚等），地方政府根据地方的优先事项制定了一系列的"一票否决"指标。学界普遍认为，"一票否决"源于1982年湖南常德尝试将计划生育政策执行情况纳入考核并进行一票否决。之后这一做法因其对计划生育工作明显的推动作用而

---

① 俞可平、[德]托马斯·海贝勒、[德]安晓波主编：《中共的治理与适应——比较的视野》，中央编译出版社2015年版，第216页。
② 俞可平、[德]托马斯·海贝勒、[德]安晓波主编：《中共的治理与适应——比较的视野》，中央编译出版社2015年版，第216—217页。
③ [美]戴维·莫契拉：《数字化未来》，薛亮译，现代出版社2020年版，第105页。
④ [美]戴维·莫契拉：《数字化未来》，薛亮译，现代出版社2020年版，第105页。
⑤ 李振、王浩瑜：《容错机制落地难：地方政府的创新困境》，《文化纵横》2022年第4期，第113页。

被当作经验，广泛运用于全国各个领域的工作，直至引发"一票否决"滥用的乱象。"江西省纪委调研法规室2011年做的一项调查显示，该省针对地方和基层的各种'一票否决'内容多达62项。"①

"'一票否决制'的逻辑是将上级迫切需要解决的问题转化为关乎下级官员仕途的问题，并逐级向下摊派任务。"② 这是考核制度能发挥作用的逻辑。但"一票否决"强化了这样的一种逻辑，"一票"是整个考核体系中的决定性指标，完成该指标是其他指标被评价的前提。也就是说，不管其他指标完成得有多好，决定性指标未达标，任何指标的完成度都被视为"零"。"一票否决"直面了被考核对象的行为内生动力问题，当上级迫切需要解决的问题成为关乎下级官员仕途的问题，并通过考核结果运用产生作用时，下级的服从行为就从"外在压服"转变为"内在主动"。当一种行为是由内驱力驱动时，效果往往要比外驱力驱动更好。

但是，正因为"一票否决"与"官员仕途"紧密联系，与"官员仕途"紧密联系的结果有没有成功转化为内驱力，会相应出现几种不同的行为选择。当被考核对象自身不关注仕途，如即将退休或评估自身各方面条件升迁无望，与"官员仕途"紧密联系的这一结果无法形成刺激，没有成功转化为内驱力时，被考核对象的错误行为选择包括敷衍塞责，应付了事或是挖空心思，蒙混过关等。当与"官员仕途"紧密联系的结果成功转化为内驱力，但由于"一票"的指标客观上很难达成时，被考核对象的错误行为选择包括弄虚作假、上下合谋、推卸责任等。③

不难看出，"一票否决"所带来的行为异化最终直接影响"一票否决"的效果，陷入恶性循环的魔咒。那么，如何让"一票否决"发挥正面的作用，摈弃其不良的效果，成为我们采取"一票否决"制之前必须

---

① "一票否决"不应成为干部考核常态［EB/OL］. (2013 - 11 - 07)［2022 - 11 - 16］. https://news.12371.cn/2013/11/07/ARTI1383772617349741.shtml.

② 陈硕：《"硬指标"的"软约束"：干部考核"一票否决制"的生成与变异》，《四川大学学报》(哲学社会科学版) 2020年第1期，第41页。

③ 陈硕将"一票否决制"下地方官员的规避策略类型以是否故意以牺牲公众利益为代价分为应付性服从性和蓄意偏离型。前者采取的具体策略包括突击行动、蒙混过关、形式主义，后者采取的具体策略包括产出扭曲、数据造假、上下合谋、推卸责任。陈硕：《"硬指标"的"软约束"：干部考核"一票否决制"的生成与变异》，《四川大学学报》(哲学社会科学版) 2020年第1期，第38页。

想明白的问题。目前学界普遍认为,"一票否决"的事项范围必须严格限定,需要对纳入"一票否决"考核事项的非关键性绩效指标进行清理和规范。

事实上,"理性的法律制度应该容忍适度数量的事故。'容错纠错'的理念与此吻合,而'零事故''零容忍'之类的说法,却只可作为口号,不能作为决策目标,更不可作为考评标准……控制预防事故的成本,尤其需要合理确定责任的轻重以及责任人的范围。事故追责的范围太大,责任太大,就会造成另一种形式的社会浪费……为什么会议增加了,考核增加了,检查增加了,评估增加了,留痕增加了?很重要的原因是这些工作绝对安全,既不会犯错误,也会引发任何事故"①。

四 问题四:考核方法单一、流于形式

考核同吃"大锅饭",优秀等次轮庄坐或论资排辈、领导优先。国外亦如此。例如,日本"基于评定的特别加薪,'只要一加实施,就很容易陷入到轮流坐庄的运作之中。'"②

习近平总书记曾一针见血地指出干部考核中存在的一些问题。例如:"一些地方不提拔不考核、不换届不考核、不到年底不考核,对干部日常工作和平时表现了解不够;有的考核流于形式走过场,考核手段单一、方法简单,不在现场看、不见具体事,雾里看花、朦朦胧胧;有的考核重点不突出、针对性不强,'一刀切''一锅煮',一种考核办法包打天下。"③其中,考核方法单一、考核流于形式是较为常见的问题,从现象上看,主要表现为"平时考核走过场""年度考核'优秀'轮流当""考核等次都'称职'"。

一是平时考核走过场。按照2019年中央组织部印发的《公务员平时考核办法(试行)》的要求,机关根据工作性质和队伍特点,合理确定公

---

① 桑本谦:《法律简史——人类制度文明的深层逻辑》,生活·读书·新知三联书店2022年版,第451—452页。
② [日]稻继裕昭:《日本公务员人事制度》,黄元译,生活·读书·新知三联书店2012年版,第61页。
③ 习近平在全国组织工作会议上的讲话[EB/OL].(2018-07-03)[2023-03-14]. http://jhsjk.people.cn/article/30150140.

务员平时考核周期，确保达到考核效果，减轻公务员负担，防止搞形式、走过场。同时《公务员平时考核办法（试行）》还强调考核结果的反馈，肯定成绩、指出不足，提出改进要求，真正实现以考促改。

但实践中，一些单位并没有充分重视平时考核的作用，对平时考核中发现的各类问题，没有及时谈话提醒、批评教育，或是进行诫勉，没有发挥考核激发自我完善内生动力的作用。一些单位没有建立定期公开的制度，对平时考核为好等次的公务员，没有及时在一定范围内予以公开，没有发挥平时考核树先进典型，营造见贤思齐、比学赶超良好氛围的积极作用。一些单位没有形成进行平时考核的过程管理制度，对日常工作完成情况掌握不全面，无法为定期考核提供翔实的数据资料参考，使得平时考核沦为"走过场"。

二是年度考核"优秀"轮流当。由于"优秀"的比例有严格的限制，再加上公务员年度考核确定为优秀等次的，晋升上一职级所要求的任职年限缩短半年。连续三年确定为优秀等次的，记三等功；晋升职务职级时，在同等条件下优先考虑。在实践中，有些单位为了回避矛盾，采取"年年轮流"的方式确定优秀等次。有些单位为了照顾需要晋升职级的同志，例如让他们有机会在退休之前晋升某一职级。有些单位为了照顾某些同志能够被记三等功，连续三年都给某些同志确定为优秀，不考虑其实际的工作表现。有些单位在分配优秀名额的时候，为了照顾不同部门的人数差异，采取简单的比例分配方法，按照实际人数乘以20%的比例确定该部门的优秀名额。这种部门间的名额"平衡"实际上造成了结果上的"不公平"。有些部门因为人数多，分配的优秀名额多，不那么"优秀"的人也有机会获得优秀。这种不管部门工作优劣，仅看是否有名额指标的做法挫伤了认真想干事公务员的工作积极性，也影响了考核工作的严肃性。

三是考核等次都"称职"。考核中有一种趋势，叫作中央趋势效应，也叫居中趋势（central tendency），"指管理人员在绩效评价尺度上给员工打分的时候，将评价结果确定在处于中间的位置"[1]。这种效应在公务员

---

[1] ［美］加里·德斯勒：《人力资源管理》（第14版），刘昕译，中国人民大学出版社2017年版，第324页。

考核中主要表现为：不按照考核标准考核下属工作人员，尽量缩小考核中的表现差距，所形成的评语几乎相同，不能准确地反映公务员的特点和差异，直接影响到考核效果。造成好的不好，差的不差，大家都差不多的局面，影响考核的公正性和合理性，使考核形同虚设。"如果对员工进行排序，而不是采用图评价尺度法来进行评价，则能够在一定程度上避免这种居中趋势的出现，因为排序本身就意味着不能把他们全部排在中间位置上。"①

按照《公务员考核规定》，年度考核结果分为优秀、称职、基本称职和不称职4个等次。公务员年度考核优秀等次人数，一般掌握在本机关应参加年度考核的公务员总人数的20%以内；② 经同级公务员主管部门审核同意，可以掌握在25%以内。优秀等次名额应当向获得表彰奖励以及基层一线、艰苦岗位公务员倾斜。县级以上公务员主管部门对综合表现突出或者问题较多的机关，可以适当提高或者降低其优秀等次比例。《公务员考核规定》对优秀、称职、基本称职和不称职4种等次的表现做了明确的规定。

从近年来的考核等次看，除了"优秀"等次有具体的比例限制，绝大部分的公务员年度考核的等次都是"称职"，基本称职、不称职的比例极低。2020年《公务员考核规定》在对可以评定为"不称职"等次的情形中增加了"责任心缺失，工作不担当、不作为，或者工作作风差"。事实上，真正责任心缺失，工作不担当、不作为的公务员却极少被评为"不称职"。在考核中，有些单位抱着息事宁人的态度，大事化小，小事化无，该定基本称职、不称职的放宽等次标准。如一些大错不犯，小错不断，工作迟到早退，工作标准低下的公务员往往年度考核时也被评为"称职"。这种高比例的称职以上等次人员并非公务员队伍整体面貌的真实体现，也无法发挥考核的功效，导致部门之间和部门内部公务员之间忙

---

① ［美］加里·德斯勒：《人力资源管理》（第14版），刘昕译，中国人民大学出版社2017年版，第324页。

② 2007年《公务员考核规定》当中对优秀等次的规定为"公务员年度考核优秀等次人数，一般掌握在本机关参加年度考核的公务员总人数的15%以内，最多不超过20%。"2020年《公务员考核规定》扩大了优秀等次的范围，同时赋予了县级以上公务员主管部门根据实际情况适当调整优秀等次比例的权限。

闲不一，工作推诿、扯皮，公务员能进不能出，能上不能下等问题长期得不到有效解决。

事实上，中国宋代也曾出现过考核等次均为中等的现象。邓小南在《宋代文官选任制度诸层面》一书中对北宋流传到今天的约六十余份考词进行了分析，这些考词对应的考核等第，"无一例外，皆系中考"①。具体来说，就是宋代援引唐代的"四善二十七最"为考课标准，同时援引的还有多次修订的《长定格》。《长定格》中有依据职位确定考课等次的相关规定，例如"令录的常考为'中上'，而判司簿尉的常考为'中中'。即便当县缺令与尉，主簿独理县政、办事绩效可称，也只能据格书中中考"②。"在宋代，大量中考的出现，除在一定程度上反映出当时官员治事的实际水平、格条的拘泥死板之外，也有不少是由考课者的职事废弛、不勤政务造成的。即便中央特设的专门考课机构，也往往失于核查而流于形式，概书中考。"③ 因为，从考核主体来说，"中考"是懒政的最好理由，且可以最大程度地避免争议。

美国的公务员绩效工资制在实施过程中也面临同样的问题。"为了避免不公正，监察人员往往会作出较高的评定，最终导致了评定膨胀的后果。据 MSPB（绩效体系保护委员会）的报告所述，绩效工资管理人员中的 68.7% 得到了 4 分（48%）或 5 分（20.7%）的评定，司法部和国务院中获得 5 分评定的人员占到了半数，因此各部均出现了用储备经费难以支付'一次性奖金'的状况。结果是，多数部门支付给 5 分获得者的只能是最低水平（2%）④ 的'一次性奖金'，在他们之间拉开具有意义的差距便成为了不可能。"⑤

五 问题五："末位淘汰制"的运行困境

中国明代曾出现过设定黜免指标的现象，即考核结果运用中规定一定

---

① 邓小南：《宋代文官选任制度诸层面》，中华书局 2021 年版，第 118 页。
② 邓小南：《宋代文官选任制度诸层面》，中华书局 2021 年版，第 119 页。
③ 邓小南：《宋代文官选任制度诸层面》，中华书局 2021 年版，第 121 页。
④ 按照规定，对工作评定为 5 分的人员，发放"一次性奖金"，其金额在年俸的 2%—10%（特别情况下最高可达 20%）的范围内，由机关首长决定具体金额。
⑤ ［日］稻继裕昭：《日本公务员人事制度》，黄元译，生活·读书·新知三联书店 2012 年版，第 98 页。

比例的黜免指标。"自嘉靖以来,'每遇考察,其惩汰之数,大致前后不相上下,以是袭为故常'。"① 这种制度设计已被当时的实践证明存在弊端。因为存在名额设定,往往导致不该淘汰的被淘汰了。同时,考核结果的公平性也受到名额设定的影响,某种不当行为是否受到惩处最终取决于名额指标是否达到,以至于同样的不当行为在不同的时期带来的惩处结果不同,如"其数自足,自是通论,虽有不肖者姑置勿论。其数不足,虽无不肖者,强索以充"②。

当代公务员考核结果运用曾采用过"末位淘汰制"。末位淘汰制同样可以理解为设定黜免指标的一种方式,只不过这个指标是固定的,且具体指向于考核结果排名末位的人员。末位淘汰制是用人单位根据本单位的总体目标和具体目标,结合各岗位的实际情况设定考核指标体系,以此指标体系为标准对员工进行考核,根据考核结果对得分靠后的员工进行淘汰的绩效管理制度。对末位进行淘汰是企业绩效考核结果应用的一种方式,后来被引入到公务员管理领域。"公务员末位淘汰"曾被视作政府人事改革的重要举措,被寄予激发公务员工作积极性的厚望,但实际上,在企业人力资源管理领域就引发诸多争议的"末位淘汰制"③ 被引入公务员考核结果运用后面临着更多的尴尬处境。

自1999年开始,相当数量的政府机关开始对本单位的公务员实行"末位淘汰"。④ 2000—2001年,"末位淘汰制"几乎成了政府部门人事制

---

① 李瑶:《明代职官考核制度研究》,天津人民出版社2022年版,第332页。
② 李瑶:《明代职官考核制度研究》,天津人民出版社2022年版,第332页。
③ 企业人力资源管理领域关于"末位淘汰制"的争议主要体现为:用人单位能否以"末位淘汰制"作为单方面解除劳动合同的依据。一种观点认为,用人单位将"末位淘汰制"写入劳动合同或单位规章制度,劳动者未提出异议的,视为同意此种绩效考核形式及考核结果运用,可以作为单方面解除劳动合同的依据。另一种观点认为,用人单位单方面解除劳动合同的情形是法定的,"末位淘汰制"不属于法定的情形。另外,必须区分"不能胜任工作而处于末位"和"胜任工作却处于末位"。如果劳动者确实不能胜任工作,用人单位须对其进行培训或调整工作岗位,劳动者仍不能胜任工作,则用人单位可以依法解除劳动合同;如果劳动者仅是业绩居于"末位"而并非不胜任工作,则用人单位不能依据"末位淘汰制"单方解除劳动合同。参见最高人民法院民事审判第一庭《"末位淘汰制"能否作为单方解除劳动合同的条件》,最高人民法院民事审判第一庭编《民事审判指导与参考》总第55辑,人民法院出版社2014年版,第105—107页。
④ 毛飞:《浅析我国的公务员末位淘汰制》,《山东行政学院山东省经济管理干部学院学报》2003年第1期,第3—5页。

度改革的热门话题。① 2000 年，湖北省宜昌市发布《关于严格依法行政强化社会监督实施公务员末位淘汰的决定》，推行"公务员末位淘汰制"。同年 4 月，湖北省宜昌市在公安、地税等 10 个具有行政执法资格的单位进行了"公务员淘汰制"的试点工作，依据各项考核指标产生了 162 名末位公务员，其中，14 人被辞退或开除，148 人被诫勉、待岗或降职使用。② 随后，上海、甘肃兰州等地也出台了公务员末位淘汰的相关办法。

总体来看，各地实行公务员末位淘汰与公务员考核结果运用结合起来主要有三种做法：一是年度考核不称职等次的直接作为末位进行淘汰。例如，湖北省宜昌市规定在年度考核中被评定为不称职等次的直接列为末位人员淘汰下岗。二是考核结果连续几次居于末位者要被淘汰。三是按照一定的数量或比例淘汰考核结果居于末位者。淘汰的结果包括"待岗、降职使用、诫勉、辞退、开除"等。

我们不难发现，尽管有不少地区出台了相应的办法，试点"公务员末位淘汰制"，但实际执行情况却不尽如人意，"雷声大雨点小"，最后不了了之。究其原因：一方面，"公务员末位淘汰制"在制度设计上没有与公务员考核的相关法律法规进行衔接，在某种程度上还存在着冲突。按照当时有效施行的《国家公务员考核暂行规定》，当年考核被确定为不称职等次的予以降职，连续两年确定为不称职等次的予以辞退。那么，按照公务员末位淘汰制，只要是考核，就存在末位的情况，只要有末位，就会被淘汰。这与《国家公务员考核暂行规定》基于年度考核不称职的结果而被降职或辞退的规定不符。同时，"淘汰"这一结果还扩大了《国家公务员考核暂行规定》中降职或辞退的规定，在实践中增加了"待岗、诫勉、开除"等结果，与之产生明显的冲突。

另一方面，考核结果运用若关涉财产权、人身权等多项权利，或是关涉权利的影响很大，如涉及被考核对象的身份资格等，则容易引发被考核

---

① 甘长山、黄卫平：《质疑公务员末位淘汰制》，《行政与法》2003 年第 9 期，第 38—40 页。
② 湖北宜昌：公务员排末位淘汰 [EB/OL]. (2001-09-06) [2023-05-20]. https://news.sina.com.cn/c/2001-09-06/349969.html.

对象对不利结果的权利救济。如果权利救济的顶层设计完善，但行政、司法资源却有限，行政机关、司法机关往往会不胜其烦。作为应对，势必会削弱考核结果所带来的不利后果，从而使得考核徒具形式。除此之外，公务员末位淘汰制在实际操作中往往会出现违背制度设计初衷的做法。例如，被淘汰者未必不称职，或者不称职者没有被淘汰。

六 问题六：考核相关权益保障不足

赵冬梅在《法度与人心：帝制时期人与制度的互动》一书中讲述了这样一个有意思的故事："西汉后期，丞相萧望之子萧育担任扶风郡茂陵县的县令，年终考核排第六。漆县县令郭舜排倒数第一，应当受到申斥。萧育为郭舜辩护，扶风太守怒，说，你才排第六，勉强不受责罚，有什么脸面为别人说话？散会之后，太守下令，萧育接受申斥。萧育挥一挥衣袖，扬长而去。"① 从这个故事中，我们可以看出：第一，郡太守对考核结果的运用拥有较大的自由裁量权，萧育按照考核结果本不应当被申斥，但因其为郭舜辩护，太守就可以要求其接受申斥；第二，对考核结果有异议进而进行辩护的行为会带来不利的后果。故事中的萧育尽管贵为丞相之子，也未能免除为他人辩护而带来的个人被申斥。

中国公务员权利救济既有对人事惩戒行为的救济，也有对其他人事管理行为的救济。考核相关权利救济属于对其他人事管理行为的救济，它与对人事惩戒行为的救济最大的不同在于后者关涉的公务员权益更大，因此在救济方式、救济程序等方面有更加严格的规定。目前，中国对人事惩戒行为的救济和对其他人事管理行为的救济都存在救济渠道缺乏、救济范围过窄等问题。

一方面，救济渠道缺乏是完善考核人事争议处理的主要掣肘。目前中国的考核人事争议处理采取的是行政救济手段，方式是申诉和复核，既无法通过行政复议也无法采取行政诉讼的方式获得救济。《行政复议法》第8条第1款明确，"不服行政机关作出的行政处分或者其他人事处理决定，依照有关法律、行政法规的规定提起申诉。"《公务员法》第90条规定，

---

① 赵冬梅：《法度与人心：帝制时期人与制度的互动》，中信出版集团2022年版，第194页。

"行政机关公务员对处分不服向行政监察机关申诉的，按照《中华人民共和国行政监察法》的规定办理。"这意味着：第一，行政监察机关只受理公务员不服主管机关给予的行政处分决定的申诉，对其他人事处理决定不服的由人事行政部门受理；第二，不服行政处分或者其他人事处理决定，无法通过行政复议的方式获得救济。

《行政诉讼法》第 13 条规定，人民法院不受理公民、法人或其他组织不服"行政机关对行政机关工作人员的奖惩、任免等决定"而提起的诉讼。这实际上将人事行政行为排除在行政诉讼的受案范围之外，关于考核的人事处理决定自然也不是行政诉讼的受案范围。按照上述分析，只有当公务员对"年度考核定为不称职"的人事处理决定不服时，才可以提起复核或申诉。将司法救济排除在公务员救济途径之外的做法是否合适，保障途径是否全面等是值得探讨的问题。司法实践中存在通过申请信息公开的方式提起行政诉讼，以使人事处理决定进入司法审查范围的做法，至少说明了公务员对将人事处理决定纳入司法审查范围有实际的需求。①

另一方面，救济范围过窄是考核人事争议处理面临的主要问题。只有"年度考核定为不称职"的人事处理决定才可以提起复核或申诉。公务员对年度考核基本称职、平时考核结果等人事行为不服，不能提出复核或申诉。

事实上，公务员年度考核定为基本称职，也会带来相应的法律后果。按照 2007 年《公务员考核规定（试行）》第 18 条：公务员年度考核被确定为基本称职等次的，按照下列规定办理：（1）对其诫勉谈话，限期改进；（2）本考核年度不计算为按年度考核结果晋升级别和级别工资档次的考核年限；（3）一年内不得晋升职务；（4）不享受年度考核奖金。2020 年《公务员考核规定》对基本称职等次的结果运用进行了修改，具

---

① 在"黄×与广东省人力资源和社会保障厅申诉"一案中，申请人黄×向广东省人社厅提交《政府信息公开申请表》，申请公开对其 2008 年、2009 年年度考核结果进行备案的依据。事实上，黄×申请公开对其不利的公务员年度考核结果进行备案的依据，最高人民法院认为公务员年度考核结果是否合法或对其是否有利不属于《中华人民共和国政府信息公开条例》第二条规定的政府信息的内涵。公务员年度考核结果的法律效力问题不属于案件审理的范围，驳回黄×的再审请求。https://wenshu.court.gov.cn/website/wenshu/181107ANFZ0BXSK4/index.html?docId=4bddfb0dbaf54c6993f777847f8d054c。

体体现为：增加了"责令作出书面检查"；将"一年内不得晋升职务"修改为"本考核年度不计算为晋升职务职级的任职年限；下一年内不得晋升职务职级"；增加了"连续两年确定为基本称职等次的，予以组织调整或者组织处理"。

综上，公务员被定为基本称职带来的法律后果，会直接影响公务员的工资、福利待遇、职务晋升等，涉及公务员的具体权益，对公务员有较大的影响，且2020年修改后的《公务员考核规定》实际上强化了"基本称职"等次的结果运用。那么，这样一种会直接影响公务员具体权益的人事处理决定，却缺乏相应的救济手段，连行政内部救济手段如复核、申诉都没有，确实难以保障公务员的相应权益。

七 问题七：专项考核中的方向误导

尽管专项考核一般是组织绩效考核，但很多地方将组织绩效考核的结果运用于个人考核结果尤其是领导干部的考核结果评定。例如，组织绩效结果优秀的单位，其个人优秀的比例可以得到适当的提升。专项考核中的方向误导问题很可能是由于专项考核与个人考核结果之间的关联。与此同时，误导也可能由专项考核传导到个人考核当中。

人才工作目标责任制考核以绩效管理的方式推动人才工作目标的达成。其运行机制是中央人才工作职能部门根据经济社会发展实际需要和人才现状，着眼未来人才工作的规划、目标、重点部署，在不同发展阶段设置相应的考核指标体系和权重安排，引导下级机关和职能部门有针对性、有重点地开展人才工作，以考核的方式压实党管人才的政治责任，激发相关部门做好人才工作的积极性，提升人才工作的效能。人才工作目标责任制考核自实施以来，人才队伍建设水平明显提升，人才服务经济社会发展作用凸显，人才工作进入良性发展、整体提升的轨道。但是，上级机关运用人才工作目标责任制考核引导下级机关开展人才工作的过程中，也暴露了一些偏离制度设计初衷的问题，存在误导人才工作发展方向的风险，亟待关注。

自20世纪80年代开始，目标责任制成为政府绩效管理的有效方式。2003年，全国第一次人才工作会议实现了目标责任制与人才工作的结合。此次会议提出"要把人才工作纳入各级党政领导班子工作目标责任制，定期进行考核"。自此开始,在中央的统一部署下,各地各部门以改革的精神、发展的思路,积极探索落实人才工作目标责任制考核。山东、浙江、江苏、江西、成都、南通、宜昌、抚顺、南昌等省市先后出台相关政策,制定专门的人才工作目标责任制实施办法,探索实施人才工作目标责任制考核。例如,江西省2005年开始对领导干部实行人才工作目标责任制,每两年考核一次。这一时期重点考核人才工作基础建设情况,如加强对人才工作的领导、加强人才队伍建设、改善人才环境、发挥人才作用、创新人才工作等。

2010年,《国家中长期人才发展规划纲要(2010—2020)》提出"建立党委、政府人才工作目标责任制,提高各级党政领导班子综合考核指标体系中人才工作专项考核的权重"。人才工作目标责任制考核成为落实人才发展规划要求的有力抓手。截至2011年年底,全国已有天津、上海、江苏等11个省区市建立了人才工作目标责任制。

2016年,《关于深化人才发展体制机制改革的意见》进一步提出,"实行人才工作目标责任考核……将人才工作列为落实党建工作责任制情况述职的重要内容"。人才工作目标责任制考核成为深化人才发展体制机制改革创新的重要内容。例如,安徽省池州市全面推行"一把手"抓"第一资源"目标责任制考评,对标重点工作找不足,对标人才指标看实效,对标领导评价找方向。四川省2018年出台了人才工作目标责任制考核指标体系,将全省21个市(州)划分为A、B、C、D四类,分类设置考核指标。

目前来看,人才工作目标责任制考核实践中存在的问题表现为:

第一,目标的设定存在问题,容易对工作推进方式产生误导。目标管理需要在上下级沟通的基础上形成一致的目标体系,以目标为导向促进绩效的改进。但实际上,由于行政效率的要求等诸多原因,人才工作目标的设定往往缺乏沟通,带有强制性,下级部门有接受并履行的义务,却很少有调整和协商的权利。这样设定出来的目标,是一种自上而下的任务摊派,与实际绩效之间容易产生较大差距,客观上可能会带来数据造假。例如,高层次人才数量、人才队伍总量、年增长率等指标往往是地方人才工作目标责任制考核的重要内容。省级人才工作主管部门按照规划需要,设定年度人才引进的具体数值,然后依据一定的标准将这些数值分派给各地，形成各地人才引进工作的考核目标。但事实上，各地的产业发展阶段不同，对不同层次的人才需求也存在差异，单纯的数字考核往往无法贴近企业的实际需要。实践中，个别地方受产业政策调整的影响，支柱产业规模受限，人才引进需求大幅削减。但该地当年的人才引进考核目标并未进行相应调整，造成的结果是政府罔顾企业引进人才的实际需要，硬性摊派各地的人才引进指标。人才引进任务完成得越好，人才对产业支撑的效果越适得其反。

第二，指标的设计存在问题，容易对工作重点产生误导。绩效指标体现了组织对成员的要求和期望，规定了成员努力的方向。实践中，过程性指标和结果性指标错位，容易产生重过程不重结果的情况。例如，某地的海外人才引进工作考核将"有效申报数"作为考核指标，考核的重点为人才是否进行申报，而非人才是否实际被引进。由于只要进行了"有效申报"就算完成工作任务，能够得到考核相应的分值，地方工作的重心就放在了如何让人才进行有效申报上，既不考虑人才最终是否会在当地工作发挥作用，也不考虑片面追求"有效申报数"是否偏离指标设定的本意。在这样的一种思路指引下，个别政府罔顾当地海外人才引进的实际需要，说服本无意来此地工作的人才配合进行申报，与人才达成"合谋"，只为完成"有效申报数"这一考核指标任务。更有甚者，不同地方政府之间竞相争夺符合"有效申报"条件的人才，动之以情、晓之以理，只为说服人才在当地进行申报，以便完成考核的指标任务。

第三，责任制的落实存在问题，容易对行为选择产生误导。目标管理责任制以考核为关键环节，将下级完成目标任务的好坏与奖惩挂钩，形成了一套以"责任—利益"为主要纽带的激励约束机制。实践中，越是严格的责任落实，越有可能对行为选择产生误导，即选择靠外力推进工作、选择完成目标而非进行工作创新等。当考核成为推进工作的主要抓手时，考核内容就成为重点工作。但考核内容不可能面面俱到，一些原本属于职责范围内的工作或可以给工作带来更好效果的做法，很可能因为没有被纳入考核而被忽视。久而久之，工作的推进主要靠外力，失去了内生动力这一更为重要的力量来源。若缺乏内生动力，在目标完成与创新工作之间存在冲突时，自然会选择目标完成。有的地方考核排名位于末位的成员单位负责人，将接受人才工作负责部门的约谈提醒、督促整改等。严格的纪律要求和规范约束客观上加剧了将工作重心放在完成考核指标上，满足于形式上的考核指标达成，极少有人愿意去追求与岗位目标无关的创新。

直面当前人才工作目标责任制考核存在的问题，从源头上思考完善人才工作目标责任制考核的举措，至少要把握以下三个方面：一是在全面梳理考核指标的基础上科学设定考核目标。绩效指标是对绩效目标的一种量化表达，人才工作目标责任制考核的"指挥棒"作用发挥重点在于考核指标的设定。构建一整套科学合理的人才工作目标责任制考核指标，有利于充分发挥人才工作目标责任制的制度功能。考核指标既不能过于笼统，没有可操作性，也不能过于细致，束缚人才工作的主动性。考核指标既不能只关注结果，不顾及目标与手段的匹配，也不能只关注过程，不顾及成本与收益的平衡。因此，需要对人才工作目标责任制考核的指标进行全面梳理，及时调整不适应工作实际的指标，修改难以衡量效果的指标，废除对人才工作产生负面影响的指标，在此基础上形成科学合理的考核目标。二是在科学考量指标内容的基础上灵活设定工作推进方式。不同的考核指标内容，采取不同的工作推进方式。有些考核指标任务采取自上而下的摊派方式不可取，可以在定量的数字指标任务基础上，配套定性的客观评价指标，让地方根据实际情况选择达成任务的方式。例如，"引进高层次人才年增长率"指标可以配套"引进高层次人才满足企业发展需要程度"指标。当然，地方如果选择配套的定性指标作为工作任务，还需要对定性指标的达成标准、达成方式、评判主体等进行具体规定。总之，整体的思路就是让地方可以在完成自上而下摊派任务的工作推进方式之外，有工作完成方式的灵活选择权，更好地调动地方基于内生动力推动工作完成的积极性。再如，有些地方在进行人才工作目标责任制考核时，将地理位置或发展定位特殊的区域单独进行考核，设置相应的特色指标，正是灵活设定工作推进方式的思路体现。三是在重塑考核理念的基础上鼓励工作创新行为。人才工作目标责任制考核设计初衷是以考核推动人才工作目标的达成。那么，制度设计初衷的重点就是人才工作目标的达成，而非人才工作动作的完成。基于对制度设计初衷的理解，我们需要进行自上而下考核理念的重塑。这种理念就是，考核是手段，而非目的。完成人才工作考核指标任务很重要，但实现人才工作服务经济社会发展需要的目标更为重要，两者本是一致的关系，当出现冲突的时候，我们的工作理念应当是更多地褒扬那些为了实现人才工作目标发挥能动性的工作部门及同志，而非为了圆满人才工作考核指标任务罔顾其他工作职责的工作部门及同志。

第三节　中国考核制度发展过程中五大变量

　　中国考核制度发展过程中面临了一些危机，产生了一些问题，但制度发展的整体轨迹沿不断完善的方向前进。整体来看，考核制度发生了较大的变化，体现了鲜明的中国特色和制度强大的自我完善能力。考核依据实现了从单项政策文件到系统法律法规规范的转变；考核标准实现了从抽象而各有侧重到具体且分类考核的转变；考核方法实现了从以人工考核为主到主要依赖信息技术的转变；考核周期实现从以年度考核为主到年度与平时相结合的转变；考核指标设计实现从主观评价为主到主客观结合的转变；考核结果运用实现从单一到多元的转变。但是，考核制度背离制度设计初衷的情况也不少见，从旨在规范行为的初衷演变为现实中的各种行为偏差。例如，"旨在规范基层扶贫行为的考核又为何偏离其价值初衷，意外地导致基层干部工作压力急剧攀升，衍生出'痕迹主义''短视主义'等行为偏差现象？"[①] 那么，究竟是什么因素在影响考核制度变化，或推动或阻碍制度发展，成为影响制度发展的变量？

　　研究影响考核制度发展的变量主要为了解释以下这些现象：为什么考核制度对有的人有效，对另一些人却基本不起作用？为什么有的地方考核制度执行效果很好，另一些地方考核制度却形同虚设？为什么同一个单位、同一群人，同样的考核制度在不同时期效果却出现差别？为什么有的国家规定需要反馈考核结果，而有的则不需要反馈？为了更好地解释这些现象，相关的问题还包括：考核结果会影响被考核对象的日常行为吗？某一项具体的考核制度设计合理吗？同一时期考核制度发挥的作用有没有发生过变化？考核结果真的需要沟通反馈吗？从危机和问题的分析入手，从为这些现象提供解释出发，本书认为，影响考核制度发展的变量主要包括理念、人、技术手段、制度本身、相关制度等。

---

①　周媛媛：《"指标考核"与"基层压力"：政府专项任务指标考核机制研究——基于扶贫考核的经验考察》，博士学位论文，吉林大学，2020年，第1页。

一 理念的因素

理念对制度的影响是深刻的。有学者认为,"我们无法详细分析抑制中国科学诞生的原因。其主要因素也许是儒家正统观念的思想氛围,它不利于任何形式的尝试和试验,也不利于任何创新和自由思想。官僚制度对传统技术非常满意。因为这些技术能够满足它的实际需要,所以它缺乏足够的动力去推动超过实际和当下需要的企图"[1]。理念的因素既涉及统治理念,也涉及考核理念。统治理念的差异直接影响考核制度的严苛程度与实施效果。例如,汉初采用黄老学说,倡导"休养生息、无为而治"的统治理念,对官吏的考核就较为宽松。明初汲取元朝官吏贪腐造成亡国的教训,严法整饬吏治,考核制度较为严苛。

考核理念还涉及考核制度的基础性问题。例如,是否需要考核,需要什么样的考核,什么决定考核制度的发展等。这些问题或直接或间接影响中国考核制度的发展,有些问题影响考核制度的设计究竟基于简单思维还是复杂思维,有些问题影响考核制度实施究竟是以人为本还是服务皇权。

1. 是否需要考核?

《资治通鉴》记录了一场关于是否需要实行《都官考课法》的辩论,被认为是一场法治与人治之辩。故事的背景是:魏明帝认为遴选人才不能以知名度为标准。政务署文官司司长(吏部尚书)卢毓回答称,按照知名度选拔人才可以得到正常的人才,任职后可以考察他的行为,看是否名实相符。但由于考绩制度废除,官员的任命和罢黜只能完全依据舆论对他的论断,因此容易真假混杂、虚实难辨。魏明帝采纳了卢毓的建议,为整饬吏治,令散骑常侍刘劭起草了《都官考课法》,召集百官进行讨论。在讨论中,有以下几种观点值得注意:

一是考核制度是否周密不重要,甚至是否考核都不重要,重要的是高级官员的率先垂范。持这种观点的是京畿总卫戍司令(司律校尉)崔林。他的论据包括:第一,《周官》上的考绩办法十分详尽,但周王朝三任王之后,这些考绩办法就被逐渐废弃了。两汉王朝有周密的考绩制度,但两

---

[1] [法]白乐日:《天朝的封建官僚机制》,余振华译,广西师范大学出版社2021年版,第43页。

汉王朝后来也衰微了。第二，皋陶在姚重华手下做事，伊尹在商王朝供职，邪恶的人自会远离，如果高级官员能够尽职尽责，作为百官的榜样，就好像渔网，不能张开时，拉它的主绳就行，也如同皮衣卷毛，拿起领子一抖即可。① 司马光认为，用考绩条例来检查行政效果，一定是欺诈横生、真假不明。在上位的人至公至明，部属的行为是否有能力，不需要考核就能很清楚。如果在上位的人不公不明，那么考绩办法则有可能成为满足私欲、打击异己的工具。司马光还认为，大公无私、明察秋毫均出自内心，而考绩成效根据的是外在行为。自己内心都不能正直，而竟去考核别人的行为，岂不太难。②

二是基础工作没有到位的情况下不适合优先考虑考核制度。持这种观点的是最高监察府秘书（司空掾）北地郡（陕西省耀县）人傅嘏。他的论据包括：设立官吏，分担职务，管理人民是巩固国家的基础工作。依据官位职责去考核，依据法规制度去检查督促，不过是细枝末节。不尊崇建国大业，却把对官员的考绩作为优先工作，可能无法分别贤愚，显示不出是非。③

《都官考课法》最终并没有实施，文本也没有流传下来。尽管出现这种结果的原因是多方面的，但理念上认为高级官员的率先垂范比考核更重要、基础工作没有到位不适合考虑考核制度等认知，无疑也对制度最终是否实施产生了影响。

《资治通鉴》中还记载了汉元帝与京房关于考核制度的讨论。④ 汉元帝永光、建昭年间，西羌反叛，此间出现多次天象异常的情况。京房多次上疏预言天象且得到应验。元帝多次召见问讯卦相之事。京房认为，古代帝王以成就功业为标准荐拔人才，所以功业成就，瑞相出现于天。而后世之君取人不察，所以功业废弃而导致上天以灾异惩示。应该让百官各尽其

---

① "案周官考课，其文备矣，自康王以下，遂以陵迟，此即考课之法存乎其人也。及汉之季，其失岂在乎佐吏之职不密哉？方今军旅，或猥或卒，备之以科条，申之以内外，增减无常，固难一矣。且万目不张举其纲，众毛不整振其领。皋陶仕虞，伊尹臣殷，不仁者远。"

② "为人上者至公至明，则群下之能否焯然形于目中，无所复逃矣。苟为不公不明，则考课之法，适足以为曲私欺罔之资也。何以言之？公明者，心也；功状者，迹也。己之心不能治，而以考人之迹，不亦难乎！"

③ "夫建官均职，清理民物，所以务本也，循名考实，纠励成规，所以治末也。"

④ （宋）司马光编著，（元）胡三省音注：《资治通鉴》，古籍出版社1956年版，第928页。

职、各毕其功，那么灾异之象才可消失。于是，汉元帝"诏使房作其事，房奏考功课吏法。上令公卿朝臣与房会议温室，皆以房言烦碎，令上下相司，不可许。上意乡之。时部刺史奏事京师，上召见诸刺史，令房晓以课事。刺史复以为不可行。唯御史大夫郑弘、光禄大夫周堪初言不可，后善之"。意思是，汉元帝让京房来做这件事情，京房于是拟定了考功课吏法。汉元帝让公卿朝臣与京房在温室殿进行讨论，大家都认为京房的办法过于琐碎，让上下级相互监督侦查，不可施行，汉元帝却倾向于京房。当时，正好各州刺史来向朝廷奏报情况，汉元帝召见他们，命京房向他们宣布考核的事情。刺史们也认为不可施行，只有御史大夫郑弘、光禄大夫周堪最初表示反对，后来转为支持。汉元帝让京房推荐其弟子中通晓考功课吏法的人，京房推荐了中郎任良、姚平，并请求元帝让他担任刺史试行考课，但不远离朝廷，防止政事不通。中书令石显、尚书令五鹿充宗想把京房排挤出朝廷，进言元帝派京房为魏郡太守，官俸八百石，亲自去试行考课。京房后来要求各地方官吏自千石以下，岁末赴京述职。但京房不久后受迫害致死，考课制度的试行也宣告终结。

2. 需要什么样的考核？

古代官吏考课体现的是君臣关系，考课是帝王治吏的一种手段。因此，官吏考课的理念主要体现为"维护皇权"。在"维护皇权"的理念指导下，考核制度的发展也沿着这个方向出现了一些新的做法。例如，清朝的"密考"制度。"密考"制度的根源在于上级考评下属的做法在长期的政治实践中已发展为"你好我好大家好"的共谋行为。皇帝从现有的考核制度中无法得到支撑其产生合理判断的依据，因此，希望通过开辟信息渠道的方式来增加考核的科学性。"每年年底，各省督抚要把下辖知府及以上官员的情况，密报皇帝。"[1]

与此同时，在"维护皇权"理念的指导下，尽管考核有成文的制度规定，但专制君主在任何一个环节都拥有最终的决定权和任意干预的专断权力。"皇权的支配性、官僚制的依附性决定了中国古代考绩制难以摆脱如下困境：官僚制本身所具有的'功绩取向'和理性主义精神始终受到

---

[1] 张程：《制度与人情——通俗解读中国古代政治制度的发展历程》，华文出版社2021年版，第198页。

皇权政治的根本性制约和掣肘。"① 因此，"维护皇权"理念指导下的考核制度，从一开始就注定了被皇权扭曲的宿命，无法完成自身的使命。很显然，这种理念指导下的考核制度并不是我们所需要的。"官僚制'功绩至上'的逻辑在实际政治生活中被主观笼统的考绩标准、形式主义的考绩程序、贯彻不力的考绩执行所扭曲。"②

3. 什么决定考核制度的发展？

如何看待被考核对象与其工作的关系是决定考核制度发展的重要因素。当我们用被考核对象与其工作的关系视角来看待考核，很多问题就迎刃而解了。例如，为什么被考核对象在工作中会有很多"顺从而不投入"的现象出现？顺从的原因在于需要履行"合同"的要求，因为考核主体对被考核对象有这样那样的要求，不按照这些要求做，就会带来一定的不利后果。为避免不利后果，有些被考核对象会按照考核的标准来做，形式上达到要求，但"不投入"。因为"投入"是从"关系"视角来对待工作时才会产生的，依靠的是自驱力。既然考核主体不重视工作体验度，没有将工作视作"关系"来维护，那么，被考核对象单方面也会选择忽视这段关系，从而出现"顺从而不投入"的现象。因此，采取"以人为本"的考核理念方能有助于考核制度的发展。例如，梳理现代人力资源战略管理的理念，将关注的重点从"制度"转向"人"。促使被考核对象更多参与考核制度、考核指标、考核标准的设定，促使考核者与被考核对象的面谈和沟通贯穿考核的全过程，在制度建设的各个环节中关注公平性，进一步保障被考核对象的权益。

4. 考核理念是一个发展的概念

考核理念是一个发展的概念。例如，古代"维护皇权"的考核理念已发展为当代"以人为本"的考核理念。除此之外，中华人民共和国成立以来，中国公务员的考核理念实现了与经济社会发展需求的高度契合。中华人民共和国成立之初，干部鉴定、干部审查与干部考核并无严格区

---

① 王衡：《皇权官僚政治视野下的中国古代考绩制度》，《北京行政学院学报》2014年第1期，第107页。

② 王衡：《皇权官僚政治视野下的中国古代考绩制度》，《北京行政学院学报》2014年第1期，第111页。

分，在理念上突出强调与中央保持高度的政治一致。改革开放以来，党的工作重心转变为社会主义现代化经济建设，考核理念相应地转变为强调以经济增长为首要标准。这一标准在实践中出现"唯GDP"的错误偏向，给经济社会发展带来很多弊端。党的十七大提出科学发展观，考核制度纠正了片面政绩观的弊端，向贯彻落实科学发展观的方向转变。党的十八大以来，考核理念上更加注重以人民为中心的发展思想，人民群众的获得感、幸福感、安全感成为评判领导干部推动高质量发展政绩的重要标准，民生保障目标任务完成情况成为考核的重点内容。

二 "人"的因素

"要保证底层制度的牢固扎实，就要寻求将制度根基建立在普遍人性的基础上，要最大限度地防范自图便利的人性弱点的角度考虑制度安排。"① 底层制度指的是诸如宪政制度等公共治理最基本的制度安排。公务员考核制度是属于公共治理的一般规则和程序的中层制度，其制度设计虽然可以依据现实需要、时代特点等进行相应的改变，但其出发点和落脚点同样是基于普遍的人性。然而，"人性，一如人之生活，有着太多盘根错节的复杂性和多样性，根本不可能被纳入同一个模式"②。

"制度总是'人为'和'为人'的，制度离开了人，既没法制定，也失去了作用对象，更没了真正的目标。"③ "制度只要靠人来运行，其不可测度、不可预期的程度就会陡然增大。"④ "制度总是在具体生活中运行的，非但难以一己之力来统摄生活，反而常常嵌入其中，被多重的生活世界所校正。"⑤ 这说明两个问题：一是"人"作为制度的实施主体和对象，是制度发展不可预测的重要原因；二是现实生活中，制度的

---

① 燕继荣：《制度及制度评价的标准》，《科学社会主义》2011年第5期，第25页。
② ［美］本杰明·N.卡多佐：《法律的成长》，李红勃、李璐怡译，北京大学出版社2014年版，第176页。
③ 渠敬东：《制度过程中的信息机制》，《北京大学学报》（哲学社会科学版）2021年第6期，第77页。
④ 渠敬东：《制度过程中的信息机制》，《北京大学学报》（哲学社会科学版）2021年第6期，第78页。
⑤ 渠敬东：《制度过程中的信息机制》，《北京大学学报》（哲学社会科学版）2021年第6期，第83页。

规范性可能会让位于生活伦理等制度外的要求，让制度无法按照既定的轨道发展。

《梦溪笔谈》记录的一件事恰好反映了人作为制度设计与执行主体不可避免出现的漏洞。"馆阁每夜轮校官一人直宿，如有故不宿则虚其夜，谓之'豁宿'。故事，豁宿不得过四，至第五日即须入宿。遇豁宿，例于宿历名位下书'腹肚不安，免宿'，故馆阁宿历相传谓之'害肚历'。"① 意思就是，北宋三馆秘阁②要求每天晚上有一人值班留宿，如果有事情不能住宿值班，就空一夜，这种情况称为"豁宿"。按照以前的制度，"豁宿"不能超过四个晚上，到第五晚就必须住宿。如果有"豁宿"的情况，就要在值班簿当值人的名字下写上"腹肚不安，免宿"几个字。发展到后来，厚厚的值班簿变成了"害肚历"。从这个故事当中，我们可以看到：

首先，制度的设计主体是人。人具有局限性，既无法顾全所有情况，也不可避免地会带上主观色彩。在设计值班制度的时候，作为制度设计主体的人充分考虑到了可能出现的例外情况以及出现例外情况下如何处置的办法，尊重了人的需求。同时为防止人钻制度的空子，规定了"豁宿"不能超过四天，考虑不可谓不全面。但为什么执行到后面却与制度设计的初衷大相径庭呢？这个故事里有些因素我们不清楚，例如，值班具体如何安排的，是一人连续值班几天还是每天轮流一人值班；"豁宿"不超过四天的规定指的是每个值班人员在一定时间内不能超过四天，还是一定时间内所有值班人员的"豁宿"不超过四天。此外，这项制度里"有故不宿"并没有明确，"有故"的标准是什么，谁来判断是否符合标准。也没有明确如果有"豁宿"的情况，是另外安排人值班还是当夜可以没有人值班。如果是后者，那就意味着制度设计之初就允许"某一夜可以没人值班"这种情况出现，后面制度执行中形同虚设就很容易理解了。这些因素的不明确实际上就必然带来制度的选择性执行，这与考核制度中考核标准、考核内容不明确产生的后果一样。

其次，制度的实施主体是人。作为制度实施主体的人，在执行制度的

---

① （宋）沈括：《梦溪笔谈》卷二十三，古籍出版社2017年版，第418页。
② "三馆秘阁"指的是北宋宫廷收藏与交流文物的场所。

时候，既面临着个人喜好的冲突，也面临着个人利益与公共利益的冲突，会遵循趋利避害的天性进行行为选择。从上述的故事中可以看出，当个人发现制度允许"豁宿"这种情况的出现，同时既没有人审核"有故"的真实与否，也没有人监督是否符合"豁宿"的情况，那么符合公共利益的值班行为就会让位于符合私人利益的"豁宿"。从中国古代官吏考核制度的实施中不难看出，考核权力虚置或考核权力滥用的情况都不少见。这两种现象从两个极端反映了考核主体对待考核制度的态度。当权衡利弊之后，认为严格执行制度于己不利时，自然会放任考核权力虚置。当考核作为一项权力能带来资源分配或其他个人利益时，就会有考核权力滥用的情况发生。这两种情况最终都会影响考核制度的公正，带来考核制度形同虚设的后果。例如，"嘉靖三十五年三月严世蕃为了排斥异己，降中旨考课京官，罢黜大臣15人，科道官38人"①。再如，《明武宗实录》第46卷记录，当时出差回京的官员一定要向刘瑾行贿，才能免于祸端。监察御史欧阳云、工科给事中吴仪奉差完毕回京，依旧照例行贿刘瑾。行贿的资金往往从差事所至地方搜刮。当时刘瑾党羽劝其不要接受这些贿赂，理由是这些人往往以向刘瑾送礼为名搜刮，引发民愤。刘瑾为掩饰劣迹，利用考课，以二人有"贪声"的罪名为由将二人罢黜为民。②

又如，"考核评价是干部管理的必要手段之一，但部分领导干部错误地将评先评优当作'政治福利'，或以维护单位、部门所谓的'和谐氛围'为由，采取了均衡分配名额、'轮流坐庄'等形式的'平均主义'。这不仅降低了考核的公正性、权威性，还制约着干部自身发展和能力提高，严重损害了组织形象"③。此外，考核制度实施中的领导者注意力分配直接影响考核指标落实。"出于避责考量的注意力分配主要集中于两类事件：一类是需要领导者承担直接责任的事件，具体表现为'一票否决'

---

① 柳海松：《论明代的京官考课制度》，《辽宁大学学报》（哲学社会科学版）2001年第1期，第40页。
② "黜监察御史欧阳云工科给事中吴仪时出差回京者必纳赂于瑾乃可免祸往往于所至地方科索金钱于是云仪出差自狭回亦蹈而瑾之党适有说瑾勿受出差官馈遗者瑾遂以二人有贪声用考察例黜为民"。
③ 刘帮成：《"优秀"岂能"轮流转"——干部评优评先中"平均主义"的根源》，《人民论坛》2018年第34期，第47—49页。

事件，如环境保护、精准扶贫、安全生产、扫黑除恶等……另一类是曾经受到高度关注的类似事件……出于邀功考量的注意力分配主要集中于三类事件：第一，凸显政绩的事件，如对地方治理创新、超额完成上级任务指标等；第二，更高级别领导重视的事件；第三，标志性的、高显示度的政绩工程。"①

最后，制度的实施对象也是人。作为制度实施对象的人，钻制度空子的天性以及行为的复杂性都会给考核带来相应的困难。上述故事中的值班制度，无论制度安排得多么周全，只要允许"豁宿"这种情况出现，就必然会有人通过"豁宿"来逃避值班的义务。为了获得较好的考核结果，制度指向对象可能会出现多种行为选择。例如，"有些官吏为了能够在考课中得到一个满意的结果，从而获得升迁，不仅上报的内容虚假失实，而且还容易形成察言观色、阿谀奉承的官僚作风。有的为了逃避考课，甚至还会贿赂上级官员，以求自保。结果造成考课不力，执行无效"②。除此之外，考核制度设计同样会影响制度指向对象的行为选择。例如，被考核对象承担多项工作时，"会对可测定业绩的工作倾注更多的努力，有出现偏移重心现象的问题。经常被引用的例子是，补习学校的老师，较之培养'人格优良的人才'（测定困难），往往把工作重点放在'将多少毕业生送进名校（可以测定）'的努力上。因为后者更有诱惑力，尽管前者是教育的根本使命，可能更为重要"③。

例如，某地公务员年度考核采取平时考核与年终考核相结合、量化评分的办法进行。平时考核与年终考核各占50分。平时考核实行扣分制，按差错情况以及对应标准扣分，扣完为止。如上班时间无故迟到、早退、脱岗，每次扣0.5分。这样的考核标准会带来以下几种理性的"恶"行：一是精力主要放在如何避免扣分上，而非真正地改善工作。为迟到、早退、脱岗寻找各种看似合理的借口，在行为不规范的同时客

---

① 庞明礼：《领导高度重视：一种科层运作的注意力分配方式》，《中国行政管理》2019年第4期，第93—99页。
② 方振邦、罗海元：《党政领导干部考核评价》，中国人民大学出版社2019年版，第634页。
③ ［日］稻继裕昭：《日本公务员人事制度》，黄元译，生活·读书·新知三联书店2012年版，第22页。

观上会纵容言语不诚信的表现。二是本想通过扣分规制的行为成为被考核对象理所当然没有心理负担的行为，反正已经被扣分，接受了惩罚，在心理上甚至会认为此种行为正当可为。三是由于无故迟到、早退、脱岗的行为均是扣 0.5 分，会带来一种导向，即既然已经迟到，不如干脆脱岗，考核的标准客观上导致行为人采取更有利于自身而损害组织利益的行为。"扭曲上级的信息，从有利于自己的角度回报自己或部门；公务员对自由裁量或决策等行为总是偏爱那些对自己有利的结果等，都是公务员反生产行为的表现。"①

在"人"的因素中，还有一个巨大的影响因素，那就是专制政治中的皇帝。"专制政治中，皇帝是整个国家的神经中枢，官僚体系的精神状态就是皇帝一个人精神状态的放大。"② 有学者以清代乾隆晚期为例，分析了乾隆晚年因身体心理原因松懈懒惰，这种风气被层层放大抵达基层，对考核制度产生了不小的冲击。"清代官员考核制度中，对许多政事列有处理期限。到了乾隆晚年，官员办事逾期之事越来越普遍，成为官员受处分的主要原因之一。从清代档案《乾隆吏科题本》可以看到：甘肃皋兰知县徐浩任内受处分 23 次，其中 13 次是因为办事迟延。湖南浏阳知县张宏燧受处分 11 次，迟延占 4 次。广东长安知县丁亭详受处分 9 次中，迟延占 5 次。"③ 从这几个例子，我们可以知道，办事迟延成为官员受到处分的主要原因，既是官僚体系懒散的体现，也是考核制度效用弱化的体现。

三 技术手段的因素

在后文中，我们会阐述技术与制度的关系，用以判断考核制度的发展趋势。此处我们重点论述技术手段对考核制度的影响。有学者认为，"数字技术融入官僚科层制中，因数字技术强大的数据收集和分析能力，使得官员考核标准多元化能够在技术层面实现。例如，指纹或者刷脸的精准考

---

① [美]安东尼·唐斯：《官僚制内幕》，郭小聪等译，中国人民大学出版社 2006 年版，第 79—117 页。
② 张宏杰：《饥饿的盛世：乾隆时代的得与失》，重庆出版社 2022 年版，第 244 页。
③ 张宏杰：《饥饿的盛世：乾隆时代的得与失》，重庆出版社 2022 年版，第 244 页。

勤系统、群众满意度为代表的服务态度评价,等等"①。

前文中我们提到秦代度量衡的发明使得量化考核成为可能,这是技术推动考核制度发展的一个典型例子。中华人民共和国成立以来,中国考核制度在考核技术手段上实现了从人工统计考核结果,到主要依赖信息技术对考核工作全流程管理的转变。20世纪80年代以来,信息网络技术蓬勃发展,电子政务的普及推动了考核技术手段的颠覆性变革。

随着大数据、人工智能技术的发展与运用,考核技术也正朝向数字化、智能化、网络化发展。目前,外交部、国税总局等单位已广泛借助信息系统开展平时考核,利用数据分析辅助产生考核结果。例如,早在2012年,我所在的课题组②前往广东省公安厅调研时就发现,广东省公安厅已经实现了公安民警工作业绩、执法质量、督查监察的线上考核。民警工作实绩的考核以从业务系统自动提取的数据信息为主,同时参考工作日志、督查信息及其他相关的信息。工作日志由民警本人录入已完成的工作,经所在单位领导审核确认无误后,由系统后台自动计算考评分数,月度出成绩。考核结果由计算机动态生成,民警能实时了解自己的考核及排名情况。

技术的发展可以解决制度设计的一些瑕疵。考核涉及的内容多、情况复杂、工作量大,运用现代信息技术开展考核工作,既能提高效率,又能保证质量。现在,许多地方和部门都将网络、计算机等现代信息技术用于公务员考核,充分发挥其公开、透明、准确、便捷的特点,取得了实效。以考勤为例,技术的发展使得考勤更为便捷,从网上搜索的信息来看,启用"钉钉"软件进行公务员考勤打卡的尝试并不少见,如浙江省千岛湖2017年7月开始启用了"钉钉"手机系统对公务员进行日常管理考核。③浙江省温州市瓯海区教育局2020年出台了《瓯海区教育局机关钉钉考勤管理办法》,全面落实"钉钉"考勤制度,每个工作日"钉钉"考勤三

---

① 黄其松、刘坤泽:《在技术与制度之间:数字时代的官僚科层制》,《贵州大学学报》(社会科学版)2021年第6期,第65—73页。

② 2012年,受当时国家公务员局考核奖励司的委托,我们承担了"我国公务员量化考核方式方法研究"课题。

③ 今日千岛湖数字报刊平台 - "钉钉"成了公务员考核新"神器"[EB/OL]. (2017 - 11 - 23) [2023 - 01 - 04]. http://paper.qdhnews.com.cn/html/2017 - 11/23/content_2_8.htm.

次，考勤时间点分别为上午上班之前、下午上班之前和下午下班之后，即上午上班、下午上班和下午下班各进行"钉钉"打卡。①

当然，技术的运用会遭遇保密管理的限制。有些行政机关因为保密要求无法推行电子化管理系统，只能采用人工处理信息进行考核，难以确保考核过程的留痕追溯。例如2021年，我所在的课题组②在调研某部委的干部考核评价工作时发现，鉴于信息保密的要求，该部委机关干部管理等日常办公尚未完全推行电子化管理系统。考核系统中只有年度考核的数据和结果，没有整合年度考核、日常考察、任前考察、届中和换届考察等考核信息，尚未形成干部考核的综合信息库。

四 考核制度本身的因素

任何一项制度，无论设计者如何思维缜密、方向科学、方法得当，都有可能出现瑕疵。一项存在瑕疵的制度必然在执行过程中会出现问题。自考核制度确立以来，考核工作失真失实的问题就一直存在。尽管对这一问题的讨论和实践探索没有停止，③ 但仍没有得到彻底的解决。

考核制度相关因素的设计会影响制度的发展。首先，考核等次的设计引发制度实施中的问题。宋代的官员考核结果仅划分为上、中、下三个等级，出现了大量的中等等次。当代中国公务员考核制度实施之初也是设计了优秀、称职、不称职三个等次。但实践中要求增加"基本称职"等次的呼声比较强烈。1996年，原国家人事部发布《关于实施国家公务员考核制度有关问题的补充通知》，对这一问题进行了回应，但并没有增加相应的等次，只是设置了一个3—6个月考验期的做法。2005年《中华人民共和国公务员法》增加了"基本称职"这一等次。

其次，考核内容的设计引发制度实施中的问题。明代张居正推行

---

① 温州市瓯海区教育局关于印发《瓯海区教育局机关钉钉考勤管理办法》的通知［EB/OL］.（2020-03-16）［2023-01-04］. http://www.ouhai.gov.cn/art/2020/3/16/art_1506475_42445418.html.

② 2021年，受某部委委托，我们承担了该部委干部综合考核评价体系研究的课题，深入分析存在的问题，为完善干部考核工作提供相关建议。

③ 例如，按照《党政领导干部考核工作条例》的规定，考核工作失真失实造成严重后果的，应当追究党委（党组）及其组织（人事）部门主要负责人和有关领导成员、直接责任人的责任。

"考成法"时，将是否完成足额的田亩清丈作为考核地方官员的核心指标，并明确了严苛的惩罚结果。"造成的结果便是地方官员在清查百姓田亩时，往往无所不用其极，务求多丈量出土地的亩数，以完成朝廷定下的绩效目标。"① 例如，使用不符合标准的、更短的工具来丈量田地，再如，将不属于耕种的田地（山、坡、坟、屋等）纳入统计数据。最终损害的是老百姓的权益，田地数量增加，税赋相应增加，但实际上能够耕种的田地却不多。官员们完成了足额的田亩清丈，老百姓却要为这虚假的数字田亩缴纳本不该缴纳的税赋。当代中国实行公务员考核制度时，在指标设计方面曾出现较大幅度的调整。例如，改革开放以来很长一段时间，GDP一直是各地政绩考核的重中之重。实践中，有些地方为了追求GDP的数字效果，重复建设，忽视环境保护，粗放发展带来了不少问题。党的十八届三中全会提出"改革和完善干部考核评价制度"，2013年年底中央组织部印发《关于改进地方党政领导班子和领导干部政绩考核工作的通知》，对政绩考评体系进行了重要调整，之后各地逐渐取消或淡化GDP考核。

最后，考核结果的运用设计引发制度实施中的问题。例如，南宋初年，对于专项考核结果的运用有一条规定，就是可以减少官职升迁所需年限（称为"减磨勘"）。当时规定对征收经总制钱（一种特殊的附加税）采取专项考核，无拖欠、违限，收二十万贯以上，减磨勘（即官职升迁所需年限）两年，十五万贯以上，减一年半，十万贯以上，减一年。这种考核结果运用，最终的导向是官员为实现减磨勘的效果，变本加厉征收赋税。苏东坡曾经说过："今之君子，争减半年磨勘，虽杀人亦为之。"这样的考核结果运用容易激化社会矛盾，带来不少的社会问题。

五 相关制度的因素

美国学者菲利普·津巴多的著作《路西法效应：好人是如何变成恶魔的》通过斯坦福监狱实验得出的一个主要结论是：不论是细微或明显

---

① 明朝的"绩效考核"，是一场不折不扣的灾难［EB/OL］.（2020-09-18）［2022-11-17］. https://baijiahao.baidu.com/s? id=1678416770376674098&wfr=spider&for=pc.

的情境因素，皆可支配个体的抵抗意志。① 恶劣的环境能让好人作出有悖个人本性的行为。上文提到的著名辩论中，禁宫咨询官（黄门侍郎）杜恕认为：社会上风气不好，缺乏公道，盛行邪恶的攻讦。在这种情形下，即使孔丘来主持考绩，恐怕也不能有什么效果，何况考绩的人还是普通的泛泛之辈。② 在中国考核制度发展的历史上，除考核制度自身的因素变化影响考核制度的实施之外，其他制度也曾引起考核制度的变化。

1. 政治制度的影响

明初建立了较为严格的官吏考课制度，但万历二十一年（1593）"癸巳京察"之后，京察考核发展成为党派之争的工具。明朝弘治年间开始，京官每六年考核一次。万历二十一年（癸巳）是六年一度的"京察"之年。按照当时的制度设计，四品以上的京官自己陈述功绩，圣旨决定去留。五品以下的京官由吏部考察，吏部尚书、吏部考功司郎中、督察院左都御史为官员考核的负责人。吏部考察之后由科道进行合议，纠核官员，即"拾遗"。被纠核的官员交由吏部复议，呈皇帝裁断。

这场历史上著名的"癸巳京察"由吏部尚书孙龙、都察院左都御史李世达主持，吏部考功司郎中赵南星、文选司郎中顾宪成等人协助完成。"这一事件通常被认为是吏部赵南星等力争考察的公正，罢免了政府私人，得罪了首辅王锡爵，结果遭到王锡爵的报复。"③

自"癸巳京察"开始，京察一改之前流于形式的状态，有如打开了明末党争的"潘多拉魔盒"。此后的京察成为各方政治斗争的武器。一派一旦掌握京察考核权，即以考核名义对另一派施以打击。"万历三十三年（1605）乙巳京察，考核官为东林党人吏部侍郎杨时乔与左都御史温纯，浙党官员多遭贬斥；万历四十五年（1617）丁巳京察，主考核官吏部尚书郑继为浙党，大肆斥逐东林党人；天启三年（1623）癸亥京察，赵南

---

① ［美］菲利普·津巴多：《路西法效应：好人是如何变成恶魔的》，孙佩妏、陈雅馨译，生活·读书·新知三联书店2015年版，第Ⅴ页。
② "公义不修而私议成俗，虽仲尼为课，犹不能尽一才，又况于世俗之人乎！"
③ 陈永福：《从"癸巳大计"看明末东林党与内阁之对立》，《浙江大学学报》（人文社会科学版）2010年第6期，第90页。

星重掌吏部,又逐齐楚浙党……京察考核已经彻底沦为朋党斗争的工具。①

2. 人口制度的影响

1982年,计划生育政策成为中国的一项基本国策。人口和计划生育工作采取目标责任管理制考核,对上级下达的年度人口和计划生育目标管理责任制考核未达标的单位,其主要负责人、分管人口和计划生育工作的负责人,当年年度考核不得确定为优秀和称职等次;一年内取消各类先进、荣誉称号的评选资格,不得提拔和晋升职务;任期内被否决两次以上的,予以降职或免职;已提拔或转(调)任后发现有"一票否决"情形的,予以追溯否决。也就是说,只要计划生育这一项工作没有达到既定目标,其工作业绩就会被全盘否定。这无疑营造了一个以"计划生育工作"为核心,以完成"计划生育工作目标"为目的的工作情境。在推行计划生育政策的过程中,中国个别地方曾出现了一些荒诞的行为,"计划生育的'引产''流产'指标没完成,就找来意外怀孕的学生甚至'三陪'小姐来充数"。②除此之外,强制结扎、强制引产等行为也时有出现,甚至还有"对违反计划生育法律法规和政策规定强行超生的子女选择一个进行社会调剂"③的做法。

3. 申诉制度的影响

"绩效申诉制度,可以用来抵御评估主体对评估对象正当权益的侵犯,防止权力恣意与滥用,纠正绩效评估过程的错误,维护绩效评估的客观性和公正性。"④

不同历史朝代,受到不利处分的被考核者,其权益保障程度不一样。例如,"明朝最早禁止京察被处分官员上疏自辩的诏令,颁布于弘治元年(1488)……到了万历二十二年,朝廷不仅禁止京察被处分官员上疏自

---

① 明末启示录:党争是如何重创当时世界上最强大帝国的?[EB/OL].(2021-04-11)[2023-08-30]. https://baijiahao.baidu.com/s?id=1697269078527061399&wfr=spider&for=pc.

② 唐璨:《论"一票否决"考核制的滥用及其防治》,《理论与改革》2014年第6期,第53—55页。

③ 2022年,广西全州县卫生健康局关于对×××信访事件不予处理告知书在网络上公开之后,引起舆论热议。该告知书提到,×××超生的孩子是由全县统一抱走进行社会调剂。

④ 范柏乃:《政府绩效管理》,复旦大学出版社2012年版,第422页。

辩，也不允许其亲友代为辩解……"① 中国当代公务员考核权益保障既有相关的法律规定，也有相应的申诉制度设计和实践。《宪法》第 27 条规定，"一切国家机关……实行工作人员的培训和考核制度"。参加考核是公务员的义务，《公务员考核规定》第 31 条规定，公务员应当按照规定参加考核。对无正当理由不参加年度考核的公务员，经教育后仍然拒绝参加的，直接确定其考核结果为不称职等次。考核结果运用与公务员的利益密切相关，《公务员考核规定》第 18 条明确，公务员年度考核结果作为调整公务员职位、职务、职级、级别、工资以及公务员奖惩、培训、辞退的依据。对考核结果不服提起复核、申诉是公务员的权利。《公务员考核规定》第 16 条规定，公务员对年度考核确定为不称职等次不服的，可以按照有关规定申请复核、申诉。

考核结果等次影响公务员的相关权利。公务员年度考核结果分为优秀、称职、基本称职和不称职 4 个等次，不同的等次会影响公务员的职务职级晋升、年终奖金发放、工资档次确立等。其中，确定为优秀、称职等次的，按照国家规定享受年终奖金等，主要涉及的是获得相关奖励的权利。确定为基本称职、不称职等次的，可能会影响到职务职级晋升等，主要涉及的是接受相关惩罚的后果，尤其是连续两年确定为不称职等次的，会予以辞退。司法实践中，引发相关诉讼的多为考核结果等次为"基本称职"的情况，这主要是因为考核等次为"优秀""称职"的不需要承担惩罚的后果，而考核等次为"不称职"的，可以通过复核、申诉等途径进行救济。当考核结果等次为"基本称职"时，因为关涉公务员的权益却又缺乏相应的救济渠道，所以对考核结果不服的公务员往往寄希望于司法救济，甚至以"申请政府信息公开"为名行"请求审查考核结果"之实。

考核结果的运用流于形式影响权利救济。考核结果的运用与考核制度效果的发挥直接相关。目前，考核工作中存在"优秀"轮流当、"人人都称职"等现象，这些现象的出现有损考核的权威性，也使得考核结果的运用流于形式，直接影响到考核相关权利的救济。因为，如果考核结果运

---

① 黄友灏、黄澈:《明万历朝京察申辩禁令下士大夫鸣冤的新方式——以〈万历辛亥京察记事始末〉的成书历史为例》，《学术研究》2020 年第 11 期，第 133 页。

用流于形式，那就意味着考核结果的运用对公务员的相关权利几乎不产生影响，既然不影响权利的行使，自然也就没有权利救济的必要了。但实际上，要发挥考核制度的效果，就必须充分重视考核结果的运用。考核结果的运用势必会影响公务员的相关权利，既然对权利有影响，则必须提供相应的救济渠道。因此，从完善公务员考核结果运用的角度出发，有必要关注公务员考核相关权利的救济。

本章小结

在本章，我们回顾了中国考核制度的变化过程，从"危机""问题""变量"三个维度阐述了考核制度的发展。从"危机"的维度来看，不同历史时期的危机表现不同。考核制度诞生发展之初，往往受政治制度的影响较大，考课主体的设置、考课权的分配是制度发展之初产生危机的主要表现。考核制度发展过程中，制度作用效果的发挥，如考课流于形式、考课虚应故事是制度发展危机的主要表现。考核制度不断成熟的过程中，制度的法治化、规范化程度、考核理念影响等是制度产生危机的主要表现。

直面这些危机，应对危机带来的问题，如制度设计不完善、考核主体敷衍规避责任、"一票否决"滥用、考核方法单一、"末位淘汰制"运行困境、考核权益保障不足、专项考核的方向误导等，需要我们分析影响制度发展的因素。

在本章的分析中，我们列举了"理念、人、技术手段、制度本身、相关制度"五个影响制度发展的变量。当然，影响制度变化的因素还有很多，例如俸禄制度。"人非食不活，衣食足然后可教以礼义，威以刑罚。"微薄的俸禄容易引发官吏的不当行为，就如同"渴马守水，饿犬护肉"。官吏俸禄优厚，才能不与百姓争利，考核制度才能发挥作用。

行文至此，我们已经大概看到了中国考核制度发展的全过程，也分析了考核制度发展过程中的一些影响因素。未来，制度将如何发展？在阐述发展趋势之前，我们再来看一下外国文官考核制度的发展，或许能从中得到一些启发。

第七章

外国文官考核制度的发展

中世纪前期,西方各国并没有类似中国古代官僚的职业文官阶层。直到中世纪末期,政府管理范围的扩大才产生了由专制君主直接任命且只对君主负责的文官。在封建君主统治时期和资产阶级掌权初期,由于文官官职的获得很大程度上由统治者的个人好恶或利益集团的较量来决定。这样的背景下,客观环境并不需要有助于识别政治精英的考核制度。当资本主义经济和政治发展带来政府职能扩展,政党分肥导致文官流动性过大,严重破坏政府工作的持续性,公务员制度的产生有了客观的需求。与此同时,对这一群体的管理,包括考核也就应运而生。

有学者从制度产生的时间对中国与外国文官考核制度的发展进行了比较,得出了中国考核制度远早于外国文官考核制度的结论。"产生于春秋中期的上计制度比英国1854年推行的功绩考核制度早2400多年;汉元帝建昭二年(前37)由皇帝诏令制定的成文《考功课吏法》比1883年美国国会通过的专门文官考核规制法即《彭德尔顿法》早了1920年;设立于隋唐的专门考核机构尚书省'吏部考功司'比美国1912年设立的专门负责考绩制度的'考绩司'早1290多年。"[①]

外国文官考核的渊源与中国公务员考核有着较大的差异。外国文官考核从一开始就与"效率""公正"紧密联系。"现代西方国家文官制度最基本的经验是实现公平的录用和科学化、民主化的管理,这也是他们直到今天仍然在不断进行改革的内容。西方文官制度的全面确立,既是现代社会市场经济发展和科学管理的需要,也是与现代社会人的价值和尊严得以

---

① 邱永明:《中国古代职官考核制度史》,华东师范大学出版社2023年版,第6页。

提升分不开的。"① 这主要是因为，在新公共管理运动的推动下，与工业生产及企业经营管理密切相关的绩效管理思想结合公共部门的管理需要，产生了对文官个体的考核。中国公务员考核根植于中国传统文化，既有传统文化观念影响下的优势，也有短板。例如，"中国在人事考核中虚假盛行，人们对真理缺乏尊重，对作假没有内疚，对公众缺乏责任，这些现象是与权威真理观密不可分的"②。

无论中外，公务员考核都是"最复杂且令人头疼的行政事务"③，面临相同的问题。因此，了解外国文官考核的相关做法，比照中国公务员考核制度发展过程面临的问题和障碍，不失为优化中国公务员考核制度设计和实施的一种方法。当然，并非所有的经验都能借鉴，体制的鸿沟、国情的差异、具体情境的不同，都会影响经验作用的发挥。本章以日本、英国、法国、美国④文官考核为分析对象，从考核的制度规范、主体与内容、方法与程序、结果运用与监督等方面观察外国文官考核制度，试图寻找出一些经验做法。

第一节　外国的文官考核制度规范

日本、英国、法国、美国在建立和发展文官制度的过程中，均重视文官考核的法治化，制定了一系列配套的法规，使得文官考核的各项工作及

---

① 曹沛霖：《制度的逻辑》，上海人民出版社2019年版，第207页。
② 刘重春：《中国当代人事行政制度的文化分析》，河北人民出版社2012年版，第150页。
③ ［美］埃文·M. 伯曼、詹姆斯·S. 鲍曼等：《公共部门人力资源管理》（第二版），萧鸣政等译，中国人民大学出版社2008年版，第272页。
④ 事实上，这四个国家与中国的公务员范围存在较大的差异。中国公务员范围包括八大类机关中除工勤人员以外的工作人员。八大类机关为：中国共产党各级机关；各级人民代表大会及其常务委员会机关；各级行政机关；中国人民政治协商会议各级委员会机关；各级监察机关；各级审判机关；各级检察机关；各民主党派和工商联的各级机关。总体来看，在法国，中央机关及其所属机关、地方行政机关、公共事业单位中所有工作人员统称为公务员。在日本，凡通过国家考试录用，在中央政府各机关、国会、司法、军队、国立学校、医院、国有公共事业单位中任职，从国库领取工资的统称为公务员。美国公务员不包括立法机关和审判机关的文职人员，不包括军队人员，仅限于国家行政机关的工作人员（政府工作的工勤人员也是公务员）。英国公务员不包括地方政府工作人员，中央政府的工作人员中也只有非选举产生和非政治任命的事务官，不包括政务官，也不包括警察、军队、国有企业中的文职人员。

文官行为规范都有法可依。

外国的文官考核制度规范主要包括：一是文官管理法规中对考核的具体规定。各国文官管理法规中的考核规定详略不一，很多国家的文官管理法规中的考核规定为原则性要求，如 1978 年《法国公务员总法》第 19 条规定，任何一种业务考核，考试委员会都应参考报考人个人档案来补充它的评语。① 1983 年《法国公务员总章程》第 17 条规定，公务员业务考核评分和总评语应让他们知道。② 但《埃及国家文职工作人员法》则专列考核一章；③ 二是专门的文官考核法规。如日本《国家公务员法》第 72 条明确要求，工作成绩评定步骤及记录所需事项由政令规定。④ 日本《工作评定根本标准规则》是专门规范考核的制度规范，该规则明确了工作评定的意义、必备条件、除外情形、结果运用等。除此之外，日本《关于工作成绩评定手续与记录的政令》规定了工作评定的实施依据、实施权者、评定种类、评定手续、记录等内容。

一　日本的文官考核制度规范

日本的文官考核制度规范既包括公务员管理法规中的考核规定，也包括专门的考核制度规范。日本文官考核制度规范分为三个层次：一是《国家公务员法》和《地方公务员法》制定原则性规范；二是日本人事院对考核涉及的内容、程序和考核结果的影响进行中层设计；三是各地区或部门制定实施细则。

日本公务员分为国家公务员和地方公务员。1947 年制定的《国家公务员法》（2009 年重新修订并实施）调整规范国家公务员。《国家公务员法》明确了要进行定期评定的要求，还规定了内阁总理大臣对考核结果运用的相关义务。如第 72 条规定："政府机关首长必须对所属职员的工作进行定期评定，并根据评定结果采取适当措施……内阁总理大臣必须作

---

① 徐颂陶主编：《外国公务员法规选编》，河北人民出版社 1989 年版，第 84 页。
② 徐颂陶主编：《外国公务员法规选编》，河北人民出版社 1989 年版，第 75 页。
③ 第四章第 28 条至第 35 条为考核相关内容，具体规定了"主管部门要制定考核章程、考核工作的周期、标准、等次、上报时间、申诉处理、结果运用、特殊人员的考核等内容"，非常详细。具体参见徐颂陶主编《外国公务员法规选编》，河北人民出版社 1989 年版，第 213—215 页。
④ 徐颂陶主编：《外国公务员法规选编》，河北人民出版社 1989 年版，第 168 页。

出表扬工作成绩优秀人员和教育工作成绩明显差的人员的规定,并且采取适当措施。"①

1950年制定的《地方公务员法》调整规范地方公务员。《地方公务员法》第40条规定:"任命权者必须就职员的执行任务情况,定期进行工作成绩的评定,并采取与其评定结果相对应的措施。"②

日本人事院制定了专门的考核制度规范。日本1951年在《人事院规则》10—2(勤务评定制度)中,对工作评定的意义、种类、手续等问题进行了规范。按照《国家公务员法》的规定,1966年日本制定了《关于工作成绩评定手续与记录的政令》,其中第1条明确规定:"《国家公务员法》第七十二条第一项规定的工作成绩评定,必须根据主管机关首长同内阁总理大臣达成协议后规定的工作评定实施规程而实施。"③ 2009年,日本实行"人事评价"制度(改革之前一般称之为"勤务评定"),发布《关于人事评价的标准、方法等的政令》《公务员人事考核评价操作手册》。

除此之外,各地方或部门根据《地方公务员法》制定了符合各自情况的《勤务评定细则》。规范中主要涉及考核的主体、周期、主要框架、流程和考核结果在任免和工资中的应用等。

二 英国的文官考核制度规范

政府根据英王特权以枢密院令的形式规定相关文官制度,财政部或其他部门对其进行补充以执行枢密院的命令。因此,英国文官的制度规范是非法律性的,考核制度规范也不例外。英国文官考核制度规范的针对性强,如英国在文件中规定制定公务员绩效考评方式相关内容时,应按照相关规章制度所规定的内容和原则,对于不同的工作、隶属关系、职责设置具体的考核细则。比如,各部门按照实际情况设定了不同的考核档次,内阁办公室将考核标准分为五个级别档次,公务员学院将考核标准分为四个

---

① 徐颂陶主编:《外国公务员法规选编》,河北人民出版社1989年版,第168页。
② 刘文英:《日本官吏与公务员制度史:1868—2005》,北京图书馆出版社2008年版,第370页。
③ 徐颂陶主编:《外国公务员法规选编》,河北人民出版社1989年版,第469页。

档次，而贸工部则将考核标准分为七个档次。

从发展脉络来看，文官考核制度的主要发展如下：

1854年首次提出根据功绩原则，参考考核形式建立常任文官制度。诺斯科特和杜威廉受内阁的委派，提出了《关于建立常任文官制度的报告》(The Northcote-Trevelyan Report)。[①]

1931年汤姆林文官调查委员会报告明确文官的范围。"报告认为：'文官是指在政治上或司法的职务以外以文职资格录用的、报酬全部直接由议会所通过的款项支付的英王公仆而言'。"[②]从这个定义来看，政务官、法官、军官（不是以文职资格录用的）、警察（报酬不是全部直接由议会所通过的款项支付）、地方政府和公法人的职员（独立的法律人格，不是英王的公仆）、政府各部临时使用人员等都不属于文官的范围。

1968年《富尔顿委员会报告》提出要严格文官工作考核，实行政绩晋升制，优胜劣汰。《富尔顿委员会报告》[③]指出，在中下层过分强调资历，"在某一工作领域内对资历赋予过大权重所造成的压力，应该通过扩大职业机会来缓解，对员工的考核重点也应有所改变，更多地关注按既定目标衡量的工作绩效"[④]。

1982年，英国下院的财政和公务员委员会发表了《公务员的效率和效益》报告，推动了公共部门组织绩效的评估。1991年枢密院通过《公务员法令》，以此作为规范全国文官的行为准则。

2012年，英国政府颁布了《2012—2017年公务员称职框架》(2012—2017 Civil Service Competency Framework)，作为评估和发展公务员能力的工具。该框架提供了对文官所需的核心能力和行为的详细描述，旨在帮助公务员了解并应用这些能力来履行自己的职责。至今经历了六次修订，最

[①] 贾雨宁：《中英公务员激励机制的比较研究》，硕士学位论文，外交学院，2022年。
[②] 王名扬：《英国行政法》，中国政法大学出版社1987年版，第34页。
[③] 1964年12月，英国威尔逊政府成立以富尔顿为首的十二人文官改革委员会（Lord Fulton Committee），1966年2月，该委员会接受委托，负责"审查英国文官制度的结构、招聘和管理（包括培训），并提出建议。"1968年，该委员会提交报告，被称为《富尔顿委员会报告》。
[④] 王伊、王秋蕾编译：《英国文官制度文献选译》，经济科学出版社2022年版，第154页。

近一次是2018年6月,但并未涉及文官考核制度的实质性修订。① 同年,英国政府针对高级公务员颁布了《高级公务员绩效管理框架》。

三 法国的文官考核制度规范

法国的文官考核制度规范分为三个层次:一是以1946年《公务员总章程》及其相关修订为主的法律。法国政府制定,经法国议会审议通过,对考核等作出原则性规定;二是依照1946年《公务员总章程》规定的总原则,对具体管理进行补充或修改的政府法令。一般由公务员管理部门或相关部门起草拟订,经公务员部长、有关部长和总理三方签署,对考核等作出具体的规定;三是部门行政规章,一般由各有关部起草拟订,经公务员部长和有关部长联合签署或有关部长签署,对考核的具体措施进行规定。②

法国的文官考核制度在第二次世界大战之前并没有统一立法,由各机关自行决定。自1946年《公务员总章程》颁布后才有了统一的考核方法。此后虽有修订,但都没有大的变化。③

《公务员总章程》(Code général de la fonction publique)只对考核的方式做原则性规定。例如,规定直接上级和公务员之间的强制性面谈、评估应当以自我评价为基础等。具体的公务员考核细则和标准通常由各个政府部门或机构内部制定,并通过内部规章或指南予以明确。这些内部规章和指南根据不同的职位类别、级别和部门的要求而有所不同,所以法国文官考核制度的具体规范的数量十分庞大。④

1946年的《公务员总章程》之后法国又颁布过两次涉及考核的政

---

① 参见英国政府官网对于《公务员能力框架》的介绍[EB/OL].[2023-07-10]. https://www.gov.uk/government/publications/civil-service-competency-framework#full-publication-update-history.

② 中华人民共和国人事部国际交流与合作司编:《外国公务员制度》,中国人事出版社1995年版,第195页。

③ 王名扬:《法国行政法》,北京大学出版社2007年版。

④ 以"l'appréciation de la valeur professionnelle des fonctionnaires"(公务员专业价值评估)一词在法国官方法律数据库进行检索,有654条结果,涉及邮政、电信、医院、司法、金融、教育等各个部门。参见法国政府的官方法律数据库和法规查询网[EB/OL].[2023-07-21]. https://www.legifrance.gouv.fr/.

令。一次是1959年政府颁布法令，规定每年对公务员考核一次；另一次是1984年政府颁布法令，对考核公务员增加了两项新内容。一项是取消按年度给公务员打分，另一项是考核评语必须与当事人（被考核者）见面。①

考核实践中，根据新的情况和需要，改进做法，不断完善。如法国《公务员总章程》中第五章职业生涯（第二节专业价值评估）的第1条至第5条（Articles L521 - 1 至 L521 - 5）具体规定了公务员考核，这一内容分别在1984年、2012年、2021年和2022年进行了修订。2012年提出了特别法规可以维持评级系统，同时进一步明确了当事人的救济权，例如：应有关人员的请求，联合行政委员会可要求修订工作面试记录或评分。② 2021年规定公务员考核应以直属主管的年度专业考核为基础，并对此进行报告。③ 同时还明确特别法规可以规定考核的不同程序。④ 2022年增加了地方当局（autorité territoriale）就考核结果提议的条款。⑤

---

① 张敏：《法国公职人员考核总体框架、具体机制及主要经验》，《中国人力资源社会保障》2017年第10期，第52—53页。

② "A la demande de l'intéressé, la commission administrative paritaire peut demander la révision du compte rendu de l'entretien professionnel ou de la notation." 具体见法国公共职能与转型部官网 [EB/OL] [2023 - 07 - 20]. https：//www. fonction-publique. gouv. fr/droit-de-la-fonction-publique/le-code-general-de-la-fonction-publique-cgfp.

③ "L'appréciation de la valeur professionnelle des fonctionnaires se fonde sur un entretien professionnel annuel conduit par le supérieur hiérarchique direct, qui donne lieu à un compte rendu." 具体见法国公共职能与转型部官网 [EB/OL] [2023 - 07 - 20]. https：//www. fonction-publique. gouv. fr/droit-de-la-fonction-publique/le-code-general-de-la-fonction-publique-cgfp.

④ "Toutefois, par dérogation à l'article 17 de la loi n° 83 - 634 du 13 juillet 1983 précitée et au premier alinéa du présent article, les statuts particuliers peuvent prévoir des modalités différentes d'appréciation de la valeur professionnelle." 具体见法国公共职能与转型部官网 [EB/OL] [2023 - 07 - 20]. https：//www. fonction-publique. gouv. fr/droit-de-la-fonction-publique/le-code-general-de-la-fonction-publique-cgfp.

⑤ Le compte rendu mentionné à l'article L. 521 - 1 concernant un fonctionnaire territorial en fonction dans une collectivité ou un établissement mentionné à l'article L. 4 est visé par l'autorité territoriale qui peut formuler, si elle l'estime utile, ses propres observations. 具体见法国公共职能与转型部官网 [EB/OL] [2023 - 07 - 20]. https：//www. fonction-publique. gouv. fr/droit-de-la-fonction-publique/le-code-general-de-la-fonction-publique-cgfp.

四 美国的文官考核制度规范

美国"文官制度中的文官范围较窄，只包括行政部门被任命担任文职的人员。在法律没有特别规定时，不包括立法部门和司法部门被任命的人员，军职人员、司法人员、立法部门职员的地位，由其他法律规定，不受一般文官法的支配"[①]。即便是行政部门的人员，若属于法律和行政命令规定的例外情况人员，如具有政策决定权力的职位人员等，不受文官法的约束。因此，我们讨论的美国公务员考核制度规范的适用对象仅限受文官法约束的对象。

总体来看，除高级公务员的考核由美国联邦人事管理办公室进行顶层设计外，人事管理办公室仅对文官考核工作发布一些指导性文件而并不完全主导。人事管理办公室对各部门制定的细则进行监督和审查，其余的细则制定权都下放至各个机构，允许其因地制宜地对考核内容进行规定。

从发展历程来看，美国文官考核制度规范处在不断完善中。具体来看：1883年，美国国会通过《调整和改革美国文官制度的法律》（即彭德尔顿法案），成立文官委员会，初步确立考试制，标志着公务员制度的建立。1923年的《职位分类法》将文官的工作分为五大类，每一类按照难度、重要性、责任大小分为不同的职称，每一职称内部又分为若干职等，文官的考绩依据其工作岗位所属的职等、职称、职类而确定。[②] 1950年，美国政府颁布《工作考绩法》，废除统一考绩制度，实行工作考绩制度，明确考核的诸多细节问题。1978年10月，美国国会通过了《文官制度改革法》（The Civil Service Reform Act of 1978），对考核制度进行根本改革。该法规定联邦政府的每个机构应该制定一个或多个考绩制度以定期评估雇员的工作表现，鼓励雇员参与制定绩效标准，将考绩结果作为培训、奖励、晋升、降级、留任和开除雇员的依据。人事管理办公室应当向制定考绩制度的机构提供技术支持。人事管理办公室应当审查各机构制定的考绩制度，并确定考绩制度符合《文官制度改革法》当中的具体规定。如果认为考绩制度不符合第4305条的规定，人事管理办公室应当

[①] 王名扬：《美国行政法》（上），北京大学出版社2016年版，第145页。
[②] 王名扬：《美国行政法》（上），北京大学出版社2016年版，第151页。

明确指出并告知其正确的方法,各机构应当按照人事管理办公室的要求予以改正。

1993 年,美国国会颁布《1993 年政府绩效与结果法案》(Government Performance Results Act of 1993),旨在规范联邦政府的战略规划制定和绩效评估等内容。该法要求明确的组织绩效目标是公务员考核的方向,也就是说,各机构公务员的考核要在战略规划、年度绩效计划和年度绩效报告的框架下开展。2001 年,美国人事管理总署公布了《员工绩效手册》,阐述了绩效管理的背景和内容,明确了要开发员工绩效计划等内容。

2010 年,美国联邦政府出台了《政府绩效与结果法案修正案》(Government Performance and Results Modernization Act of 2010),规定各机构要设立绩效改进官(Performance Improvement Officer),对机构的绩效包括机构内部公务员进行系统管理。2012 年,美国人事管理总署与美国行政管理和预算局联合推出了高级公务员的绩效考核系统,从绩效考核的内容、过程、标准等方面为各机构提供了一个标准化的框架来实施高级公务员的绩效管理。

需要特别注意的是,美国文官制度规范注重对公务员的保护,在绩效考核一节的规范中专门制定了考核不合格公务员的解雇办法。但现有的文官制度规则和程序很复杂,尽管它们旨在保护员工免受任意雇用行为的影响,并保证建立一个基于绩效的文官制度,但这些程序"经常成为不称职员工的避难所",造成了不适当的延误和繁重的文书工作。

第二节 外国的文官考核主体与内容

从比较的视角来看,中国的公务员考核主体呈现发展变化的特点,中国古代官员考核主体从以最高统治者为主体发展为隋唐以后成立专门的考核机构。当代中国公务员考核中,党委承担考核工作主体责任,组织(人事)部门承担具体考核工作责任。外国文官考核主体往往跟文官的管理体制密切相关。通常,文官管理机构的设置、管理权力配置和划分尤其是考核权力的配置和划分等管理体制直接决定了考核的主体。例如,日本的高级文官考核主体有考核者,还有协调者和确认者。

中国的公务员考核内容逐步发展为以"德、能、勤、绩、廉"五个维度且评价指标不断细化。外国文官考核内容则充分体现了西方文官制度设立的初衷，重点突出实绩，并发展出相应的绩效标准。例如，日本在业绩考核中对于不同职务的公务员规定不同的考核内容。

一　外国的文官考核主体

日本、英国、法国、美国的公务员管理体制存在差异。其中，美国和日本采取的是部外制，即在政府系统之外设置相对独立的人事管理机构。法国采取的是部内制，即在各行政部门内设立人事机构。英国采取的是折中制，即设立独立的公务员管理机构负责考试录用，但其他公务员事务则由设在行政系统之内的公务员管理机构和各行政部门内的人事机构自行管理。[①] 管理体制的差异体现在考核制度上，自然存在考核主体的不同。

外国的文官考核主体一般是机关首长或专门的委员会。日本的公务员考核主体区分政策制定主体和实施主体，其中政策制定主体区分中央层面和地方层面。英国的文官考核主体由最初的部门长官负责发展为在政府内部成立专门的考核管理机构负责。法国的人事管理协议委员会是公务员考核的主体。美国在政府行政组织之外设置独立的人事机构承担考核事宜。

（一）日本的文官考核主体

日本公务员考核相关政策的制定主体分为中央和地方层面。中央层面是人事院和内阁总理大臣，地方层面主要是人事委员会。日本人事院具有相对独立性，人事院具有制定、修改人事院规则及指令，对有关法律提出废止意见等职权。内阁总理大臣负责人事院管辖事务以外的人事事项。人事院从事公务员管理，内阁总理大臣从事宏观管理，主要对各行政部门的人事管理进行综合调整，以确保人事管理的统一和高效。

人事委员会是日本地方公务员管理机构，主要职责包括：进行人事行政调查，管理人事相关记录，制作人事统计报告等。按照《地方公务员法》的规定，"人事委员会有权制定有关职员的进修及工作评定的综合性

---

① 徐振寰、王晓初主编：《世界各国公务员制度比较》，中国人事出版社1998年版，第7页。

计划……必要时还可以对工作成绩评定的实施提出专门的建议等"①。

考核的具体实施主体是机关首长。日本1947年公布的《国家公务员法》明确，政府机关首长必须对其所属职员的工作进行定期评定，并根据评定结果采取适当措施。1966年公布的《关于工作成绩评定手续及记录的政令》规定，工作成绩评定必须根据主管机关首长同内阁总理大臣达成协议后规定的工作评定实施规程来施行。工作评定的具体工作由主管机关首长或由他指定的本机关内部的上级职员实施。②

(二) 英国的文官考核主体

第一次世界大战之前，英国文官的考绩评定由各部部长负责，文官无权对自己评定结果发表意见，这使评定难免因部长个人的好恶，影响其客观和准确。为了克服这一弊端，1920年，英国政府各部设立了晋升委员会，主持考绩工作。一般是对在晋升范围内的人员进行统一考试，将考试成绩和个人年度考核报告综合起来，再加上晋升委员会的意见，作为晋升的主要依据。与考核相关的机构还有英国财政部下设的编制和机关组织署，1968年文官事务部成立时，该机构并入文官事务部。但"财政部关于控制开支的职责和文官事务部控制人力经费的职责不易划分……1981年，英国政府决定撤销文官事务部，其职权由财政部和内阁办公厅中新成立的管理和人事局行使"③。其中，人事管理中涉及薪资、津贴、年金等职责由财政部负责，其余编制、培训、考核等人事管理事项则由管理和人事局负责。

目前，英国的文官考核由专门的考核领导机构组织实施，实行在政府部门内设考核管理机构的考核模式。文官制度委员会所有成员的绩效必须由各部门和机构根据内阁办公室制定的框架进行管理。内阁办公室是人力资源和行政综合管理的核心部门，其总体指导方案规制了各部门和地方政府的文官考核。

英国文官考核制度在中央政府和地方政府实行两种不同的领导模

---

① 刘文英：《日本官吏与公务员制度史：1868—2005》，北京图书馆出版社2008年版，第443页。
② 徐颂陶主编：《外国公务员法规选编》，河北人民出版社1989年版，第469页。
③ 王名扬：《英国行政法》，中国政法大学出版社1987年版，第40页。

式。中央政府实行"内设管理机构"模式进行文官考核。英国内阁办公厅负责高级文官的绩效考核。英国在内阁办公厅内设置录用考核署，由下属的人事部负责每年的文官考核工作的部署，公共服务与科学办公室、公务员专员办公室和财政部予以配合。具体考核工作由各单位人事部门和各部门主管负责，涉及工薪方面的问题，则需要与财政部和工会进行协商。

地方政府实行"组阁式"模式进行工作人员考核。地方政府的工作人员不属于公务员范围，但按地方政府的法律规定，每年也应当进行考核。考核的组织领导工作由"评审团"负责。地方政府工作人员考核评审团的成员由四部分人员组成：一是本部门的最高负责人；二是实际执行人员；三是工会的负责人；四是被服务的第三方人员。[1]

（三）法国的文官考核主体

法国公务员管理采取的是部内制，即"在各行政部门内设立人事机构，掌管各部门内部公务员的考试录用、考核、任免、调动、工资等各种人事行政事务。内阁之下设立公务员管理机构，负责统筹和协调工作。"[2]

法国的公务员管理机构分为国家管理机构、中央各部管理机构和地方管理机构三个层次。在遵守国家《公务员总章程》的前提下，大区、省、市等各级地方政府和中央部门在人事上有较大的自主权，可以独立地进行公务员的任用、考核、晋升、调动、培训等各项业务，可以自主设置工作岗位，国家不干预。不同部委及其下属单位也可以采用不同体系，取决于其独立（半独立）程度。

法国政府各机关的人事管理协议委员会是考核主体。"人事管理协议委员会由公务员代表和机关首长指派人员组成，各占一半，任务是决定考核标准，根据考核分数向机关首长提出各种建议。"[3] 此委员会亦称"行政对等委员会"，负责有关公务员管理的决策等重大事宜，其中包括公务

---

[1] 佟宝贵：《英国现行公务员绩效评估制度概述》，《政治与法律》2001年第2期，第75—77页。

[2] 徐振寰、王晓初主编：《世界各国公务员制度比较》，中国人事出版社1998年版，第4页。

[3] 张敏：《法国公职人员考核总体框架、具体机制及主要经验》，《中国人力资源社会保障》2017年第10期，第52—53页。

员的鉴定。

（四）美国的文官考核主体

美国公务员管理机构实行部外制，在政府行政组织之外设置独立的人事机构，即美国人事管理总署、功绩制保护委员会、联邦政府道德署等。这些机构不受政党干涉和行政首长控制，负责公务员管理包括考核工作。具体来讲，人事管理总署制定公务员管理政策和规则，承办考核等事宜。功绩制保护委员会受理人事诉讼，纠正不当行政处分等。公务员的道德考核则主要由联邦政府道德署负责。

美国高级公务员①和非高级公务员的考核主体有区别。高级公务员考核有相应的制度规范，如《美国法典》第 5 章第 43 条规定建立高级公务员的绩效评估系统，开展对高级公务员绩效的评估。

高级公务员的考核主体包括主管领导、绩效审查委员会和机构负责人。主管领导根据个人和组织的表现，并考虑到客户的满意度和员工的观点，提出初步的总结评级。绩效审查委员会（PRB）审查公务员的初步总结评级。机构负责人（或其指定人员）决定公务员的年度总结评级。

非高级公务员考核由各机关自行规划，但考核制度的建立情况应当报人事管理总署核备。人事管理总署有职责协助各机关如期有效地建立与推行考核制度。审计长负责抽查各机关的考核制度执行情况，视实际需要建议做适当的改进，并将情形定期报告给国会。

二　外国的文官考核内容

中外公务员考核的内容主要包括品行、能力、勤勉、功绩、廉政、年劳等方面，因具体历史时期和各国情况有所区别。中国古代的官员考核内容一般从正反两方面规定，正面规定官员必须达到的要求，如西周的"六计"，反面规定官员禁止出现的行为，如明代的"八事"、清代的"八法"。中国当代的公务员考核已形成以"德、能、勤、绩、廉"为内容的

---

① 美国高级公务员包括联邦政府行政部门的大多数管理、监督和政策职位，即行政职位等级（共 18 个等级）15 级以上或同等职位。但以下职位除外：1. 需要由总统任命并经参议院确认的职位；2. 立法和司法部门的职位；3. 执法和情报收集机构、外交部门以及法律规定或总统排除的其他机构的职位。

考核标准，且要求不断细化，体现时代的需要。外国的公务员考核内容尽管受所在国家的价值观念、政权性质、文化背景等影响，但一般都注重考核工作成绩和适应工作的能力。

悉德尼认为公职人员"是否正确地履职，只有人民可以判断"。他认为，从政者必须是德才兼备的人，旨在追求公共的善。① 各国关于公务员考核的相关规定中，勤务考核是基础内容，实绩考核是重要内容，有的国家还明确了决定实绩的关键要素。例如，美国规定公务员考核的绩效项目可区分为"关键因素""非关键因素"以及"附加绩效因素"三大类。"关键因素"是指决定该职位工作成效的最重要因素，通常是重要职责或主要职责。能力考核也是重要内容，外国文官考核将能力分为两大类：一是基于工作的能力，规定了特定职务、职位或行业公务员为实现工作所要求的结果而必须实现的产出和绩效标准；二是行为能力，阐述了公务员在人际交往能力、领导力、事业心、沟通技能、团队能力和分析能力等方面表现出色所需的个人特点和行为。

（一）日本的文官考核内容

以 2009 年人事评价制度改革为界限，日本的文官考核内容分为改革前和改革后。2009 年改革前，考核内容包括工作表现、性格、能力和适应力四大项。"工作表现包括工作情形、工作进度、工作态度、统率部属的能力；性格包括积极、消极、好辩、沉默、温厚、慎重、轻浮、豪爽、同情心、好研究、认真、恒心、机敏、精细、从容、性急、意志强弱、明朗、忧虑、社交性、守规矩、无检束、坦白、偏激、社交能力等；能力包括判断力、理解力、创造力、实行力、规划力、交涉力、指导力、注意力、研究力等；适合力包括规划性、研究性、会计性、总务性、审查性、接洽性、计算性、例行性、秘书性等诸方面的业务，察其是否适合，以及适合得如何。"②

2009 年人事评价制度改革后，四项内容缩减为两项，即以"能力评价"和"业绩评价"为主要内容的考核体系。"'能力评价'是指：对于公务员在能力考核期内的实际工作表现，依据人事评价实施规程所规定的

---

① 陈伟：《西方政治思想史》（上册），中国社会科学出版社 2020 年版，第 380—381 页。
② 苏玉堂：《中外人事制度方略全书》，中国人事出版社 1993 年版，第 317 页。

评价项目中的标准工作能力类型，将职员的这些需要考核的能力表现与人事评价实施规程中的行为描述相对照，考核该职员所发挥能力的水平。'业绩评价'是对于公务员在业绩评价的考核期内应完成的工作任务，在确定业务目标或其他方法预先告知公务员的基础上，考核公务员完成该项工作的程度。"①

除法律另有规定外，考核规则适用于全体公务员。但从日本文官考核的实际情况看，由于各部门规程中均有行政首长、部分高级职员、临时职员、非常勤职员以及有特殊情况的职员不参加考核的规定，实际参加考核的基本上是公务员中课长及以下职务者。地方公务员考核参照国家省厅的考核，根据职责不同，考核内容有所不同。

考核要素因职务和职种不同而有较大区别。担负职责不同，从事工作性质不同，相应的考核要素和考核标准不同。例如，处级职员的考核重点是责任感、积极性、指导力、分析力、交涉能力、规划力、判断处理能力和工作知识。一般职员要求贯彻领导意图、完成自己分担的具体工作，其考核重点为工作态度、责任感、积极性、合作情况、理解力、报告的准确性、工作速度、工作知识等。

(二) 英国的文官考核内容

1972年以前，英国对高级文官的考绩方式及内容，与低级文官不同，其区分对象是以科长及优级执行官为标准。凡科长及同等级以上的高级文官，每年只由其上级长官就其个人品质及潜能主观地作一描述，一般称此种不甚正式的考评为笔描（Pen Pictures）；至于优级执行官及同等级以下的低级人员，每年均由其直接主管填写正式的考绩表，其格式未有统一规定，大体上均先叙述被考评者以往的经历以及在受考评期间所担任的工作。而所订定的考评因素亦为个人品质及能力方面者为多。②

英国文官考核的内容包括考勤和考绩两个方面。在考勤方面，英国政府规定，公务员经考取正式任职后，需对其日常工作随时进行督察与考核，以明其勤惰、见其优劣。与美国相同，各单位备有签到簿，明确记载每人的到公、休息、退公情况。考绩方面，除日常考勤外，每年进行一次

---

① 朱祝霞：《外国公务员分类制度》，中国社会科学出版社2022年版，第59页。
② 李华民：《各国人事制度》（下册），台湾五南图书出版公司1982年版，第382页。

考绩，根据考绩结果进行奖惩。①

对公务员一般素质的要求，是公务员考核的主要内容。2012年，英国政府颁布的《2012—2017公务员称职框架》② 提供了公务员能力考核的标准，为公务员的行为规范提供了指引。该框架列出了三组共十种能力，分别是确定方向（set direction）、雇佣人员（engage people）、交付成果（deliver results）。第一组"确定方向"包含三种能力，分别是综观全局（seeing the big picture）、改变与改进（changing and improving）、做出有效决策（making effective decisions）；第二组"雇用人员"包含三种能力，分别是领导和沟通能力（leading and communicating）、合作与伙伴关系能力（collaborating and partnering）、为团队赋能能力（building capability for all）；第三组"交付成果"包含四种能力，分别是获得盈利的结果（achieving commercial outcomes）、实现物有所值（delivering value for money）、管理优质服务（managing a quality service）、快速交付（delivering at pace）。《2012—2017公务员称职框架》对每种能力进行了描述，同时区分了6类人群[包括总主任和主任、副主任、高级管理人员（Grand 7&6）、中级管理人员（资深/高级执行官 HEO&SEO）、初级管理人员（执行官 EO）、初级员工（行政管理人员/助理 AO/AA）]，分别细化了能力的有效行为与无效行为。

以综观全局能力为例，该框架指出，综观全局能力就是对个人角色如何适应和支持组织目标和广泛的公众需求要有深入地了解。对于所有员工而言，要致力于能够实现公务员目标以及提供最大价值的活动。对于领导者来说，综观全局能力意味着审视政治环境，并考虑到更广泛的影响来制定长远的实施战略，以实现公民增加价值和支持经济可持续增长的机会最大化。我们可以看看总主任和主任以及初级员工的综观全局能力对应的有效行为与无效行为是什么样的（具体表7-1、表7-2）。

---

① 苏玉堂：《中外人事制度方略全书》，中国人事出版社1993年版，第316页。
② 参见英国政府官网对于《公务员能力框架》的介绍［EB/OL］．［2023-07-10］. https://www.gov.uk/government/publications/civil-service-competency-framework#full-publication-update-history.

表 7-1　　　　　总主任和主任的综观全局能力细化标准

有效行为	无效行为
对本部门以及政府的动态和事务有着深入了解,包括政治、经济、社会、环境和技术影响等	关注短期问题,忽视对公务员以及部门的发展及未来问题的长期思考
明确并形塑部门在维护国家、公共和经济利益方面的角色和优先事项	对政府寄予部门在价值创造和提升方面的期望表现出有限的观察力
理解部门在整个公务系统中的位置并保持一致	只关注自己部门的直接相关领域,而不关注公务员之间的相互联系
阐明部门的运作模式,并帮助人们理解自己在其中的角色	在交付部门工作时不清楚自己和员工的角色定位
制定明确的长期战略,聚焦于为公民增加价值以及在公务员制度之外进行真正、持久的变革	主要聚焦于基于短期优先事项的持续性历史活动,与公民、经济以及清晰的价值无关
吸纳并运用非主管领导更广泛的经验和知识来支持战略决策	独立运作,不参考任何周围更广泛的经验和知识系统

表 7-2　　　初级员工（行政管理人员/助理 AO/AA）的综观全局能力

有效行为	无效行为
从部门内外搜集整理一系列的相关信息来熟悉自己的工作	采取行动或做决策时不考虑大局
了解自己的角色要求,并且知道如何有助于完成团队和部门的优先事项	对自己在部门的工作不感兴趣,同时也意识不到自己在完成优先事项方面的作用
考虑自己的工作如何与合作组织中的同事及其他人联系起来	独自完成自己的任务,对直接领域之外的背景和相关发展没有任何兴趣

从上表中可以看出,英国公务员考核指标注重履职情况,考核指标与岗位要求密切相关。尽管《2012—2017 年公务员称职框架》对公务员的整体能力提出了十个方面的要求,但不同职位的能力具体要求有较大的不同。

（三）法国的文官考核内容

法国文官考核分为一般考核和分类考核两大类。一般考核主要包括公务员的工作态度、工作方法、个人能力、身体状况等。法国在第二次世界大战前所使用的考绩因素为教育、性格、行为、精确、人际关系、特别才能六种。第二次世界大战后又加改进，就十四个因素中至少选用六个以上，据以评测各职员是否具有其职务上所需品格与才能。这十四个因素包括：身体适应性、专业知识、出勤情况、整洁及条理情况、工作能力、合作精神、服务精神、积极性、工作速度、工作方法、洞察力、组织力、指挥监督力以及考察力。①

分类考核则主要偏重于考察各类公务员的专业要求和职位要求。分类考核将公务员分为 A、B、C、D 四类。"A 类职位公务员主要考核职务上所需之知能、职务上之一般教育程度或领导能力、效率及公正感等项目。B 类职位公务员主要考核职务上所需之知能、组织能力、工作方法、效率及勤惰等项目。C 类职位公务员主要考核职务上所需之知能、工作上之审慎、效率及勤惰等项目。D 类职位公务员主要考核职务上之适应能力、工作上之审慎、勤惰，以及职务上之行为等项目。签署各类职位公务员之考绩项目中，可视实际情形，必要时得增加一个或两个项目。"②

（四）美国的文官考核内容

1. 非高级公务员

1950 年 12 月，美国国会通过《工作考绩法》，要求各机关采用工作考绩制。"所谓工作考绩制，是以工作为主，其方法是就所任职位工作的内容，作客观科学的职务分析与工作评价，由监督人员及工作人员就职位有关的工作数量、质量及所需知能等因素，订定较为具体的工作标准，根据此工作标准，作为考评的客观尺度。"③ 工作考绩制主要包括工作数量、工作质量、工作适应能力三大方面。工作数量包括：已完成的可以接受的工作数量；尽职的程度；所达到的工作期限；努力的效果；其他涉及时效的因素。工作质量包括：工作的准确性；工作的表现性或可接受性；工作的美观性；合乎工作规定的程度；在完成工作上所表现的技巧与能力；决定或判断的健全性；其他有关工作质量的努力。工作的适应能力包括：与上司及同事的合作性；对新工作的学习能力及意愿；注意法规的能力；一

---

① 黄达强主编，朱庆芳副主编：《各国公务员制度比较研究》，中国人民大学出版社 1990 年版，第 232 页。

② 李华民：《各国人事制度》（下册），台湾五南图书出版公司 1982 年版，第 403 页。

③ 李华民：《各国人事制度》（下册），台湾五南图书出版公司 1982 年版，第 390 页。

般适应工作环境的能力。

除此之外，美国公务员考核强调关键因素。关键因素是指"决定职位工作成败极为重要的因素。因此，工作者对于一个或数个关键因素未达考绩等次之最低满意程度时，往往成为停止晋级、降级、重新改派工作或免职的主要原因。是故，每一职位至少要确认一个以上关键因素，并确定该项因素所应达到的最低要求。"[①] 关键因素在因绩效考核结果引发的诉讼中，经常成为争议的焦点。

2. 高级公务员的考核内容

1978 年的《美国文官制度改革法》对高级行政职务的实绩评价作出具体规定，要求各机构根据人事管理局制定的标准建立一个或多个实绩评价体系，以根据与该职位有关且详细说明该职位要素的标准，对任何职位上人员的工作实绩作出准确评价，对高级行政官员的工作实绩作出系统评价，鼓励高级行政官员的优秀实绩。实绩评价体系成为高级行政职务的合格保留决定和高级行政官员实绩奖励的主要依据。

高级行政官员的实绩评价应建立在个人和组织工作实绩的基础上，并应关注如下因素：一是工作或服务的效率，数量和质量方面的改进和提高，包括日常文书工作的明显减少；二是成本效益；三是工作的及时性；四是高级行政官员所负责的雇员的效率、工作数量及质量的其他指标；五是实现行动目标和满足平等就业机会要求的情况。

美国高级行政官员的考核不受一般文官法的束缚。美国高级文官的核心能力资格（the executive core qualifications，ECQs）（具体见表 7 - 3）由美国人事管理总署制定，用于评价进入高级文官系统的人员及其之后的绩效表现。美国人事管理总署对 221 名即将离职的高级公务员进行的一项调查表明，44% 的受访者认为五项核心能力资格当中，对于取得成功最为重要的是对人的领导能力，其次是结果驱动能力。[②] 74% 的受访者认为绩效评价是工作实绩的真实反映，17% 的受访者不同意绩效评价结果。[③]

---

① 李华民：《各国人事制度》（下册），台湾五南图书出版公司 1982 年版，第 398 页。
② United States Office of Personnel Management：Senior Executive Service Exit Survey Results April 2015，Page 11.
③ United States Office of Personnel Management：Senior Executive Service Exit Survey Results April 2015，Page 12.

表 7-3　　　　　美国高级文官核心能力资格的主要内容

序号	考核指标	描述
1	领导变革能力 (leading change)	在组织内外进行战略变革以实现组织目标的能力，建立组织愿景并在不断变化的环境中实施组织愿景的能力
2	对人的领导能力 (leading people)	领导人们不断实现组织愿景、使命、目标的能力，提供具有包容性的工作场所，促进员工的发展，有利于合作与团队协作，并且能够建设性地解决冲突的能力
3	结果驱动能力 (results driven)	实现组织目标和满足服务对象期望的能力，通过运用技术知识分析问题、计算风险以取得高质量结果的能力
4	商业管理能力 (business acumen)	对人力资源、经济以及信息资源进行战略管理的能力
5	建立联盟能力 (building coalitions)	建立内部联系以及与其他联邦机构、州政府、地方政府、非营利及私营部门组织、外国政府或国际组织建立联系以达成共同目标的能力

第三节　外国的文官考核方法与程序

为了达到考核的目的，实现考核的制度功能，不同国家以及同一国家在不同时期会采取不同的考核方法，考核程序也会随着发生变化。目前中国基本形成了领导与群众相结合、平时与定期相结合、定性与定量相结合的考核方法。外国的考核方法较为复杂多样，总体而言，可以概括为两大类：一类是主观评价法。根据公务员的行为表现对公务员进行比较排序，以此得出相对优劣的评价结果；另一类是客观比较法。设置客观的评价标准对公务员行为进行综合分析，例如行为对照表法、目标管理法等。不同的考核方法，其考核程序有所区别，且繁简程度不一，大体上分三步推进：一是制定考核法律规范，规定考核的基本原则；二是人事主管部门制定考核实施细则；三是各机关具体进行考核工作。各机关的考核工作基本都包括评定、调整、确认三个步骤。

一　外国的文官考核方法

外国的文官考核方法既有主观的评语法也有较为客观的评定量表法。总体来看，外国的文官考核会依据不同的职位职责要求，或不同的工作标准，选取不同的考核方法。

(一) 日本的文官考核方法

日本政府不同部门的文官考核采取不同的方法。一般由各府省首长与人事部门的相关人员共同协商，制定考核实施规程。各府省依据不同的职位职责，按照具体工作要求，聚焦工作结果、工作态度、能力素质等内容，确定比较适当的考核方法。"考核方法在各部门有所不同，较多采用的方法有：逐级评分法、个别评分法、逐级评语法、综合考核法及评语法。各府省都很重视平时考核，各部门均规定，要将职员的平时工作成绩进行分析与记录，然后在考核时，再与所选定的考核方法相结合进行综合考评"。①

地方公共团体的考核方法既有主观评定的人品评语法，也有区分要素进行分析评定的尺度法。人品评语法就是通过职员平常的工作活动，对被评定者的人品、性情、人际关系等进行评价。例如，性情方面列举了多个描述性情的形容词，由评定者选择适合被评定者的词汇。这些形容词包括：爽朗、冷静、活泼、扎实、温厚、雄心、顺从、果断、毅力、忍耐等。尺度法就是"选择在判定能力、工作成绩及职务知识等所需要的分析的评定要素，对被评定者的各种要素进行衡量的评价"②。例如，评定的大项目包括工作状况、工作的执行情况、能力、指导计划等。工作状况包括勤勉和协同两个维度。在勤勉的维度中，主要观察的是能不能不怕劳苦、竭尽全力进行工作以及出勤状况如何，评定的尺度包括勤奋、良好、一般、稍差、极差。

(二) 英国的文官考核方法

英国文官考核方法主要经历了从考察报告法到目标考察法的转变。在考察报告法中，首先由人事部门拟订考察报告表，主要涵盖被考核者的情况（即"被考核者的姓名、单位、到任日期、职别、现任职务与职级、部别、考核日期、被考核者的能力分析评估、训练需求、调整工作的看

---

① 刘禹：《中日公务员考核制度比较与分析》，《成都教育学院学报》2005年第1期，第21页。

② 刘文英：《日本官吏与公务员制度史：1868—2005》，北京图书馆出版社2008年版，第372页。

法、晋升可能性、发展潜能、综合考评、复评人考评报告等内容"①,其中现任职务主要包括工作说明与工作表现,以及评估等级)。工作说明按照职责轻重,逐一列出被考核者的工作项目,以及每项工作所占全部工作时间的百分比。之后,将考察报告表下发至公务员的直接主管,由直接主管依据报告表内所规定的要素与标准,以及公务员平时成绩记录和有关资料加以考察评定,并且要给出评定等级的理由说明。然后,报本部门的最高行政长官审查批准,评定后,将结果呈报部长核定执行。当然,被评价者本人有权对评定结果提出申诉,考核报告必须经本人签字后才能生效。最后,将考核报告一式两份送部门行政长官与人事机关保存。

此外,英国文官考核针对不同种类的公务员设计不同的评估内容和标准,根据职位不同和职责差异确定了不同的计分方法,具有代表性的是内阁办公室计分法、学院式计分法以及贸工部式计分法。

第一,内阁办公室式计分法。"英国内阁办公室制定的公务员绩效考核标准在英国有一定的普遍性和代表性。内阁办公室把考核标准分为五个级别档次,即一级最出色;二级比较出色;三级能够达到圆满程度;四级需要改进;五级业绩不佳,不能接受。"② 具体而言,根据指标体系的 10 项内容,考核机构对公务员实行年度分项评分,每项评分最低 0 分,最高 20 分。将每个公务员的各项内容得分累加起来,得出这名公务员的年度总得分。考核成绩分为 A、B、C、D、E 五等,A 等(最出色)为 140 分以上,B 等(比较出色)为 125 分以上,C 等(合乎标准)为 100 分以上,D 等(业绩不佳)为 85 分,E 等(无法胜任)为 60 分。按照规定,如果公务员年度考核得分在 125 分以上,则可以安排升迁;如果得分在 85 分,则不能升迁;如果得分在 60 分,则应当安排解雇。内阁办公室考核的做法具有普遍性,即公务员的直接上级对公务员进行打分,考核其工作业绩。

第二,公务员学院式计分法。英国公务员学院的管理与中央政府部门的管理有所不同,管理者对工作人员的绩效考核标准也略有区别,将考核

---

① 周敏凯:《比较公务员制度》,复旦大学出版社 2006 年版,第 167 页。
② 佟宝贵:《英国现行公务员绩效评估制度概述》,《政治与法律》2001 年第 2 期,第 76 页。

标准分为四个级别档次,即一级为杰出,能出色完成工作目标,高于要求标准;二级为高效,某些工作超出目标要求的标准;三级为有效,能在本岗位达到所有的目标要求;四级为不佳,有许多方面达不到目标要求,需要别人协助。

第三,贸工部式计分法。"英国贸工部将考核标准分为七个级别档次,即一档为 1 级,工作杰出;二档为 2 级加,工作比较杰出;三档为 2 级,超出工作标准;四档为 3 级加,刚刚达标,没有失误;五档为 3 级,刚刚达标,偶有失误;六档为 4 级,达不到标准;七档为 5 级,工作不能被接受。"[①] 贸工部虽然把考核标准定为七个档次,但实际上是由内阁办公室式五级计分法演变而来。

第四,因素三级法。"考核机构事先制定考核报告表,考核中依表内所列的因素与标准分别加以考察,决定其优、中、劣三个等级,五个档次,作为升降奖惩之依据。"[②]

(三) 法国的文官考核方法

按照法国文官考核相关规定,"每年应给每个在职或不在职的公务员在总评定的基础上写下鉴定,以表明他的业务才能。鉴定的权力属于单位的行政长官"[③]。

在实行述职考评之前,法国文官的年度考核主要采用评分法进行分项打分,然后计分的方式。被考核者每人一张考核表,主考人按照有关部门对不同类别不同职级公务员提出的考核项目,按照被考核者表现情况逐项打分。打分的原则是一视同仁,每项评分最低 0 分,最高 20 分,然后将各项分数相加,按所得总分排出优劣等次。打分的方式是从上到下,一级给一级打分,评分考核的对象是 A 类专员级、B 类、C 类、D 类全体公务员。分数线从 0 开始,不满 20 分(有的部 16 分、17 分不等,因为不同类别不同职等有不同考核标准)。多数最高不到 17 分,每年以最小的幅度 0.1—0.2 分上涨。目前一般以 15 分作为起点分,从中间往两头打分,

---

① 佟宝贵:《英国现行公务员绩效评估制度概述》,《政治与法律》2001 年第 2 期,第 76 页。
② 刘守恒、吴统慧、彭发祥主编:《比较人事行政》,湖南科学技术出版社 1992 年版,第 140 页。
③ 徐颂陶主编:《外国公务员法规选编》,河北人民出版社 1989 年版,第 86 页。

好的打到 20 分为止，差的打到 0 分为止。然后将各项评分累加，得出考核总分。考核成绩分为 A、B、C、D、E 五等，A 等（优异）140 分；B 等（优良）125 分；C 等（合乎标准）100 分；D 等（不合乎标准）85 分；E 等（低劣）60 分。在此基础上写出考核评语，同时考核者将各项评分和总分通知被考核者，由其在考核表上签字。

（四）美国的文官考核方法

美国是采用标准工作考绩制的国家。工作程序与方法较为固定、工作成果数量易于计算、工作时间易于估计的职位，一般以工作数量确定工作标准。对于完成工作有时限要求的职位，则采用工作时限标准。对公务员的工作态度也制定了相应的标准，规定处理工作时在姿态、仪态、精神、言辞等方面应达到的要求。例如，秘书与会计的考核标准是截然不同的。主要方法有：

一是评定量表法（Graphic Rating Scales）。评定量表法最初在企业中运用，后被引入政府用来评定公职人员的工作效率。评定量表法是先列举绩效因素，然后用递增式尺度对各因素进行考核，并通过设置权重的办法体现各绩效因素的重要性。常见的绩效因素包括领导力、工作态度、合作能力、工作的质量等，尺度则通常采用五个等级，如不满意、需要改进、能胜任、优秀、卓越等。评分表通常要予以量化，即需要设计评分换算表。具体程序包括：设计考评各种工作行为水平的评语，从最优到最差进行排序（如工作出色、工作很好、工作有效、需要改进、不可接受），然后聘请专家对每一考核评语打分，专家评分的平均数为该评语的分数，各考评项目的分数总和为总分数。例如，弗罗里达州采取的是评定量表法（详见表 7-3）。

表 7-3　　　　　　　　弗罗里达州的雇员表现评分

评价	数字范围	定义及范例
优秀	5	雇员一贯地超出其职位的预期表现。举例（包括但不限于）：雇员完成本职任务无须管理层监督，能够寻找机会改进组织结构。雇员掌握尖端的专业知识。雇员能够可靠地解决复杂问题，并能够运用创造力，突破性地制定解决方案

续表

评价	数字范围	定义及范例
超过预期	4	雇员一贯地符合其职位的预期表现，并经常有超出预期的表现。举例（包括但不限于）：雇员在完成本职任务时只需要管理层进行最小程度的监督。雇员拥有全面的专业知识，经常解决或者帮助解决复杂的问题
符合预期	3	雇员一贯地符合其职位的预期表现，偶然会超过预期表现。举例（包括但不限于）：雇员在完成本职任务时需要管理层进行适度的监督。雇员拥有足够的知识和/或能够主动履行职责
低于预期	2	雇员的行为不符合工作表现，但能够为达到其职位的预期表现进行改进。举例（包括但不限于）：雇员需要在严格监督的情况下才能完成本应自己完成的工作。雇员有时缺乏主动性，和/或缺乏完成本身职责所需的专业知识
不合格	1	雇员的行为一贯地不符合指定的预期表现，举例（包括但不限于）：雇员需要严格监督，其工作也需要不断纠正。雇员不具备达到日常工作要求所需的专业知识

雇员在考核期内的表现水平，通过以下方法推算而来：首先分别评定每一项的表现预期值，然后计算全部结果的平均值。在计算平均值的时候，小数点后两位数以后的数字全部省略，不使用四舍五入。把计算求得的平均值归入下表所列的数字范围，并分配对应的综合评价（见表7-4）。根据雇员表现预期反映的结果，对雇员履行本职工作情况形成的书面评价并记录在表现评核表中。

表7-4　　　　　　　　数字范围与评价等级

数字范围	评价等级
4.50—5.00	优秀
3.50—4.49	良好
3.00—3.49	满意
2.50—2.99	需要改进
2.49以下	不满意

二是执行工作计划与评价法。① 1978 年，人事管理总署在年度报告中对传统的考核制度进行了分析评价，指出传统考核制度存在过度依赖上级主管主观判断的问题。因此，考核具有随意性和主观性，考核结果也难以与职位升迁或奖励等挂钩，且大多数主管人员为避免冲突，往往给所有被考核者都予以肯定，难以较为客观地评价实际的工作业绩。为改善这种状况，联邦政府要求之后的考绩制度必须由单位的主管以书面形式提出每项职务的关键性考核内容，并定出基于职务的工作表现的客观标准，同时还强调了被评估者与主管人员就工作目标、工作计划、工作标准的制定进行充分沟通。执行工作计划与评价法在此背景下应运而生。

执行工作计划与评价法强调雇员与主管人员公开而自由地交换意见，基于双方的同意达成一致的目标并共同为之努力。工作计划的内容通常包括工作目标、考核标准、优先顺序、工作记录等。工作目标应当明确、可衡量、可达成且与全部门和单位的目标保持一致。考核标准则主要为时间标准，如达成目标的截止日期；数量标准，如完成多少任务量；质量标准，如误差率减少至多少等。在确定工作目标和考核标准的同时，工作计划当中还应当注意确定每一个目标的优先顺序，并且在执行计划的过程中做好工作记录。

例如，休斯顿市②的公务员绩效考核采取的就是执行工作计划与评价法。休斯顿市公职人员的绩效考核评分由工作职责完成情况（50%）和工作表现情况（50%）两部分组成。工作职责完成情况的分项指标为五项工作职责，工作表现情况分为必选工作指标和可选工作指标，均按照重要程度由低到高，分别赋以 1（不重要）、2（一般重要）、3（非常重要）的权重。被评估人的表现赋分由低到高为不可接受（1 分）、需要改进（2 分）、工作有效（3 分）、工作较好（4 分）、工作出色（5 分），具体见表 7-5。

---

① 杨柏华：《美国公务人员的考绩制度》，世界知识出版社 1989 年版，第 59—71 页。
② http://www.houstontx.gov/ara/policies/115.00 - R-Employee _ Performance _ Evaluation _ EPE.pdf.

表 7-5　　　　　　　　休斯顿市员工绩效评分表

评价	数字范围	定义及范例
大大超过（要求）	4.40—5.00	绩效方面有值得特别认可的较大贡献。能一贯坚持所有的工作标准，绝大部分的表现一如既往地超出预期
超过（要求）	3.70—4.39	绩效通常能够超出预期。符合并超出绝大部分的工作标准要求。工作表现完全超乎预期
达到	3.00—3.69	绩效以令人满意的方式实现。一些领域超出预期。整体绩效反映出持续的收获及改进
需要改进	2.00—2.99	绩效经常低于工作标准。显示需要通过培训以及个人努力进行改进
没有达到（要求）	<1.99	绩效不能让人接受，且工作有可能不保

被评估人该项的得分由表现赋分乘以权重，如职责 A 的权重为 1，被评估人该项的表现为需要改进（2 分），则被评估人该项得分为 2 乘以 1，得 2 分。被评估人五项工作职责的得分总和除以五项工作职责权重的总和，得出被评估人工作职责完成情况的评估得分。工作表现情况的得分同理，两部分的评估得分相加除以 2 则为被评估人的最终评估分值，具体见表 7-6。

三是事实记录法。事实记录法有 4 个要点，主管领导要做到：（1）为下属制订工作目标并鼓励下属参与；（2）把下属追求工作目标的表现记录在册；（3）每季度帮助下属核对工作结果和工作目标，掌握进度和改进方向；（4）根据考核记录填写下属年度考核表，对照考核内容指标分别给予评价，并写明评价事实理由。评价等次为：（U）不满意、（M）最低满意、（F）完全成功、（E）超过完全成功、（O）特优的评价。事实记录法的长处是：被考核者准确掌握自己的优缺点，可及时采取措施整改，主管领导实现管人与管事、民主与集中、管理与教育、使用与监督的有机结合，下属真正对主管领导负责。存在的不足是：主管领导的素质对考核结果影响较大，从宽则趋于宽松，从严又会影响上下级关系的和谐。

表7-6 休斯顿市员工绩效评价得分表示例

考核指标及其权重/考核标准及其分值	工作职责完成情况（50%）					工作表现情况（50%）												
						必选工作指标						可选工作表现指标					
	职责A 1	职责B 3	职责C 2	职责D 1	职责E 3	出勤情况 1	信息表达 2	人际沟通 2	知识能力 3	效率质量 3	时间观念 2	安全意识 3	员工培养 1	员工关系 2	财务管理 3	发现问题 2	领导能力 1	设备维护 1	计划组织 2	解决问题 3	团队合作 2
工作出色5.0	△					△					△										
工作较好4.0		△						△	△												
工作有效3.0			△												△						
需要改进2.0				△			△					△									△
不可接受1.0					△																
各项指标考核分＝标准分值×该指标权重	5	9	8	3	3	5	4	8	12	12	10	9			12					12	10
最终考核分	(5＋9＋8＋3＋3)／(1＋3＋2＋1＋3)＝2.80					(5＋4＋8＋12＋10＋9＋12＋12＋10)／(1＋2＋2＋3＋2＋3＋2＋3＋3＋2)＝3.92 最终考核分小于1.99，被考核人被评为不可接受；2—2.99为需要改进；3—3.69为可以接受；3.7—4.39为较好；4.4—5.0为非常出色													
(2.80＋3.92)／2＝3.86																			

二　外国的文官考核程序

不同的考核种类采取不同的考核方法，不同的考核方法对应不同的考核程序。例如日本公务员的定期考核与特别考核，其程序必然不同。法国公务员主观评定法的程序与英国依据目标任务评定的方式考核的程序显然也不会一样。

（一）日本的文官考核程序

日本文官考核的程序设计是其突出特点。为避免长官主观因素的影响，确保考核的公正，1966年日本《关于工作成绩评定手续与记录的政令》明确考核程序为评定（包括再评定）、调整（包括再调整）和确认三个阶段。"评定由考核工作的负责人从该职员的上级中指定评定者进行，采取上级给下级评定的方法，逐级评定，并写出评语，评语不告知被评者；调整是指由考核工作的负责人从评定者的上级中指定调整者，对评定结果进行认定，若认定评定不公平，则进行调查；确认是指由考核工作的负责人对上述评定和调整的结论进行审查，如认为合适，则予以确认。如果考核工作的负责人对上述评定和调整的结论进行审查后认为不合适，则命令上述评定者和调整者进行再评定、再调整。"①

日本公务员考核分为定期考核与特别考核。定期考核，是定期对职员进行的常规考核，每年一次。特别考核，是指对附带条件任用职员的考核，一般在其任职期满5个月以后进行，部门首长认为有必要时，可在任何时期进行特别考核。特别考核的程序为：首先，选择考核官并制定考核表；其次，考核官进行初评，或考核监督者进行初审；最后，由部门首长进行终审。

定期考核的程序分为五个环节：（1）年初制定个人工作目标，与分管领导面谈确认；（2）年终考核时个人报告工作完成情况；（3）分管领导核实工作完成情况并进行考核评价，单位负责人确认修改；（4）考核评价结果公示；（5）分管领导与考核对象进行面谈。考核对象认为评价

---

① 郑励志：《日本公务员制度与政治过程》，上海财经大学出版社2001年版，第159—160页。

不公，可以向上一级领导申诉，要求复核。①

（二）英国的文官考核程序

英国在考核工作中较为强调考核程序的科学性和合理性。通常而言，考核包括六个基本环节：（1）部门制定年度目标。公务员所在部门根据其所承担的政府职能，制定全年的工作目标（具体包括质的要求和量的要求），分析实现目标的可行性，实现目标的具体做法；（2）个人制定年度目标。公务员依照部门制定的年度目标，根据个人所在的岗位和承担的职务，进行目标任务分解，制定出个人的年度目标。以高级公务员为例，在为期一年的绩效考核期内，每位公务员应当和其管理者当面探讨自己的个人发展计划。需要评价的内容包括短期和长期的发展、目标、总体贡献、技能提高、360度考核等；（3）年中对照检查本人年度目标的落实情况。每个工作年度的年中，部门的管理者与工作者一起对公务员个人年度目标的实现情况进行监督；（4）自我评价。每个工作年度的年底，公务员本人按照绩效考核的统一安排，对照本人年度目标写出年度考核材料，客观地对自己进行评价；（5）管理者评价。管理者应当与公务员一起就考核结论反复进行协商，多次交换意见后，再写出正式的考核报告，报上级人事部门审查和备案；（6）被考核公务员向上级提请考核复议。当被考核公务员对管理者作出的考核报告有异议时，可以向管理者的上级提请考核复议。管理者的上级接到考核复议申请后，应当组织专门人员进行调查核实，以保证公务员考核的公平性和真实性。②

（三）法国的文官考核程序

法国的考核采取鉴定方式。"按照1978年修订的《法国公务员法总法》第24条，每年应给公务员在总体评定的基础上写上鉴定，以表明他的业务才能，鉴定的权力属于单位行政长官。"③ 具体来说，考核程序分四步：（1）直接主管负责写出初评报告；（2）将考核成绩通知被考核人；（3）人事管理协议委员会对考绩报告进行审议；（4）各部首长核定考绩

---

① 陈放：《日本公务员考核制度与评价要点》，《中国人事科学》2018年第5期，第4—8页。

② 周敏凯：《比较公务员制度》，复旦大学出版社2006年版，第167页。

③ 徐颂陶主编：《外国公务员法规选编》，河北人民出版社1989年版，第86页。

报告。考核结果采用半公开制。考核机关应将考绩分数通知被考核者和人事管理协议委员会，但不公开。公务员对考分有异议时，可向人事管理协议委员会提出申诉，该委员会认为有必要时，便建议机关首长更改考绩分数，但委员会只有建议权，是否更改由机关首长最后裁定。公务员对考核结果有异议，可进行申诉。申诉的方式是被考核者要求主管部门进行复查。主管部门在提出申诉15天后进行正式通知。行政对等委员会可在相关人员的请求下，无须向主管部门提出申请而要求其对结果进行复查。该情况下，应与各相关部门及时进行沟通。主管部门应要求行政对等委员会在得到复查结果的一个月内做出决定。

（四）美国的文官考核程序

美国实行首长考核制，公务员的直接领导在考核中发挥至关重要的作用。考核程序主要包括："（1）制定绩效目标。主管领导在对组织目标进行分解的基础上，量化不同职位的考核指标并与公务员本人协商绩效目标方案，双方签名生效；（2）日常记录。主管领导记录公务员的工作表现，尤其是体现工作绩效的关键事件；（3）保持绩效沟通。主管领导每季度对下属进行初步考评，并充分沟通绩效目标完成情况及问题整改；（4）年度考评。主管领导对下属进行初评，并就考核结果与本人面谈，下属认可签名后报上级主管部门复核生效；（5）反馈与改进。"[1]

执行工作计划与评价法一般包括八个基本步骤：第一步，主管与雇员各自审查雇员的工作说明书、上年度的工作计划和主管的工作计划，以及部门和单位为建立雇员考核计划而制定的预算和目标。第二步，雇员与主管应各自拟定一份关于雇员工作计划的初步方案。第三步，雇员与主管碰头讨论并共同完成雇员工作计划的定稿。第四步，将计划提交部门首长批准。第五步，主管与雇员至少每一季度讨论一次现行的工作计划。第六步，召开考核会议，主管人员审核雇员在工作计划会议上所同意的目标及其实际完成的任务，在雇员的计划周期（通常为一年）届满之前或之后的30天内，提出正式书面评价。第七步，主管人员与雇员讨论考核结果如何与雇员的工资挂钩。第八步，工作计划完成及考核周期结束之后，主

---

[1] 白现军：《美国公务员绩效考核制度变革》，《中国人事科学》2021年第8期，第12—21页。

管和雇员对该年工作进行总结并为来年工作做准备。

休斯顿市的绩效考核分为五个步骤，制订员工绩效成功计划之后进行员工绩效评估，对评估结果进行定期审核与非定期审核，总体绩效评估在3分以下的员工可以提起申诉。具体为：第一步：员工绩效成功计划（Employee performance Success Plan）[①]。通过制订员工绩效成功计划，管理者向员工传达工作预期、标准等。员工计划应当以制式表格（见表7-7）方式提交给核准当局签字。管理者设定目标、标准时应当与员工达成共识。目标应与平衡计分卡关联且可衡量、可达成、与所进展工作相关且基于一定的时间范围。

表7-7　　　　　　　　　　员工绩效成功计划

员工绩效成功计划			
姓名	员工号	审查期间	讨论日期
职位	工作代码	部门	
目标/承诺/标准		价值	
目标1 比重：　　%		顾客 无理由服务 顾客为中心的文化 对质量的承诺 紧迫性及速度	
预期：			
实际：			
业务措施：			
目标2 比重：　　%		过程 更精明的工作流程 绩效驱动 管理工具 挑战人们的想象力	
预期：			

---

① 2009年1月1日生效的"绩效管理流程"（performance management process）由休斯顿市政府行政管理部出台，该政策的依据是《休斯顿条例》第14条。

续表

实际:			
业务措施:			
目标3		员工	
		以干好工作为荣	
		受人尊敬的专家	
		学习的文化	
比重: %		改变人们的生活	
预期:			
实际:			
业务措施:			
目标4		事务	
		支出最小化	
		收入最大化	
比重: %		风险和结果的平衡	
预期:			
实际:			
业务措施:			
目标5			
比重: %			
预期:			
实际:			
业务措施:			
员工姓名	员工号	签字	日期
管理者姓名	员工号	签字	日期
核准当局姓名	员工号	签字	日期

第二步：员工绩效评估。管理者应当根据确定的预期、目标和行为标准监督并记录员工的表现。鼓励员工保持高绩效标准，为员工指明改善的机会。360度评价法、自我评价法、多主体评价法等均可用来进行绩效评估，但必须有一个指定的监督管理者。员工的绩效评估需填写在制式表格（见表7-8）上并提交给核准当局签字。

表7-8　　　　　　　　休斯顿市员工绩效评估表

员工绩效评估					
姓名	员工号		审查期间		讨论日期
职位	工作代码		部门		
目标1 比重:%	没有达到 (要求) □	需要改进 □	达到 □	超过(要求) □	大大超过 (要求) □
预期：					
建设性反馈意见：					
目标2 比重:%	没有达到 (要求) □	需要改进 □	达到 □	超过(要求) □	大大超过 (要求) □
预期：					
建设性反馈意见：					
目标3 比重:%	没有达到 (要求) □	需要改进 □	达到 □	超过(要求) □	大大超过 (要求) □
预期：					
建设性反馈意见：					
目标4 比重:%	没有达到 (要求) □	需要改进 □	达到 □	超过(要求) □	大大超过 (要求) □
预期：					
建设性反馈意见：					
目标5 比重:%	没有达到 (要求) □	需要改进 □	达到 □	超过(要求) □	大大超过 (要求) □
预期：					
建设性反馈意见：					
评估总分：					

第三步：定期审核。非管理职位的员工审核在四月底完成。管理职位的员工审核在五月底完成。在此阶段员工可以就个人的绩效评估结果进行

讨论，可以提出异议，监督者应当提供最后的评估表。

第四步：非定期审核。当监管者、工作分类、工作地点等发生变化，或是当员工不符合工作标准时，都可以进行非定期审核。总体绩效评估在 3 分以下的员工会在 90 天内接受一次审核以确定其绩效状态。如果接下来的绩效评估没有改善并达到 3 分或更高的话，员工将会面临纪律处分或停职等处置。

第五步：上诉程序。总体绩效评估在 3 分以下的员工，可以在制式表格上签字之日起 30 日内通过正式申诉程序对审查提起上诉。

第四节　外国的文官考核结果运用与监督

从考核结果运用来看，外国的文官考核结果运用与中国差异不大，主要运用于薪酬待遇的确定、职务晋升等方面。从考核监督来看，外国的文官考核监督主体比较多元，监督方式较为多样，如审核成绩评定并提出意见、对考核结果进行评价、受理上诉案件等。

一　外国的文官考核结果运用

外国的公务员考核结果运用有多种方式，如与薪酬待遇结合、与晋级与否密切相关、与裁员先后直接联系等。日本的考核结果运用于职务分工、职位晋升或降职免职、工资提升等。英国的考核结果主要运用于薪资调整和培训等，不直接与职务晋升挂钩。法国的考核结果主要运用于职务晋升和奖金发放。美国的考核结果作为薪酬奖金、岗位调整以及裁员先后的依据。

（一）日本的文官考核结果运用

根据 1978 年《日本一般职职员工资法》，日本一般公务员奖金包括期末津贴和勤奋津贴两种。这两种津贴的发放都要参考考核的结果，前者参考考勤考核的结果，后者参考人事考评结果。期末津贴相当于考勤奖，主要依据公务员的工作时间和出勤率考核发放，实际上就是出勤考核结果的一种运用。勤奋津贴是根据本人标准日之前最近的人事考评结果以及标准日以前六个月以内的工作情况，在各种的标准日所属月度，按人事院规定日期向在职职员提供的奖金性质的津贴。①

《日本公务员法》第 72 条规定："内阁总理大臣必须作出表扬工作成绩优秀人员和教育工作成绩明显差的人员的规定，并且采取适当措施。"② 第 78 条规定，"职员符合下列条件之一时，根据人事院规则规定，可以违反本人意愿强行降职或免职：一、工作成绩不佳……"③《工作评定的根本标准规则》第 4 条规定："主管首长在按工作评定结果采取措施时，对工作成绩良好的职员必须予以优待，尽力提高职员的志气，而对工作成绩不好的职员则必须给予工作上的指导，进行培养，变更职务分工或者采取调动工作等其他适当措施。"④

2015 年，日本《国家公务员法》第 58 条规定："职员的升职和调职（职员任命干部职位的情况除外）由任命权力人根据职员的人事评估，从认为具备打算任命的官职所属职务上的各级标准官职相关的标准职务执行能力，以及适合打算任命的官职的人员中选择。"⑤ 晋升的前提是考核结果等次要满足相应的要求，具体见表 7-9。课长级及以下公务员的评价结果分为 S、A、B、C、D 五个等次，部长级及以上公务员评价结果分 A、B、C 三个等次。⑥ 考核结果为 A 等或 B 等，且与职务职责相关的性格、能力及适应力均为优良者，准予特别晋级，即缩短晋级时间三至六个月（原需一年），或一次晋升两级。对下级机关中工作勤奋、卓有成效者，总理大臣和有关省厅首长给予表彰。对工作业绩不良者，要根据人事院规则予以降职或免职处理，因责任事故造成损害者，还要受到相应的处罚。

日本高级公务员的绩效考核结果与晋升、薪酬等管理决策紧密相关。在晋升方面，高级公务员的绩效考核结果是晋升的前提，只有达到晋升职位所要求的绩效考核结果才有资格晋升。在薪酬方面，在一定时期内工作

---

① 孙正民、崔爱茹编著：《国外公务员工资制度与工资立法》，法律出版社 1993 年版，第 72—77 页。
② 徐颂陶主编：《外国公务员法规选编》，河北人民出版社 1989 年版，第 168 页。
③ 徐颂陶主编：《外国公务员法规选编》，河北人民出版社 1989 年版，第 170 页。
④ 徐颂陶主编：《外国公务员法规选编》，河北人民出版社 1989 年版，第 468 页。
⑤ 朱祝霞：《外国公务员分类制度》，中国社会科学出版社 2022 年版，第 67 页。
⑥ 一般职自下而上是：系员、主任、系长、课长辅佐、室长、课长、部长（相当于中国厅局级副职）、局长（相当于中国厅局级正职）和事务次官（相当于中国省部级副职）9 个职务层次。

评定为 S 和 A 等级者，可以提升工资。而针对考核结果为 S 等级的高级公务员，则可给予特别提升工资。①

表 7-9　　日本公务员晋升必须满足的考核结果等次要求②

评价类型	课长级以下晋升	课长级晋升	部长级及以上晋升
能力评价	最近 2 次评价结果：1 次评价结果为 S 或 A；1 次为 B 以上（含 B）	最近 3 次评价结果：最近 1 次评价结果为 S 或 A；其他 2 次均为 B 以上（含 B）	最近 3 次评价结果：最近 2 次评价结果为 S 或 A；其他 1 次为 B 以上（含 B）
业绩评价	最近 1 次评价结果：B 以上（含 B）	最近 1 次评价结果：B 以上（含 B）	最近 6 次评价结果：最近 4 次中有一次为 S 或 A；其他 5 次均为 B 以上（含 B）

（二）英国的文官考核结果运用

尽管有规定明确英国的文官考核结果运用于加薪，如"英国贸工部规定，在公务员绩效评估中，当年被评为一档的，第二年加薪 6%，二档的加薪 4%，三至五档的加薪 2%，六至七档的则面临被辞退的风险"③。但由于与薪资增减挂钩在操作上有一定难度，实际上并没有实施或很少实施。"英国政府对公务员的考绩作用，不同于其他国家，因其主要作用，不在由于考绩结果予以加级晋俸，何以言之？因为加级晋俸，多是按年照例举办的，虽对工作表现不良者，经考绩结果不予奖励，但此种现象很少发生，一般言之，考列中等者居多，故英国对于公务员的考绩晋级加俸，并无密切的关系。"④

此外，英国文官考核结果不直接与晋升挂钩，只是作为职位升迁的参考依据。英国政府对表现突出具有潜质的人员，会更多地提供培训和发展

---

① 方振邦、黄玉玲：《日本中央政府高级公务员考核研究及其启示》，《日本研究》2015 年第 1 期，第 51—59 页。
② 朱祝霞：《外国公务员分类制度》，中国社会科学出版社 2022 年版，第 68 页。
③ 张骏生：《中外公务员制度比较》，劳动社会保障出版社 2008 年版，第 6 页。
④ 李华民：《各国人事制度》（下册），台湾五南图书出版公司 1982 年版，第 390 页。

的机会。英国"考核的结果不公布。但成绩不良者，由机关通知当事人，并说明理由。当事人如认为评定不妥，可以向部长提出证据，申述理由，请求纠正"①。对表现不佳和平庸的人员，则由主管出面进行谈话，督促其进行改进。具体而言，英国政府选送最佳档次公务员培训后，将获得一定的学位，为升迁打下基础；选送最低档次公务员进行培训，将使考核等级较低的公务员在一定期间内提升知识和技能，为继续留在原岗位就职创造条件。

（三）法国的文官考核结果运用

总体来看，法国公务员考核结果运用不外乎职位和薪资的调整。其中，缩短晋升工资等级时间最为常见。1978年《法国公务员总法》第28条规定："职称就是被指定担任一定职务而获得的正式头衔……职称晋升要按照特别章程的比例，根据下面的一种或几种方式进行……通过业务考核或业务竞考，个别录取。"② "对于考核成绩符合规定要求的，允许按年资正常晋级，对于考核成绩优于规定标准的除加薪外，可以缩短晋升时间或予以升级，不符合考绩标准的视情况予以调任和培训，严重不符合标准的予以免职。"③ 具体的操作如下："每年缩短晋级时间的人占被考核总人数50%的数量，计算分数排列名次，确定50%的名单。在50%名单中再划出40%为一般缩短晋级年限人员，60%为更快缩短晋级年限人员。缩短晋级年限的总和为被打分者编制的3/4个月。"④ 举例来说，一个单位编制4位公务员中，得分最高的2位缩短晋升时间，可以缩短晋升时间的总量为3个月，那么得分最高者缩短2个月，次之者缩短1个月。

此外，法国把通过考核提升公务员能力作为提高行政管理现代化水平，实现社会经济发展的重要保障。"考核晋升……既用于晋升公务员的职务，又用于晋升公务员的类别等级。主要是由行政长官根据公务员最近几年（一般为3年）的考核结果，从中选优提升。"⑤

---

① 苏玉堂：《中外人事制度方略全书》，中国人事出版社1993年版，第317页。
② 徐颂陶主编：《外国公务员法规选编》，河北人民出版社1989年版，第86—87页。
③ 何凤秋等：《公务员考核体系理论与实践》，中国人事出版社2007年版，第172页。
④ 中华人民共和国人事部国际交流合作司编：《外国公务员制度》，中国人事出版社1995年版，第213页。
⑤ 中华人民共和国人事部国际交流合作司编：《外国公务员制度》，中国人事出版社1995年版，第215页。

法国的额外奖金制度最开始由机关行政首长"直接以'红包'形式奖励下属,此类'红包'系非法定给予,故以个别、秘密方式交付,双方秘而不宣,但预算上承认该项开支"①。20世纪90年代开始的公务员制度现代化改革中,额外奖金制度进行了相应的调整,强调以业绩为基础的奖励,奖金发放依据任务的客观数据、每个人的工作义务和效率等。

(四) 美国的文官考核结果运用

美国公务员考核结果作为薪酬奖金、岗位调整以及裁员先后的依据。

一是考核结果与薪酬奖金结合。1978年《美国文官制度改革法》明确规定了高级行政官员的实绩奖金。实绩评价的等级分为:一个或数个完全满意等级;最低限度满意;不满意。取得完全满意等级的受职者应得到实绩奖励。为鼓励常任受职者作出优异成绩,对他们的实绩给予奖金,此奖金一次全部付清。如果常任受职者在最近的实绩评价中被评定为不十分满意,不发给实绩奖金。实绩奖金由本机构根据实绩审查委员会的推荐发放。在任一财政年度中,一个机构中获得实绩奖金的常任受职者的人数不得超过该机构中高级文官职位数的50%。一个机构中高级文官职位少于4个时,则不适用50%的规定。"位于GS13—15级官职的管理人员和监督人员,适用于工作业绩的绩效工资制度。他们的官俸号被废止之后,仅为他们规定了基本工资的上限和下限,另外领取的则是与工作评定相对应的'加薪'和'一次性奖金'。"② 也就是说,工作评定的结果不同,薪资待遇则不同。

二是考核结果与岗位调整结合。1978年《美国文官制度改革法》规定,获得不满意评价的高级行政官员应在高级行政职内部重新分配或调动,或免去高级行政职务。连续五年受到两次不满意评价的任何高级行政官员应被免除高级行政职务,且在连续的三年中两次受到不十分满意评价的任何高级行政官员将被免去高级行政职务。高级行政官员"对考绩的评判不满意时,可以申请机关中的上级职员重新审核,最后决定,除此之

---

① 李和中:《论法国公务员制度的现代化改革》,《法国研究》2001年第1期,第104—120页。

② [日] 稻继裕昭:《日本公务员人事制度》,黄元译,生活·读书·新知三联书店2012年版,第97页。

外无其他救济方法"①。

三是考核结果与裁员先后密切相关。"公务员经依法考绩结果，是决定应否留任或裁员的重要考量因素之一，考绩成绩特优者，可增加年资四年（延缓四年裁去）。考绩超过完全成功（很满意），可增加二年年资（延缓二年裁去）。"②

二　外国的文官考核监督

外国的考核监督主体比较多元，有设置专门的委员会对考核结果的畸轻畸重进行监督，也有依靠考核者、被考核对象在考核过程中进行监督。外国的公务员考核监督主体包括公务员个人、上级领导、司法机构等。监督的方式包括审核成绩评定并提出意见、对考核结果进行评价、受理上诉案件等。

（一）日本的文官考核监督

日本的文官考核监督主要包括以下几个方面：一是通过考核主体的设置进行监督。为了确保考核的公正性和认同度，日本的公务员考核要求配置复数的考核者，进行考核者培训，注意考核的沟通和反馈。日本地方公务员的考核实践中，"为了纠正这些评定人所进行的评定结果的主观因素，以及为了纠正各分课之间的评定的不均衡状态，以这些评定者为第一评定人，其上还可以设第二评定人，第二评定人通常是课长之上的部长（次长）等。如果工作需要时，还可以设第三评定人。由于第二或第三评定人能从大局或全局的角度调整第一评定人的评定结果，所以能得出更客观、更准确、更公正的评定结论"。③ 二是通过程序设置实现监督。上文中我们提到日本的公务员考核程序设置了评定、调整和确认三个阶段，任何一个阶段中，如果相关主体对评语有异议都可以提出并启动再评定、再调整程序，实现对考核的过程监督。"考核人的监督长官，对考核人所作的服务成绩的评定，如认为有不当之处，可加以调整。机关首长审查考绩

---

① 王名扬：《美国行政法》（上），北京大学出版社2016年版，第160页。
② 李华民：《各国人事制度》（下册），台湾五南图书出版公司1982年版，第395页。
③ 刘文英：《日本官吏与公务员制度史：1868—2005》，北京图书馆出版社2008年版，第371页。

表时,如认为其考评适当,予以确认;如认为考评不适当,应交考核人重新考核,或交监督人再作调整"①。三是通过考核申诉进行监督。各府省根据实际情况进行考核的同时,适当应对和处理公务员关于考核的申诉,促使公务员充分了解新的考核制度的宗旨和内容,以便考核制度能够顺利运行。

(二) 英国的文官考核监督

1972 年,英国成立了独立的文官申诉委员会(Civil Service Appeal Board),受理文官对于辞退和提前退休的申诉。"英国文官管理法规的特点是他具有非法律的性质(non-legal character)……法国行政法院受理的诉讼案件很多是关于公务员地位的诉讼,英国法院很少受理官员控告政府的诉讼。"②

英国公务员如果认为考核结果不公平,有权向上级申诉。在处分决定前,上级应将处分理由和事实以书面形式通知本人。公务员如认为与事实不符,有权申诉、辩解,上级领导必须听取其申诉和辩解并认真研究,但并不意味着上级领导所做的决定必须更改,上级领导对处置有绝对权力。

(三) 法国的文官考核监督

法国的公务员考核监督主体包括公务员个人、行政对等委员会、上级领导、行政法院等。一是公务员个人监督。1983 年《法国公务员总章程》第一篇③第 17 条规定,公务员业务考核评分和总评语应让他们知道。④ 公务员个人通过参与考核过程的方式进行监督。由于主考人给公务员打分时需要公开考核项目、听取公务员的自我评价意见且评分结果要对公务员进行公开,公务员个人需要在考核表上签署意见,因此可以在参与的过程中进行监督。二是行政内部监督。上级领导在复核的过程中进行监督。主考人对被考核人写出评语后,要送经上一级领导复核签字。同时,行政对等委员会对考核结果进行平衡监督。行政对等委员会对打分畸高或畸低的情形提出纠正意见,报请部门领导审定。三是司法监督。行政法院通过审理

---

① 黄达强主编,朱庆芳副主编:《各国公务员制度比较研究》,中国人民大学出版社 1990 年版,第 235 页。
② 王名扬:《英国行政法》,中国政法大学出版社 1987 年版,第 35—36 页。
③ 《法国公务员总章程》总共有三篇,后两篇于 1984 年颁布。
④ 徐颂陶主编:《外国公务员法规选编》,河北人民出版社 1989 年版,第 75 页。

上诉案件进行监督。主考人认为考核评价不公正，可以上诉至行政法院。①

法国对公务员考核相关权利的救济采用诉讼救济模式。其一，有专门的机构负责公务员权利救济，包括考核相关的权利救济。法国的法院实行普通法院和行政法院的司法双轨制，行政法院由最高行政法院、地方行政法院、上诉行政法院、行政争议庭和一些专门行政法院组成。地方行政法院受理所在辖区内的行政诉讼案件，专门行政法院受理包括人事管理在内的专门诉讼。总体来看，如果因考核对公务员的权利和利益产生不利影响，公务员既可以在专门行政法院提起诉讼，也可以在辖区内的地方行政法院提起诉讼，对法院的裁决不服，还可以上诉到最高行政法院。其二，只要行政行为对公务员的权利和利益产生不利影响，就可以提起诉讼。"不论普遍性的行政行为或具体的行政处理，只要对公务员的权利和利益有不利的影响，都可作为诉讼对象。"② 当然，法国的诉讼救济模式并不代表其排除行政救济手段。一般情况下，行政救济不是诉讼救济的先决条件，而是赋予公务员进行行政申诉和诉讼救济的选择权。

（四）美国的文官考核监督

美国的文官考核监督是一个多元化的考核监督体系。功绩制保护委员会是履行美国公务员考核监督职责的主要机构。除此之外，"联邦调查局、政府道德署、审计机构、立法机构、司法机构等也在各自的职责范围内以不同的方式介入公务员绩效考核工作中，由此形成多元化的公务员绩效考核监督体系，以防范人事管理权力滥用现象和对不公正的人事处分进行救济"③。

1978年《文官制度改革法》的一个重要改革就是在功绩保护委员会内设置特别律师办公室（Office of Special Counsel），负责调查和追诉行政机关违反文官法所禁止的行为，加强对告发行政机关违法行为告发者的保护。特别律师办公室独立执行职务。④

---

① 余仲华：《公务员考核的基本国际经验探析》，《人事天地》2014年第10期，第12—17页。
② 王名扬：《法国行政法》，中国政法大学出版社1988年版，第284页。
③ 白现军：《美国公务员绩效考核制度变革》，《中国人事科学》2021年第8期，第12—21页。
④ 王名扬：《美国行政法》（上），北京大学出版社2016年版，第157—158页。

"美国功绩保护委员会的绝大多数管辖权属于上诉性质，涉及由个别雇员或申请人提出的与联邦政府执行机构采取的具体人事行动或决定有关的上诉。任何受到功绩保护委员会的最终命令或决定的不利影响或感到受屈的雇员或申请人，可以通过向美国联邦巡回上诉法院提交请求来审查该命令或决定，如果涉及歧视指控，则可上诉至平等就业机会委员会或美国地区法院。人事管理总署的主任可以请求功绩保护委员会重新审核最终决定，也可以就任何对公务员法律、法规、规章和政策有重大影响的决定提起司法审查。公务员考绩的申述则主要由各部门的复查委员会进行，除非结果涉及辞退等严重影响相关者利益的决定，较少出现上诉至法院的情形。"① 当公务员因为绩效不佳被辞退，不服辞退结果上诉至法院时，按照美国功绩保护委员会的判例，行政机关应该提供上述5项实质性证据。在2023年美国功绩保护委员会公布的一则判例中，② 在该案等待审查期间，美国上诉法院联邦巡回法院首次承认，行政机关必须证明一个额外的因素才能被支持基于《美国法典》第43章采取的惩戒性措施。具体来说，行政机关除需提供上述5项证据之外，还必须通过证明员工的绩效在进入绩效改进计划（Performance Improvement Plan，PIP）之前是不可接受的，以此来证明绩效改进计划是正当的。法院指出，《美国法典》第5篇4302（c）（6）款授权对"给予机会展示绩效可接受之后，继续表现不可接受的员工"采取惩戒性措施。持续的不可接受绩效表现需要证明在进入绩效改进计划之前就不可接受。

总之，美国采取不同的救济途径处理考核相关的争议。首先，对考绩结果不服可以进行申诉。1950年美国《工作考绩法》规定，公职人员如果对考绩结果不服，可以向考绩委员会或者复审委员会申诉，后者受理后进行审查并给出最后裁决，不得再有改变。③ 其次，不利的考绩结果作出之前设置90天的警告期。"不满意"的评分要求先进行一项90天的警告

---

① 徐维：《美国联邦公务员考核的法规制度》，《中国人事科学》2018年第7期，第41页。
② https://www.mspb.gov/decisions/precedential/LIN_CHENSHIANG_D_CH_0752_15_0340_I_2_OPINION_AND_ORDER_1991327.pdf.
③ 杨士秋、王京清主编：《公务员考核》，中国人事出版社、党建读物出版社2008年版，第100页。

期，以便给予那些考核失败的公职人员在考核期结束前改进其工作的机会。① 最后，以"是否对实体权利产生影响"作为标准区分救济途径。"如果公务员的考核结果并不对其实体权利产生影响，公务员只能向复审委员会申诉，复审委员会的裁定结果是终局性的。如果考核结果涉及公务员的权利调整，公务员可向功绩保护委员会提起再申请。"② 在穷尽功绩保护委员会的救济程序之后，可以向联邦巡回上诉法院请求审查功绩保护委员会的终局决定。

本章小结

在本章，我们观察了日本、英国、法国、美国的文官考核制度规范、主体与内容、方法与程序、结果运用与监督。尽管中外政治制度、文化传统等存在较大的差异，但考核制度本身的差异却没有如此明显。

总体来看，外国注重考核的制度规范建设。考核制度实施过程中面临的问题，在制度设计之初或实施过程中都尽可能进行相应规范，以明确的行为预期引导形成符合要求的行为规范，如美国对关键绩效因素的案例指导。外国的文官考核主体尽管比较多元，但主体分级分类尽可能关涉被考核对象工作的方方面面是最常见的做法。外国的文官考核内容多以业绩为重点，考核指标主要围绕工作岗位所要求的能力等设计，有些指标还设计得特别细致具体。外国的考核方法有较多的创新，既有主观评定法也有客观测量法，尽管方法不同，但都追求用科学的方法去度量被考核对象职责履行的客观情况和工作态度等主观意识情况。外国的考核程序繁简不一，但绝不是可有可无，而是任一程序都缺一不可，甚至可能因为程序不规范带来相关的争议处理。外国的考核结果运用并不复杂，所有的结果运用都是激励与约束机制并用，以资源分配来引导行为发展的方向。外国的考核监督注重被考核对象的权利保障，提供了较多的权利救济渠道，但凡事都有两面性，且相关经验能否直接移植借鉴，仍值得探讨。

---

① 杨柏华：《美国公务人员考绩制度》，世界知识出版社1989年版，第24页。
② 秦涛：《论我国考核法制实施中的公务员权利的救济》，《华东理工大学学报》（社会科学版）2015年第1期，第76页。

第八章

中国公务员考核制度的发展趋势

我们客观地观察了古今中外的考核制度发展，但研究"不应该局限于古为今用的经验教训总结，而要关注前瞻性的内容，注意到未来的社会发展，所构建的理论体系，更应该以中国特色的社会治理为本，赋予研究以生命力，乃是历史制度研究者的责任"①。基于此，本章着力于中国公务员考核制度的发展趋势，从考核理念、考核主体、考核内容、考核方式、考核手段以及权利救济等维度展开论述。

"变化，才是制度的真谛。梦想建立一项制度，一劳永逸地解决所有问题，不啻痴人说梦。"② 制度的变化是蕴含于经济社会发展之中的。换言之，经济社会如何发展，决定了制度变化发展的方向和趋势。那么，未来我们的经济社会将如何发展呢？我们不是先知先觉的预言家，自然无法描述全貌。但有一些现象，我们可以看出端倪，为我们判断未来经济社会发展提供一些依据。

大数据技术的运用，使得我们已经生活在一个越来越透明的社会。"个人计算机和互联网的使用曾经是个人化的，甚至是匿名的，但如今社交媒体正在把个人的全方位状态越来越多地展现出来。"③ 正因为如此，个人行为偏好越来越透明，考核似乎变得更加简单。但与此同时，工作中的行为越来越多被"留痕"，工作与生活的界限越来越模糊，尤其是疫情状态下居家办公，工作与生活地理空间的重合更加剧了这种界限的模糊，

---

① 李瑶：《明代职官考核制度研究》，天津人民出版社2022年版，序第4页。
② 赵冬梅：《法度与人心：帝制时期人与制度的互动》，中信出版集团2022年版，第38页。
③ ［美］戴维·莫契拉：《数字化未来》，薛亮译，现代出版社2020年版，第143页。

考核又似乎变得更加复杂。

除此之外，我们已经别无选择地生活在一个风险社会。如前所述，技术让我们的生活越来越透明，同时也越来越处于风险中。例如，网络有被攻击和破坏的风险，政府系统关键基础设施受到攻击或崩溃怎么办？数据有出现故障和错误的风险，对数据过于依赖而忽视数据背后原因怎么办？风险社会对政府治理能力的要求发生了变化。公务员作为政府治理的主体，其能力要求自然也会随着风险社会的到来而发生变化。例如，未来在很大程度上依然不可知，任何机构永远都无法确切地知道它们将面临什么，因此，判断力是应对风险的核心能力。

在这样一个透明社会、风险社会的背景下，我们的大众需要什么样的政府？为了实现政府的目标，我们的大众需要什么样的公务员？为了实现公务员的塑造，我们需要秉持怎样的考核理念，需要对公务员考核制度做出怎样的调整？考核的难度加大，考核的重点如何实现从关注外部动机的刺激到挖掘内部动机的转变？这些问题接踵而至，需要我们做出回答。

第一节 考核理念的发展趋势

考核理念是影响考核制度发生变化的重要因素。从"关系"的视角来看待考核制度，将考核主体与被考核对象的关系作为观察制度变化的主要因素。我们发现，考核制度的发展呈现出从"管理—控制"带来的"命令—服从"向"合作—协商"带来的"自主—投入"转变的趋势。这种转变趋势，总结来看就是"以人为本"。2022年，党的二十大报告将人的全面发展作为全面建成社会主义现代化强国的重要战略目标之一。推动实现现代化，需要建立有助于个人和社会激发动力、提升能力、释放活力的制度，这为考核制度的发展指明了前进的方向，即推动和实现人的全面发展。

国外的绩效管理实践给我们提供了一些教训，历史上忽略人的价值曾带来严重的后果。电气时代的美国企业认为最有效激励员工的因素就是工资报酬，将人物化为机器。这种管理思想催生出关键绩效指标（KPI），即无法完成KPI，无法给企业带来利润增长，就应该被裁掉。"法国电信自1997年开始了漫长的私有化进程。法国电信的大多数员工是公务员。

为了解雇这类员工，公司执行副董事发明了一种'恐惧管理'的方法，给员工制定无法实现的长期目标，逼迫他们自动离职。这些举措造成了严重的负面效应，虽然短期内企业赚钱了，但长期来看，怠工、罢工、劳资关系紧张的问题频出，企业的信用成本也降低了。"①

1947年，共产党军队撤出延安时，毛泽东同志曾说过"存人失地，人地皆存；存地失人，人地皆失。"这是我党革命成功的法宝，也是最朴素的人本思想。在"以人为本"的考核理念影响下，考核主体专业化、多元化，考核内容适时调整，考核方式更加注重分类，强调平时考核，相关权利救济也势必会引发更多关注。从考核理念的影响因素和主要表现来看，中国公务员考核的价值追求从效率优先到兼顾公平再向公平优先转变，关注重点从外部动机转变为内部动机，思维方式从工作至上转变为人本至上。

一　理念变化的影响因素

考核理念会带来考核制度的变化，那么影响考核理念发生变化的因素有哪些呢？从宏观层面来看，考核制度属于人事管理制度的一部分，人事管理制度是政治制度的重要组成部分。那么，政府治理重点的变化反映在考核制度上，就会影响考核理念的变化。从中观层面来看，行政机关绩效管理的方向变化直接影响公务员个人的绩效管理重点，组织目标最终要通过分解到公务员个人身上才能实现。因此，行政机关绩效管理的方向变化，最终会带来公务员个体考核的理念变化。从微观层面来看，被考核对象的特征发生了变化，势必要求考核制度作出相应的调整，以适应变化了的被考核对象，更好地激发活力。总之，政府治理的重点、行政机关绩效管理的方向、被考核对象的群体特征等是影响考核理念的主要因素。

（一）政府治理的重点发生变化

改革开放以来，中国政府治理的重点发生过几次重要调整。公务员群体是政府治理的主体，不同的政府治理重点直接影响考核理念，进而体现在考核制度的导向上。"对于传统的政府管理来说，他们关注的焦点是投入要素和过程导向，习惯于以组织活动的数量和规模为判断工作绩效的标

---

① 潘楷文：《不要挑战人性》，湖南文艺出版社2021年版，第218—230页。

准，而忽视这些活动对目标实现所发挥的实际效果。"① 例如，"全能型政府治理下的干部考核是以'政治忠诚'为导向，经济发展型政府治理下的公务员考核是以'经济绩效'为导向，服务型政府治理下的公务员考核是以'科学发展'为导向。现代化的政府治理要求通过科学合理的公务员考核制度来提升公务员素质和政府治理水平"②。

那么，新时代政府治理的重点是什么？它又是如何影响公务员考核理念的呢？党的十九届四中全会通过的《中共中央关于坚持和完善中国特色社会主义制度、推进国家治理体系和治理能力现代化若干重大问题的决定》明确提出："坚持和完善中国特色社会主义行政体制，构建职责明确、依法行政的政府治理体系。""职责明确、依法行政的政府治理体系"客观上要求权责法定，要求提升公务员的依法行政能力，在法定的权限范围之内，依照法定的程序，承担法定的责任。事实上，不少地方将公务员依法办事、公正执法行为纳入平时考核实践中。正是政府治理重点的变化传导到了考核制度上，"依法"成为考核的导向。

（二）行政机关绩效管理的方向发生变化

中国行政机关绩效管理坚持"摸着石头过河"和顶层设计相结合，坚持问题导向和目标导向相统一，坚持试点先行和全面推进相促进，既鼓励大胆试、大胆闯，又坚持实事求是、善作善成，确保了改革开放行稳致远。

沿着中国特色社会主义的发展脉络，以与行政机关绩效管理密切相关的党的会议为标志，可以将中国行政机关绩效管理分为四个阶段。第一阶段从1978—1989年（党的十一届三中全会至党的十三届四中全会），以注重行政效率改进内部绩效为主要特征。第二阶段从1989—2002年（党的十三届四中全会至党的十六大），以提升公共服务关注外部评价为主要特征。第三阶段从2002—2012年（党的十六大至党的十八大），以运用科学方法推动管理规范为主要特征。第四阶段从2012年至今（党的十八

---

① 中国行政管理学会联合课题组：《关于政府机关工作效率标准的研究报告》，《中国行政管理》2003年第3期，第9页。

② 张晶晶：《政府治理现代化视域下的公务员考核体系创新》，《人民论坛》2018年第18期，第46—47页。

大以来），以强化顶层设计全面实施绩效管理为主要特征。

组织的绩效管理目标需要通过组织成员来实现。行政机关绩效管理的方向发生变化，内部成员的考核理念也会相应改变。例如，1978—1989年注重行政效率改进内部绩效时，对公务员的考核多以"效率"为导向，这一要求甚至都体现在1982年宪法当中，机关实行工作责任制的同时，对工作人员进行考核。1989—2002年注重提升公共服务关注外部评价时，对公务员的考核多以"民主"为导向，重视民主测评的科学合理性。

进入新时代，新形势、新任务、新挑战赋予行政机关新的历史使命，及时回应新形势下构建政府治理新模式的需求，需要调整绩效管理的方式方法，最大限度实现绩效管理在推动治理现代化发展过程中的积极作用。行政机关绩效管理应当发挥"指挥棒""风向标"的作用，积极应对中国经济社会发展面临的新机遇和新挑战。未来，行政机关绩效管理变革终将沿着民主化、体系化、科学化的方向继续完善。这一发展方向的变化同样也会带来内部成员考核理念的变化。例如，民主化趋势下，公务员考核更加注重公众参与的广度和深度等；体系化趋势下，公务员考核的目标设定更加强调以公众满意为导向；科学化趋势下，公务员考核的结果更加突出全面、准确和有效。

（三）被考核对象的群体特征发生变化

被考核对象的变化是考核理念发生变化的重要原因。近年来，中国新生代群体进入公务员队伍，逐渐成为公务员群体的主力军。这些新生代公务员具有与老生代公务员不一样的工作价值观和行为表现。例如，20世纪六七十年代的公务员群体大多秉承认真务实的工作作风，在工作中服从意识较强，工作与生活的界限感不明显，以为工作付出甚至牺牲作为精神追求。但新生代公务员更加重视内心的自由和工作的体验感，敢于创新，也敢于挑战权威。"他们更加注重工作和内心观念的一致性。工作能否给他们带来愉悦的心情、充实感、成就感变得格外重要。"[①]

工作价值观和行为表现的差异体现在考核制度上，就是考核制度的人

[①] 朱磊：《新生代公务员工作价值观结构研究》，硕士学位论文，兰州大学，2022年，第39页。

性假设基础发生变化。从心理学的角度来看，霍桑实验①已经证明，效率来自尊重和认可。"以人为本"的考核理念更加关注被考核对象的工作体验，更加符合新生代公务员群体特征。根据 X 理论，被考核者天然地会对抗组织的考核要求，因此需要采取激励约束机制来管理被考核者的行为，使之按照组织的要求发展。X 理论的人性假设体现在考核理念上，就是控制型考核理念。在这种理念看来，即便是 20 世纪六七十年代的老生代公务员，也需要通过命令—控制的管理方式来实现行为的规范。根据 Y 理论，被考核者具有自我控制、自我管理能力，激发其内生动力，发挥其主观能动性就可以促使其能力得到开发。新生代公务员更加重视内心自由的特征，符合 Y 理论的人性假设，对其考核更趋向于一种合作型考核。通过创造一种合作型的工作情景，使得个人目标与组织目标实现统一，在合作中实现考核的功能。

二 "以人为本"考核理念的主要表现

政府治理的重点、行政机关绩效管理的方向、被考核对象的群体特征，这些影响考核理念发生变化的因素，都集中指向了一个发展方向，那就是考核将越来越"以人为本"。以作为政府治理受益对象的人——群众为本，以作为行政机关绩效管理内部行动者的人——公务员为本，以具体的被考核对象为本。在"以人为本"考核理念下，考核目的是发挥人的潜能，考核主体与被考核对象之间是合作关系，考核效果的实现更多依赖内生动力而非外驱力。

（一）考核是手段，不是目的，目的是人的潜能发挥

我们先看看同样的考核标准，当考核理念发生变化时，效果会有怎样的区别。明太祖规定地方官员要完成六项主要职责，称为"本等六事"，即学校兴、田野辟、户口增、赋役均、词讼简、盗贼息。以"学校兴、田野辟"为例，当考核是手段时，"学校兴"的目的是发挥学校在教化居

---

① 20 世纪 30 年代的美国霍桑工厂，设备精良，福利优越，但工人们的生产效率却不理想。霍桑工厂聘请哈佛大学进行了为期 8 年的实验，希望找出影响工人生产效率的因素。1927 年，著名心理学家、哈佛大学教授埃尔顿·梅奥接管实验，把关注点放在人的身上，从而发现原来影响工人的生产效率的并不是工作环境、工资报酬、休息时间这些外在因素，而是心理状态这一内在因素。见潘楷文《不要挑战人性》，湖南文艺出版社 2021 年版，第 231—235 页。

民、移风易俗方面的重要作用,"田野辟"的目的是开拓荒地,发展农业经济。事实上,明朝初期确实是这样做的,取得了较好的效果。但是,当考核变成目的时,"学校兴"就简化成了完成修学宫、文庙的数量指标,"田野辟"则演变成了完成开垦荒地的数量指标。官吏们追求的是考核数量指标的完成,不再关注这些指标背后希望达成的治理效果。至于被考核对象通过何种方式来完成考核指标,在考核的过程中是否得到了能力的提升,这些都已不在考虑的范围内。"明人常常形容地方官为了考绩,不顾人民死活,这仅仅是一种表象,对社会经济的摧残和对自然环境的破坏,却不是杀几个贪官污吏就能够解决的,也是应该引以为戒的问题。"①

当考核"以人为本"时,考核是实现管理目标的一种手段,而管理的本质是人的潜能发挥。德鲁克曾说过,"人类能力的解放和调动——而非对称或和谐,才是组织的目的"②。德鲁克认为,"管理者的任务不是去改变人,而是让个人的才智和健康体魄以及工作热情得以发挥,从而使组织的整体效益成倍增长"③。当考核是手段而不是目的时,考核指标就不应该是技术治理的工具,而是价值实现的指引。"指标体系内容建构的技术治理逻辑,旨在将各级政府行为纳入规范化和可控化的轨道之中,依靠对规则程序的精心设计来确立行政合法性的基础。"④ 当考核指标不再是技术治理的工具时,我们关注的重点就不是考核指标对于评价管理公务员行为、提升行政效率的作用,而是考核指标引导激励公务员行为,实现公务员更好发展的作用。

近年来,中国公务员考核在制度设计上贯彻了"为了人""依靠人""尊重人""服务人""发展人"⑤的思想。"为了人"主要体现为注重考核结果的沟通,各地实践中均要求考核结果在本单位进行公示。考核领导

---

① 李瑶:《明代职官考核制度研究》,天津人民出版社2022年版,第338页。
② [美]彼得·德鲁克:《管理:任务、责任和实践》(第二部),许小白译,华夏出版社2007年版,第207页。
③ [美]彼得·德鲁克:《卓有成效的管理者》,许是祥译,机械工业出版社2005年版,第100页。
④ 周媛媛:《"指标考核"与"基层压力":政府专项任务指标考核机制研究——基于扶贫考核的经验考察》,博士学位论文,吉林大学,2020年,第88页。
⑤ 黄德金:《公务员考核要坚持"以人为本"、"绿色绩效"导向》,《领导科学》2012年第23期,第49—50页。

小组及时向公务员本人反馈考核结果，肯定成绩、指出不足，提出改进要求，听取本人意见。"依靠人"主要体现在强调被考核对象和群众的参与。在"服务人"方面，主要体现了"为人民服务"原则。2020年《公务员考核规定》在规定"绩"的考核时，增加了"全面考核坚持以人民为中心，依法依规履行职位职责、承担急难险重任务等情况"。在"发展人"方面，2020年《公务员考核规定》增加"有针对性地对公务员进行教育培训，帮助公务员改进提高"的内容。

（二）组织与被考核对象之间是一种合作的关系

国外有不少学者研究了不同举措与公务员绩效之间的关系。有的学者研究价值观与公务员绩效之间的冲突，认为公务员"被困在要求绩效和遵循某些共同道德价值观之间"①。有的学者指出，"当人们在能完成工作（能力）、愿意完成工作（动机）、工作环境提供了所需的支持和途径（机会）时，其绩效就好"②。有的学者研究了提高能力、增强动机、增加机会这三类人力资源措施对公共部门绩效产出的影响，认为"相比增强动机的人力资源措施，提高能力和增加机会的人力资源措施与人力资源管理和组织绩效具有更强的正相关关系"③。这些研究成果表明，价值观、工作动机、工作环境等会影响公务员的绩效。当考核"以人为本"时，我们关注公务员的绩效，就得重视影响公务员绩效的因素，提供相应的条件满足这些因素要求。组织与被考核对象之间的合作关系符合公务员价值观、工作动机、工作环境的要求。

当考核"以人为本"时，考核压力的传导机制不再是传统的命令—控制模式，而是化被动为主动，是一种自上而下与自下而上相结合的信息沟通机制。组织与被考核对象之间不再是命令—服从关系，而是基于双方合意的合作关系，这种关系的好处在于可以在较大限度上避免"他只是看上去很努力"现象的出现。德鲁克认为，"在一个靠压力管理的企业

---

① Piron F (2002). Les defis ethiques de la modernisation de l'administration publique. Ethique publique 4 (1): 31-44.

② Boxall P and Purcell J (2011) Strategy and HRM. Basingstoke：Palgrave Macmillan.

③ Brenda Vermeeren. Studying the impact of ability-, motivation-and opportunity-enhancing human resources practices on various performance outcomes in the public sector. International Review of Administrative Science 83 (4): 105-127.

中，人们或将工作置之一旁去对付当前的压力，或是悄悄地对压力采取怠工的态度。当真的危机到来，应扔下手中的东西拼命干时，它们只是把它当作企业管理层歇斯底里发作的又一个例子"①。

（三）自我管理是促进组织产生绩效的有效方式

《小王子》中有一段话："如果你想造一艘船，不要抓一批人来搜集材料，不要指挥他们做这个、做那个，你只要教他们如何渴望大海就够了。"②

"人类历史的进程总是向更加自由的方向迈进，因为我们的天性推动着它朝这个方向前进……人类的天性最后会通过变得更自主来推动历史发展。"③"一项针对希腊 130 名公务员的调查显示，在绩效考核不健全的情况下，公务员工作绩效的提升依赖于公务员的自我激励及公民责任感。此外，与一些公共行政学者和利益相关者的期望相反，组织承诺和工作满意度等因素对工作绩效没有显著影响。"④

当考核"以人为本"时，组织与被考核对象之间形成合作关系，但个人的成长和发展，根本动力在于自我本身。以考核推动培养以责任和贡献为导向的自我管理模式，从而促进组织绩效的提升，这就是"以人为本"考核理念的主要作用机制。"自我管理是一种符合知识工作者特质的人性化的管理方式，由此也是更能为组织产生绩效的管理模式。"⑤

三 "以人为本"考核理念需要重点关注的方向

我们从上文的动机理论分析中得知，考核作为强化外部管控的手段，

---

① ［美］彼得·德鲁克：《管理的实践》，齐若兰译，机械工业出版社 2018 年第 1 版，第 104 页。

② 金大松：《专注人本 突破绩效：打造高效能的人力资源管理体系》，清华大学出版社 2019 年版，序言第 5 页。

③ ［美］丹尼尔·平克：《驱动力》，龚怡屏译，浙江人民出版社 2018 年版，第 150 页。

④ Irene Fafalious, Pan Chountalas, Ioannis Manousakis. "Civil servants' work performance in the context of less effective appraisal systems: an exploratory study for Greece", International Journal of Public Sector Performance Management（2020）：6. 转引自任群委《我国公务员激励与约束的动态平衡研究》，博士学位论文，中共中央党校，2021 年，第 18 页。

⑤ 宫向阳：《知识经济视域下德鲁克"自我管理"思想论析》，《苏州科技学院学报》（社会科学版）2013 年第 6 期，第 11—14 页。

自然会削弱内在动机，而公共服务动机则是强化内在动机的重要因素。国外相关研究从基层公务员出现离职意向的原因分析出发，论证了公共服务动机是如何影响离职意向的，研究结论显示："政府部门的职员可能因其公共服务动机高低不同而对工作要求的解读有所不同。例如，高公共服务动机的职员会把高工作要求当作挑战压力源，要加以克服以便提供优质的公共服务，因而他们能够比低公共服务动机职员更有效地应对工作要求导致的工作疲劳，而低公共服务动机职员可能把高工作要求看作实现工作绩效的障碍，也因此倍感沮丧……可以将公共服务动机用作一项心理应对机制，来帮助基层公务员减轻工作疲劳和离职意向。"① 国外的相关研究还表明，公共服务动机与组织认同或离职意向之间有密切的关系。"公共服务动机水平高的雇员离职意向较低，因为它们倾向于选择在公共部门发展自己的职业生涯，所以有可能较他人更能承受工作中的困难和压力。"②

有学者对 286 份已去职公务员的调查样本分析后发现，"薪酬、晋升、考核、'三公'等制度是去职公务员认为政府在留住人才方面需要改进的主要方面"③。有学者指出，"绩效考核并不能解决员工的倦怠问题，相反，它加深了员工的倦怠"④。那么，该如何破解考核带来的职业倦怠呢？我们提出，要在考核制度的设计和实施过程中，时刻关注自主、胜任和关系这三个基本心理需求，从利益最大化向意义最大化发展。

(一) 关注自主

考核制度是一种他律的手段，他律是产生职业倦怠的原因之一。因此，在他律之外，还应当强化自律的要求。自律的要求主要表现为公仆意识的培养和审慎行使权力习惯的养成。公仆意识的培养在考核制度当中的衡量要素就是公共服务动机具备与否，或是公共服务动机的强弱程度如何。审慎行使权力习惯的养成在考核制度当中的衡量要素是有无违规行使

---

① Dong Chul Shim, Hyun Hee Park, Tae Ho Eom. Street-level bureaucrats' turnover intention: does public service motivation matter? International Review of Administrative Science 83 (3): 151–171.

② Lewis GB and Frank SA (2002) Who wants to work for the government? Public Administration Review 62 (4): 395–404.

③ 李永康、薛博：《公务员去职行为与去职意向实证研究》，社会科学文献出版社 2021 年版，第 5 页。

④ 王春国：《走出考核困局：业绩倍增的新绩效模式》，中国工信出版集团、电子工业出版社 2021 年版，第 197 页。

权力的行为发生。在考核制度中关注自主可以有三方面举措：一是考核内容的设计要突出自律的导向；二是考核实施过程中要关注自主指标的实现情况；三是考核结果运用中突出对自主行为的褒奖。

考核内容的设计突出自律的导向。这种表达似乎是矛盾的，因为考核是他律的手段，通过他律的手段来实现自律，可能吗？有可能。那就是在他律的手段与自律的结果之间建立一种关联，实现自外向内的转变。例如，考核内容设计上突出岗位责任，明确责任主体、责任内容、责任未达成的后果等，细化到衡量个人责任的表现形式，如出现某种情况有无及时汇报处理，发现某种风险有无及时排除等。通过一系列的指标设计和标准细化，使得考核内容与个人的责任感之间建立一种强相关关系。这样，个人在履行职责时，表面上是完成考核指标要求，但长此以往，岗位职责的要求也就深入人心，内化成个人的某种责任感，从他律转为自律。

考核实施过程中关注指标的自主实现情况，这一点比较难。因为指标不可能衡量所有事情，指标是被迫实现还是自主实现更需要复杂的信息辅助才能判断。正如杰瑞·穆勒在《指标陷阱：过度量化如何威胁当今的商业、社会和生活》一书中指出的，"许多重要事项，对判断和阐释的依赖性太大，无法用标准化指标加以解决。归根结底，关键不在于让指标与判断截然对立，而是要让指标为判断提供信息，这就包括知道要为指标分配多大的权重，意识到指标的典型畸变，以及理解什么东西无法被测量"①。

有学者指出，"考核中对公共服务动机的考察信度和效度不高"是中国年轻干部公共服务动机不高的原因之一。"相比于'能'和'勤'等易考察的因素，对于领导干部或者一般公务员的公共服务动机的考察只能依靠违规违纪违法现象的发生来判定，公共服务动机的难以考察导致了干部选拔的效度和信度降低。"② 但公务员是否出于自主意愿以及公共服务动机来完成行为真的不可观察吗？答案是否定的。通常我们会从"做了什么""如何做的""效果如何"三个方面来评价公务员的行为，其中"如何做

---

① ［美］杰瑞·穆勒：《指标陷阱：过度量化如何威胁当今的商业、社会和生活》，闾佳译，中国出版集团 东方出版中心2020年版，第178页。
② 邓帅：《我国年轻干部公共服务动机缺失现象及其对策研究》，《中国青年研究》2023年第11期，第47—54、66页。

的"可以用来观察公务员是否出于公共服务动机来完成相关行为。例如，最高人民法院连续多年整治年底不立案的行为，就是对"年度收结比""结案率"等指标考核下行为异化的纠偏。"结案率"多年来一直是法院考核审判质量的重要指标，其设立初衷无可厚非，但由于其未考虑到部分不可能完结的案件情况，如年底立案难以当年审结，该指标具有一定的片面性，也带来了相关人员的行为偏差。例如，为了追求结案率劝说当事人撤案或者干脆当年年底不受理案件的行为，显然不是出于公共服务的动机。

考核结果运用中关注对自主行为褒奖的方式选择，这一做法的相对面就是若无相应自主行为，就要在考核结果中体现惩罚。对于后者是否妥当，现实生活中存质疑。例如，某高校发布通知，学生不献血将被取消评优评先资格，媒体质疑谁在给"自愿"下指标？既然是自愿行为，又何来"完成指标"一说？是谁在用考核的大棒给献爱心施加压力？[①] 但是，在考核结果运用中关注对自主行为褒奖的方式则是另一种导向，意在超越传统奖惩的困境。具体来说，传统的奖惩机制就是对某个行为进行奖励促进该行为发生的频率，这是用外在的动机替代内在的动机，容易破坏部分行为的积极性。因此，我们设计考核结果运用时，应当根据不同的岗位行为要求，关注行为是基于外在动机还是内在动机。前者可能是利益驱动，后者可能是意义驱动。对于前者，可对应物质激励，对于后者，则更多需要精神激励。

（二）关注胜任

关注胜任，重点要关注能力素质与岗位要求的匹配。根据能力素质冰山模型，传统的考核更多关注行为、知识、技能等水面以上的部分。而当我们在考核中关注胜任时，更多需要关注价值观、个性特质、动机等水面以下的部分。

以价值观为例，只有个人价值观与组织价值观保持一致时，组织通过考核制度下达的目标任务以及要求的行为方式才会被个人认可，个人才会主动去行动，而不会是"看上去很努力"。例如，当公务员认为"以人民

---

① 两江评｜不献血取消评优 谁在给"自愿"下指标？- 评论频道 - 华龙网 [EB/OL]. [2023-12-17][2024-02-14]. http://news.cqnews.net/1/detail/1184916911030755328/web/content_1184916911030755328.html.

为中心，以服务为宗旨，以公正为原则"是核心价值观时，他就更容易接受认同组织提出的高尚职业道德和良好职业素养的要求，以及"信念坚定、为民服务、勤政务实、敢于担当、清正廉洁"的好干部标准，也就能够主动持续地展现出组织所倡导的态度与行为，主动与考核的标准要求对标对表。有学者对新生代公务员的工作价值观做了观察，以问卷调查的方式归纳出新生代公务员工作价值结构的6个维度，分别是：工作环境、工作待遇、自我实现、工作追求、工作氛围和工作满足。同时，采用回归分析得出结论："工作价值观对新生代公务员的工作具有重要的影响作用，甚至对工作成效起决定性作用。"① 因此，考核制度设计和实施的重点也要相应地进行调整，更多关注组织价值与个人价值的统一性，内心价值与工作价值的一致性等。

在考核中关注个人特质，更多地是希望考核方式能够符合被考核对象的个人特质，从而使得考核更多地被接受。例如，对于新生代公务员来说，更多关注自我实现。自我实现的基础是专业能力与岗位要求的匹配，与此同时，有足够的时间和机会去提升自我能力，更好满足岗位需求，实现自我在岗位上的价值。那么，当我们关注到新生代公务员的特质时，就可以在考核结果运用的设计上增加更多的自我实现元素，如更多更精准的培训资源等。

（三）关注关系

我们在之前的论述中也提及过，当我们用关系的视角来看待考核时，我们需要关注到考核主体与被考核对象的关系，考核过程与考核结果的关系等。关注关系，既要关注到影响公务员发展的良性关系，也要关注到可能会带来不利影响的关系。

例如，当我们强调考核结果与被考核对象的利益直接挂钩时，往往会引导被考核对象的行为从被动转为主动。但不可忽略的是，对于公检法人员而言，若他们的行为与自身利益挂钩时，则难以从法律本身出发保持中立态度，很容易带来偏离公共服务目的的结果。各种不科学的考核指标泛滥，使公检法人员的执法、司法行为与自身的利益直接挂钩。公检法人员

---

① 朱磊：《新生代公务员工作价值观结构研究》，硕士学位论文，兰州大学，2022年，第36页。

为了避免自身的考核利益受损,在判断行为是否构成犯罪时,不仅要考虑案件事实与刑法规定,还要考虑如何处理才不至于损害自己的利益……为了维护自己以及同行的利益,只能以牺牲被告人(偶尔可能是被害人)的利益为代价。之所以说以牺牲被告人的利益为代价,是由于各项考核指标使得公检法认定的犯罪越多,所获得的利益就越大。因为各项考核指标基本上都是打击犯罪的指标,而没有自由保障的指标。例如,公安局派出所一般都有刑事案件的立案侦破等指标,检察院的重要考核内容是"逮捕后的起诉率"以及"起诉后的有罪判决率"。这些指标不断强化公检法人员打击犯罪的观念,使得公检法人员认为"犯罪打击得越多越好、对犯罪的处罚越严厉越好"。①

第二节 考核主体的发展趋势

中国的公务员考核主体呈现出专业化、多元化的发展趋势。从历史来看,专业化主要体现为建立专门的考核机构,设定专门的考核职位。多元化主要体现为参与考核的主体从最开始的王权主导发展为高级官员主导,以及考核与监察的互相渗透,对考核结果产生影响的主体逐渐增多。考核制度发展到当代,专业化、多元化仍然是发展趋势,建设高素质专业化公务员队伍是新时代公务员工作的鲜明主题。主体的专业化主要体现为考核委员会的成立,多元化则主要体现为对群众参与的高度重视。

一 考核主体的专业化趋势

考核主体的专业化趋势主要是指有专业的人或机构,做专业的考核之事。新时代要求公务员队伍要高素质专业化,对高素质专业化的公务员队伍进行考核,更加需要高素质专业化的主体。

(一)考核机构的专门化

随着公务员考核制度的发展和完善,很多部门都设立了专门的公务员考核机构或考核小组。公务员平时考核一般由其所在机关组织实施,作为

---

① 张明楷:《妥善对待维权行为 避免助长违法犯罪》,《中国刑事法杂志》2020年第5期,第3—19页。

加强公务员日常管理的重要抓手，党委（党组）承担考核工作主体责任，组织（人事）部门承担具体工作责任。各级公务员主管部门负责本辖区内公务员平时考核工作的业务指导、综合管理和监督检查。公务员年度考核由其所在机关组织实施，机关在年度考核时可以设立考核委员会。考核委员会由本机关领导成员、组织（人事）部门、纪检监察机关及其他有关部门人员和公务员代表组成。

在这些考核方式中，我们重点了解一下专项考核。因为专项考核是对考核机构专门化或考核人员专业化需求最为旺盛的考核方式。2019年《公务员法》将"专项考核"列为公务员的考核方式之一，与平时考核和定期考核一起，相互补充、相互印证。专项考核具有机动灵活、针对性强等特点。

事实上，在被《公务员法》列为考核方式之前，中国专项考核的实践积累了丰富的经验。早在秦汉时期，中央政府就按照职能在全国实行单项考核，并且出台相应的考核规定，由专人负责考核。"尚书考核列卿，御史中丞考核刺史，丞相、三公、刺史考核郡国守相。郡国守相考核县令长、丞、尉，县令长考核乡三老、啬夫，实行分级负责，层层考核。另外，各级官府的官吏由本部门负责人事工作的功曹负责考核，由该官府主要长官核准。除此之外，中央政府部门还按职能向全国实行单项考核，诸如民事、军事、农事、工程漕运、司法断狱、学校礼仪等方面，均制定有切合业务特点的考核条例，由列卿负责，有时还由列卿的副职分赴各地进行考核，如大司农就有部丞十三人，专门主管全国各地的农事考核。"[①]

除此之外，秦汉时期还考虑到地区之间的差异，一些特殊地区的郡县长吏所承担的职责可能涉及一些特别事务，对这些特别事务也进行相应的考课。"郡县考课之项目，虽天下郡县大体相同，然特殊地区之长吏，其职掌除与一般郡县长吏相同外，又有特别事务之项目，该项目亦当考课。地方长吏之考课，分若干项目分别考其等第，再集中分项之等第，评定其考课之总等第。"[②]

上述中央政府对地方政府专门事项的单项考核以及对特殊地区郡县长

---

① 韦庆远、柏桦编著：《中国官制史》，东方出版中心2001年版，第400—401页。
② 廖伯源：《秦汉史论丛》，台湾五南图书出版公司2003年版，第143页。

吏特别事务的考核，虽然与"重要专项工作、急难险重任务、重大突发事件"的专项考核存在一定的区别，但它们都是在综合考核的系统之外，单列出来专门考核的任务，也同时具备机动灵活和针对性强的特点，可以被视作专项考核的来源。

目前，中国专项考核的考核机构专门化和考核人员专业化还有较大的完善空间。以"河长制考核"为例，有学者认为，"当前，我国河长制的考核主体和考核方式设计仍属于自上而下的自主评价模式，易引发考核中'修饰作假''报喜不报忧''相互打掩护'等问题。为推进考核工作的中立性、公正性和权威性，可选择在县级以上地区设立河长制'考核办'或'考核委员会'的专门性机构，专司考核和信息管理工作，与河长制管理办公室协调运行。此机构可由党委、政府牵头设立，水利和环保部门主导，吸纳组织部、发改委、统计、财政、市政市容、国土、农业、林业、规划、住建、经济和信息化、法院、检察院等相关职能部门工作人员及第三方专业评估机构、环境法专家、人大代表、政协委员、新闻媒体、普通群众等参与，并下设各级巡视考核组"。[①]

（二）能力素质的专业化

一支素质好、能力强、守纪严、作风正的考核队伍是确保考核工作顺利开展、考核制度功能顺利实现的重要因素。考核队伍能力素质的专业化趋势主要体现为：一是考核队伍对考核指标的理解更加深刻，更符合制度设计的初衷。近年来，公务员考核指标体系的覆盖面越来越广，往往会涉及多个领域以及公务员职责的方方面面。考核队伍在开展考核工作之前，考核工作组织部门通常会对考核人员进行培训，讲解考核指标的具体标准和要求，为形成科学合理的评价奠定基础。培训之后的考核人员，对考核指标的设计、指标含义以及指标预期实现的目标会有更加深刻的理解，弱化其主观偏好对考核客观性、公正性的影响，在一定程度上可以避免考核的简单化。二是考核队伍的考核工作责任意识更强，行为更加规范。实践中，有些单位尝试建立健全考核工作责任管理体系及责任追究制度，明确考核工作人员的职责和义务，严肃追究考核工作失误、人为改变考核结果以及影响考核结果等行为的后果，强化考核工作人员的责任意识，严格把

[①] 林必恒：《构建科学的河长制考核机制》，《河北水利》2017年第10期，第32页。

关考核工作人员的政治素质、工作能力和守纪等情况，规范考核行为。由此，考核工作的严肃性和考核结果的公正性得以保证。

二 考核主体的多元化趋势

考核主体的多元化趋势并非意味着取消行政首长的主导作用，多元化趋势与行政首长的主导作用并不冲突。对于领导成员的考核来说，民主考核应当成为主要的方式，更多强调民众的参与，因此考核主体应当更加多元，且多元主体的考核权重应加强。但对于非领导成员而言，考核的重点应该是其履职情况以及执行公务的成效，尽管考核主体可以多元，但行政首长在多元的考核主体当中仍然是主导的作用。

"在完善自上而下考核体系的同时，也应该重视自下而上、多元化考核体系的建立，而后者必须开辟来自民众的信息反馈渠道，结合民众或民众代表的评价意见决定官员晋升的命运。相比于自上而下，许多考核内容其实更适合采取'自下而上'的方式。例如公共服务的质量，行政效率和政府工作人员的表现，在自上而下的考核中可能就是一堆冷冰冰的数字，而老百姓有着切身的感受。"①

"在实践措施上，'考核主体多元化'已经成为部分行政机关的共识。例如，武汉市硚口区政府将年度考核的分值分为单位自评分、专项部门考核评分、服务对象满意度第三方评估分、领导评价分、加分和减分共五项……由于不同的分数项目并非掌握在单一主体手中，而是由不同评分人给出，因此可以视为是考核主体多元化的一种表现。"②

考核主体的多元化是否能够推动考核结果的客观公正？对这一问题事实上存在不同的看法。例如，有人认为，群众评议越大基层可能越重视个人得失，而越不注意干部的政绩。具体来说，基层公务员可能会因为个人考核的得失，注重能够影响群众评议的工作或是行为，而非从工作本身或事情发展的内在逻辑来思考工作，从而影响考核制度功能的发挥。还有人

---

① 周黎安：《转型中的地方政府：官员激励与治理》（第二版），格致出版社、上海三联书店、上海人民出版社2020年版，第428页。

② 刘福元：《公务员行为规范中的责任机制建构——迈向公务员行为的规则之治》，法律出版社2015年版，第248页。

认为，由于考核主体本身也是产生评价误差的原因，单纯增加考核主体的数量可能并不必然带来被考核对象被客观和公允对待。此外，还有人质疑第三方评估的客观公正性。尽管认知上存在这些差异，实践中，考核主体仍然呈现出多元化的趋势。

考核主体多元化趋势的核心内容在于将相对人纳入考核主体中，主要体现在公众参与的广度与深度上。2020年10月24日，中央组织部印发《关于改进推动高质量发展的政绩考核的通知》，明确提出要增强政绩考核群众参与度，在政绩考核中充分反映群众感受、体现群众评价。从中华人民共和国成立以来的政绩考核历史来看，改进推动高质量发展的政绩考核具有较为牢固的群众参与基础，但政绩考核中的群众参与还存在改进空间，广度和深度有必要进一步拓展。

（一）群众参与的广度拓展

从群众参与的广度来看，群众参与的主体可以更宽，按照《地方党政领导班子和领导干部综合考核评价办法（试行）》，基层群众并非必须参与的主体，根据需要可以增加来自基层的其他人员或者有关工作服务对象，难以确保真正反映大众多样化的需求。此外，群众参与的方式可以更先进。目前政绩考核中群众参与仍以传统的问卷填写、走访调查为主，极大地牵制了群众参与效率的提高和覆盖面的扩大。

不少地方在扩大群众参与主体和优化群众参与方式方面进行了探索。例如，在政绩考核过程中，放宽群众参与的身份限制，丰富群众参与的领域层次，扩大群众参与的地域范围，使政绩考核结果多角度、全面化、综合化地反映群众的意见和需求。再如，优化群众参与方式，在政绩考核的过程中，注重信息化技术的运用，创新信息公开、线上问卷、网上评议等方式，便于人民群众的参与；同时运用大数据、云计算等手段汇总、分析群众意见，提升政绩考核的效率与考核结果的科学性。

（二）群众参与的深度拓展

从群众参与的深度来看，群众参与的程序可以更规范。目前缺乏关于群众参与流程的细化规定，群众参与较为随意；此外，群众参与的评价指标可以更细化。《党政领导干部考核工作条例》规定要注重了解人民群众对经济社会发展的真实感受和评价，但缺乏体现人民群众的满意度的具体指标；同时，群众参与结果运用可以更强化。目前的政绩考核仍以内部评价为准，群众意见在考核结果中所占的比重不高，难以体现群众意见对领导干部评价的具体作用。

从实践来看，不少地方在规范参与程序、细化评价指标、强化结果运用方面进行了探索。例如，加快建立群众参与的规范化程序，对群众意见的收集方式、收集之后如何处理、群众的异议反馈等程序作出制度化的规定，避免群众参与过程中可能的徇私舞弊；再如，细化群众主观感受指标，将经济发展满意度、公共服务满意度、生态环境满意度均纳入评价指标之中，在政绩考核中充分反映群众感受、体现群众评价，引导领导干部用心用情用力解决群众关切的实际问题。最后，在结果运用中，强化群众意见所占的比重，将群众评价与干部奖惩切实挂钩，真正使人民群众的"好差评"成为干部的"正衣镜"、政绩的"度量衡"，真正发挥群众意见的"筛子"作用，选拔出能扛重活、打硬仗、创实绩的优秀干部。

第三节　考核内容的发展趋势

"一个时期有一个时期的历史使命和任务，一代人有一代人的历史担当和责任。"① 新时代的公务员肩负着新时代的历史使命，历史使命的要求落实到具体的行动中，就是公务员的行为规范要求，同时也是公务员考核的重点内容。

新时代细化公务员考核工作的一个重要要求，就是落实政治素质考核。《公务员考核规定》第 35 条明确规定："公务员的考核应当按照管理权限，全面考核公务员的德、能、勤、绩、廉，重点考核政治素质和工作实绩。"② 为什么新时代公务员考核如此强调政治素质标准？到底什么是政治素质标准？新时代的公务员考核又应当如何细化落实政治素质考核呢？

一　新时代公务员政治素质考核的背景

中国共产党的政治属性要求进行政治建设，政治建设落地见效的抓手

---

① 中共中央文献编辑委员会："以史为鉴、开创未来，埋头苦干、勇毅前行"，《习近平著作选读》（第二卷），人民出版社 2023 年版，第 557 页。
② 中共中央组织部：《公务员考核规定》（2020）。

在于干部的政治素质考核。党的二十大报告指出,"全面建设社会主义现代化国家,必须有一支政治过硬、适应新时代要求、具备领导现代化建设能力的干部队伍",强调要"建设堪当民族复兴重任的高素质干部队伍"。① 公务员是干部队伍的重要组成部分,建设高素质专业化的公务员队伍,直面公务员队伍中的突出问题,有赖于政治素质考核的规范和约束。

(一) 中国共产党的政治属性决定了重视政治素质考核

中国共产党的政治属性是马克思主义执政党,"马克思主义政党突出的'政治性'是塑造'政治定力'的关键,更意味着中国共产党始终旗帜鲜明讲政治"②。中国共产党在百年未有之大变局的形势下仍然创造了经济快速发展和社会长期稳定的奇迹,其中一个重要的原因是中国共产党始终保持着政治定力。从政党的自我建设来看,个体党员的政治品质塑造是保持政治先进性,确保政党定力的重要因素。

新时代党员政治立场、政治方向、政治原则、政治道路等方面的政治定力塑造要求,必然要体现在公务员管理工作当中。检验公务员是否保持政治定力的主要手段,就是在公务员考核工作中强调政治素质评价。因此,新时代公务员考核强调政治素质标准,是中国共产党全面从严治党、保持政党政治定力的必然要求。

(二) 高素质专业化公务员队伍建设要求强调政治素质考核

"日本公务员制度演变最显著的经验教训是:如果缺少了政治引领和民主监督,公务员体系的高绩效是得不到保证的,甚至会发挥相当的负面作用。日本的历史经验和教训说明,公务员制度的发展应当始终以确保政治性和民主性为前提,不能过度强调专业和效率,否则就容易陷入对人民'不负责任'的误区。"③ 公务员队伍的政治素质是确保公务员制度政治引领的重要因素。

---

① 陈希:建设堪当民族复兴重任的高素质干部队伍(认真学习宣传贯彻党的二十大精神) [EB/OL]. (2022-11-23) [2022-11-30]. http://politics.people.com.cn/n1/2022/1123/c1001-32572132.html.

② 唐爱军、王培洲等:《接班人的政治品质》,中共中央党校出版社 2021 年版,序言第 2 页。

③ 潘蓉、肖河:《日本公务员制度的历史经验和教训》,《中国领导科学》2020 年第 3 期,第 118—123 页。

习近平总书记在党的十九大报告中对高素质专业化干部队伍建设提出了明确的要求。"高素质"第一位就是政治素质要高，建设高素质专业化干部队伍必须以政治建设为统领，始终把政治建设摆在首位。2019 年，中共中央办公厅《关于贯彻实施公务员法建设高素质专业化公务员队伍的意见》，强调把政治标准和政治要求贯穿融入公务员队伍建设全过程各方面。考核是公务员队伍建设的重要举措，政治素质考核是贯彻落实政治标准和政治要求的有利抓手，高素质专业化公务员队伍建设必然要求进行政治素质考核。

（三）直面公务员队伍中的突出问题亟须完善政治素质考核

2014 年，习近平总书记在党的十八届四中全会第二次全体会议上讲到党员、干部特别是领导干部要严守政治纪律和政治规矩时强调："一些人无视党的政治纪律和政治规矩，为了自己的所谓仕途，为了自己的所谓影响力，搞任人唯亲、排斥异己的有之，搞团团伙伙、拉帮结派的有之……"①直面这些问题，需要全面加强和规范党内政治生活、严明政治纪律，提高政治素质。对公务员进行政治素质考核，有助于促进公务员提高政治站位、把准政治方向、坚定政治立场、明确政治态度、严守政治纪律，培养忠诚干净担当的政治品格。

二　新时代公务员政治素质考核的内容

新时代公务员政治素质考核涉及的内容包括：第一，政治素质是什么；第二，新时代政治素质评价标准是什么；第三，新时代公务员政治素质考核的指标包括哪些等。

（一）政治素质的界定

党的报告、法律法规、学术论文中都有对政治素质的描述。首先，从党的报告来看，"政治素质"的提法主要出现在公务员队伍建设的要求中，通常采用列举相关要求的方式来说明政治素质的内容。例如，1992

---

① "搞匿名诬告、制造谣言的有之，搞收买人心、拉动选票的有之，搞封官许愿、弹冠相庆的有之，搞自行其是、阳奉阴违的有之，搞尾大不掉、妄议中央的也有之，如此等等。"这就是"七个有之"。中共中央文献编辑委员会：《习近平著作选读》（第一卷），人民出版社 2023 年版，第 521 页。

年党的十四大报告首次提出对党员干部的政治素质要求。具体表述为"通过学习，使广大党员干部坚定社会主义、共产主义信念，不断提高政治素质和解决实际问题的能力。"再如，2017年党的十九大报告强调："突出政治标准，提拔重用牢固树立'四个意识'和'四个自信'、坚决维护党中央权威、全面贯彻执行党的理论和路线方针政策、培养忠诚干净担当的干部。"

其次，从法律法规来看，"政治素质"的提法主要出现在党政领导干部选拔任用、干部考核的相关法律法规当中（见表8-1），通常采用分解评价维度的方式来阐释政治素质，可以作为公务员政治素质考核标准的重要参考。例如，1998年的《党政领导干部考核工作暂行规定》用的是"思想政治素质"，包括理论素养和思想水平、政治方向和政治立场、群众观点和群众路线、政治品德和道德品质四个方面。再如，2019年《党政领导干部选拔任用工作条例》第27条明确，"突出政治标准，注重了解政治理论学习情况，深入考察政治忠诚、政治定力、政治担当、政治能力、政治自律等方面的情况。"

表8-1　　　　　　　　　　政治素质考核的内容

1998	《党政领导干部考核工作暂行规定》	思想政治素质	理论素养和思想水平	学习马列主义、毛泽东思想特别是邓小平理论，学习党和国家的方针政策，掌握基本原理和精神实质，学以致用，不断提高理论和政策水平的情况
			政治方向和政治立场	执行党的基本路线，在事关方向、原则问题上的立场、观点、态度，在政治、思想和行动上与中央保持一致，增强法制观念，严格依法办事的情况，贯彻执行《党政领导干部选拔任用工作暂行条例》的情况
			群众观点和群众路线	坚持全心全意为人民服务的宗旨，正确行使人民赋予的权力，联系群众，自觉为人民群众谋利益的情况
			政治品德和道德品质	襟怀坦白，公道正派，坚持原则，严守纪律，谦虚谨慎，克己奉公，遵守社会主义道德，在精神文明建设中发挥表率作用的情况

续表

年份	文件		类别	内容
2009	《关于建立促进科学发展的党政领导班子和领导干部考核评价机制的意见》	德		充分体现把政治标准放在首位。坚持以党性作为德的核心内容，加强对领导干部思想政治素质的考核
			理想信念	重点了解政治立场、政治方向、对党忠诚、为党分忧等情况
			宗旨意识	重点了解求真务实、联系群众、恪尽职守、为民奉献等情况
			道德修养	重点了解职业道德、社会公德、家庭美德、个人品德等情况，引导各级领导干部始终保持共产党人的政治本色
2009	《党政领导班子和领导干部年度考核办法（试行）》			领导干部年度考核，主要考核本年度改造岗位职责情况，内容包括德、能、勤、绩、廉等方面的现实表现。附表三领导干部年度考核测试表（正职）"德"包括"政治坚定、执行民主集中制、坚持原则、道德品质"；附表四领导干部年度考核测评表（班子其他成员）"德"包括"党性修养与道德品质、坚持原则"
2009	《地方党政领导班子和领导干部综合考核评价办法（试行）》	德	党性修养	理想信念，贯彻党的路线方针政策，执行民主集中制，政治纪律
			理论素养	善于学习，战略思维，把握大局，政策水平
			坚持原则	敢抓善管，开展批评与自我批评
			道德品质	职业道德，社会公德，家庭美德，个人品德
2009	《党政工作部门领导班子和领导干部综合考核评价办法（试行）》	德	党性修养	理念信念，善于学习，贯彻党的路线方针政策，执行民主集中制政治纪律
			大局意识	围绕中心，服务大局，团结协作，关键工作中、关键时刻的表现
			坚持原则	敢抓善管，开展批评与自我批评
			道德品质	职业道德，社会公德，家庭美德，个人品德
2009	《关于改进地方党政领导班子和领导干部政绩考核工作的通知》			不能简单地把经济增长速度与干部的德、能、勤、绩、廉画等号

最后，从学术论文来看，既有研究中关于"政治素质"的界定既包括概念界定的思路总结，也包括具体的概念界定。例如，有学者查阅了近三十年发表的论文与近十年的《组工通讯》，总结了关于政治素质定义的两种思路："一种是将政治素质等同于'思想政治素质'，仅关注思想观念，以诠释性定义把政治素质的内涵解释为一种认知、态度和理想价值观的综合。另一种是将政治素质作为传统干部考评内容'德、能、勤、绩、廉'中'德'的一部分，通过描述性定义来解释与政治品德交叉部分中的政治素质结构。"① 还有学者认为，"政治素质作为从事政治活动所必须的基本要件，就是人们在政治实践中获得的，对其政治心理、政治行为具有稳定作用的内在品质，是人在政治方向、立场、信仰、态度及相关技能等方面的综合性体现"②。

(二) 公务员政治素质评价标准的演变

政治素质概念的内涵随着不同时代经济社会发展主要任务的变化而有所不同。有学者认为，"政治素质这一概念在'干部素质''德才兼备'等概念中演变产生，其中'政治标准'是贯穿党的发展的主心骨，'群众路线'是不变的政治宗旨"③。我们以中华人民共和国成立以来干部考核工作涉及的主要政策文本为分析对象，看看政治素质评价标准是如何变化的。

其一，中华人民共和国成立之初的干部审查涉及的"政治素质"，强调的是"政治面貌""政治立场"，以审查保持干部队伍的纯洁。1955年，中央组织部向中共中央报告，建议将审查干部的目的改为"在政治上弄清每个干部的面目，清除混入党政机关内的一切反革命分子及各种坏分子，以保持干部队伍的纯洁和便于正确地使用干部"。可以看出，这个时候并没有严格意义上的政治素质考核，主要是通过审查区分不同人员的政治立场，尤其是清除政治上的反革命分子。

---

① 萧鸣政：《新时代领导干部政治素质及其考评初探》，《北京大学学报》(哲学社会科学版) 2018 年第 3 期，第 144—151 页。

② 胡洪彬：《新时代干部政治素质考核评价机制的重构：一个探索性框架》，《理论探讨》2019 年第 5 期，第 160—167 页。

③ 萧鸣政、林禾、肖志康：《干部管理中如何把政治标准放在首位——领导干部政治素质考评方法探索与实证效果分析》，《中国行政管理》2019 年第 7 期，第 77—81 页。

其二，1979年干部考核制度实行以后，"政治素质"的内容主要体现在"德"的考核中。1979年《关于实行干部考核制度的意见》明确，"考德，是考核干部的政治立场和思想品质，主要看是否坚决拥护党的政治路线和思想路线，贯彻执行党的方针政策，遵守党纪国法和社会主义公共道德，热爱祖国，努力为四个现代化贡献力量。"可以看出，这个时候的政治素质，主要从政治立场的角度来考核。

其三，2009年"一意见三办法"① 出台，进一步细化政治素质考核的内容。"一意见"明确以"党性"作为"德"的核心内容，同时将德细分为"理想信念、宗旨意识、道德修养"。"三办法"区分党政领导班子和领导干部、地方党政领导班子和领导干部、党政工作部门领导班子和领导干部分别设置了"德"的考核内容，三者存在一定的差别。其中，地方党政领导班子和领导干部的政治素质考核中有"理论素养"的维度，考察善于学习、战略思维、把握大局、政策水平等情况。党政工作部门领导班子和领导干部的政治素质考核中有"大局意识"的维度，考察"围绕中心、服务大局、团结协作以及在关键工作中、关键时刻的表现等"。②

其四，2019年《党政领导干部考核工作条例》将政治标准放在首位，政治素质的具体考核内容同样放在"德"的考核标准下，但有别于2009年"一意见"的三分法（理想信念、宗旨意识、道德修养），其细分为"政治品质和道德品行"。实际上就是把理想信念和宗旨意识并入政治品质的考核中，且细化了相关要求。例如，要了解"坚定理想信念、对党忠诚、尊崇党章、遵守政治纪律和政治规矩，在思想上政治上行动上同以习近平同志为核心的党中央保持高度一致等情况"。③

（三）新时代公务员政治素质考核的指标

以《习近平著作选读》中关于政治素质考核的论述为基础，参照上

---

① 一意见指的是《关于建立促进科学发展的党政领导班子和领导干部考核评价机制的意见》，三办法指的是"《党政领导班子和领导干部年度考核办法（试行）》《地方党政领导班子和领导干部综合考核评价办法（试行）》《党政工作部门领导班子和领导干部综合考核评价办法（试行）》"。

② 中央组织部：《地方党政领导班子和领导干部综合考核评价办法（试行）》《党政工作部门领导班子和领导干部综合考核评价办法（试行）》《党政领导班子和领导干部年度考核办法（试行）》（2009）。

③ 中共中央办公厅：《党政领导干部考核工作条例》（2019）。

文党的报告、法律法规、学术论文中对政治素质的描述，结合实践中对政治素质考核的经验，按照一定的逻辑，可以将新时代政治素质考核的指标总结如下：

指标体系共包括4个一级指标，11个二级指标和20个三级指标（具体见表8-2）。一级指标分别是政治担当、政治能力、政治定力和政治自律。每一个二级指标都是对一级指标的进一步阐释，每一个三级指标都是对二级指标的细化和具体做法的明确。

表8-2　　　　　　　　　政治素质考核指标体系

一级指标	二级指标	三级指标
A01 政治担当	B01 对党忠诚	C01 对党的信仰的忠诚
		C02 对党组织的忠诚
		C03 对党的理论和路线方针政策的忠诚
	B02 为党分忧、为党尽职	C04 敢于斗争
		C05 锐意改革、攻坚克难
	B03 为民造福	C06 为民服务
		C07 勤政务实
A02 政治能力	B04 政治判断力	C08 把握政治方向
		C09 把握发展大势
		C10 把握工作全局
	B05 政治领悟力	C11 驾驭政治局面
		C12 防范政治风险
	B06 政治执行力	C13 推动高质量发展本领
		C14 服务群众本领
A03 政治定力	B07 坚定的理想信念	C15 共产主义远大理想
	B08 能够经受考验	C16 重大政治考验面前的政治定力
A04 政治自律	B09 守政治规矩	C17 杜绝"七个有之"
		C18 做到"五个必须"
	B10 守政治纪律	C19 遵守党章
	B11 守政治底线	C20 旗帜鲜明反对四大问题

以一级指标"政治担当"为例，何谓政治担当，习近平总书记对"政

治担当"① 的论述主要有："全党同志特别是高级干部要加强党性锻炼，不断提高政治觉悟和政治能力，把对党忠诚、为党分忧、为党尽职、为民造福作为根本政治担当，永葆共产党人政治本色。"② 同时，由于为党分忧、为党尽职属于同一个维度，基于此，"政治担当"下设 3 个二级指标，分别是对党忠诚，为党分忧，为党尽职，为民造福。如何衡量对党忠诚？对党忠诚就要对党的信仰、党组织、党的理论和路线方针政策具体且无条件地忠诚。

三 新时代公务员政治素质考核的完善路径

新时代公务员政治素质考核的背景和内容，阐释了新时代为什么要加强政治素质考核，以及具体需要考核哪些方面。新时代公务员政治素质考核的完善路径则旨在揭示如何考准考实，以便准确评估公务员的政治素质，实现政治素质考核的目标。

（一）完善公务员政治素质考核的制度供给

第一，整体性阐释政治素质。尽管党的报告、法律法规、学术论文中涉及政治素质的规范，但局限于对政治素质的基本要求和标准进行规定，缺乏对政治素质的全方位、整体性的阐释。具体来说，政治素质涉及公务员的思想观念、道德品质、业务能力等多个方面，需要综合考虑和评估。例如，天津市出台了《天津市领导干部政治素质考察办法》，具体从政治忠诚、政治定力、政治担当、政治能力、政治自律 5 个方面，考察"对圈子文化、码头文化、好人主义是否敢抓敢管、较真碰硬"等 16 个"是否"情况等。③ 这些措施使得政治素质考察具体化、鲜明化，更好落实，同时也增强了政治素质考

---

① "全党自觉用党的创新理论滋养初心、引领使命，增强为党分忧、为国奉献、为民造福的政治担当"，参见习近平《全面从严治党探索出依靠党的自我革命跳出历史周期率的成功路径》，《求知》2023 年第 2 期，第 5 页。"干部敢于担当作为，这既是政治品格，也是从政本分。党的干部要以对党忠诚、为党分忧、为党尽职、为民造福的政治担当，以守土有责、守土负责、守土尽责的责任担当，面对大是大非敢于亮剑，面对矛盾敢于迎难而上，面对危机敢于挺身而出，面对失误敢于承担责任，面对歪风邪气敢于坚决斗争。"参见习近平《努力造就一支忠诚干净担当的高素质干部队伍》，《社会主义论坛》2019 年第 2 期，第 5—6 页。

② 中共中央文献编辑委员会：《习近平著作选读》（第二卷），人民出版社 2023 年版，第 52、120 页。

③ 天津严格政治素质考察 把"两面人"识别出来清除出去 [EB/OL]．（2021-04-12）[2023-07-25]．http：//renshi.people.com.cn/gb/n1/2021/0412/c139617-32075769.html.

核的科学性和实效性。因此，在制度供给方面，应进一步完善政治素质的定义和评估标准，要求各地进行干部政治素质考核时根据实际情况进行深入探讨和研究，整体性阐释政治素质的具体内涵和外延，同时注意领导干部的政治素质考察与非领导成员的公务员政治素质考核存在一定的差异。

第二，跟进式研判政治素质。政治素质评估标准和制度供给应全面体现时代要求，需要跟进式研判政治素质。具体来说，需要及时对政治素质评估标准进行更新和修订，加强对新时代公务员的政治素质要求的研究和探索，以确保政治素质考核的科学性和时效性。例如，四川广元市每半年对全市科级及以上领导干部政治素质档案进行一次综合分析，在换届后市级部门班子综合分析研判中，有3名干部因存在政治苗头性问题被纳入谈话提醒范围。[①] 这些举措充分运用了政治素质评估中收集到的各类信息，跟进式研判公务员政治素质表现，注重政治素质与工作实绩的有机结合，避免了过于片面和狭隘的政治素质评估。

第三，总结式推广实践经验。借助主流媒体宣传推广各地各部门在政治素质考核方面的实践经验。例如，共产党员网持续推送各地推动组织工作提质增效的经验做法，这为其他地区和部门提供了宝贵的思路和经验。同时，要注重跨区域、跨行业的交流合作，各地各部门可以通过组织交流研讨会、开展政治素质考核经验交流等方式，加强跨区域、跨行业的交流合作，借鉴和学习其他地区和部门的成功经验，推动公务员政治素质考核工作的全面发展。例如，中央组织部举办干部政治素质考核案例研讨班，邀请了来自全国各地的政治素质考核专家和干部代表，分享经验和探讨问题，以典型案例示范带动各地区各部门进一步抓好干部政治素质考核工作，"引导各级干部不断提高政治判断力、政治领悟力、政治执行力，切实增强'四个意识'、坚定'四个自信'、做到'两个维护'"[②]。

（二）细化公务员政治素质考核的方式

细化的干部政治素质考核方式，合理设置个性化指标，由单角度向多

---

① 严格政治把关 考准考实干部政治素质——一些地方创新举措推动政治素质考察走深走实 [EB/OL]．(2022 - 09 - 15) [2023 - 07 - 25]．http://dangjian.people.com.cn/n1/2022/0915/c117092 - 32526373.html．

② 中组部举办干部政治素质考核案例研讨班 [EB/OL]．(2021 - 10 - 27) [2023 - 07 - 25]．https://www.12371.cn/2021/10/27/ARTI1635302097450639.shtml．

维度转变，把政治素质考核的功夫下在平时，抓在经常。

第一，细化落实分类考核。例如，2021年湖南修订《领导班子和领导干部政治建设考察办法》，区分市、县、乡不同层级，区分机关、企业、学校、医院、园区等不同类型，区分党政正职、副职、内设机构以及不同系列岗位类别开展考察，分级分类制定考察内容和评价指标，防止"左右一个样""上下一般粗"。细化落实分类考核应当根据单位性质、干部层级、身份、岗位不同，差异化设置考察指标，避免"一把尺子量到底"。例如，对于高层领导干部，可以注重考察其战略规划、组织协调、政策制定和决策能力等方面的表现；对于中层干部，则可以注重考察其业务能力、管理能力和组织协调能力等方面的表现；对于基层干部，则可以注重考察其执行力、组织协调能力和服务意识等方面的表现。

第二，推广运用近距离考核。习近平总书记在全国组织工作会议上指出，要建立日常考核、分类考核、近距离考核的知事识人体系，强化分类考核，近距离接触干部，使选出来的干部组织放心、群众满意、干部服气。① 这一重要论述为科学考察识别公务员提供了根本遵循，特别是近距离考核公务员的思想，具有很强的现实指导意义。一些地方将近距离考核作为政治素质考核的重要手段，通过实地走访、座谈交流、日常考核、分类考核等方式，深入了解公务员的思想政治表现、工作作风、服务群众等方面的情况，对公务员的政治素质进行全面、深入、具体的考察。通过推广运用近距离考核，在考核中找准近距离考核公务员的"视角"，既全方位考察，也透视性考察，确保政治素质考核的客观性和准确性。

第三，注重普及全面考核。习近平总书记指出："用人得当，就要坚持全面、历史、辩证看干部，注重一贯表现和全部工作。"② 一些地方注重全面考核，通过多种考核手段和方法，对公务员的政治素质进行全方位、全过程、全覆盖地考核，以确保考核结果的全面性和准确性。例如，

---

① 庞昆：选人用人当注重近距离考核［EB/OL］.（2018-09-21）［2023-06-30］. http://www.81.cn/jfjbmap/content/2018-09/21/content_216413.htm.

② 中共中央文献编辑委员会：《习近平著作选读》（第一卷），人民出版社2023年版，第138页。

深圳推行"按事索人"识别选用干部;"分类知事",建立多维度干部考察坐标系;"序事论岗",构建立体化干部岗位模型;"由事识人",打造全方位干部"全息图";"能岗匹配",构建全链条干部选任机制。① 普及全面考核,对公务员的政治素质进行全方位、全过程、全覆盖地考核。构建全面考核公务员的指标体系,既要考核发展任务,又要考核制度执行;既要考核干部的"显绩",又要考核"潜绩";既要关注短期效果,又要关注长期效应。②

（三）激发公务员政治素质提升的内生动力

政治素质考核作为一种手段,其目的在于运用考核结果来激发公务员自我提升的内生动力,并通过导向作用来推动公务员队伍建设。

激发公务员政治素质提升的内生动力,可以从以下三个方面着力:第一,政治素质考核应该强化整改,推动公务员队伍建设。在考核结果出来后,应该及时将考核结果反馈给被考核对象,指出存在的问题,同时将考核结果作为公务员管理监督的重要依据并采取针对性措施督促整改,对考核结果不合格的公务员进行问责和督促整改。第二,政治素质考核应该严把关口,坚持把政治标准作为硬杠杠,强化选人用人政治把关,坚决把"两面人"挡在门外。第三,政治素质考核应该鲜明导向,突出政治标准选人用人,着力把政治素质过硬、业绩突出、一贯表现优秀的公务员及时用起来。

总之,公务员队伍是中国特色社会主义事业的中坚力量,公务员政治素质的高低直接关系到党和人民事业的发展和壮大。操千曲而后晓声,观千剑而后识器。新时代公务员政治素质考核不是经历一两件事、表几次态就能看清楚的,必然有一个过程,要看长期表现。因此,只有通过不断完善政治素质考核制度,细化考核方式,激发内生动力,才能确保公务员队伍的政治素质不断提高,为中国特色社会主义的事业发展提供坚强的人力资源保障。

---

① 深圳:推行"按事索人"识别选用干部,广州组织工作[EB/OL].（2022-07-11）[2023-07-01]. https://www.gdzz.gov.cn/gbgz/gbjypx/content/post_16129.html.
② 方振邦:干部考核全面精准的几个关键[EB/OL].（2021-08-16）[2023-07-02]. http://www.rmlt.com.cn/2021/0816/621955.shtml.

第四节　考核方式的发展趋势

"以人为本"的考核理念客观上要求不同的被考核对象，其考核内容重点不同，考核方式也不一样。事实上，中国公务员考核从统一考核到分级分类考核的转变，正是体现了这种考核理念的要求。

中华人民共和国成立之初的干部鉴定并未区分各类干部的考核方式。1979 年，中央组织部《关于试行干部考核制度的意见》开始明确对各类干部的考核要各有侧重，虽区分了技术干部、专业干部与党政干部、领导干部的考核标准，但仍较为抽象和原则。2005 年，《中华人民共和国公务员法》最终明确：区分领导成员和非领导成员，同时按照公务员职位的性质、特点和管理需要，实施公务员职位分类，并以此为基础开展分级分类考核。目前，已经形成区分领导干部和非领导干部，区分专业技术类、行政执法类、综合管理类不同被考核对象的分级分类考核方式。未来，分级分类的考核将进一步拓展到考核方式的区分中。目前的考核制度设计已实现对不同类型、不同层级的被考核对象运用个性化、多样化的考核指标及赋分权重。为科学评价干部德、能、勤、绩、廉多方面素质，在针对不同被考核对象采取分级分类考核的基础上，未来会综合运用多种考核方式，全面系统地看待干部担当作为的态度与能力。

"以人为本"的考核理念同样要求对被考核对象的评价重在"平时"而非"评时"。平时考核作为中国公务员考核的一种重要方式，发挥越来越重要的作用。我们可以从平时考核的制度发展脉络出发，观察近年来中国公务员平时考核制度的发展及制度内容，明确未来平时考核制度需要重点解决的问题及具体的发展方向。

一　平时考核的制度发展脉络

平时考核是对过往重考核轻管理、重结果轻过程的一种矫正，体现工作痕迹。1979 年，中央组织部《关于实行干部考核制度的意见》中提到了"平时考察"，强调"把平时考察和定期考核结合起来对干部进行定期的全面的考核"。可以看出，此时并未正式提出"平时考核"的概念，而是与"平时考察"混用，也并没有形成平时考核的内容规定，与定期考核一样从德、能、勤、绩四个方面进行考核。

1993年《国家公务员暂行条例》、1994年《国家公务员考核暂行规定》、2000年《关于进一步加强国家公务员考核工作的意见》、2007年《公务员考核规定（试行）》、2014年《关于深入开展公务员平时考核试点工作的通知》、2019年《公务员平时考核办法（试行）》、2020年《公务员考核规定》是公务员平时考核工作开展的主要制度依据。从这些制度文本中不难发现平时考核的规范不断细化（具体见图8-1）。

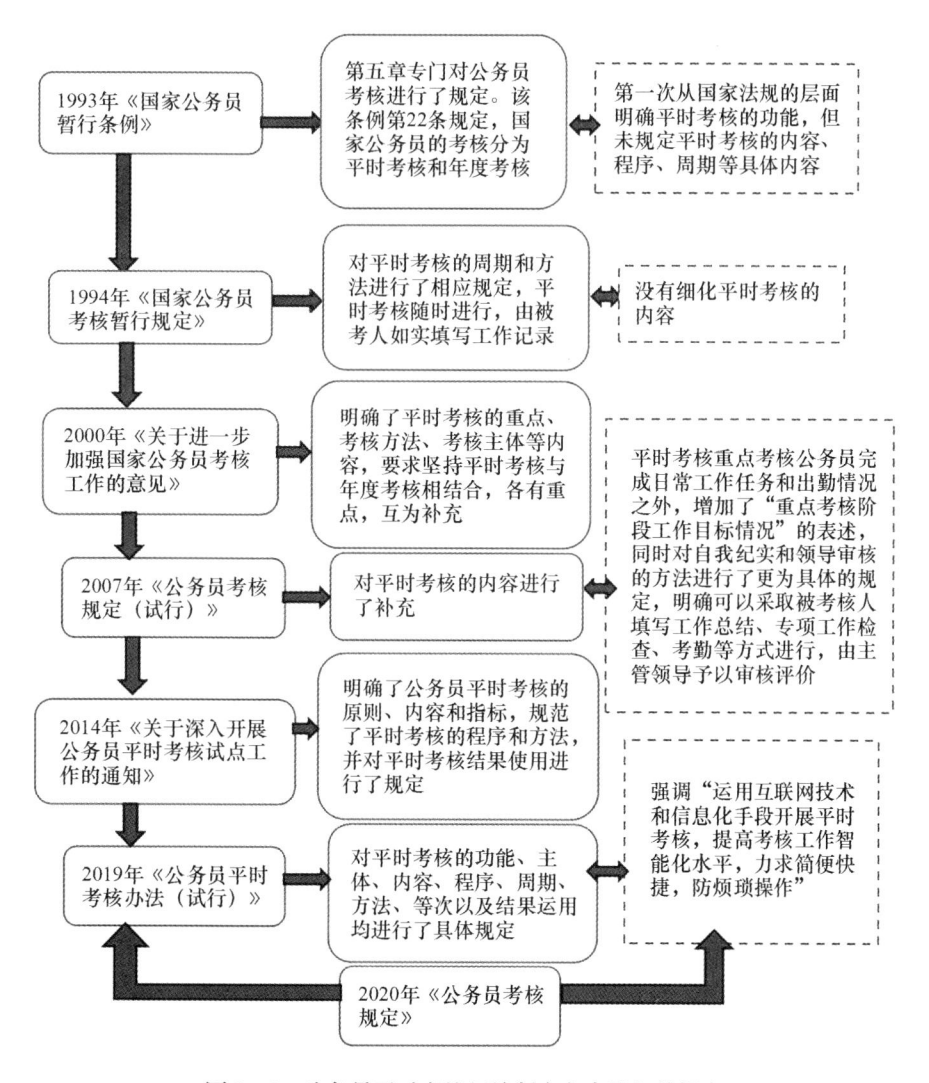

图8-1　公务员平时考核相关制度文本及相关规定

2020 年颁布的《公务员考核规定》对平时考核的规定不多，仅对考核内容、考核程序、考核结果运用作出了原则性的规定。例如，明确"年度考核确定为优秀等次的，应当从当年平时考核、专项考核结果好的公务员中产生"，这一规定是对《公务员平时考核办法（试行）》中"年度考核确定为优秀等次的，应当从当年平时考核结果好等次较多且无一般、较差等次的公务员中产生"的调整。《公务员平时考核办法（试行）》第 12 条同时规定"当年平时考核结果均为好等次的，年度考核可以在规定比例内优先确定为优秀等次。"因此，可以理解为《公务员考核规定》对平时考核结果与年度考核结果挂钩的规定进行了简化。这样的简化可以理解为《公务员考核规定》与《公务员平时考核办法（试行）》因制度内容的重点不同而作的技术处理（具体如表 8-3 所示）。

表 8-3　　　　　　　　　　几个考核规定的对比分析

	1994 年《国家公务员考核暂行规定》	2007 年《公务员考核规定（试行）》	2019 年《公务员平时考核办法（试行）》	2020 年《公务员考核规定》
考核类别	国家公务员的考核分为平时考核和年度考核	公务员的考核分为平时考核和定期考核	无	公务员的考核分为平时考核、专项考核和定期考核等方式
考核功能	年度考核以平时考核为基础	定期考核以平时考核为基础	作为加强公务员日常管理的重要抓手。把平时考核发现的问题作为优化内部职能和人员配置的重要参考，完善工作机制，提高工作效能	定期考核以平时考核、专项考核为基础
考核主体	无	无	所在机关组织实施。党委（党组）承担考核工作主体责任，组织（人事）部门承担具体工作责任。公务员主管部门负责公务员平时考核工作的业务指导、综合管理和监督检查	无

续表

	1994年《国家公务员考核暂行规定》	2007年《公务员考核规定（试行)》	2019年《公务员平时考核办法（试行）》	2020年《公务员考核规定》
考核内容	无	平时考核重点考核公务员完成日常工作任务、阶段工作目标情况以及出勤情况	以公务员的职位职责和所承担的工作任务为依据，及时了解公务员德、能、勤、绩、廉日常表现，重点考核深入学习贯彻习近平新时代中国特色社会主义思想、遵守政治纪律和政治规矩、践行党的群众路线、完成日常工作任务和阶段工作目标的情况，以及承担急难险重任务、处理复杂问题、应对重大考验的表现等	平时考核是对公务员日常工作和一贯表现所进行的经常性考核
考核程序	无	无	对"个人小结、审核评鉴、结果反馈"的程序进行了详细规定	一般按照个人小结、审核评鉴、结果反馈等程序进行
考核周期	平时考核随时进行	无	机关根据工作性质和队伍特点，合理确定公务员平时考核周期，确保达到考核效果，减轻公务员负担，防止搞形式、走过场	无
考核方法	由被考核人如实填写工作记录	可以采取被考核人填写工作总结、专项工作检查、考勤等方式进行，由主管领导予以审核评价	机关可以结合职能职责和工作任务，区分不同类别、层级和职位公务员特点，设置考核指标。注重制定量化指标，加强对公务员完成工作的数量和质量的考核。不得简单将有没有台账记录、工作笔记等作为工作是否落实的标准，不得简单以留痕多少评判工作好坏，防止过度留痕	无
考核等次	无	无	公务员平时考核结果分为好、较好、一般和较差4个等次	无

续表

	1994年《国家公务员考核暂行规定》	2007年《公务员考核规定（试行）》	2019年《公务员平时考核办法（试行）》	2020年《公务员考核规定》
考核结果运用	无	无	对平时考核结果为好等次的公务员，以适当方式及时予以表扬，可以按照有关规定给予物质奖励。对平时考核一贯表现优秀的公务员，在选拔任用、职务职级晋升、评先奖优等方面优先考虑。对平时考核结果为一般等次的公务员，及时谈话提醒。对平时考核结果为较差等次的公务员，及时批评教育，必要时进行诫勉。 平时考核结果与年度考核结果挂钩	年度考核确定为优秀等次的，应当从当年平时考核、专项考核结果好的公务员中产生

二 平时考核制度的具体内容

平时考核的制度文本不断出台，明确并细化了公务员平时考核的功能、主体、内容、周期、方法、等次等。平时考核作为加强公务员日常管理重要抓手的功能定位已明确。平时考核主体由所在机关担任，党委（党组）与组织（人事）部门分别承担主体责任和具体工作责任。平时考核的内容依据公务员的职位职责和所承担的工作任务来确定，完成日常工作任务、阶段工作目标等是重点考核内容。平时考核的周期可以灵活处理。机关可以根据工作性质和队伍特点，合理确定平时考核周期。平时考核方法多样化。不同类别、层级和职位的公务员，其特点不同，职能职责和工作任务也有差异，机关可以设置差异化的考核指标，运用不同的考核方法。公务员平时考核结果分为好、较好、一般和较差4个等次（具体如表8-4所示）。

表8-4 非领导成员公务员、领导干部和领导班子平时考核的对比分析

	非领导成员公务员	领导干部	领导班子
考核依据	《公务员平时考核办法（试行）》	《党政领导干部考核工作条例》	《党政领导干部考核工作条例》
考核功能	作为加强公务员日常管理的重要抓手。把平时考核发现的问题作为优化内部职能和人员配置的重要参考，完善工作机制，提高工作效能	平时考核是对领导干部一贯表现所进行的经常性考核，及时肯定鼓励、提醒纠偏	平时考核是对领导班子日常运行情况所进行的经常性考核，及时肯定鼓励、提醒纠偏
考核主体	由所在机关组织实施。党委（党组）承担考核工作主体责任，组织（人事）部门承担具体工作责任。公务员主管部门负责公务员平时考核工作的业务指导、综合管理和监督检查	党委（党组）承担考核工作主体责任，党委（党组）书记是第一责任人，组织（人事）部门承担具体工作责任	与领导干部的考核主体相同
考核内容	以公务员的职位职责和所承担的工作任务为依据，及时了解公务员德、能、勤、绩、廉日常表现，重点考核深入学习贯彻习近平总书记新时代中国特色社会主义思想、遵守政治纪律和政治规矩、践行党的群众路线、完成日常工作任务和阶段工作目标的情况，以及承担急难险重任务、处理复杂问题、应对重大考验的表现等	考核领导干部的一贯表现，重点了解政治态度、担当精神、工作思路、工作进展，特别是对待是与非、公与私、真与假、实与虚的表现等情况	考核领导班子的日常运行情况，重点了解政治思想建设、执行民主集中制、贯彻党的群众路线、科学决策、完成重点任务和反对"四风"等情况
考核周期	机关根据工作性质和队伍特点，合理确定公务员平时考核周期	无	无

续表

	非领导成员公务员	领导干部	领导班子
考核方法	机关可以结合职能职责和工作任务，区分不同类别、层级和职位公务员特点，设置考核指标。注重制定量化指标，加强对公务员完成工作的数量和质量的考核	平时考核主要结合领导干部日常管理进行 （一）列席领导班子民主生活会、理论学习中心组学习、重要工作会议，参加重要工作活动等；（二）与干部本人或者知情人谈心谈话，到所在单位听取干部群众意见；（三）开展调研走访、专题调查、现场观摩等；（四）结合党内集中学习教育、纪委监委日常监督、巡视巡察、工作督查、干部培训等进行深入了解；（五）其他适当方法	平时考核主要结合领导班子日常管理进行。具体的方法与领导干部的考核方法相同
考核等次	公务员平时考核结果分为好、较好、一般和较差4个等次	无	无
考核结果运用	对平时考核结果为好等次的公务员，以适当方式及时予以表扬，可以按照有关规定给予物质奖励。对平时考核一贯表现优秀的公务员，在选拔任用、职务职级晋升、评先奖优等方面优先考虑。对平时考核结果为一般等次的公务员，及时谈话提醒。对平时考核结果为较差等次的公务员，及时批评教育，必要时进行诫勉 平时考核结果与年度考核结果挂钩	作为了解评价领导干部一贯表现的重要依据	作为了解评价领导班子日常运行情况的重要依据

三 平时考核需要重点发展的方向

公务员平时考核有其自身难以克服的难题。例如，综合类公务员的岗位职责很难明确，如果没有明确的岗位职责，开展平时考核很容易异化为泛泛地填表、无关痛痒地记录工作，既难以衡量工作成效，也难以指导工作行为。即便有明确的岗位职责，如果不能与日常工作紧密结合，平时考核也容易流于形式。例如，图8-2是某市政府研究室的公务员平时考核参考指标，从这些指标中我们很难看出平时考核与年度考核的差别，基于这样的指标设计开展平时考核工作，平时考核的作用能否发挥确实有待商榷。

政治素质	政治忠诚、政治定力、政治担当、政治能力、政治自律等表现；坚定理想信念、遵守政治纪律和政治规矩，增强"四个意识"，坚定"四个自信"，做到"两个维护"，贯彻执行党的理论和路线方针政策等情况
工作实绩	市委、市政府及其有关部门下达的工作任务完成情况。履行本岗位职责任务情况。本年度和阶段性工作任务的完成情况。结合政府调研工作特点和机关实际的其他情况
职业道德	忠于职守、爱岗敬业、勤勉奉献、主动作为的情况；坚持原则、公道正派、诚实守信，认真负责做好本职工作的情况；依法办事，严格依法履职，严格按照法定的权限、程序和方式执行公务等情况
工作作风	密切联系群众，为群众排忧解难，全心全意为人民服务的情况；深入改进作风，反对"四风"特别是力戒形式主义、官僚主义的情况；严谨审慎、认真细致、积极进取、担当负责的情况；实事求是、真抓实干，察实情、出实招、办实事、求实效的情况
廉洁自律	遵守廉洁从政各项纪律要求，坚持秉公用权、公私分明，严于律己、廉洁修身，尚俭戒奢，勤俭节约，树立良好家风等情况

图8-2 某市政府研究室的公务员平时考核参考指标

要更好地发挥平时考核的作用，就需要清除平时考核作用发挥存在的障碍，总结推广实践中的成功经验。总体来看，可以从以下几个方面着力：

首先，注重平时考核与年度考核的衔接。平时考核是年度考核的重要参考和依据。例如，按照 2019 年《公务员考核办法（试行）》的规定，从当年平时考核结果好等次较多且无一般、较差等次的公务员中确定年度考核的优秀等次。或者给当年平时考核结果均为好等次的公务员在规定比例内被确定为优秀等次的优先权。同理，从当年平时考核结果一般、较差等次累计次数超过一半的公务员中确定年度考核的基本称职或者不称职等次。或者当年平时考核结果均为较差等次的，年度考核结果直接确定为不称职等次。平时考核结果记入公务员年度考核登记表，在"需说明的情况"栏目内标注。对年度考核为优秀等次的公务员进行公示时，一并公示其当年平时考核结果等次。

其次，注重平时考核与激励举措相结合。平时考核重在及时激励，激励公务员干事创业的主动性，例如对平时考核结果等次为好的公务员，以适当方式给予表扬，以精神奖励为主，可以按照有关规定给予物质奖励。对平时考核一贯表现优秀的公务员，在民主推荐、选拔任用、职级晋升、援派挂职、评先奖优等方面优先考虑。

最后，平时考核与优化人力资源配置相结合。平时考核重在绩效改进。对平时考核结果等次为一般的公务员，及时提醒。对平时考核结果等次为较差的公务员，及时批评教育，必要时进行诫勉，发现存在违纪违法问题，按照有关纪律和法律法规进行处理。根据具体情形，帮助引导公务员查找分析原因，制定整改措施，激发内生动力，促进改进提高。此外，还可以综合分析考核结果与工作饱和度情况，把平时考核发现的问题作为优化内部职能和人员配置的重要参考，促进人力资源效能最大化。

第五节　考核手段的发展趋势

考核手段的发展趋势涉及技术与制度的关系。显而易见，大数据等网络化、信息化技术目前已广泛运用到考核制度的实施过程中。在公务员考核中，大数据嵌入政府人力资源激励模块，用数据说话，可以克服以往主观臆断的评判以及有失公允的偏见。

经济学中关于技术创新与制度变迁的关系探讨得比较多。总体来看，相关的观点包括"技术决定论""制度决定论""互不决定论"等。"技术决定论"的学者代表有凡勃仑、阿里斯等。凡勃仑认为，"制度是由思想和习惯形成的，而思想和习惯又是从人类本能产生的，所以制度归根结底是受本能支配的"①。"制度必须随环境的变化而变化，因为就其性质而言，它就是对这类环境引起的刺激发生反应的一种习惯方式。"②"制度决定论"的学者代表有诺思和托马斯，认为制度变迁对经济增长具有决定性的作用。"互不决定论"的学者代表是拉坦，他认为两者之间并非决定的关系，而是相互影响、相互依赖的关系。③

那么，技术的发展对考核制度究竟产生了什么样的影响，这些影响又会带来制度发生怎样的改变呢？从公务员考核来看，信息化④成为考核手段的主要发展趋势。

公务员考核的信息化将原有的人工化、纸质化、定期化考核方式，转变为电子化、常态化、全程化的新型公务员考核方式，从技术手段上为公务员的考核实施提供了技术、平台和流程支持，从管理方式上实现了由结果管理向过程管理和行为管理的转变，为规范政府行为，尤其是公务员的公务行为提供了保障。

一 中国考核制度发展过程中信息传递的变化

考核是一个关于绩效信息的沟通过程。被考核对象在其工作岗位上的信息，包括工作动机、工作态度、工作能力、工作成效等，被收集、评价和传递，最终形成考核结果，这是考核的过程，同时也是绩效信息的沟通过程。在中国考核制度发展的过程中，信息传递的媒介、速度、精准度以及范围等都发生了翻天覆地的变化。我们在上文中已经讨论了秦代统一度

---

① ［美］凡勃仑：《有闲阶级论》，蔡受百译，商务印书馆2018年版，第10页。
② ［美］凡勃仑：《有闲阶级论》，蔡受百译，商务印书馆2018年版，第13页。
③ 晁大卫、卢彪：《技术创新与制度变迁之间的供给张力》，《中国科技信息》2017年第17期，第120—121页。
④ 这里的信息化实际上包含了电子化、信息化、网络化三个方面的意思。公务员考核的电子化，是指公务员考核媒介的转变，由过去的人工化、纸质化转变为依靠电脑处理公务员考核管理相关事务；公务员考核的信息化，是指充分利用信息管理技术，对公务员考核相关信息进行管理，开发公务员考核信息资源并进行考核数据库管理，对公务员考核进行有效的信息管理；公务员考核的网络化，是指考核的流程依靠电脑进行，通过网络实现考核主体与被考核者之间的信息传递、信息处理、信息共生等，促进公务员考核的信息交流和信息共享。为了表述的简洁，本书统称为"信息化"。

量衡使得量化考核成为可能，技术使得信息的传递更加准确。我们首先来看，考核制度发展过程中信息传递是如何发生变化的。

（一）传递媒介的变化：从驿站到互联网

考核信息的传递包括信息产生者（通常是被考核对象）、信息传递媒介（古代主要是驿站）、信息接收者（通常是考核主体）。生产力发展、交通工具进步是信息传递媒介变化的重要因素。

1. 专人携带上计信息呈递中央

从战国开始的上计就是地方往中央传递考核相关信息的过程，各级行政官员把本部门或本地区发生的赋税等情况填写在"计书"上，年终呈给君主。秦代设置郡之前，县直接由中央领导，最初上计制度是由县级行政单位直接上报中央。① 西汉时期则是县首先上报上一级行政单位郡，再由郡上报给朝廷。上计信息的传递主要靠上计吏带至京师。上计吏是专门执行上计任务，入京送计簿的官员，属于非常任职务，需要上计时由郡太守选派。这种考核信息的传递就是由专人携带呈递中央。上计吏将记载有考核信息的材料呈递京师受计之后，考核信息的传递并未就此结束。有学者分析了两汉上计制度的变迁，发现从西汉到东汉，郡国上计时信息传递有细微的变化。这种变化主要体现为上计吏在信息传递过程中的作用更大了。西汉计吏离京前，一般由丞相（司徒）召见计吏，并遣属吏宣读帝王诏书。"皇帝若要问询计吏或传达自己的想法，均要通过丞相、御史大夫或身边的近臣。东汉光武帝时起，计吏到京后，在向司徒、司空上计后，还要参加次年正月旦的朝贺大典，受皇帝接见，并回答皇帝提问。明帝时始还要在朝贺后参加明堂祭祀与上陵礼，上陵礼毕，才离京。计吏面见皇帝不仅应对提问，还有可能被授予官职。部分计吏还要负责转呈刺史的奏事。"② 表面上看，这是考核信息传递过程中传递方式的变化，实际上这种变化后面隐藏着皇帝对郡国所属下级官吏任免权的介入，同时也是皇帝对考核一事重视程度加深的体现。上计吏作为郡国考核信息的传递者

---

① 秦代上计材料完备，户口、田地、赋税等信息通过上计传达到中央。因此，萧何在跟随刘邦军至咸阳时，"独先入收秦丞相、御史律令图书藏之"。这些律令、图书等文献资料为后来制定政策提供了重要参考。可以推定的是，上计是形成这些文献资料档案的一个重要原因。

② 侯旭东：《丞相、皇帝与郡国计吏：两汉上计制度变迁探微》，《中国史研究》2014年第4期，第99—120页。

的作用愈发重要。因此,就成为考核信息传递中的重要因素。历史上记载,孔融认为上计吏是可以担任三公九卿的人才。①

2. 纸质信息记录政绩

汉唐时期,中央对地方官吏的考核多采取在固定时间、固定地点统一进行考核的方式进行。考核信息的传递由专人携带记录考核信息的材料参加考核。历史发展到宋代,信息传递的方式有了变化。宋代"考课虽密,而莫重于官给历纸,验考批书"②。"历纸"是由朝廷统一印发上面盖有主管部门印章的白纸,用来记录在职官员的政绩作为和功过奖惩。"批书"是由负责部门核验填报的内容,是确定考核等次的主要依据之一。宋代的考核信息传递主要依靠历纸批书的上下传递来实现。我们从徐谓礼文书(见图8-3)的印纸残片中,可以看到徐谓礼担任溧阳知县的考核记录,上面需要填写的事项包括请假、销假、奖惩等。从徐谓礼文书当中,我们还可以窥见当时具体的考核信息以及信息的传递。

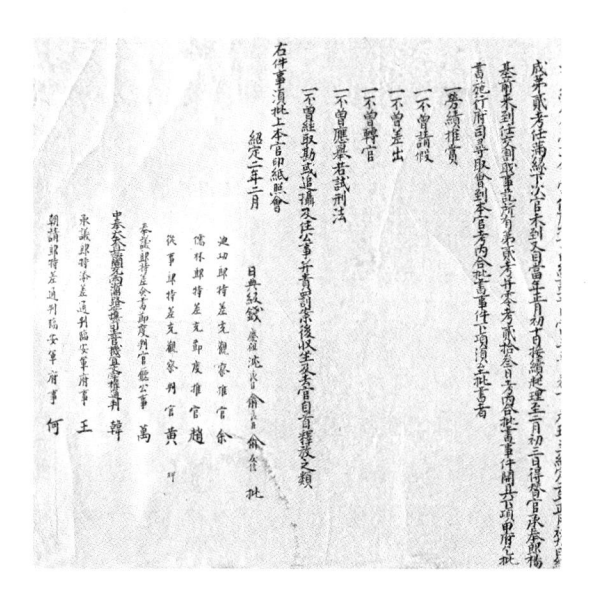

图8-3 徐谓礼文书

---

① "时鲁国孔融在郡,教选计当任公卿之才,乃以郑玄为计掾,彭璆为计吏,原为计佐"——《三国志·邴原传》注解。
② (元)脱脱等撰:《宋史》卷155《选举志一》,中华书局1977年版,第3604页。

3. 专门的信息系统传递考核的过程信息

进入信息化时代，中国各级政府开始运用信息技术进行社会治理。信息技术的运用改变了传统的公务员工作方式，大量线下工作转移到线上，公务员的工作过程得以全程记录，这为公务员考核提供了大量的数据信息，客观上也要求公务员考核充分运用这些数据信息。

各地积极运用信息化技术，考核的过程信息直接在网上传递。例如，江西省南昌市工商行政管理局、广东省公安厅等单位都摸索出了信息化考核的经验。江西省南昌市工商行政管理局积极运用信息化技术辅助现场抽查，由市局直接派人进行现场抽查，根据随机抽取方式确定考核网格，利用计算机、摄像机、照相机等设备，现场采集业务数据和照片、录音等佐证材料，同步上传到数据中心，由信息系统对照考核标准自动完成考核计分。这一做法极大提高了考核的准确性、有效性，体现了考核的客观公正。除此之外，该单位还与复旦大学合作，开发了绩效考核管理平台，具有工作计划、小结管理、考核查询、成绩生成和排名公示等功能。通过运用该系统，并与其他业务系统对接，可以实现记录公务员学习、考勤和参与会议的原始数据，并自动生成成绩；考核人员现场随机获取指标数据，将考核指标完成情况录入系统，自动生成成绩；职能部门进行数据采集后录入考核系统，平时考核结束后由系统自动生成处室考核成绩，并同步对应到公务员个人。

广东省公安厅早在2008年年底就开始研发"一网考"并逐步扩大应用范围。2009年2月试用，2009年7月在出入境、治安、刑侦、交警等11个警种的基层单位全面应用。随后在19个警种（部门）、4874个基层单位应用"一网考"系统进行绩效考核。广东省公安厅的公务员量化考核对象主要是基层民警，包括基层派出所、出入境管理工作人员等，全省15万公安民警中，有11万公安民警通过该系统进行绩效考核。"一网考"系统的基本原理就是自动抽取民警在各类信息系统中的工作记录，辅以少量业务系统无法覆盖工作的日志记录，按照预先设置的考核方案（考核指标和赋分标准），对民警工作和执法情况进行量化打分和监督评价，从而对民警德、能、勤、绩、廉各方面进行综合考评。考核方式以日考核为基本，实行"三考合一"体系，即工作绩效自动考、执法质量全程考、督察监察全面考。考核民警工作实绩以业务系统自动提取数据信息为主，工作日志、督查信息及其他相关的信息为补充，工作日志由民警本人录入已完成的工作，经所在单位领导审核确认无误后，由系统后台自动计算考评分数，月度出成绩。考核结果由计算机动态生成，民警能实时了解自己的考核及排名情况。

在"三考合一"体系中，"工作绩效自动考"的考核指标分为核心工作、日常工作和考核小组评议等三项指标，分别赋予60分、30分和10分的得分上限。核心工作是指能直接体现岗位民警工作成果和效能的工作，如案件办理岗位的破案数、刑拘数或逮捕数，社区岗位的可防性案件发案数、情报信息发挥作用等；日常工作是指民警为达到目标任务而开展的具体工作，如案件办理岗位的制作各类法律文书、社区岗位的采集录入各类基础信息等；考核小组评议是指考核小组根据民警的表现集体研究评议给予的分值。执法质量全程考是由公安法制部门通过"执法质量考评系统"自动抽取民警执法办案各环节的业务数据，按照预设的考评方案对民警办理刑事、治安案件情况进行全过程考评，对发现的问题，系统自动计算考评分数，同时将扣分分值流转到"一网考"系统并向责任民警发出整改通知。督查监察全面考是指督查监察部门依托"广东省警务督察管理系统"，通过自动抽取系统中检举控告、现场督察、网上督察、公安维权模块的数据，对民警"如实立案、审批事项、内务管理、党风廉政、遵守纪律"等情况进行动态、实时的监督，对发现的问题，系统根据预设的相应考核指标自动生成考核分数，同时流转到"一网考"系统并向责任民警发出整改通知。

二 公务员考核信息化的背景

信息技术的发展推进了中国电子政务建设进程，改变了政府职能的运作方式，促使公务员从事更多的电子化工作，从而对公务员考核制度产生了影响。公务员考核信息化具有简化考核流程、拓宽考核范围、促进考核主体多元化等优点，可以减少传统考核模式中存在的信息沟通慢、资源整合困难、评价指标单一和考核内容不透明等问题。

（一）信息技术的发展

首先，20世纪90年代计算机信息技术和网络技术的飞速发展，为政府部门的电子化办公奠定了基础，尤其是进入21世纪以来，物联网、大数据、云计算、人工智能等新一代信息技术的兴起，推动着政府管理向云数据的数字智慧政府转变，网络化与数字化的治理体系成为政府建设的必然趋势。近年来，政府依赖信息技术进行了理念、模式、管理及服务等方面的创新，为政府管理注入了发展动力。政府依托大数据技术，可以实现数据信息的快速搜集和规模化管理；借助云计算、物联网实现与公众的双向交流；区块链技术也在政务公开透明化的过程中，节省了政府管理的时间、金钱和精力成本。

其次，信息技术的触角已经深入到政府工作的诸多方面，办公室自动化（OA）、网络化及电子政务等已经广泛应用于政府的管理工作和日常中。公务员的工作方式发生了巨大改变，线上服务、网上办事已成为公务员所需的基本技能，这也将对传统的政府管理模式产生根本性变革。《"十四五"国家信息化规划》提出打造协同高效的数字政府服务体系，推动有效市场和有为政府更好结合，打造服务型政府。在此背景下，政府的管理模式也逐步实现了迭代升级，例如，在政府管理信息系统（MIS）基础上发展起来的计算机辅助决策支持系统（DSS），就是具有智能作用的人机计算机系统。例如国土资源部和交通部采用读卡机形式进行数据汇总，来提高数据分析的准确性和科学性。从政府首次应用计算机，到一网通办、一号申请、一窗受理的实现，信息技术的发展促进了政府管理的改革创新，推动了管理模式的多元化发展，而面对传统公务员考核模式的困境，可以借助信息技术赋能公务员绩效管理模式的创新。

目前，已有学者对信息技术赋能政府管理进行了相关探究。孟天广[1]指出要运用前沿数字技术，使其嵌入政府科层制以达到政府数字化转型的目的；Chanias 等[2]提出数字化转型是信息技术驱动的业务转型，包括组织转型、信息技术使用、产品和服务的价值创新，由此产生的一个新的组织形式。综上分析，信息技术与政府职能的融合，会对政府的组织结构、职能分配、考核方式及业务流程等产生结构性的重塑，促进政府与市场形

---

[1] 孟天广：《政府数字化转型的要素、机制与路径——兼论"技术赋能"与"技术赋权"的双向驱动》，《治理研究》2021 年第 1 期，第 5 页。

[2] Simon Chanias, Michael D. Myers, Thomas Hess. Digital transformation strategy making in pre-digital organizations: The case of a financial services provider [Z]. Journal of Strategic Information Systems, 2019 (1).

成新型关系，从而实现政府治理模式的创新。信息技术的应用打破了各级群体组织之间的界限，可以加强政府内部各机关部门、政府与社会各界间的联系与交流，提高办事效率，有利于由管理型政府向服务型政府转变，体现公民本位和社会本位的理念原则。因此，政府工作方式的转变使得公务员的日常工作更多地向电子化层面过渡，这也使得公务员考核信息化的精细管理成为可能。

（二）电子政务的推进

信息技术带来了社会新变革，"数字化"已成为人们生活的新常态。《中国互联网络发展状况统计报告》数据显示，截至2023年6月，中国网民规模达10.79亿人，互联网普及率达76.4%，各类数字化产品及服务的渗透，提升了人民的数字技能水平，这也在一定程度上说明了中国发展电子政务的必要性和重要性。

纵观中国电子政务发展进程，其与中国社会经济发展的信息化程度基本同步。1981年，中国已经明确提出在政府管理中使用计算机，办公自动化（OA）引入中国，它是信息技术在政府管理中的基本应用，也是开展电子政务的重要组成部分；1985年的"海内工程"开启了中国电子政务建设，中央逐渐实现了行政决策和管理的网络化；1993年启动的"三金工程"，即金桥、金关和金卡工程，搭建了电子政务发展的雏形，成为推动国民经济信息化的重要开端，自"三金"工程后，国家又相继推出了12项金字系列工程，对电子政务发展起到了直接的推动作用；1999年"政府上网"工程的全面实施，各政府职能部门之间的网络基础建设已经基本搭建完成，推进了中国电子政务建设的飞速发展。直到新一代信息技术的蓬勃兴起，中国电子政务建设再次跃上新台阶。2014年税务总局开始探索"数字人事"绩效考核模式，2019年中国提出了"数字政府"概念，各级政府积极响应推进，电子政务建设取得显著成就。根据政府服务主体的不同，目前中国的电子政务已形成三种基本模式：政府与政府的电子政务（G to G）、政府与企业的电子政务（G to B）、政府与公众的电子政务（G to C），不同类型的办公模式使得政府与各方之间的互动更加高效便捷。

中国的电子政务行业体现出从信息化建设到智慧政府，再到数字政府的转变过程。中国政府高度重视信息技术对政府数字化转型建设的作用，从浙江"最多跑一次"到上海"一网通办理",从广东"数字政府"建设到北京"接诉即办",政府数字化转型已取得多项成果。① 当前,中国电子政务所需的基本硬件条件已初步建立,一些(网上办公、线上受理等)政府职能已得到应用推广。一方面,近年来电子政务向更高层次发展,由基本生活服务功能扩展到面向企业和市民的信息审批和管理,政府内、外部初步实现了电子化办公,正进一步推动建立数据信息资源共享的交互式办公。针对电子政务发展的研究,张素芳等②通过对2000—2009年有关电子政务的国际论文进行文献计量分析,提出了未来电子政务发展要重视用户接受程度的问题,及其对政府治理、组织变革方面的影响。另一方面,政务工作中存在着庞大冗杂的数据,促使电子政务由"技术"中心转向"数据"中心,学者柳炳祥等③提出通过研究关联数据和决策树两种数据挖掘技术,将其应用到电子政务数据分析中,建立一个基于数据挖掘的电子政务数据分析系统。综上所述,中国电子政务发展应注重信息技术的应用,同时准确认识发展电子政务的本质,改善传统行政管理体制中存在的信息沟通慢、业务流程多、信息不透明等问题,注重一站式服务体系的建立和完善,推进电子政务多维度创新融合发展。

(三) 考核制度的新要求

随着中国经济社会的发展,公务员考核制度也面临着新的要求。国内学者在公务员考核方面做了大量研究,着重体现在以下几个方面:第一,从政策规定方面,徐厌平和章海宏④指出,中国目前公务员绩效考核的内容和标准不具体,没有设置专门的管理原则,岗位和职责界限模糊,且也没有设置差别化的考核标准。第二,在考核内容方面,黄德金⑤提出公务

---

① 苏红:《新一代信息技术驱动的政府数字化转型机理研究》,硕士学位论文,电子科技大学,2022年。

② 张素芳、陈贵梧:《电子政务研究的国际进展与分布格局——基于Web of Science论文的计量分析》,《图书情报知识》2011年第3期。

③ 柳炳祥、章义来、刘少兰、李云辉、许益、邓力群:《数据挖掘在电子政务数据分析的应用研究》,《情报杂志》2005年第3期。

④ 徐厌平、章海宏:《公务员绩效考核指标体系优化研究——基于湖南省调查数据的分析》,《湖南社会科学》2013年第6期。

⑤ 黄德金:《公务员考核要坚持"以人为本"、"绿色绩效"导向》,《领导科学》2012年第23期。

员绩效考核要充分体现以人为本和绿色绩效导向,强调对实际工作效益的考核。第三,在考核体系指标方面,学者王韬、吴建南[1]在《国家公务员考核量化评测方法研究》文章中指出:要通过建立科学的分类考核要素和量化评测体系提高评测客观性,可以通过采用层次分析法(AHP)确定评价指标及权重,建立模糊综合评测模型,削弱考核过程中主观因素影响较大的问题。第四,在考核路径方面,程淑琴等[2]从大数据视角进行实证分析,探究将大数据技术应用于公务员考核的策略和方案。基于上述分析,电子政务促使中国公务员考核制度正向数字化方向发展,应充分利用现代信息技术破解考核难题,逐步构建智能化考核机制。

电子政务的逐渐发展,改变了政府职能的运作方式,也促使公务员从事更多的电子化工作,因此需要对传统的绩效考核方式进行变革。借助电子政务的信息化平台,可以构建电子化考核体系,利用计算机系统对搜集的公务员信息进行分析,实现公务员日常的量化管理,突破传统考核局限。同时,可以让群众参与到政府管理中,把群众意见作为公务员考核依据,加强对公务员的监督,实现全方位的立体考核。随着大数据、"互联网+"等信息技术的逐步成熟,大数据可以更为精准地捕捉关键性信息,各种因素促进了大数据在公务员考核中应用的可能性。通过构建数据模型,将定性问题转化为定量问题,提高数据分析的科学性和准确性,并依据采集的基本信息进行深度挖掘,预判个体的思想动态、工作状况、生活作风等情况,从而为全方位多角度的公务员考核提供依据。

三 公务员考核信息化的现状

当今信息技术的普及和推广,使得政府的电子政务建设更加成熟,在公务员考核方面也得到了广泛运用。在考核信息化试点方面,2016年年初,部分地区先行试点提出了税务干部"数字人事"考核系统,并自

---

[1] 王韬、吴建南:《国家公务员考核量化测评方法研究》,《陕西省行政学院·陕西省经济管理干部学院学报》2004年第2期。

[2] 程淑琴、倪东辉、潘彬:《基于大数据视角的基层公务员考核机制创新研究》,《华东经济管理》2018年第7期。

2019年开始,在国内进行了"数字人事"的推广。通过对税务干部日常工作全面动态的记录,实现管理日常化、规范化、透明化、数字化等目标,为税务干部的评优评先及职务晋升等考核提供更加精准的参考。加之数据时代下,各种信息呈现爆炸式增长,公共事务维度多且复杂,政府与公众间的政务信息处理及政府部门间的信息资源共享面临新的挑战,传统的绩效考核模式无法搜集整理分散化、碎片化的信息。在此背景下,亟待借助信息化技术,提高资源整合效率,打造更为精准的公务员考核系统,完善政府量化管理模式,提高公务员考核的科学性和透明度。

(一)考核信息化的主要做法

目前的考核信息化主要依托各政务云平台建立公务员考核管理信息系统,设定平时绩效考核模块,对公务员的每周记实、每月对照、每季考评情况进行记录,并创建被考核对象的个人周工作纪实和月度小结。信息填写提交后经处室提出审核意见,再由分管领导给出建议等次。最后由考核小组统筹把握考核指标,科学确定季度周期内的平时考核结果等次。年末时由单位人事部门、人大代表、政协委员及被考核单位服务对象等共同评出年度考核成绩。在评价方面采用个人自评和民主考评相结合的方式,评价者以做选择题的形式进行定性和定量评判,不同于以往写评语后直接打分的考核形式,这在一定程度上使考核结果更加公正。通过信息考核管理系统,让基层公务员的管理工作突破线下限制,更直观科学地反映被考核对象的真实情况。

例如,江苏如皋运用干部实绩考核大数据系统iPad终端,对班子排名、运行情况、重要考核指标完成度以及班子成员单位排名、全市条线排名、诚信记录、网络舆情等方面情况进行一键查询,科学生成班子活力曲线、干部能力曲线和发展曲线等,在识别干部、选任干部、班子配备中有效缩减了考核误差,形成了从严管理和客观考核干部的有力抓手。

(二)考核信息化的主要优势

第一,信息化系统代替考核主体肩负部分考核责任。有学者提出运用电子化路径解决公务员考核问题,即在公务员考核中引入电子化政府绩效考核系统。具体来说,就是综合运用现代化信息网络和大数据技术,以计算机为载体,基于电子政务系统对公务员个人的工作绩效和工作表现进行考核的信息化操作系统。通过将已有的比较成熟的考核理念、方法、制度等研究成果内嵌于绩效考核系统的方式，使系统能尽量代替考核主体担负起考核公务员绩效的部分责任，尽可能地实现考核的电子化、网络化、规范化、科学化。①

第二，提高考核效率，减少行政成本。信息化的考核能将考核工作精细化，将考核信息通过网络实现共享，提高了文件传递的速度，可以存储和处理大量信息和数据，从而提高考核效率，大大节约了人力和物力。由于考核操作更为简便快捷，数据采集更为真实可信，行政成本得以大幅度降低。例如，天津市滨海新区第一地税局依托业务系统，抽取系统中的电子数据，运用电子化手段进行加工运算，对税收征管人员的工作从质量到时限予以量化打分，提高了考核效率，减少了行政成本。

第三，提高考核的透明度，强化考核的客观性。信息化的考核通过实时监控，及时发现问题并进行改善，避免因透明度差、查询结果不及时以及无法综合考量各类信息数据并对公务员进行全面评价等弊端影响考核结果的科学性和有效性。例如，广东省公安厅"工作执法一网考"的特点之一在于考核过程公开透明。考核方案公开，民警知晓考核内容，明确自身努力方向。考核数据公开，民警可以通过系统查询到本单位所有民警的考核数据。考核流程公开，民警对于考核结果存在异议可以进行申诉、申请复议和复核。但需要注意的是，信息化建设本身并不是考核客观科学的保证，仍需强化监督机制，确保考核的客观公正。

第四，提升考核的规范化，增强考核的公正性。利用信息系统对公务员的工作成果进行记录，考核主体可以随时了解被考核对象，对其进行指导和监督。同时，实时录入的考核资料可以为考核主体提供考评的依据，减少人为因素，避免考核主体采用以经验判断为主的考核手段，从而确保考核的规范化和公正性。例如，广东省公安厅的"工作执法一网考"通过执法质量全程考，提升执法的规范化水平。其中一个典型事例为，广州大沙派出所民警因卷宗材料有涂改和字迹潦草影响法律效力而被扣分。

---

① 高丽：《解决公务员考核问题的电子化路径及其实现》，硕士学位论文，吉林大学，2020年，第18页。

四　公务员考核信息化存在的主要问题

由于中国公务员信息化考核起步较晚，尚未形成完整的考核体系，且随着考核制度电子化的推行，一些问题和缺陷逐渐暴露出来，主要体现在以下五个方面。

（一）缺乏全面的信息化考核体系

社会分工和信息技术革命的不断演变，改变了以往的政府办公方式。除较早发展起来的海关和税务信息化考核模式外，中国还没有实现各部门信息化考核全覆盖，并且信息化考核相关制度也不健全，例如缺乏针对平时考核的督促、指导、评估、备案等机制，以及对考核结果的申诉监督。在考核内容上，更多注重公务员整体工作绩效的考核，没有突出体现公务员考核的全面性，尤其是缺乏对道德素质、服务意识、法律意识和人文思想等方面的考察。同时公务员考核要顺应社会发展态势，在考核上体现绿色发展的绩效导向。依靠大数据、云计算等信息技术，逐步健全包括信息搜集、考核记录、指标评定、结果反馈等全流程的公务员考核信息化体系，简化考核流程，提高考核内容的针对性和准确性。除此之外，由于中国公务员信息化考核起步较晚，仍没有形成较为完善的信息化考核体系，且随着新兴技术的不断出现，一些传统制度已不适应现代化的管理模式，因此需要建立健全相应的法律法规，从制度上规定信息化考核流程，促进构建完善的公务员考核信息化体系。

（二）考核内容主观性强

无论是传统公务员考核体系，还是信息化公务员考核模式，在考核内容上更多侧重对公务员工作、生活、思想等方面的主观评价，并且在信息来源上，一般依靠科层制间的内部互评和外部群众评价，其中科层制内部的相互评价是建立在传统考核评价基础上的，因此不可避免地存在数据模糊、指标不清晰等传统考核制度已有的问题；而外部群众评价虽然拓宽了公务员考核范围，但考核内容主要是针对部门整体的政风建设，没有针对个体绩效的具体评价，且考核方式多半是民主测评，偏重于群众当时的主观印象，所以这些外部评价信息都与内部考核一样，仅是主观性的描述，很少记录公务员工作实况。在公务员考核自评中，多数是以撰写日常工作完成情况、阶段性报告和年度履职为主，描述自己近段时间来的工作表现，并以此制订下期工作计划，内容也多涉及主观性描述。同时在考核形式中，个别谈话、民主调查等形式虽然是从第三方进行信息收集，意见结果具有一定的客观性，但信息来源仍带有群众的主观色彩。

(三) 考核指标设置不合理

长期以来，中国传统公务员考核以"德、能、勤、绩、廉"为测度指标，定性评价较多。虽然信息技术的推进使公务员考核逐步由纸质化向电子化方向发展，但在考核指标设定上仍受到传统考核制度的影响，存在定性考核过多，定量指标不足的问题。与此同时，共性考核指标过多，缺乏有针对性的个性指标，评价结果不能较为准确地反映公务员个人绩效情况，对公务员个人绩效的导向较弱，没有发挥出信息化考核精细化的特点。另外，公务员绩效考核目的多数是为了评优评先，但从考核结果看，平时考核内容多涉及主观描述，非常模糊，操作随意性很大，不能为阶段性和年度绩效考核提供充分的评价依据。加之中国公务员岗位职责设置的缘故，统一的考核指标不能对公务员进行差异化评价，无法发挥考核制度的隐形激励作用。

(四) 数据资源共享不充分

在按照行政区划、单位和部门分类考核的机制下，各地方、各部门相继建立起了自己的数据中心。虽然部门信息实现了规范化管理，但大量数据分散在不同部门中，导致工作无法准确衔接，没有实现真正的数据共享。而且考核信息仅在科层内部之间公布，侧重于领导考核，没有让公众真正参与进来，因此公务员评价更多涉及科层制间的内部评价，不能对公务员的个人状况进行全面考察，使评价可信度大打折扣。此外，目前的信息化考核缺乏反馈机制，首先体现在考核者和被考核者的信息交流中。由于传统考核是在个人进行平时绩效信息填写后由上级领导给出建议等次，再由专业考核小组评定后提交其他部门共同审议，所以各地政府普遍采用"向上负责"的态度，数据信息大致为从部门由下至上提交，很少再由上至下沟通。其次，由于数据安全和使用途径等问题，一些部门不愿或不敢进行数据共享，尤其是跨层级跨部门之间，这就导致政府花费大量资金和人力建设的信息化系统发挥不了应有的效果，造成不必要的资源浪费。

（五）信息化考核结果运用较窄

部分单位在开展信息化考核过程中，仅借助数据技术对公务员绩效进行评价，没有真正将考核结果和实际工作挂钩。如总是流于形式，未能根据考核结果进行相应的惩处和奖励，无法充分发挥信息化考核对干部的激励作用，因而会导致公务员在后续信息采集中出现懈怠心理。因此，考核制度没有起到强制性的督促作用，也没有发挥对公务员自身能力的提升作用。同时，信息化考核结果更多局限在同部门内部使用，仅起到了内部监督的作用，没有收集其他层级部门对考核结果的改进意见以及群众对考核结果的反馈，在一定程度上缺乏外部公众的约束，降低了考核的社会效益。

五　公务员考核信息化面临的障碍

行政体制的深化改革和行政要求的提高，加速了政府职能转变，也对公务员的考核方式产生了影响。传统的纸质记录无法处理庞大冗杂的信息，并且容易产生考核结果不准确、登记信息不全等问题，需要发挥数字信息技术在考核中的积极作用，提高考核的科学性和精准性。在此背景下，信息化考核飞速发展。与传统考核制度相比，信息化考核具有以下特点：第一，信息的搜集和处理需要借助于电子信息和网络技术，因而离不开数字基础设施建设和相关软件技术的发展；第二，信息化考核不是传统考核制度的简单搬运，而是对原有考核框架和流程的重组。综上，当下中国社会政治经济状况的发展和信息化考核建设所需的基本条件，决定了中国公务员考核信息化不可避免地会面临以下困境。

（一）硬件设备的配备难以到位

公务员考核信息化的基础在于计算机设备。所有考核数据的处理、考核结果的统计等都需要通过计算机来完成。硬件设备配备难以到位的问题在边远地区基层公务员推行考核信息化的过程中尤为突出。由于公务员考核信息化建设需要投入大量的物力，对计算机硬件的配置有较高的要求，而部分发展中的省、市、县或乡经济基础薄弱，缺乏相应的资金、设备，加之人才流失，很难有足够的资源实现公务员考核信息化的建设。因此，各地利用信息系统进行公务员考核的发展很不均衡，经济基础好、配套资金足的地方往往实施得较好。

例如，在考核信息化适用范围上，虽然中国地方政府的数字服务能力在稳步提升，但各地政府建设还面临着标准化、规范化和专业化不足的问题，数据共享与考核业务内容的协调性有待加强。除此之外，中国目前公务员考核管理已经尝试融入了现代信息技术，建设了公务员考核管理信息系统，改善了数据测算不准确的问题。但该系统只是单纯将纸质化信息录入和输出转变为电子化，尚未实现各部门间的信息交互共享，信息考核范围面窄，容易造成考核结果失真，影响评价结果的精确性和实效性。

（二）信息开发与网络管理技术存在隐患

网络是考核信息化的必备条件，考核信息的传递、考核程序的顺利开展均需通过网络媒介进行。运用现代信息技术处理考核数据需具备一定的软件设施。计算机软件程序的完善与维护、操作系统的更新换代以及网络安全维护问题都密切关系到公务员考核信息化建设。软件程序的不完善将导致操作系统混乱，严重时甚至导致系统崩溃，可能极大地影响行政效率。操作系统也需要及时地维护与更新，跟上电子计算机更新的程序与系统。网络安全问题是公务员考核信息化建设中一个重大环节，保障政府信息的安全是构建公务员考核信息化建设的前提。

除此之外，理论上利用大数据技术可以将公务员的所有记录进行定量分析，从而根据不同岗位和职级提供差异化的考核指标体系。但大数据考核尚处于初级阶段，没有形成完善的考核流程机制，并且各职能机构复杂精细，构建复杂的考核系统需要有足够的样本数据支撑和模型试验，否则会影响整个大数据考核结果的准确性。样本数据的采集和实践经验的缺乏对数字化考核体系构建产生阻碍。为实现大数据的动态考核，需要在已有成熟理论和考核设计框架的基础上，不断进行大数据考核制度的优化，为考核提供精准有效的决策信息。

（三）公务员考核相关制度本身有待完善

考核工作开展过程中，容易将公务员考核相关制度本身的问题归结为信息化的问题。

第一，考核主体的偶然偏差。公务员考核中，有直接上司的评价，有服务对象的评价，也有业务管理部门的成果统计，还有人事管理部门的测评，其中某一个考核主体在信息化考核评价中偶然出现主观偏差或客观操作误差，都有可能影响到考核结果的客观性和全面性，影响到公务员对考核的认同度。这种考核制度设计过程中考核主体设置或考核主体行为的问题，往往容易被归结为信息化的问题。因此，在公务员考核工作的信息化过程中，要按照权限和职责明确公务员考核主体，对考核主体可能出现的问题或可能发生的误操作行为进行充分预判。

第二，考核指标和考核标准设置不科学。考核指标体系的设计是考核工作的难点与重点，直接影响考核结果的科学性与考核的效果。由于考核内容涉及面广，考核指标设计必须充分考虑岗位职责，同时涉及目标责任制、日常管理、重点工作、临时工作等问题，考核指标设计较难细化和量化，更不易于统计与总结，而一旦考核指标体系不适当，常常容易归结于公务员考核信息平台的技术偏差和统计问题。因此，设计科学合理的考核指标体系，进行考核指标的合理量化，是公务员考核工作信息化顺利进行的前提。

第三，考核方式有待改进。相对于定期考核，平时考核工作力度尚有待加强。公务员平时考核以工作纪实为主，公务员要么过于仔细地记述流水账，要么避重就轻蜻蜓点水式进行记录，很多记录内容尚难以体现岗位特点和个体差异。平时考核中对一些指标直接进行加减分评价方式容易形成偏差，导致考核分值落差巨大或考核结果分值趋同。这种考核制度或考核方式方法本身的问题，也常常被认为是考核的信息化问题，需要从考核制度完善的角度予以修正才能真正解决问题。

第四，被考核对象的意识淡薄。由于信息化考核改变了传统考核制度的运作模式，原有的工作习惯和利益局面被破坏。部分公务员不能很好地适应新的岗位设置，对身份的理解仍存在偏差，甚至产生排斥效应，使执行仅停留于形式，工作记录敷衍了事，不能如实反映工作情况。且考核主体本身带有一定的主观性和片面性，在考核中难以确保绝对的公平，影响考核结果的客观性。此外一些公务员缺乏针对性地培训，对相关技术没有完全掌握，不能合理运用信息化考核系统，这就导致无法充分发挥信息化考核的高效性和准确性。

（四）考核信息化建设的相关投入不足

第一，经费投入是实现公务员考核信息化必不可少的条件。目前中国公务员管理部门基本实现了硬件配备，也基本实现了网络化，相关人事管理系统也基本形成，但是，对公务员考核进行信息化专门投入的做法还不太多。由于《中华人民共和国公务员法》和《公务员考核规定（试行）》中，尚未有公务员考核信息化建设的相关规定，缺少顶层规范推动，难以形成持续的投入。公安系统如广东省公安厅在这方面投入力度较大，但由于缺乏相关法规政策依据，相关投入很难获得持续跟进。此外，公务员考核信息化的基础建设投资需要前期投入较大资金，而其成效很难立竿见影，有些地区或部门的领导对此重视不够。公务员考核网络平台的建设涉及国家相关部门、省市及县乡的业务部门，涉及范围较广、工程量较大、技术投入较多，如何有计划且高效率地实现公务员考核信息化，这是当前面临的一个难题。

第二，人力资源投入不足。信息化考核的发展，必然要求公务员队伍中有掌握大数据处理和应用技术开发的高层次人才，但目前中国政府在人才引入、培养和激励方面制度不健全，专业型人才紧缺，且普遍存在人才储备不足和人员数字素养不高的问题。公务员的办公能力不能很好地适配数字化环境，便无法利用信息化考核的便捷性和高效性，导致信息化考核制度形同虚设。

六 公务员考核信息化的优化路径

科学合理的公务员考核可以真正实现区分优劣、激励干部的作用，从而保持公务员队伍活力，提高政府效能。电子政务的推进使信息化考核成为发展的必然趋势，应从多方面探究实现公务员信息化考核的发展路径，推动政府治理创新。

（一）试点推广公务员考核系统，构建三大功能模块

目前，各地公务员平时考核工作开展不平衡，要高效率低成本地实现公务员考核的信息化，可以采用试点方式，选取部分地区进行试点，以点带面推进公务员考核的信息化建设。实现公务员考核的信息化，可通过公务员考核系统设计，构建三大模块，进行整体推进。三大模块即目标设定管理模块、平时考核管理模块、年度考核与测评模块。

一是目标设定管理模块。通过目标设定管理模块建立公务员工作计划和考核指标确定的网上操作平台。该套系统运用计算机技术整合目标管理、岗位管理、绩效考核等先进的管理理论方法，结合公务员所在组织的

任务和岗位职责，将工作任务层层分解。公务员个人结合组织目标和岗位需要，设定工作计划，经网络上报主管领导审核确认，工作计划同时也是考核公务员实绩的指标。

二是平时考核管理模块。通过平时考核管理模块建立公务员平时考勤管理、工作纪实、自我评价、领导评价的平台。该模块运用计算机信息网络技术，通过公务员日常工作信息的网上记载、留存和传输，实现公务员平时工作的网上留痕，自己对当月工作完成情况的评价以及领导对公务员平时考核的评价。

三是年度考核与测评模块。通过年度考核与测评模块实现并满足公务员年度考核各程序的管理和信息使用要求。该模块在平时考核管理的基础上增设网上述职与民主测评的功能，使年度考核中个人述职和测评等程序操作简便、快捷，提高科学化程度。

(二) 加强顶层设计，着力推进考核的信息化

实现公务员考核的信息化，要在公务员考核制度的顶层设计上，着力解决推行公务员考核信息化的相关问题。进一步明确各级领导应承担的职责，明确考核的引导作用，促使相关领导增强考核信息化的积极性，为公务员考核的信息化工作，发挥积极组织、努力推进和认真实施的作用。此外，要将公务员考核信息化建设纳入相关法律法规制度中，规定具体建设内容和实施步骤、保障管理办法等。各地区各部门根据各自情况，注意结合实际，进一步制定体现本地区本部门特点的实施细则。

(三) 强化硬件软件建设，提升考核信息化的水平

加强硬件设施的建设，提升硬件设备条件的完备性，推进公务员考核信息化网络平台的建立。要保障资金投入到位，将信息化建设资金列入年初预算；要设立专门的公务员考核信息化工作机构，确定专门领导负责的工作内容与权限；对于欠发达地区则应给予一定支持，鼓励其积极学习并推进公务员考核的信息化建设。

完善软件程序的设计，增强信息技术的可靠性。设计完备的公务员考核平台，包括工作目标任务分解系统、平时考核纪实软件、考核评价系统等，并将各个系统相衔接并相互制约，实现数据资源的共享和操作程序的完备；保障网络安全，提前预测网络安全问题，消除隐患与威胁，改善被动维护的局面。构建网络安全体系，做好加密工作和权限管

理，建设适当的防火墙、入侵检测系统、病毒防治软件；及时进行计算机软件程序的完善与更新操作系统，使公务员考核系统得到及时的完备与维护。

例如，建立电子化办公记录系统，为公务员绩效考核提供真实的工作数据。通过数字赋能助力，推动平时考核工作的创新。浙江省湖州市审计局2022年依托"浙政钉办公系统"开展公务员的平时考核，实行"每周纪实、每月对照、每季考评"考核机制，以被考核对象创建"周工作纪实"和"月度小结"为基础，经处室提出审核意见和分管领导提出建议后，由专门成立的考核小组制订考核指标，科学确定平时的考核结果。同时充分挖掘信息系统及设备的技术潜力，将组织管理、人员关系、请假管理等业务的数据统筹起来，使平时考核常态化，形成每一位被考核对象的动态画像，为公务员考核提供真实的数据，极大增强考核的公信力，提升考核整体的精准度。

（四）完善考核指标设计，破解考核难题

确保公务员考核制度的合理性需要分层分类设计科学合理的考核指标，量化考核指标。充分利用互联网和现代信息技术破解考核难题，逐步构建起全面覆盖式的网络化智能考核机制。首先，考核指标要以科学理念为基础，符合正确的价值观。明确考核内容，构建公务员考核指标信息库，将公务员考核指标详细列入考核指标信息库，从国家级公务员开始从上往下依次筛选考核指标，形成自上而下的考核指标体系。其次，考核指标要能够通过数字化形式表现，可以设置更多的个性指标，使每个人的成绩有一定的差异度，例如：针对不按时上下班、违反相关纪律者进行一定程度的减分；针对超额完成任务、创新完成任务者进行加分，从而做到一定的区分。最后，在指标体系设计过程中，采用合理分类、层层分解方法设计考核指标，量化考核指标，明确具体的考核指标评价标准和信息采集依据，进而促使各项工作网络与公务员考核平台相衔接，形成提升考核效果和确保考核效力的公务员考核信息化管理体系。

（五）优化监督反馈机制，发挥激励约束作用

首先，数据库的应用使信息搜集和整理变得更加高效快捷，因此完善网络化考核监督机制，要充分借助数据库信息搜集功能，及时搜集被考核者的工作状态和反馈意见，加强考核者和被考核者之间的沟通交流。其

次，通过搭建信息反馈数据平台，有效整合被考核者信息，并借助大数据分析技术，对被考核者的意见进行分类整理，及时解决相对集中和迫切的问题。考核反馈机制可以赋予被考核者一定的主动权，体现考核制度以人为本、为人服务的理念，有利于维护考核结果的公正性，帮助双方达成对考核结果的一致意见。同时，考核反馈机制平台的搭建，在降低信息整合成本的同时，可以更好地掌握被考核者动向，有助于减少考核者与被考核者之间的矛盾，提高组织凝聚力。

除此之外，政府部门可以通过互联网充分收集民意，通过发放网上调查问卷的形式，让民众根据各种细化考核指标，对各部门公务员进行打分，得到的结果作为公务员绩效考核的重要参考。通过收集民意反馈，引入外部监督力量，防止政府部门考核小组的主观化评分，确保考核结果真实反映多方参评意见，让公务员绩效考核更加透明化。信息化技术的应用能够以公平公正的原则，客观地评价公务员工作成果与德才素质，使公务员考核评价更加高效透明。

（六）及时培训操作人员，确保过程客观

对操作人员进行及时培训，正确合理使用考核平台。公务员平时考核信息平台的操作者包括考核者、被考核者、人事部门及信息部门。信息部门要将具体的操作流程、操作步骤告知并培训考核者、被考核者及人事部门，使各方都能熟练应用考核平台。加强对考核者的培训，促使其熟练运用考核软件，及时审阅被考核者工作完成情况、进行评鉴和及时处理考核争议。加强对被考核者的培训，引导其诚实准确地输入工作情况，对于考核结果不服的可以向考核者及人事部门提起复议。人事管理部门有必要及时处理考核相关问题或考核争议，调查事实并探寻原因，在考核的信息化过程中保障公务员的合法权益。

第六节 考核权利救济的发展趋势

"以人为本"的考核理念必然更加重视"人"的权利保护。对于公务员考核工作而言，对"人"的权利保护除了体现在考核的公平公正上，更体现在权利受到侵犯时的救济保障上。公务员管理部门通常将考核结果作为干部选任的重要依据之一。同时，注重考核结果的沟通反馈和辅导提升，强化考核结果在培养教育、工作整改等日常工作中的运用，充分发挥考核在干部培养中的指挥棒作用。随着考核结果运用越来越实，对公务员权利的影响就会越来越大，对考核相关权利的救济就显得更为重要。

无论是法治建设的大背景，还是公务员考核法律制度不断完善的现状，或者是"以人为本"考核理念的发展趋势，都指向了考核权利救济不断完善的发展趋势。这种发展趋势可能体现为权利救济渠道的增加，也可能体现为权利救济范围的限制增大。增加权利救济渠道，目的是让权利救济的手段和方式更加灵活，更有利于保护权利。权利救济范围的限制增大是为了让有限的救济资源得到更大程度地利用，提高权利保障的效率，从而更好实现权利保护的效果。

一　公务员考核所涉及的权利

公务员的权利和义务是公务员考核的基本依据。从权利的形态来看，公务员权利属于群体共有权利。群体共有权利是指具有共同利益或者身份或处境相同的个人，在其所属的某一社会特殊群体中同等享有的权利。

一方面，要以公务员的权利和义务为依据确立考核评价体系的取向。"公务员的权利和义务是以法的形式固定下来的，要求公务员必须履行义务，合理行使权利。因此，公务员的权利和义务应是制定考核评价体系的基本依据，这有利于增强考核评价体系的法制性和权威性。"[①]《中华人民共和国公务员法》第14条规定，公务员应当履行八项义务：（1）忠于宪法，模范遵守、自觉维护宪法和法律，自觉接受中国共产党领导；（2）忠于国家，维护国家的安全、荣誉和利益；（3）忠于人民，全心全意为人民服务，接受人民监督；（4）忠于职守，勤勉尽责，服从和执行上级依法作出的决定和命令，按照规定的权限和程序履行职责，努力提高工作质量和效率；（5）保守国家秘密和工作秘密；（6）带头践行社会主义核心价值观，坚守法治，遵守纪律，恪守职业道德，模范遵守社会公德、家庭美德；（7）清正廉洁，公道正派；（8）法律规定的其他义务。那么，公务员义务的履行要求如何具体体现在公务员考核的指标设计

---

① 林弋主编：《公务员法立法研究》，党建读物出版社、中国人事出版社2006年版，第163页。

上呢？具体见表 8-5。

表 8-5　　考核如何体现公务员义务的履行要求

公务员义务	义务的出处	考核如何体现义务履行要求
忠于宪法，模范遵守、自觉维护宪法和法律，自觉接受中国共产党领导	《中华人民共和国公务员法》第14条第一款	《公务员考核规定》第4条关于德的政治品质要求；《公务员考核规定》第7、8、9、10条确定的等次划分标准分为：思想政治素质高、较高、一般、差；思想政治素质的考核要求与公务员履行的义务是一致的
忠于国家，维护国家的安全、荣誉和利益	《中华人民共和国公务员法》第14条第二款	政治品德的考核要求与公务员履行的义务是一致的
忠于人民，全心全意为人民服务，接受人民监督	《中华人民共和国公务员法》第14条第三款	《公务员考核规定》第4条关于绩的要求，坚持以人民为中心
忠于职守，勤勉尽责，服从和执行上级依法作出的决定和命令，按照规定的权限和程序履行职责，努力提高工作质量和效率	《中华人民共和国公务员法》第14条第四款	《公务员考核规定》第4条关于能、勤、绩的要求；《公务员考核规定》第7、8、9、10条确定的等次划分标准为：精通业务、工作能力强；熟悉业务、工作能力较强；履行职责工作能力较弱；业务素质和工作能力不能适应工作要求等等
保守国家秘密和工作秘密	《中华人民共和国公务员法》第14条第五款	思想政治素质的考核要求与公务员履行的义务是一致的
带头践行社会主义核心价值观，坚守法治，遵守纪律，恪守职业道德，模范遵守社会公德、家庭美德	《中华人民共和国公务员法》第14条第六款	《公务员考核规定》第4条关于德的道德品行要求

续表

公务员义务	义务的出处	考核如何体现义务履行要求
清正廉洁，公道正派	《中华人民共和国公务员法》第14条第七款	《公务员考核规定》第4条关于廉的要求；第7、8、9、10条确定的等次划分标准为：清正廉洁；廉洁自律；能基本做到廉洁自律，但某些方面存在不足；存在不廉洁问题，且情节较为严重
法律规定的其他义务	《中华人民共和国公务员法》第14条第八款	具体指标设计会体现相关的法律义务规定

另一方面，考核结果的运用可能会影响到公务员的权利。那么，公务员考核，尤其是考核结果运用，可能会涉及哪些权利呢？《中华人民共和国公务员法》第15条规定，公务员享有八项权利：（1）获得履行职责应当具有的工作条件；（2）非因法定事由、非经法定程序，不被免职、降职、辞退或者处分；（3）获得工资报酬，享受福利、保险待遇；（4）参加培训；（5）对机关工作和领导人员提出批评和建议；（6）提出申诉和控告；（7）申请辞职；（8）法律规定的其他权利。考核结果会如何影响公务员权利呢？具体见表8-6：

表8-6　　　　考核结果如何影响权利

公务员权利	权利的出处	考核结果如何影响权利
获得履行职责应当具有的工作条件	《中华人民共和国公务员法》第15条第一款	考核结果通常不会影响履行职责应当具有的工作条件
非因法定事由、非经法定程序，不被免职、降职、辞退或者处分	《中华人民共和国公务员法》第15条第二款	《公务员考核规定》第22条第一款规定，本考核年度不计算为晋升职务职级的任职年限；降低一个职务或者职级层次任职；第四款规定，连续两年确定为不称职等次的，予以辞退

续表

公务员权利	权利的出处	考核结果如何影响权利
获得工资报酬，享受福利、保险待遇	《中华人民共和国公务员法》第15条第三款	《公务员考核规定》第21、22、23条规定，基本称职、不称职、不确定等次的，本考核年度不计算为按年度考核结果晋升级别和级别工资档次的考核年限
公务员在定期考核中被确定为优秀、称职的，按照国家规定享受年终奖金	《中华人民共和国公务员法》第80条第四款	《公务员考核规定》第21、22、23条规定，基本称职、不称职、不确定等次的，不享受年终奖金。这一考核结果直接关涉公务员享受年终奖金的权利
参加培训	《中华人民共和国公务员法》第15条第四款	《公务员考核规定》第18条规定，公务员年度考核结果作为调整公务员职位、职务、职级、级别、工资以及公务员奖惩、培训、辞退的依据。第24条规定，公务员主管部门和公务员所在机关应当根据考核情况，有针对性地对公务员进行教育培训，帮助公务员改进提高。因此，公务员参加培训的权利可能会因年度考核结果而受到影响
对机关工作和领导人员提出批评和建议	《中华人民共和国公务员法》第15条第五款	考核结果通常不会影响公务员的批评和建议权
提出申诉和控告	《中华人民共和国公务员法》第15条第六款	《公务员考核规定》第16条明确，公务员对年度考核确定为不称职等次不服的，可以按照有关规定申请复核、申诉
申请辞职	《中华人民共和国公务员法》第15条第七款	考核结果通常不会影响公务员申请辞职的权利
法律规定的其他权利	《中华人民共和国公务员法》第15条第八款	《公务员考核规定》第21条规定，年度考核确定为基本称职等次的，对其进行诫勉，责令作出书面检查，限期改进。这些举措涉及名誉权等相关权利

二 对考核结果存在异议的权利救济渠道

救济是纠正、矫正或改正已发生或业已造成伤害、危害、损失或损害的不当行为。公务员权利救济是指在公务员的权利受到侵害时，依据法律法规采取一定的补救措施，消除侵害以维护权利的制度和活动。公务员考核相关权利救济在公务员权利救济的整体制度框架下，但由于考核涉及的权利与其他人事管理行为涉及的权利在权利类型、受侵害程度等方面存在差异，公务员考核相关权利救济的方式需要具体问题具体分析。

(一) 中国古代官吏考课不公的制度设计

中国古代就有对考课不公的制度设计。一方面，考课制度与监察制度相互制衡，确保考课的贯彻执行，防范考课舞弊，确保考课公正，保障官吏的考课相关权利。另一方面，为官吏提供对考课结果不服的救济渠道，如申诉和检举。申诉主要针对的是考课不公，检举则主要纠正考课工作中的营私舞弊问题。

申诉和检举在明清时期已较为明显地运用于考课中。地方官吏若认为考课不公，可以反映给总督、巡抚或按察使，由他们调查核实之后代奏给吏部、都察院，若情况属实则会给申诉者平反，但如果申诉毫无道理则要接受重罚。总督、巡抚或按察使如果不受理则会受到议处。例如，"弘治六年规定'朝觐'考察，'如有不公，许其申理'。弘治八年又奏准，'若被罢免的官员，有不服考察、摘取考语中个别句子、毫无道理的，打发回家当老百姓'。""顺治十年议准：'考察处分官果有冤抑，情实，许督、抚据实代奏，吏部、都察院核实无异，即为昭雪还职。如督、抚、按明知诬罔，不为申理，并行议处。至本无冤抑，妄行反噬者，从重治罪'。"①

可以看出，在制度设计上，申诉的条件比较宽泛，仅是认为考课不公即可。但如此宽泛的条件实际上并没有带来权利的滥用，因为制度对申诉权利保护的同时，也明确限定了相关义务。如申诉必须有道理，若毫无道理则要接受重罚。这一制度设计的经验在《公务员法》第99条的规定中

---

① 侯建良：《中国古代文官制度》，党建读物出版社、中国人事出版社2009年版，第142页。

有所体现，"公务员提出申诉、控告，应当尊重事实，不得捏造事实，诬告、陷害他人。对捏造事实、诬告、陷害他人的，依法追究法律责任。"

清代雍正年间县令常三乐的考核结果

我们在谈及古代官吏对考课不公进行申诉的权利设计时，不能忽略古代任何制度的设计都是在皇权至上这一背景下进行的。

清代雍正年间常三乐是直隶吴桥县的县令，负责考察他的是直隶总督李维钧。按照清代雍正年间考核制度的规定，对于常三乐的考核，先由其直接上司，即总督李维钧给出初步评定，然后上报吏部，由吏部核准执行。李维钧考察了常三乐的政绩之后，认为其虽廉洁奉公，但能力不足，于是给出了调离县令岗位的意见，并上报吏部。吏部认为，既然没有实质性的错误，就不宜将其从县令岗位上调离。李维钧与吏部的意见不一致，吏部说服不了李维钧，于是上报雍正皇帝。雍正皇帝认为没有办事能力就是失职。于是，常三乐就直接被撤职了。

作为被考核对象的常三乐，甚至都没有机会进行申辩，就这样因为考核的结果被直接撤职，而且撤掉他职务的是当朝皇帝。

因此，我们可以知道，在中国古代即便有申诉的权利设计，当考核结果与皇权发生关联的时候，这一权利救济渠道就显得微不足道，甚至是可有可无了。

（二）中华人民共和国成立以来公务员考核相关权利的救济途径

公务员考核相关权利的救济与公务员考核结果的运用密切相关。一般而言，公务员考核结果运用的方式越多元，关涉的权利越多，对救济的需求就越多，"无救济则无权利"。中华人民共和国成立以来，公务员考核相关权利的救济途径不断健全，正是对公务员考核结果运用多元化的积极回应。

1952年《国家工作人员奖惩暂行条例》第一次确立了国家工作人员申诉制度，首次明确了国家工作人员的权利救济渠道。由于干部考核工作主要以干部鉴定、干部审查的方式进行，考核结果的运用方式、涉及的权利内容等都比较单一。考核结果运用局限于表扬优点、批评不足等，以此来促进干部提高素质和改进工作。所以，尽管国家工作人员申诉的范围仅限于奖惩规定，实践中因考核结果运用侵犯权利而产生的权利救济渠道方面的需求并不多见。

1979年中央组织部《关于实行干部考核制度的意见》明确了干部考核与激励约束相结合的思路，但激励约束的措施基本上仍局限于提拔任用以及调离现职、降职使用等。尽管此时的考核结果运用已经涉及干部职务调整等权利，但《考核意见》并未明确规定相关权利救济渠道。

随着公务员管理法制体系的建立与完善，考核结果已实现与选拔任用、培养教育、工作整改、激励约束、监督问责等环节的紧密结合，考核相关权利的救济途径也逐步清晰。

1993年颁布的《国家公务员暂行条例》明确了复核、申诉、控告三种救济渠道。"国家公务员对涉及本人的人事处理决定不服的，可以在接到处理决定之日起三十日内向原处理机关申请复核，或者向同级人民政府人事部门申诉，其中对行政处分决定不服的，可以向行政监察机关申诉。对行政机关及其领导人员侵犯公务员合法权益的行为，可向其上级行政机关或行政监察机关提出控告。"1995年颁布的《国家公务员申诉控告暂行规定》进一步明确了申诉控告制度，同时详细规定了可以申请复核或提出申诉的具体人事处理决定，包括：（1）行政处分；（2）辞退；（3）降职；（4）年度考核定为不称职；（5）法律、法规规定可以提出申诉的人事处理决定。[①]

除复核、申诉、控告外，公务员对人事处理决定不服还可以提起人事争议仲裁，但因考核涉及本人权益的人事处理决定只能通过复核、申诉进行权利救济。因为，相关法律规定已经明确了人事争议仲裁的受理范围。如1997年颁布的《人事争议处理暂行规定》明确，公务员与所在行政机关因人事关系发生纠纷的，可以就人事争议的事实和当事人的责任，申请人事争议仲裁机构作出有约束力的裁决。2007年颁布的《人事争议处理

[①]《公务员法》第95条的规定，改变了可以申请复核或提出申诉的具体人事处理决定，主要变化为：（一）"行政处分"变更为"处分"；（二）"辞退"变更为"辞退或者取消录用"；（三）"降职"保持不变；（四）"年度考核定为不称职"变更为"定期考核定为不称职"。除此之外，还增加了（五）免职；（六）申请辞职、提前退休未予批准；（七）不按照规定确定或者扣减工资、福利、保险待遇。可以看出，复核、申诉的具体人事处理决定范围呈现扩大趋势。

规定》明确了提起人事争议仲裁的人事行政行为，包括：实施公务员法的机关与聘任制公务员之间、参照《中华人民共和国公务员法》管理的机关（单位）与聘任工作人员之间因履行聘任合同发生的争议等。

由此可见，中国公务员考核相关人事争议的主要处理手段是行政手段，具体救济方式为复核、申诉、控告。按照《国家公务员申诉控告暂行条例》的规定，"年度考核定为不称职"可以向原处理机关申请复核，或者向有关机关提出申诉，但不能不经申请复核直接向有管辖权的机关提出申诉。也就是说，公务员对"年度考核定为不称职"不服的，必须先经过复核程序，未经复核，不能提出申诉。2018年修订的《公务员法》明确，公务员对包括"定期考核定为不称职"等涉及本人的人事处理决定不服的，也可以不经复核，自知道该人事处理之日起三十日内直接提出申诉。

（三）中国台湾地区公务员考核相关权利的救济途径

中国台湾地区采取的是部分诉讼救济的模式。以"是否改变公务员身份"为标准，决定因考绩引发的争议是否能被纳入司法救济的范围。如"免职"会改变公务员身份，因此因考绩被免职就可以提起诉讼，否则无法进行司法救济。

但"是否改变公务员身份"这一标准在后续的实践中被突破。凡公务人员认为考绩结果影响其财产权，则可以提起诉讼。

三 美国公务员维护考核相关权利的经验借鉴

美国是实行公务员功绩制的国家，功绩制保护委员会的使命是保护功绩制度原则，促进有效的联邦工作。根据《美国法典》第5卷第1206节，功绩制保护委员会每财年要公布年度报告。2022年，美国功绩制保护委员会网站公布了一则因绩效不佳被辞退引发的案例（上文已详细讲述了该则案例，在此不再赘述）。从这则案例出发，结合功绩制保护委员会2022财年年度报告中的相关案例，我们可以分析绩效不佳被辞退后，美国公务员如何维权。

（一）谁负责受理申请——功绩制保护委员会

该案是基于绩效的辞退决定引发的诉讼，由功绩制保护委员会负责受理。美国功绩制保护委员会（Merit Systems Protection Board）成立于1978

年，是具有司法职能的独立机构。

1. 成立时间

1978年美国国会通过《1978年文官制度改革法》，该法案撤销文官委员会，重新成立了四个新的机构，分别是"人事管理总署"（the Office of Personnel Management）、"功绩制保护委员会"（the Merit Systems Protection Board）、"联邦劳工关系局"（the Federal Labor Relations Authority）、"政府伦理办公室"（the Office of Government Ethics）。除此之外，1978年《文官制度改革法》的一个重要改革就是在功绩制保护委员会内设置特别律师办公室（Office of Special Counsel），负责调查和追诉行政机关违反文官法所禁止的行为，加强对告发行政机关违法行为告发者的保护。特别律师办公室独立执行职务。[①]

2. 主要构成

功绩制保护委员会总部位于华盛顿特区，下设8个办事处负责履行法定职能，分别是上诉律师办公室（the Office of Appeals Counsel）、委员会执事（Clerk of the Board）、平等就业机会（Equal Employment Opportunity）、财务和行政管理（Financial and Administrative Management）、总法律顾问（General Counsel）、信息资源管理（Information Resources Management）、政策和评估（Policy and Evaluation）、区域运营（Regional Operations）。此外，功绩制保护委员会在全国还有6个区域办事处（Regional offices）[②]和2个驻地办事处（Field Offices）。

功绩制保护委员会由3名成员（含主席）组成，成员由总统参照参议院的意见并获其同意而任命，其中任意两人不能来自同一政党。委员会的主席和成员必须具备胜任委员会工作的能力、背景、经验。委员会的成员任期为7年，在前任任期届满之前填补后任的委员，其任期为前任委员所剩下的任期。7年任期的委员在任期届满之后不得再次任命，但可以继续任职直至继任人具备资格并被任命，这一任职期间不超过1年。任何委员只能因为效率低下、玩忽职守或行为不当被总统除名。

[①] 王名扬：《美国行政法》（上），北京大学出版社2016年版，第157—158页。

[②] 亚特兰大地区、中心区域、达拉斯地区、东北区域、华盛顿地区、西方区域等设有6个区域办事处。

功绩制保护委员会内部开展的公务员调查结果显示，在 40 个核心指标中，相较于 2021 年，2022 年持积极态度占比增幅最大的是"我的组织成功完成了使命"（4%）和"管理者促进了不同单位之间的沟通"（4%）。① 可以看出，内部公务员对组织使命的认可度有较大的提升。

3. 重要职责

美国功绩制保护委员会负责监督公务员的聘用选拔、保护功绩制实施、受理人事诉讼、纠正不当行政处分、审查公务员规章制度、对诉讼对象进行纪律制裁。"美国功绩制保护委员会的绝大多数管辖权属于上诉性质，涉及由个别公务员或申请人提出的与联邦政府执行机构采取的具体人事行动或决定有关的上诉。"②

根据功绩制保护委员会 2022 财年的年度报告，③ 2022 财年功绩制保护委员会处理的案件总数为 4241 件，案件类型涉及机构作出的不利行动、试用期终止、裁员、绩效、胜任力水平、适合性等。其中与绩效相关的案件为 127 件，约占 3%。包括做出不予受理决定的 60 件和未被驳回的 67 件。在未被驳回的 67 件当中，有 41 件通过调解解决，另外 26 件裁决决定。

（二）维权分为几步——权利救济程序

总体来看，功绩制保护委员会的权利救济程序包括四步：一是初步上诉程序，由上诉人提交申请并填写相关材料；二是上诉提交后的程序，由行政法官了解相关情况，召开听证会并做出初步决定；三是复审申请程序，由对初步决定不服的当事人提出复审申请；四是司法审查程序，由当事人向联邦巡回上诉法院提出。

1. 初步上诉程序（Initial Appeal Process）④

上诉人在功绩制保护委员会网站上在线提交申请（不接受电子邮

---

① MSPB_2022_Employee_Viewpoint_Survey_Results.pdf，https：//www.mspb.gov/about/surveys/MSPB_2022_Employee_Viewpoint_Survey_Results.pdf.
② 徐维：《美国联邦公务员考核的法规制度》，《中国人事科学》2018 年第 7 期，第 41 页。
③ MSPB FY 2022 Annual Report，https：//www.mspb.gov/about/annual_reports/MSPB_FY_2022_Annual_Report_2022671.pdf.
④ U.S. Merit Systems Protection Board ǀ How to File an Appeal，https：//www.mspb.gov/appeals/appeals.htm.

件），根据提示填写相关的信息。如果不想在网上提交申请，可以下载表格填写后，以邮寄、快递等传统方式送达。大部分的案件必须在处理决定生效的 30 日内提出。如果双方以书面形式同意尝试用替代争议解决程序来处理争议，那么上诉的时限可以延长至 60 日。退伍军人就业机会法案（Veterans Employment Opportunities Act）相关的上诉，则需要先向劳工部长（the Secretary of Labor）提出投诉，并给予其至少 60 天的处理时间。一旦收到部长无法解决该问题的回复，则需要在 15 天内提出上诉。

2. 上诉提交后的程序（Procedures after An Appeal is Filed）

被指派处理此案的行政法官（Administrative Judge）将向上诉人（及其代表，如果有的话）和机构发出确认令（Acknowledgement Order）。确认令将上诉副本发送给机构，并要求机构提交一份声明，说明其采取被质疑的人事行动或决定的原因，以及机构行动记录中包含的所有文件。通常行政法官会召开一次或多次的预审会，以澄清上诉中的相关问题。在举行听证会之后，行政法官会做出初步决定。裁定中会明确所有重要的法律和事实问题，总结证据，阐明法律推理和结论。

3. 复审申请程序（The Petition for Review Process）

当上诉人或机构对初步决定不满意时，他们可以向位于华盛顿特区的委员会的执事（the Clerk）提交复审申请。对初步决定不满的上诉人可以选择向美国联邦巡回上诉法院提交申请。复审申请提交后，可以撤回。复审申请必须在初步决定作出之后 30 日内提出，如果申请人能够证明自己是在初步决定作出超过 5 天之后才收到，那么复审申请应当自收到初步决定之日起 35 日内提出。

通常而言，如果上诉人能够证明：机构在作出决定时有重大的程序瑕疵；或该决定是基于《美国法典》第 5 卷第 2302（b）节中所述的任何被禁止的人事行为；[①] 或该决定不符合法律规定，那么，功绩制保护委员会通常不会维持机构的决定。

---

① 这些行为包括：人事决定中涉及基于种族、肤色、宗教、性别、民族血统、年龄、残疾状况、婚姻状况、政治派别等的歧视；因公务员的上诉、投诉等行为而采取或威胁采取人事行动；基于任何不会对公务员或他人绩效产生不利影响的行为进行歧视等。

4. 司法审查程序（Judicial Review）

任何因功绩制度保护委员会的最终命令或决定而受到不利影响或感到不满的公务员，都可以向美国联邦巡回上诉法院提交申请，或在涉及歧视指控的案件中，向平等就业机会委员会或美国地方法院提交申请，以获得对该命令或决定的审查。人事管理总署主任可以向委员会申请重新考虑最终决定，也可以要求针对委员会影响公务员法律、法规或政策的决定进行司法审查。

（三）哪些权利得到保护——权利救济内容

"功绩制保护委员会专门处理公务员提出的人事处理纠纷申诉，确认他们受到公务员制度保护的权利被侵害并提供必要的救济。"[①] 从该案可以看到，权利救济的主要内容包括三个方面：一是公务员有获得合理的机会来改善行为的权利；二是行政机关有对基于绩效的辞退决定进行举证的义务；三是在权利救济过程中的相关程序权利。

1. 公务员获得合理的机会来改善行为的权利

公务员获得合理的机会来改善行为是一项实质性的权利，也是所有基于《美国法案》第43章作为人事处理决定的先决条件。这一权利主要通过在作出不利的考绩结果之前设置90天的警告期来实现。"不满意"的评分要求先进行一项90天的警告期，以便给予那些考核失败的公职人员在考核期结束前改进其工作的机会。[②]

上述案例中，尽管行政机关两次给予上诉人90天绩效目标改进计划的机会，但上诉人对该绩效目标改进计划提出了质疑，认为目标不切实际。上诉人认为，绩效改进计划中的任务与其职位的关键因素无关。"关键因素"指的是"一项工作任务或责任如此重要以至于它的不可接受之绩效会直接决定公务员的整体绩效为不可接受"。功绩制保护委员会再审认为，该机构未能提供实质性证据证明上诉人至少在一个关键因素的绩效是不可接受的，撤销了初审对其辞退的决定。

由此可以看出，保护公务员获得合理的机会来改善行为的权利，行政

---

① ［美］罗纳德·克林格勒、约翰·纳尔班迪：《公共部门人力资源管理：系统与战略》（第四版），孙柏瑛等译，中国人民大学出版社2001年版，第33页。
② 杨柏华：《美国公务人员考绩制度》，世界知识出版社1989年版，第24页。

机关除了应该提供绩效目标改进计划之外，还需要确保绩效目标改进计划的任务与公务员的岗位职责关键因素相关。

2. 行政机关对基于绩效的辞退决定进行举证的义务

在基于绩效的人事处理决定中，行政机关具有举证责任，需要证明其为公务员提供了绩效改进的机会。功绩制保护委员会要求涉及《美国法典》第43章基于绩效的辞退决定，行政机关应当通过实质性证据证明以下内容：（1）美国联邦人事管理总署批准了其绩效考核体系及其重大变更；（2）行政机关与上诉人沟通过绩效标准及其岗位工作的关键因素；（3）按照《美国法典》的规定，他的绩效标准是有效的；（4）行政机关在评价周期内对他的表现不足给予了警告，并且赋予其充分的机会来证明自己的绩效表现为可接受；（5）经过一段合适的改进期后，他的表现至少在一个关键因素方面仍然令人难以接受。法院初审认为该机构已经证明了这5个方面。

但是，2023年美国功绩制保护委员会公布了一则判例，①在该案等待审查期间，美国上诉法院联邦巡回法院首次承认，行政机关必须证明一个额外的因素才能被支持基于《美国法典》第43章采取的惩戒性措施。具体来说，行政机关除需提供上述5项证据之外，还必须通过证明员工的绩效在进入绩效改进计划（PIP Performance Improvement Plan）之前是不可接受的，以此来证明绩效改进计划是正当的。法院指出，《美国法典》第5篇4302（c）（6）款授权对"给予机会展示绩效可接受之后，继续表现不可接受的员工"采取惩戒性措施。也就是说，持续的不可接受绩效表现需要证明在进入绩效改进计划之前就不可接受。

3. 公务员在权利救济过程中的程序权利

公务员提交上诉申请之后，行政法官在做出初步决定之前一般会召开听证会。行政法官在召开听证会、做出裁决等方面同样拥有广泛自由裁量权。在控制诉讼程序上也同样有自由裁量权，例如可以排除他认为无关紧要或是重复的证词。若不涉及滥用自由裁量权，功绩制保护委员会一般不会撤销行政法官做出的决定。公务员如果认为行政法官滥用自由裁量权，

---

① https://www.mspb.gov/decisions/precedential/LIN_CHENSHIANG_D_CH_0752_15_0340_I_2_OPINION_AND_ORDER_1991327.pdf.

可以提出异议。

在"Kelly J. Lee V. Department of Veteran Affairs"① 一案（此案也是基于绩效而辞退引发的案例）中，Kelly J. Lee 对行政法官自由裁量权的运用提出了异议，认为行政机构在听证过程中违反了"隔离质证规则"，而行政法官并没有基于这一规则对行政机构作出制裁，从而滥用了自由裁量权。② 尽管功绩制保护委员会的审查最终确认行政法官并未滥用自由裁量权，但可以看出，除了实质权利保护，公务员的程序权利也得到了较好地保护。

基于绩效的辞退决定引发的诉讼案例

以美国功绩保护委员会的一则案例③来说明，上诉人是美国联邦金融管理办公室的金融分析师，属于联邦公务员类别中的 GS-15 级。④ 该职位承担为该机构和总统制定并完善预算、立法以及规制政策的广泛职责。上诉人的年度绩效周期是从 2011 年 4 月初到

---

① LEE_KELLY_J_DE_0432_14_0448_I_1_OPINION_AND_ORDER_1924179. pdf，https：//www. mspb. gov/decisions/precedential/LEE_KELLY_J_DE_0432_14_0448_I_1_OPINION_AND_ORDER_1924179. pdf.

② 所谓隔离质证规则，指的是证人之间互相隔离。一位证人在作证的时候，房间里不能有另一位证人，并且听证会期间不能将任一证人的证词告诉其他证人。

③ PRIDGEN_MARGUERITE_DC_0432_14_0557_I_1_OPINION_AND_ORDER_1959386. pdf，https：//www. mspb. gov/decisions/precedential/PRIDGEN_MARGUERITE_DC_0432_14_0557_I_1_OPINION_AND_ORDER_1959386. pdf.

④ 依据美国人事署（OPM）政策规则，美国联邦公务员的级别可分为三档：普通目录（GS），高级行政目录（SES）/行政级别（SL），行政目录（ES）。普通目录分为 15 级，从新雇佣的职员到中层管理者均属于这档次。原来的 16/17/18 三级普通目录已经被高级行政目录所取代。高级行政目录/行政级别略低于 5 级行政目录，与军队将级军官差不多。高级行政目录与行政级别区别在于前者担任行政管理类职务，后者担任技术专业类职务。行政目录级别最高，分为 5 级。行政目录的 1 级官员共 21 名，分别为 15 名联邦行政部门首长以及美国贸易代表、预算管理办公室主任、国家毒品控制政策办公室主任、国家情报主任、联邦储备系统理事长。行政目录的 2 级官员，主要是各行政部门副首长，国防部军种部门首长，重要的独立机构首长（如中央情报局长），重要的行政部门下属机构首长（如运输部联邦航空局长）。行政目录的 3 级官员，主要是次级的行政部门首长（如美国首席检察官），次等重要的独立机构首长（如联邦通信委员会主席），次等重要的行政部门下属机构首长（如司法部联邦调查局长）。行政目录的 4 级和 5 级官员级别相对更低些，各部的助理部长和督察长多属于 4 级行政目录，重要的独立机构副首长（如美国国家航空航天局副局长）多属于 5 级行政目录。

2012年3月底，由于上述人休假时间较长且直到2012年5月7日才被允许工作，因此错过了大部分的绩效期。2012年6月，为了延长上诉人2011—2012年的绩效周期，上诉人的直接上司给她提供了一个90天的绩效目标计划。上诉人对计划中的目标表示了担忧，该机构将90天计划中的目标纳入了2010—2013年的绩效计划中。2012年8月29日，直接上司向上诉人发布了绩效评价计划，上诉人拒绝签字，因为她认为这一评价计划中包含了不切实际的目标。2013年6月26日，直接上司对上诉人2012—2013年绩效周期内总体绩效等级评价为不满意。2013年6月28日，上司将上诉人置于另一项90天的绩效改进计划中，周期从7月1日到9月30日，在此期间，上诉人要完成许多特定的任务来证实自己的绩效可接受。2014年1月10日，上司通知上诉人，她在绩效改进计划周期内未能证实自身的绩效可接受，建议基于此对上诉人进行免职。在上诉人回应该建议之后，于2014年3月7日被免职。

功绩保护委员会要求涉及《美国法典》第43章基于绩效的辞退决定，行政机关应当通过实质性证据证明以下内容：（1）美国联邦人事管理总署批准了其绩效考核体系及其重大变更；（2）行政机关与上诉人沟通过绩效标准及其岗位工作的关键因素；（3）按照《美国法典》第5篇4302节的规定，他的绩效标准是有效的；（4）行政机关在评价周期内对他的表现不足给予了警告，并且赋予其充分的机会来证明自己的绩效表现为可接受；（5）经过一段合适的改进期后，他的表现至少在一个关键因素方面仍然令人难以接受。法院初审认为该机构已经证明了这五个方面。上诉人认为，绩效改进计划中的任务与其职位的关键因素无关。"关键因素"指的是"一项工作任务或责任如此重要以至于它的不可接受之绩效会直接决定雇员的整体绩效为不可接受"。法院再审认为，该机构未能提供实质性证据证明上诉人至少在一个关键因素的绩效是不可接受的，撤销了初审对其免职的决定。

由此可见，在基于绩效的人事处理决定中，行政机关具有举证责任，需要证明其为雇员提供了绩效改进的机会。雇员获得合理的机会来改善行为是一项实质性的权利，也是所有基于《美国法案》第43

章作为人事处理决定的先决条件。判断行政机关是否为雇员提供了机会，相关的因素包括雇员岗位职责的性质，例如任务分配是否以一种歧视性的方式作出。

四 完善中国公务员考核相关权利救济的思路

中国公务员考核相关权利救济的实践需要旺盛，但救济范围过窄、救济渠道缺乏，"通过保障我国公务员的考核权利，使公务员采用维权的方式'倒逼'我国行政机关认真执行考核法制，以实现我国宪法对公务员的要求，使他们能够高效、合法地履行行政管理的权力"[①]。我们认为，可以从增加公务员考核相关权利救济的渠道和限定公务员考核相关权利救济的范围两个方面着力。

（一）增加公务员考核相关权利救济的渠道

在现有的复核、申诉救济渠道当中，受理复核的是原处理机关，受理申诉的是同级公务员主管部门或者作出该人事处理的机关的上一级机关。受理再申诉的是省级以下机关的上一级机关。从救济主体来看，由于缺乏独立的机构来受理复核与申诉，其中立性容易引发质疑。因此，我们认为应当强化司法救济、仲裁救济等资源的运用。

考核属于内部人事管理行为，内部人事管理行为不可诉除受制于司法资源、考虑司法权与行政权的分工等因素之外，滥觞于德国的特别权力关系理论对中国立法影响深远，也是中国内部人事管理行为缺少司法救济渠道的最主要原因。为考核结果的异议设计权利救济渠道，应该从考核结果运用本身带来当事人的权利影响程度出发，当某一不利的考核结果实际上会带来当事人身份资格、财产权等的变化时，则应当为其提供更加完备的救济渠道，包括司法救济渠道。

当某一不利的考核结果不会带来相关权利的实际变化或是对公务员个人不会产生重大影响时，则可以以内部途径进行完善。《公务员法》规定的人事争议仲裁救济仅对聘任制公务员适用。《人事争议处理暂行规定》明确"公务员就国家行政机关与公务员之间因录用、调动、履行聘任合

---

① 秦涛：《论我国考核法制实施中的公务员权利的救济》，《华东理工大学学报》（社会科学版）2015年第1期，第77页。

同方面发生的人事争议可以向人事仲裁机构申请仲裁"。强化仲裁救济资源的运用可以适当扩大公务员申请人事争议仲裁事项的范围,将非聘任制公务员与机关发生的涉及公务员身份争议的事项纳入仲裁范围。

(二)限定公务员考核相关权利救济的范围

提供司法救济渠道会带来另一个问题,那就是司法审查的强度。"法院受理当事人的申诉以后,究竟能在多大程度上对受攻击的行政行为进行审查……法院可以对一个问题进行深入细致的审查,也可只进行肤浅的审查,不作深入追究。"① 在考核相关权利救济的司法救济方面,应当遵循司法谦抑原则。

一方面,在受案范围上遵循司法谦抑原则。并不是所有与考核相关的权利救济都可以采用司法救济。目前考核结果运用中,"连续两年被确定为不称职等次的,予以辞退",这关涉公务员身份的变化,甚至影响公务员作为公民的基本权利,则应当提供司法救济。其他不涉及公务员身份变化的考核结果运用可以采用其他救济渠道。

另一方面,在审查内容上遵循司法谦抑原则。合法性问题尤其是程序是否合法、主体是否存在越权或权力滥用、违法事实与惩戒手段是否相符等属于审查的内容。考核作为人事管理行为的一种,属于内部行政行为。司法机关对行政机关的内部管理行为应当予以最大限度地尊重,对事实问题、裁量问题的判断则应当尊重行政机关的判断。例如,德国"对公务员考绩、调动管理措施等引发的争议,考虑到行政机关具有人事管理裁量权,在一定程度上尊重其事实判断,只审查其事实的存在状况"②。

例如,考核程序是否合法可以成为法院审查的内容。审查行政机关的考核行为是否符合法定的程序既有现实需要也具备可行性。因为2020年修订的《公务员考核规定》第14条明确规定了年终考核包括"总结述职、民主测评、了解核实、审核评鉴、确定等次"五个步骤,这使得考核具备法定的规范程序。美国道格拉斯(W. O. Douglas)大法官曾指出,"依法而治与依恣意而治的差别,大部分是因程序而起,坚定地遵循严格

---

① 王名扬:《美国行政法》,中国法制出版社1995年版,第673—674页。
② 燕卫华:《公务员权利救济制度研究》,博士学位论文,中国政法大学,2007年,第174页。

的程序保障,是对在法律之下应存在之公平正义的主要保障"①。

总之,公务员考核结果的运用对公务员权利产生了实质的影响,尤其是"基本称职"等次容易引发争议。但实践中对于直接影响公务员具体权益的人事处理决定,提供的救济渠道相当有限,且救济范围也受到严格限制。事实上,为权利救济提供科学合理的渠道,有利于推动考核工作的开展,提升考核制度的实效性。尽管增加权利保障渠道的供给和控制权利保障资源的运用是重要的改进方向,但如何平衡救济资源的有限性与权利保障的迫切需求仍是一个相当复杂的问题,有待进一步研究。

近年来,因考核引发争议诉诸法院的情况时有出现。有的以"未按规定程序对公务员进行考核"② 为由提起诉讼,有的以"未经法定程序被评定不称职侵犯权益"③ 为由提起诉讼,甚至还有以"申请公开年度考核结果备案的依据"④ 为由提起政府信息公开方面的诉讼。尽管这些案件最终以"不属于人民法院行政诉讼受案范围"⑤ 被驳回诉讼请求,但在一定程度上说明目前的复核、申诉权利救济渠道尚不能满足现实的需要,公务员考核相关权利司法救济的必要性和权利保护的实现路径仍有待探讨。

公务员考核相关权利的司法案例

在"金×与抚顺胜利经济开发区税务局税务行政管理(税务)"

---

① 罗传贤:《行政听证程序法制与民权保障》,台湾《经社法制论丛》1990年第6期,第224页。

② 中国裁判文书网"金×与抚顺胜利经济开发区税务局税务行政管理(税务)一审行政裁定书"(2020),https://wenshu.court.gov.cn/website/wenshu/181107ANFZ0BXSK4/index.html?docId=133f83ba09d54cd6b44aacc90022cee7。

③ 中国裁判文书网"游×、福州市公务员局二审行政裁定书"(2020),https://wenshu.court.gov.cn/website/wenshu/181107ANFZ0BXSK4/index.html?docId=985600655eff49a387d9abed009bc177。

④ 中国裁判文书网"黄×与广东省人力资源和社会保障厅申诉行政裁定书"(2015)行监字第1812号。https://wenshu.court.gov.cn/website/wenshu/181107ANFZ0BXSK4/index.html?docId=4bddfb0dbaf54c6993f777847f8d054c。

⑤ 法院通常依据《中华人民共和国行政诉讼法》第十三条"人民法院不受理公民、法人或其他组织对下列事项提起的诉讼:(三)行政机关对行政机关工作人员的奖惩、任免等决定"以及《最高人民法院关于适用〈中华人民共和国行政诉讼法〉的解释》第五十三条第二款的规定,认为不属于行政诉讼受案范围,不予立案。

一案中，一审法院认为，根据《中华人民共和国行政诉讼法》第十三条规定，人民法院不受理公民、法人或其他组织对下列事项提起的诉讼：（三）行政机关对行政机关工作人员的奖惩、任免等决定。本案中，原告系被告抚顺胜利经济开发区税务局的工作人员，关于其奖惩、任免等决定，不属于行政诉讼受案范围。

上诉人金×上诉称，请求撤销抚顺市望花区人民法院（2021）行政裁定，指定其审理。其主要理由是，行政机关对行政机关工作人员的奖惩、任免等决定，是指行政机关作出的涉及行政机关工作人员公务员权利义务的决定，公务员八项权利八项义务并没有考核制度这项，考核属于行政诉讼受案范围。《公务员考核规定》第二条、第四条规定诠释了公务员考核的内涵，也确定了公务员的考核是一种制度，不是"奖惩、任免等决定"涵盖了的，原审裁定不正确。被上诉人对上诉人的合理申诉不作出处理决定，是不作为行为，原审裁定适用法律错误，应予纠正。

按照辽宁省抚顺市中级人民法院行政裁定书（2021），二审法院认为，人民法院受理公民、法人或者其他组织提起的行政诉讼应当符合《中华人民共和国行政诉讼法》第十二条规定的受案范围。而上诉人提起的被上诉人对其个人公务员年度考核和等次评定问题申诉的答复行为，属于行政机关对内部工作人员个人工作绩效考评的处理行为，不受行政诉讼法调整。上诉人所提起的诉讼不属于行政诉讼受案范围，原审法院裁定驳回原告起诉，适用法律正确。上诉人上诉理由不充分，不应予以支持。

本章小结

在本章，我们试着对中国公务员考核制度的发展方向做一个趋势判断。"以人为本"是考核理念的发展方向，实现人的全面发展是考核的目的所在。考核主体专业化、多元化成为未来考核主体发展的一个方向。考核内容则一如既往贴近经济社会发展的需要，更加强调组织属性对个人的要求，如政治素质考核。考核方式更加重视平时而非"评时"，更加立体全面地呈现被考核对象的实际表现情况。考核手段更加依赖技术的发展，以技术进步推动考核工作的科学化。

　　但是，除了这些判断以外，本书还有一个最根本的判断，那就是按照我对未来社会的理解，作为政府内部自我规制手段之一的考核制度会随着社会的发展而最终因为公务员个人的自律而消失。正如列宁所指出的，"我们的最终目的是消灭国家，也就是消灭任何有组织有系统的暴力，消灭任何加在人们头上的暴力。我们并不期待一个不遵守少数服从多数的原则的社会制度。但是，我们在向往社会主义的同时，深信社会主义将发展成为共产主义，而到那个时候就没有任何必要对人们使用暴力，没有任何必要使一个人服从另一个人——因为人们将习惯于遵守公共生活的起码条件，而不需要暴力和服从"[①]。

[①] 中共中央马克思恩格斯列宁斯大林著作编译局编：《列宁选集》第3卷，人民出版社1972年版，第241—242页。

参考文献

一 中文著作

艾永明:《清代文官制度》,商务印书馆2003年版。

安作璋主编:《中国吏部研究》,党建读物出版社2011版。

安作璋、陈乃华:《秦汉官吏法研究》,齐鲁书社1993年版。

(汉)班固撰:《汉书》,中华书局1962年版。

白钢主编:《中国政治制度通史》,社会科学文献出版社2011年版。

包伟民主编:《宋代制度史研究百年(1900—2000)》,商务印书馆2004年版。

曹沛霖:《制度的逻辑》,上海人民出版社2019年版。

曹志主编:《中华人民共和国人事制度概要》,北京大学出版社2003年版。

常越男:《清代考课制度研究》,北京大学出版社2010年版。

蔡鸿源主编:《民国法规集成·第37册·公务员考绩法》,黄山书社1999年版。

陈伟:《西方政治思想史》(上册),中国社会科学出版社2020年版。

陈奇猷、张觉:《韩非子导读》,巴蜀书社1990年版。

陈松长主编:《岳麓书院藏秦简》(伍),上海辞书出版社2017年版。

陈伟主编:《秦简牍合集》释文注释修订本(壹),武汉大学出版社2016年版。

陈寅恪:《隋唐制度渊源略论稿 唐代政治史述论稿》,商务印书馆2015年版。

楚树龙、唐娜编著：《美国文官制度评介》，党建读物出版社2020年版。
辞海编辑委员会：《辞海》（第七版）上海辞书出版社2019年版。
戴晓曙主编：《干部分类考核方法研究》，党建读物出版社2019年版。
邓小南：《宋代文官选任制度诸层面》，中华书局2021年版。
《邓小平文选》第2卷，人民出版社1994年版。
董霖编著：《中国政府》下册，世界书局1941年版。
（汉）董仲舒著，周桂钿解读：《春秋繁露（节选）》，国家图书馆出版社2019年版。
杜婉言、方志远：《中国政治制度通史·第九卷·明代》，人民出版社1992年版。
范柏乃：《政府绩效管理》，复旦大学出版社2012年版。
房列曙：《中国近现代文官制度》（上），商务印书馆2016年版。
方振邦、罗海元：《党政领导干部考核评价》，中国人民大学出版社2019年版。
冯秋婷主编：《促进科学发展的干部考核评价机制建设》，中共中央党校出版社2009年版。
冯秋婷主编：《领导班子和领导干部考核评价机制研究》，党建读物出版社2011年版。
关保英主编：《公务员法学》，法律出版社2007年版。
龚祥瑞：《文官制度》，人民出版社1985年版。
（清）光绪朝《钦定大清会典事例》卷八〇，中华书局1991年版。
郭宝平：《民国政制通论》，山西人民出版社1995年版。
韩锴：《干部考核学》，浙江大学出版社1990年版。
何凤秋等：《公务员考核体系理论与实践》，中国人事出版社2007年版。
侯建良：《公务员制度发展纪实》，中国人事出版社2007年版。
侯建良：《中国古代文官制度》，党建读物出版社、中国人事出版社2010年版。
洪向华、乌云娜等：《干部能力考核机制现代化》，国家行政学院出版社2016年版。
胡晓东：《美国（联邦）政府公务员绩效管理体系研究》，光明日报出版社2012年版。

黄达强主编，朱庆芳副主编：《各国公务员制度比较研究》，中国人民大学出版社1990年版。

黄京平等：《官员问责制中的刑法问题研究》，中国人民大学出版社2017年版。

（清）纪昀：《阅微草堂笔记》，浙江古籍出版社1997年版。

姜海如：《中外公务员制度比较》，商务印书馆2013年版。

蒋文能：《县级领导干部绩效形成机理和评估机制研究》，中国经济出版社2021年版。

金大松：《专注人本 突破绩效：打造高效能的人力资源管理体系》，清华大学出版社2019年版。

金景芳：《中国奴隶社会史》，上海人民出版社1983年版。

金钊、王晓飞编著：《党政领导班子和领导干部考核评价机制解读》，人民日报出版社2009年版。

孔令纪编：《中国历代官制》，齐鲁书社1993年版。

李华民：《各国人事制度》（下册），台湾五南图书出版公司1982年版。

李超纲、宋小海、李江编：《中国古代官吏制度浅论》，劳动人事出版社1989年版。

（唐）李林甫等撰，陈仲夫点校：《唐六典》卷二《尚书吏部·考功郎中》，中华书局1992年版。

李曙光：《晚清职官法研究》，法律出版社2017年版。

（唐）李隆基撰，（唐）李林甫注：《大唐六典》，三秦出版社1991年版。

李铁：《中国文官制度》，中国政法大学出版社1989年版。

李瑶：《明代职官考核制度研究》，天津人民出版社2022年版。

李广存：《干部考核》，党建读物出版社2009年版。

李永康、薛博：《公务员去职行为与去职意向实证研究》，社会科学文献出版社2021年版。

廖伯源：《秦汉史论丛》，台湾五南图书出版公司2003年版。

梁启超：《王安石传》，解玺璋译写，湖南人民出版社2013年版。

林代昭主编：《中国近现代人事制度》，劳动人事出版社1989年版。

林弋主编：《公务员法立法研究》，党建读物出版社、中国人事出版社2006年版。

刘福元：《公务员行为规范中的责任机制建构——迈向公务员行为的规则之治》，法律出版社2015年版。

刘常国：《委办局干部考核方法研究：基于平衡计分卡理论》，中国轻工业出版社2020年版。

刘重春：《中国当代人事行政制度的文化分析》，河北人民出版社2012年版。

刘文瑞：《中国古代政治制度（下）：地方体制与官僚制度》，中国书籍出版社2018年版。

刘文英：《日本官吏与公务员制度史：1868—2005》，北京图书馆出版社2008年版。

刘守恒、吴统慧、彭发祥主编：《比较人事行政》，湖南科学技术出版社1992年版。

楼劲、刘光华：《中国古代文官制度》，中华书局2009年版。

吕春甲、陈政夫主编：《干部考核学》，辽宁人民出版社1991年版。

吕春甲、于文远主编：《地方实施公务员制度配套研究》，东北大学出版社1993年版。

《毛泽东文集》第6卷，人民出版社1999年版。

马亮：《目标治国：官员问责、绩效差距与政府行为》，社会科学文献出版社2018年。

倪东辉：《基层公务员考核创新》，中共中央党校出版社、国家行政管理出版社2021年版。

潘楷文：《不要挑战人性》，湖南文艺出版社2021年版。

彭勃、徐颂陶主编：《中华人事行政法律大典》，中国人事出版社1995年版。

蒲坚：《中国古代行政立法》，北京大学出版社1990年版。

钱穆：《中国历代政治得失（新校本）》，九州出版社2012年版。

钱孝华主编：《干部考核概论》，江苏人民出版社1991年版。

钱实甫：《北洋政府时期的政治制度》，中华书局1984年版。

邱宝林、吴仕龙：《中国历代官员考核》，云南教育出版社1996年版。

邱永明：《中国历代职官管理制度》，杭州大学出版社1998年版。

邱永明：《中国古代职官考核制度史》，华东师范大学出版社2023年版。

瞿同祖：《清代地方政府》，范忠信、何鹏、晏锋译，新星出版社 2022
年版。

桑本谦：《法律简史——人类制度文明的深层逻辑》，生活·读书·新知
三联书店 2022 年版。

（宋）司马光编著，（元）胡三省音注：《资治通鉴》，古籍出版社 1956
年版。

粟时勇、李向前、张霞编著：《古代官员考课制度史话》，党建读物出版
社 2021 年版。

苏玉堂：《中外人事制度方略全书》，中国人事出版社 1993 年版。

苏力：《大国宪制：历史中国的制度构成》，北京大学出版社 2018 年版。

（宋）苏洵：《嘉佑集笺注》卷一〇，曾枣庄、金成礼笺注，上海古籍出
版社 1993 年版。

睡虎地秦墓竹简整理小组编：《睡虎地秦墓竹简》，文物出版社 1990
年版。

孙正民、崔爱茹编著：《国外公务员工资制度与工资立法》，法律出版社
1993 年版。

（宋）沈括：《梦溪笔谈》卷二十三，古籍出版社 2017 年版。

陶希圣、沈任远：《明清政治制度》，台湾商务印书馆 1983 年版。

唐爱军、王培洲等：《接班人的政治品质》，中共中央党校出版社 2021
年版。

（元）脱脱等撰：《宋史》，中华书局 1977 年版。

王春国：《走出考核困局：业绩倍增的新绩效模式》，中国工信出版集团、
电子工业出版社 2021 年版。

王憧棋：《新中国干部队伍建设制度史》，江苏人民出版社 2020 年版。

王汉昌主编：《中国古代人事制度》，劳动人事出版社 1986 年版。

王建新：《干部考核》，东北工学院出版社 1988 年版。

王留根编著：《干部实绩考核概论》，河北人民出版社 1999 年版。

王书熙：《汉武帝刘彻全传》，企业管理出版社 2012 年版。

（清）王先慎：《韩非子集解》，中华书局 2003 年版。

王亚南：《中国官僚政治研究》，中国社会科学出版社 1981 年版。

王名扬：《美国行政法》（上），北京大学出版社 2016 年版。

王名扬：《美国行政法》（下），北京大学出版社 2016 年版。

王名扬：《英国行政法》，中国政法大学出版社 1987 年版。

王名扬：《法国行政法》，北京大学出版社 2007 年版。

王耀海：《商鞅变法研究》，社会科学文献出版社 2014 年版。

王伊、王秋蕾编译：《英国文官制度文献选译》，经济科学出版社 2022 年版。

王玉江等编：《公务员绩效考核的实践和探索》，江西人民出版社 2012 年版。

韦庆远、柏桦编著：《中国官制史》，东方出版中心 2001 年版。

吴爱明、吴俊生、余兴安、张成福：《中国公务员大辞典》，中国经济出版社 1993 年版。

吴黎安：《做合格的领导——中国古代官德概要》，电子工业出版社 2013 年版。

吴四伍：《清代捐纳与国家治理》，社会科学文献出版社 2021 年版。

吴宗国主编：《中国古代官僚政治制度研究》，北京大学出版社 2004 年版。

吴志华：《美国公务员制度的改革与转型》，上海交通大学出版社 2006 年版。

伍跃：《中国的捐纳制度与社会》，江苏人民出版社 2013 年版。

谢保成：《官制史话》，社会科学文献出版社 2011 年版。

薛刚：《清代文官考核研究》，中国社会科学出版社 2020 年版。

徐矛：《中华民国政治制度史》，上海人民出版社 1992 年版。

徐颂陶主编：《外国公务员法规选编》，河北人民出版社 1989 年版。

徐贻军、何德平：《制度的笼子》，中信出版社 2016 年版。

徐振寰、王晓初主编：《世界各国公务员制度比较》，中国人事出版社 1998 年版。

阎步克：《品味与职位：秦汉魏晋南北朝官阶制度研究》，中华书局 2002 年版。

阎步克、邢义田、邓小南等著：《多面的制度——跨学科视野下的制度研究》，生活·读书·新知三联书店 2021 年版。

应松年主编：《行政法与行政诉讼法词典》，中国政法大学出版社 1992

年版。

杨柏华：《美国公务人员的考绩制度》，世界知识出版社1989年版。

杨仕秋、王京清主编：《公务员考核》，中国人事出版社、党建读物出版社2008年版。

杨玉明：《明代公罪制度研究》，法律出版社2014年版。

余兴安：《中国政府公务百科全书》（机构编制管理卷 人事管理卷），中共中央党校出版社1994年版。

余兴安：《当代中国人事制度》，中国社会科学出版社2022年版。

俞可平、［德］托马斯·海贝勒、［德］安晓波主编：《中共的治理与适应——比较的视野》，中央编译出版社2015年版。

于广沛、茅连煊：《中国公务员制度实践者的报告》，北京科学技术出版社1991年版。

岳奎：《执政绩效视角下的领导干部考核评价机制研究》，华中师范大学出版社2015年版。

袁娟主编：《公务员平时考核研究》，中国人事出版社2013年版。

张程：《制度与人情——通俗解读中国古代政治制度的发展历程》，华文出版社2021年版。

张光畹：《干部考核学》，中国档案出版社1995年版。

张宏杰：《饥饿的盛世：乾隆时代的得与失》，重庆出版社2022年版。

张骏生：《中外公务员制度比较》，劳动社会保障出版社2008年版。

张铁网：《领导干部考核制度改革与创新》，中共中央党校出版社2003年版。

（清）张廷玉等撰：《明史》，中华书局1974年版。

张锐：《秦汉行政体制研究》，社会科学文献出版社2017年版。

张维迎：《博弈与社会》，北京大学出版社2021年版。

张志坚、苏玉堂：《当代中国的人事管理》（上），当代中国出版社1994年版。

朱寿朋编：《光绪朝东华录》，中华书局1958年版。

朱庆芳主编：《中国公务员辞典》，中国社会科学出版社1990年版。

朱庆芳主编：《国家公务员考核实务》，经济日报出版社1994年版。

朱庆芳、李如海、鄂桂梅：《国家公务员管理》，中国人事出版社1996

年版。

朱建平、徐月高、赵敏、贺汲泉：《国家公务员制度——国家公职人员的重新安排》，中国财政经济出版社1992年版。

朱祝霞：《外国公务员分类制度》，中国社会科学出版社2022年版。

郑励志：《日本公务员制度与政治过程》，上海财经大学出版社2001年版。

郑小悠：《人命关天：清代刑部的政务与官员（1644—1906）》，上海人民出版社2022年版。

赵崇汉：《法国行政法中公务员的定义及法律地位》，社会科学文献出版社2022年版。

赵冬梅：《法度与人心：帝制时期人与制度的互动》，中信出版集团2022年版。

周海锋：《秦官吏法研究》，西北大学出版社2021年版。

周黎安：《转型中的地方政府：官员激励与治理》（第二版），格致出版社、上海三联书店、上海人民出版社2020年版。

周敏凯：《比较公务员制度》，复旦大学出版社2006年版。

周志忍：《当代国外行政改革比较研究》，国家行政学院出版社1999年版。

卓越：《公务员绩效评估》，中国人民大学出版社2010年版。

中共中央文献编辑委员会：《习近平著作选读》，人民出版社2023年版。

中共中央文献研究室：《建国以来重要文献选编》（第1册），中央文献出版社1991年版。

中共中央文献研究室：《建国以来重要文献选编》（第4册），中央文献出版社1993年版。

中共中央文献研究室：《十二大以来重要文献选编》（上），中央文献出版社2011年版。

中共中央文献研究室：《十六大以来重要文献选编》（下），中央文献出版社2007年版。

中共中央文献研究室：《十八大以来重要文献选编》（上），中央文献出版社2014年版。

中共中央组织部等编：《中国共产党组织史资料》附卷一，中共党史出版社 2000 年版。

中共中央组织部、中共中央党史研究室、中央档案馆：《中国共产党组织史资料（第九卷）文献选编》（下），中共党史出版社 2000 年版。

中共中央组织部、人事部：《中国干部统计五十年》，党建读物出版社 1999 年版。

中共中央组织部干部三局编著：《干部考察工作问答》，党建读物出版社 2002 年版。

中国组织人事报社编：《干部考察考核方法新探（2013—2018）》，党建读物出版社 2018 年版。

《中国人力资源和社会保障年鉴（工作卷）2015》，中国劳动社会保障出版社、中国人事出版社 2016 年版。

中共中央马克思恩格斯列宁斯大林著作编译局编：《列宁选集》第 3 卷，人民出版社 1972 年版。

最高人民法院民事审判第一庭编：《民事审判指导与参考》总第 55 辑，人民法院出版社 2014 年版。

中华人民共和国人事部国际交流与合作司编：《外国公务员制度》，中国人事出版社 1995 年版。

中国社会科学院语言研究所词典编辑室编：《现代汉语词典》（第七版），商务印书馆 2016 年版。

二 中译著作

［法］白乐日：《天朝的封建官僚机制》，佘振华译，广西师范大学出版社 2021 年版。

［美］戴维·奥斯本等：《改革政府——企业家精神如何改革着公营部门》，周敦仁等译，上海译文出版社 1996 年版。

［美］安东尼·唐斯：《官僚制内幕》，郭小聪等译，中国人民大学出版社 2006 年版。

［美］埃文·M. 伯曼、詹姆斯·S. 鲍曼等：《公共部门人力资源管理》（第二版），萧鸣政等译，中国人民大学出版社 2008 年版。

［美］杰森·劳里森：《重建绩效管理：如何打造高效能自驱型团队》，鞠婧译，清华大学出版社 2021 年版。

［美］本杰明·N. 卡多佐：《法律的成长》，李红勃、李璐怡译，北京大学出版社 2014 年版。

［美］本尼迪克特·安德森：《椰壳碗外的人生：本尼迪克特·安德森回忆录》，徐德林译，上海人民出版社 2018 年版。

［美］彼得·德鲁克：《卓有成效的管理者》，许是祥译，机械工业出版社 2005 年版。

［美］彼得·德鲁克：《管理：任务、责任和实践》（第二部），许小白译，华夏出版社 2007 年版。

［美］彼得·德鲁克：《管理的实践》，齐若兰译，机械工业出版社 2018 年版。

［美］戴维·莫契拉：《数字化未来》，薛亮译，现代出版社 2020 年版。

［美］道格拉斯·C. 诺思：《制度、制度变迁与经济绩效》，杭行译，格致出版社、上海三联书店、上海人民出版社 2014 年版。

［美］丹尼尔·平克：《驱动力》，龚怡屏译，浙江人民出版社 2018 年版。

［美］凡勃仑：《有闲阶级论》，蔡受百译，商务印书馆 2018 年版。

［美］菲利普·津巴多：《路西法效应：好人是如何变成恶魔的》，孙佩妏、陈雅馨译，生活·读书·新知三联书店 2015 年版。

［美］郭士纳：《谁说大象不能跳舞？》，张秀琴、音正权译，中信出版社 2015 年版。

［美］杰瑞·穆勒：《指标陷阱：过度量化如何威胁当今的商业、社会和生活》，闾佳译，中国出版集团 东方出版中心 2020 年版。

［美］加里·德斯勒：《人力资源管理》（第 14 版），刘昕译，中国人民大学出版社 2017 年版。

［美］贾雷德·戴蒙德：《崩溃：社会如何选择成败兴亡》，江滢、叶臻译，世纪出版集团、上海译文出版社 2011 年版。

［美］R. 科斯、A. 阿尔钦、D. 诺斯等：《财产权利与制度变迁——产权学派与新制度学派译文集》，上海人民出版社、上海三联书店 1994 年版。

［美］科思、［美］诺思、［美］威廉姆森等：《制度、契约与组织——从新制度经济学角度的透视》，刘刚、冯健、杨其静、胡琴等译，经济科学出版社 2003 年版。

［美］孔飞力：《叫魂：1768 年中国妖术大恐慌》，陈兼、刘昶译，生活·读书·新知三联书店、上海三联书店 2012 年版。

［美］刘子健：《宋代中国的改革：王安石及其新政》，张钰翰译，上海人民出版社 2022 年版。

［美］罗纳德·克林格勒、约翰·纳尔班迪：《公共部门人力资源管理：系统与战略》（第四版），孙柏瑛等译，中国人民大学出版社 2001 年版。

［美］詹姆斯·Q. 威尔逊：《官僚机构：政府机构的作为及其原因》，孙艳等译，生活·读书·新知三联书店 2006 年版。

［日］稻继裕昭：《日本公务员人事制度》，黄元译，生活·读书·新知三联书店 2012 年版。

三　中文论文

白现军：《美国公务员绩效考核制度变革》，《中国人事科学》2021 年第 8 期。

晁大卫、卢彪：《技术创新与制度变迁之间的供给张力》，《中国科技信息》2017 年第 17 期。

程淑琴、倪东辉、潘彬：《基于大数据视角的基层公务员考核机制创新研究》，《华东经济管理》2018 年第 7 期。

陈芳、鲁萌：《"能力席位"视角下公务员绩效考核三级指标体系研究——以湖北省省直机关公务员为例》，《中国行政管理》2013 年第 11 期。

陈放：《日本公务员考核制度与评价要点》，《中国人事科学》2018 年第 5 期。

陈国平：《张居正改革中的考成法考论》，《中国法学》2020 年第 4 期。

陈硕：《"硬指标"的"软约束"：干部考核"一票否决制"的生成与变异》，《四川大学学报》（哲学社会科学版）2020 年第 1 期。

陈一容：《晚清文官考核制度述论》，《重庆三峡学院学报》2004 年第 2 期。

陈一容：《道光朝大计官员处分人数考》，《近代史研究》2007 年第 1 期。

陈永福：《从"癸巳大计"看明末东林党与内阁之对立》，《浙江大学学报》（人文社会科学版）2010 年第 6 期。

邓小南：《西汉官吏考课制度初探》，《北京大学学报》（哲学社会科学版）1987 年第 2 期。

邓小南：《再谈走向"活"的制度史》，《社会科学文摘》2022 年第 4 期。

杜金根：《干部考核视域下的"带病提拔"问题及其破解之道——以陕西省相关实践为例》，《理论导刊》2017 年第 1 期。

杜文玉：《唐代如何通过考课制度改善吏治》，《人民论坛》2018 年第 23 期。

方振邦、侯纯辉、陈曦：《美国联邦政府高级公务员绩效考核体系及借鉴》，《国家行政学院学报》2016 年第 2 期。

方振邦、黄玉玲：《日本中央政府高级公务员考核研究及其启示》，《日本研究》2015 年第 1 期。

丰俊功：《公务员考核的制度变迁与路径选择》，《行政与法》2018 年第 12 期。

丰俊功：《大数据时代公务员考核技术创新的思考》，《中国人事科学》2019 年第 2 期。

甘长山、黄卫平：《质疑公务员末位淘汰制》，《行政与法》2003 年第 9 期。

宫向阳：《知识经济视域下德鲁克"自我管理"思想论析》，《苏州科技学院学报》（社会科学版）2013 年第 6 期。

关晓红：《清末州县考绩制度的演变》，《政治法律》2005 年第 3 期。

郝玉明：《公务员"考核难"的原因与对策》，《中国人事科学》2018 年第 4 期。

何植民、赵璐：《公务员"德"的考核评价机制构建研究》，《湘潭大学学报》（哲学社会科学版）2019 年第 6 期。

衡霞：《公务员绩效考核的基础理论研究》，《理论界》2007 年第 5 期。

洪巍城：《百年中国公务员职业道德建设的经验与启示》，《山西高等学校社会科学学报》2019 年第 10 期。

侯旭东：《丞相、皇帝与郡国计吏：两汉上计制度变迁探微》，《中国史研究》2014 年第 4 期。

胡洪彬：《新时代干部政治素质考核评价机制的重构：一个探索性框架》，

《理论探讨》2019 年第 5 期。

黄炳松：《韩非子治吏思想探究》，硕士学位论文，中南财经政法大学，2020 年。

黄德金：《公务员考核要坚持"以人为本"、"绿色绩效"导向》，《领导科学》2012 年第 23 期。

黄健新、王凌宇：《古代官员考核制度的历史变迁及其现实启示》，《福建广播电视大学学报》2013 年第 5 期。

黄健新：《公务员考核的理论基础研究：回顾与展望》，《中共福建省委党校学报》2014 年第 6 期。

黄其松、刘坤泽：《在技术与制度之间：数字时代的官僚科层制》，《贵州大学学报》（社会科学版）2021 年第 6 期。

黄友灏、黄澈：《明万历朝京察申辩禁令下士大夫鸣冤的新方式——以〈万历辛亥京察记事始末〉的成书历史为例》，《学术研究》2020 年第 11 期。

江必新、黄明慧：《贯彻习近平法治思想 建设高质量的制度体系》，《法学论坛》2021 年第 1 期。

蒋亮平：《春秋战国时期人事考核制度初探》，《华中师范大学学报》（哲社会科学版）1995 年第 3 期。

金玉珍：《关于法官纳入公务员范围的若干思考》，《时代金融》2013 年第 14 期。

靳腾飞：《秦汉简牍所见吏治问题研究》，博士学位论文，武汉大学，2016 年。

贾雨宁：《中英公务员激励机制的比较研究》，硕士学位论文，外交学院，2022 年。

匡亚林：《公务员绩效考核创新——基于"三圈理论"的分析框架》，《经济与社会发展》2015 年第 3 期。

李和中：《论法国公务员制度的现代化改革》，《法国研究》2001 年第 1 期。

李怀、赵万里：《制度设计应遵循的原则和基本要求》，《经济学》2010 年第 4 期。

李建忠、任文硕、朱祝霞、石凯：《公务员平时考核的试点情况评估与改进策略》,《中国人事科学》2018 年第 3 期。

李雯雯:《改革开放四十年我国干部考核政策变迁研究》,《中国人力资源开发》2019 年第 12 期。

李先富、董宇晖:《我国的上计制度及其历史演变简介》,《财会月刊》1999 年第 2 期。

李振、王浩瑜:《容错机制落地难：地方政府的创新困境》,《文化纵横》2022 年第 4 期。

梁妍慧:《干部考评的变革历程与基本遵循》,《中国党政干部论坛》2010 年第 7 期。

林必恒:《构建科学的河长制考核机制》,《河北水利》2017 年第 10 期。

柳海松:《论明代的京官考课制度》,《辽宁大学学报》（哲学社会科学版）2001 年第 1 期。

刘帮成:《"优秀"岂能"轮流转"——干部评优评先中"平均主义"的根源》,《人民论坛》2018 年第 34 期。

刘福元:《试论公务员考核程序的立法与完善》,《广西政法干部管理学院学报》2015 年第 2 期。

刘明兴、侯麟科、陶然:《中国县乡政府绩效考核的实证研究》,《世界经济文汇》2013 年第 1 期。

刘文瑞:《我国古代官吏考课制度建立于何时》,《西北大学学报》（哲学社会科学版）1990 年第 1 期。

刘绪义:《古代官员考绩之法，中看不中用》,《中国人大》2016 年第 23 期。

刘雅泽:《秦汉上计制度探究》,《人民论坛·学术前沿》2020 年第 20 期。

刘禹:《中日公务员考核制度比较与分析》,《成都教育学院学报》2005 年第 1 期。

刘志坚、刘杰:《明代统治者的官吏考核思想研究》,《组织人事学研究》2001 年第 2 期。

龙凤钊:《科学性与法治化：政府绩效管理的内在冲突及其解决》,《理论研究》2016 年第 5 期。

罗传贤:《行政听证程序法制与民权保障》,台湾《经社法制论丛》1990

年第 6 期。

罗国亮：《干部考核制度：新中国 60 年来的演变与启示》，《中共南宁市委党校学报》2009 年第 5 期。

马振：《先秦官吏考核制度演变探析》，硕士学位论文，渤海大学，2013 年。

毛飞：《浅析我国的公务员末位淘汰制》，《山东行政学院山东省经济管理干部学院学报》2003 年第 1 期。

倪星：《反思中国政府绩效评估实践》，《中山大学学报》（社会科学版）2008 年第 3 期。

欧绍华、吴日中：《中国国企高管薪酬制度改革的路径分析——基于制度变迁理论的视角》，《宏观经济研究》2012 年第 7 期。

潘蓉、肖河：《日本公务员制度的历史经验和教训》，《中国领导科学》2020 年第 3 期。

庞明礼：《领导高度重视：一种科层运作的注意力分配方式》，《中国行政管理》2019 年第 4 期。

秦涛：《近现代中国公务员考绩法制研究》，博士学位论文，武汉大学，2010 年。

秦涛：《论我国考核法制实施中的公务员权利的救济》，《华东理工大学学报》（社会科学版）2015 年第 1 期。

邱永明：《王符论职官考核制度》，《社会科学》2000 年第 7 期。

屈晓东：《新时代干部分类考核机制创新的原则、方法与路径》《领导科学》2019 年第 14 期。

渠敬东：《制度过程中的信息机制》，《北京大学学报》（哲学社会科学版）2021 年第 6 期。

任群委：《我国公务员激励与约束的动态平衡研究》，博士学位论文，中共中央党校，2021 年。

沈刚：《〈里耶秦简〉（壹）中的"课"与"计"——兼谈战国秦汉时期考绩制度的流变》，《鲁东大学学报》（哲学社会科学版）2013 年第 1 期。

生云龙：《西汉官吏考课有效性的制度保障》，《中国人事科学》2021 年第 1 期。

盛明科、蔡振华：《改革开放 40 年来干部考核制度的历史变迁及其逻辑》，《湖南社会科学》2018 年第 5 期。

宋世明：《如何确定不同类别公务员范围》，《中国党政干部论坛》2016 年第 9 期。

史晋川、沈国兵：《论制度变迁理论与制度变迁方式划分标准》，《经济学家》2002 年第 1 期。

孙蓉：《我国公务员考核制度运行存在问题及对策研究》，《法制博览》2016 年第 9 期。

孙小鑫：《我国公务员绩效考核方法的研究》，硕士学位论文，吉林财经大学，2010 年。

唐璨：《论"一票否决"考核制的滥用及其防治》，《理论与改革》2014 年第 6 期。

唐健、方振邦：《公务员绩效考核：现实困境、国外经验与本土路径》，《行政科学论坛》2017 年第 11 期。

唐兴霖：《里格斯的行政生态理论述评》，《上海行政学院学报》2000 年第 3 期。

佟宝贵：《英国现行公务员绩效评估制度概述》，《政治与法律》2001 年第 2 期。

屠凯：《公职人员双轨惩戒制度的宪法基础》，《法学家》2022 年第 1 期。

王东洋：《六朝隋唐时期考功郎隶属及其职掌之变化》，《史学集刊》2007 年第 3 期。

汪仲启：《通往制度成熟和制度定型的路径选择》，《社会科学报》2017 年 3 月 2 日。

王俊峰：《组织防卫视角下"为官不为"的根源与治理之策》，《领导科学》2020 年第 6 期。

王蕾：《新时期干部队伍"四化"方针的形成》，《当代中国史研究》2016 年第 2 期。

王美文：《公务员实绩考核的历史沿革与启示》，《江汉论坛》2000 年第 12 期。

王韬、吴建南：《国家公务员考核量化测评方法研究》，《陕西省行政学院学报·陕西省经济管理干部学院学报》2004 年第 2 期。

王向晨:《我国地方政府公务员考核中存在的问题及影响因素》,《兰州大学学报》(社会科学版) 2012 年第 5 期。

王治国:《金文所见西周王朝官制研究》,博士学位论文,北京大学,2013 年。

吴江:《完善公务员平时考核制度应注意的几个方面》,《中国党政干部论坛》2017 年第 1 期。

武乾:《论北洋政府的文官制度》,《法商研究》(中南政法学院学报) 1999 年第 2 期。

吴修文:《绩效考核背景下的公务员反生产行为及其控制》,《公民与法》(法学版) 2016 年第 11 期。

向大兴:《健全领导干部政德考核机制》,《领导科学》2018 年第 25 期。

萧鸣政:《新时代领导干部政治素质及其考评初探》,《北京大学学报》(哲学社会科学版) 2018 年第 3 期。

萧鸣政、林禾、肖志康:《干部管理中如何把政治标准放在首位——领导干部政治素质考评方法探索与实证效果分析》,《中国行政管理》2019 年第 7 期。

谢舒晔:《从诋毁到赞誉:北洋司法官在司法变革中的蜕变》,《法学》2017 年第 7 期。

徐波:《新公共管理理论下的公务员绩效考核体系构建》,硕士学位论文,首都经济贸易大学,2008 年。

熊成帅:《中国共产党"干部"概念的多重内涵》,《深圳社会科学》2023 年第 4 期。

徐维、张赢方、袁娟:《美英日公务员考核指标体系研究》,《中国人事科学》2018 年第 10 期。

徐维:《美国联邦公务员考核的法规制度》,《中国人事科学》2018 年第 7 期。

徐维:《我国公务员考核制度的历史沿革》,《中国人事科学》2020 年第 8 期。

徐心希:《"上计制度"的历史考察》,《福建师范大学学报》(哲学社会科学版) 1992 年第 4 期。

燕卫华:《公务员权利救济制度研究》,博士学位论文,中国政法大学,

2007年。

阳东辰：《中国公务员绩效考核制度的现状与改革对策》，《重庆大学学报》（社会科学版）2010年第6期。

杨普罗：《西周官吏考核制度蠡测》，《自贡师专学报》（综合版）1993年第1期。

杨文娜：《唐代考功郎中研究》，硕士学位论文，兰州大学，2020年。

杨艳林：《南京国民政府时期法官奖惩制度研究》，硕士学位论文，安徽大学，2016年。

殷文明：《唐代官吏考核与监察制度的互洽逆转及启示》，《湖南行政学院学报》2011年第5期。

余仲华：《公务员考核的基本国际经验探析》，《人事天地》2014年第10期。

袁庆明：《论制度的核心功能及其实现》，《郑州轻工业学院学报》（社会科学版）2008年第1期。

张晶晶：《政府治理现代化视域下的公务员考核体系创新》，《人民论坛》2018年第18期。

张敏：《法国公职人员考核总体框架、具体机制及主要经验》，《中国人力资源社会保障》2017年第10期。

张强、张定安：《基于绩效导向的非领导职务公务员考核：反思与构建》，《中国行政管理》2010年第5期。

张文强：《魏晋北朝考课制度述略》，《北京师范大学学报》1988年第5期。

张思玉：《实行干部位次管理末位淘汰法的理论与实践》，《发展论坛》2000年第7期。

赵凤霞：《绩效考核与绩效评估：内涵、价值及衔接转化》，《北京行政学院学报》2011年第2期。

周媛媛：《"指标考核"与"基层压力"：政府专项任务指标考核机制研究——基于扶贫考核的经验考察》，博士学位论文，吉林大学，2020年。

中国行政管理学会联合课题组：《关于政府机关工作效率标准的研究报告》，《中国行政管理》2003年第3期。

朱磊：《新生代公务员工作价值观结构研究》，硕士学位论文，兰州大学，

2022年。

四 外文论文

Brenda Vermeeren. Studying the impact of ability-, motivation-and opportunity-enhancing human resources practices on various performance outcomes in the public sector. International Review of Administrative Science 83 (4): 105-127.

Dong Chul Shim, Hyun Hee Park, Tae Ho Eom. Street-level bureaucrats' turnover intention: does public service motivation matter? International Review of Administrative Science 83 (3): 151-171.

Krasner, Stephen D. Sovereignty: An Institutional Perspective. Comarative Political Studies, 1988, 21 (1): 66-94.

Lewis GB and Frank SA (2002) Who wants to work for the government? Public Administration Review 62 (4): 395-404.

Piron F (2002). Les defis ethiques de la modernisation de l'administration publique. Ethique publique 4 (1): 31-44.

United States Office of Personnel Management: Senior Executive Service Exit Survey Results April 2015, Page 11.

五 网站文章

国家工作人员与公职人员有何区别？[EB/OL] [2024-04-06]. https://www2.shkp.org.cn/content.html?type=lc&id=96207

南宋"公务员"徐谓礼文书来杭，浙博今起展出[EB/OL]. (2020-05-15) [2023-03-16]. https://baijiahao.baidu.com/s?id=1666717882168724466&wfr=spider&for=pc.

建设高素质专业化人民公仆队伍——党的十九大以来公务员队伍建设工作综述[EB/OL]. (2022-08-30) [2023-09-19]. https://www.shtong.gov.cn/node70344/20220830/561768.html.

交警赶任务随意罚款，考核指标不能越界[EB/OL]. (2021-09-12) [2022-08-03]. https://baijiahao.baidu.com/s?id=1710666075960165371&wfr=spider&for=pc.

浅论宋朝职官考核制度（下）［EB/OL］.（2023-09-19）. https：//www.163.com/dy/article/I1IBBS2C0553PY1V.html.

习近平：《高举中国特色社会主义伟大旗帜 为全面建设社会主义现代化国家而团结奋斗——在中国共产党第二十次全国代表大会上的报告》（2022年10月16日）［EB/OL］.（2022-10-16）［2023-03-14］. http：//jhsjk.people.cn/article/32551700.

山丹县：强化公务员平时考核工作［EB/OL］.（2022-08-17）（2024-06-20）. http：//www.gszg.gov.cn/2022-08/17/c_1128920967.htm.

陕西渭南人社局机关平时考核动真格——组织人事［EB/OL］.（2013-07-19）［2023-08-19］. http：//renshi.people.com.cn/n/2013/0719/c139617-22257583.html.

玉林市实施公务员考核办法 激活"一盘棋"［EB/OL］.（2010-09-25）［2023-03-27］. https：//www.gxylnews.com/html/news/2010/09/25055.html.

安图县开展公务员平时考核督查指导工作［EB/OL］.（2023-02-11）［2023-03-27］. https：//view.inews.qq.com/k/20230211A029D200?web_channel=wap&openApp=false.

"一票否决"不应成为干部考核常态［EB/OL］.（2013-11-07）［2022-11-16］. https：//news.12371.cn/2013/11/07/ARTI1383772617349741.shtml.

习近平在全国组织工作会议上的讲话［EB/OL］.（2018-07-03）［2023-03-14］. http：//jhsjk.people.cn/article/30150140.

湖北宜昌：公务员排末位淘汰［EB/OL］.（2001-09-06）［2023-05-20］. https：//news.sina.com.cn/c/2001-09-06/349969.html.

今日千岛湖数字报刊平台-"钉钉"成了公务员考核新"神器"［EB/OL］.（2017-11-23）［2023-01-04］. http：//paper.qdhnews.com.cn/html/2017-11/23/content_2_8.htm.

温州市瓯海区教育局关于印发《瓯海区教育局机关钉钉考勤管理办法》的通知［EB/OL］.（2020-03-16）［2023-01-04］. http：//www.ouhai.gov.cn/art/2020/3/16/art_1506475_42445418.html.

明朝的"绩效考核"，是一场不折不扣的灾难［EB/OL］.（2020-09-

18）［2022-11-17］. https：//baijiahao. baidu. com/s? id = 1678416770376674098&wfr = spider&for = pc.

明末启示录：党争是如何重创当时世界上最强大帝国的？［EB/OL］.（2021-04-11）［2023-08-30］. https：//baijiahao. baidu. com/s? id = 1697269078527061399&wfr = spider&for = pc.

中国裁判文书网"金×与抚顺胜利经济开发区税务局税务行政管理（税务）一审行政裁定书"（2020），https：//wenshu. court. gov. cn/website/wenshu/181107ANFZ0BXSK4/index. html? docId = 133f83ba09d54cd6b44aacc90022cee7。

中国裁判文书网"游×、福州市公务员局二审行政裁定书"（2020），https：//wenshu. court. gov. cn/website/wenshu/181107ANFZ0BXSK4/index. html? docId = 985600655eff49a387d9abed009bc177。

中国裁判文书网"黄×与广东省人力资源和社会保障厅申诉行政裁定书"（2015）行监字第 1812 号。https：//wenshu. court. gov. cn/website/wenshu/181107ANFZ0BXSK4/index. html? docId = 4bddfb0dbaf54c6993f777847f8d054c。

英国政府官网对于《公务员能力框架》的介绍［EB/OL］.［2023-07-10］. https：//www. gov. uk/government/publications/civil-service-competency-framework#full-publication-update-history.

法国政府的官方法律数据库和法规查询网［EB/OL］.［2023-07-21］. https：//www. legifrance. gouv. fr/.

法国公共职能与转型部官网［EB/OL］［2023-07-20］. https：//www. fonction-publique. gouv. fr/droit-de-la-fonction-publique/le-code-general-de-la-fonction-publique-cgfp.

陈希：建设堪当民族复兴重任的高素质干部队伍（认真学习宣传贯彻党的二十大精神）［EB/OL］.（2022-11-23）［2022-11-30］. http：//politics. people. com. cn/n1/2022/1123/c1001-32572132. html.

天津严格政治素质考察 把"两面人"识别出来清除出去［EB/OL］.（2021-04-12）［2023-07-25］. http：//renshi. people. com. cn/gb/n1/2021/0412/c139617-32075769. html.

严格政治把关 考准考实干部政治素质——一些地方创新举措推动政治素

质考察走深走实 [EB/OL]. (2022-09-15) [2023-07-25]. http://dangjian.people.com.cn/n1/2022/0915/c117092-32526373.html.

中组部举办干部政治素质考核案例研讨班 [EB/OL]. (2021-10-27) [2023-07-25]. https://www.12371.cn/2021/10/27/ARTI1635302097450639.shtml.

庞昆：选人用人当注重近距离考核 [EB/OL]. (2018-09-21) [2023-06-30]. http://www.81.cn/jfjbmap/content/2018-09/21/content_216413.htm.

深圳：推行"按事索人"识别选用干部，广州组织工作 [EB/OL]. (2022-07-11) [2023-07-01]. https://www.gdzz.gov.cn/gbgz/gbjypx/content/post_16129.html.

方振邦：干部考核全面精准的几个关键 [EB/OL]. (2021-08-16) [2023-07-02]. http://www.rmlt.com.cn/2021/0816/621955.shtml.

六 法规政策

民政部、国家劳动总局、国家体委：《关于招收和分配优秀运动员等问题的联合通知》（1980）。

中共中央办公厅、国务院办公厅：《省级党委和政府扶贫开发工作成效考核办法》（2016）。

国务院办公厅：《关于印发食品安全工作评议考核办法的通知》（2016）。

国务院办公厅：《关于印发保障农民工工资支付工作考核办法的通知》（2017）。

国务院办公厅：《关于印发"菜篮子"市长负责制考核办法的通知》（2017）。

中共中央组织部：《公务员考核规定》（2020）。

中共中央办公厅：《关于贯彻实施公务员法建设高素质专业化公务员队伍的意见》（2019）。

中共中央组织部：《党政领导干部考核工作暂行规定》（1998）。

中共中央办公厅：《党政领导干部选拔任用工作条例》（2019）。

中共中央组织部：关于印发《地方党政领导班子和领导干部综合考核评价办法（试行）》、《党政工作部门领导班子和领导干部综合考核评价办法（试行）》、《党政领导班子和领导干部年度考核办法（试行）》（2009）。

中共中央办公厅：《党政领导干部考核工作条例》（2019）。

后　　记

考核是个经常重复的话题，理论界和实务部门关于如何进行考核的探索从来没有停止过。但是直到现在，考核仍然是个全世界公认的难题。考核制度研究注定会是一场辛苦的探索，好在有前人披荆斩棘开辟的路，有同人不断总结修正的路，也好在这条路上研究者颇多，研究并不孤单。当然，把考核制度放在广泛的政治、社会和历史的联系中去思考，需要学者有深厚的治学功底，显然我不是最胜任的那个。或许，我没有能力去创造一条全新的路，但我希望本书的撰写能有一些新的发现或是提供一种新的视角供其他研究者参考，如此，也不枉我下定决心开始一场自身或许并不擅长的科研之旅。

2022年6月，本书写到将近21万字的时候，我对考核制度的认识有了很大的转变。这种转变并非突然，其根源在于恩师罗豪才老师所播下的"软法"研究的种子。因为对"软法"的关注，我一直重视软法发挥作用的重要机制——自律。如果说，读博士期间对行政自我规制的关注，是这粒种子开出的一朵花。那么，本书就是这粒种子开出的另一朵花。这种关注在2022年6月，我读到丹尼尔·平克的《驱动力》一书时，居然产生了神奇的共鸣。平克认为，"这个时代不需要更好的管理，而需要自我管理的复兴。"这一观点与软法主要通过自律发挥作用的机制不谋而合。并且，这种共鸣带给了本书更大的思考——对内部动机的关注。所有的制度设计都是基于对人的行为假设上，有什么样的行为假设就会相应设计什么样的制度。考核制度的行为假设是"人"尤其是"官吏"是需要被管理、被监督的，但基于这样的行为假设进行的制度设计显然已经呈现出它的不足，例如顺从而不投入现象——"他只是看上去很努力"，可能只是由于基于这种控制管理思维下的自然应对,如果变成自主思维,情况会不会不一样?"人类历史的进程总是向更加自由的方向迈进,因为我们的天性推动着它朝这个方向前进……人类的天性最后会通过变得更自主来推动历史发展。"[1] 正视这些问题,我们需要回到本原,思考这样的行为假设是否合理。如果考核制度的行为假设是"人"尤其是"官吏"是发自内心地追求工作绩效的,那么,考核制度的设计应该沿着从关注外部动机到内部动机的方向转变。

同样发生转变的是,我在思考内部动机时,也开始思考写作本书的目的。或许一开始,我是出于工作的需要、职称的需要、影响力的需要。但越写越投入之后,我发现这些并非是我最主要的驱动力。我真正的驱动力是,我想要把考核这件事情说明白,想要实现我在这方面研究的价值。既然如此,把这件事情说明白,让大家听得懂,就得揭示制度的"底层逻辑",洞察制度的本质。

无独有偶,我在这段时间阅读了刘润的《底层逻辑》,他在书中提到所谓洞察本质,就是会打比方。因为洞察了本质,才能把复杂、晦涩难懂的概念用非常通俗易懂的比方解释清楚。"学者往往倾向于在他们的世界里沾沾自喜,被他们的学科专业术语包围和保护着。专业术语是祝福也是诅咒,它们的使用促进学者之间的交流,证明其使用者的职业资格。但它们也可能变为一个囚笼,限制学者们构想和表达思想的方法。"[2] 我发现书稿的初稿似乎就有种我在自己的世界里沾沾自喜的嫌疑。

于是,我开始思考我的写作。作为一本严肃的学术著作,或许有它自己的学术语言风格,但它绝不排斥将复杂的问题通过一种简单方式呈现,就如同《驱动力》一样,用一种简单的语言激发人深层次的思考。带着这样的想法,我阅读了刘军强教授的《写作是一门手艺》这本书,作者的语言风格以及关于写作技巧的阐述更加坚定了我要用一种平实的语言来写作本书的想法。

让我更进一步将这样的想法变成现实的是刘福元教授的《公务员行

---

[1] [美] 丹尼尔·平克:《驱动力》,龚怡屏译,浙江人民出版社2018年版,第150页。
[2] [美] 本尼迪克特·安德森:《椰壳碗外的人生:本尼迪克特·安德森回忆录》,徐德林译,上海人民出版社2018年版,第178页。

为规范中的责任机制建构——迈向公务员行为的规则之治》一书。有意思的是，自我写作博士论文开始，他的论文、著作就一直影响着我。他研究行政自我规制的成果直接启发了我的博士论文《论行政机关自我规制》。他2015年出版的上述书籍中有一章"公务员行为规范中的考核规范"，该章选取了各地颁布的7部较有代表性的考核文件，从考核指标、考核程序和考核结果等方面展开分析。应当说，他的写作思路、分析逻辑以及论证规范都给了我启发。

在这些变化之后，我开始调整我的关注重点：制度设计的不同行为假设（从控制到自主），制度作用的影响机制（从外部动机到内部动机）。我也开始调整我的语言风格，从服务于一本纯粹的学术专著的语言风格到服务于传播一种学术认识观点的读物的语言风格。尽管调整得不够彻底，但这种努力我一直没有放弃。

除此之外，关于本书的逻辑架构、观点呈现，甚至是参考文献的思考亦越发成熟。十多年前在北京大学当学术秘书的经历又一次浮现。记得有一次我为博士班复印一篇论文。该篇论文的参考文献因排版原因没有直接附在文后，而是在刊物的另一个页面。为了省事，我就没有复印参考文献。一位师姐在拿到论文的第一时间就找到了我，严肃地问我参考文献在哪，并跟我强调了参考文献的重要性。我当时不以为然，甚至觉得师姐吹毛求疵。十多年后的今天，回忆起这件事来的时候，尤其在写作本书的过程中，我越发觉得参考文献是进入某一领域研究的捷径，其重要性不言自明。我很感恩过往的那些经历，尤其感恩当时教导我的师姐。

人常说十年磨一剑。尽管动笔开始写这本专著是近几年的事情，但如上所言，好多思想的影响却源于多年前。感谢我的博士生导师江必新教授，他教导我：学术研究任何时候都不晚，他叮嘱我：要踏实做学问。感谢北京大学的姜明安教授，他胸怀天下，治学严谨，是我前进路上的指路明灯。回顾过往，我在黑暗中摸索了很长一段时间，从博士期间研究行政自我规制到毕业后涉猎人事人才领域多个课题，我终于在一片芜杂之中看到了希望之光。给我带来这束光的人，就是中国人事科学研究院余兴安院长。本书得以出版，我多年的摸索能有一点点成绩，都是因为他的指点和帮助。在他的指点下，我参与了他主编的《当代中国人事制度》《人事制度通论》两本著作，承担考核制度、奖惩制度的写作任务。这些工作为我撰写本书积累了丰富的素材，启发我不断地思考。

感谢处室分管领导李建忠副院长、李志更副院长，感谢科研处的黄梅处长、柏玉林同志，感谢绩效管理与考核奖惩研究室的任文硕主任、张琼、杜明鸣等。他们或给予我指导，或予我以支持，有缘一起共事，特别开心。感谢中国政法大学的成协中教授、中共中央党校（国家行政学院）的王懂棋教授，为本书的修改和完善提供了专业的建议。感谢北京航空航天大学法学院的毕洪海教授、南开大学法学院的王瑞雪教授，他们时时予我以动力，用他们对生活与学术的热情感染我。感谢南开大学法学院的费姝瑜同学，为我搜集了很多国内外考核法律制度规范方面的资料。感谢山东省公共就业和人才服务中心的高级讲师张延体，跟我一起合作了公务员政治素质考核、公务员考核信息化等方面的论文，部分内容被采纳进了本书。感谢中国社会科学出版社孔继萍老师为本书出版的辛苦和付出。

当然，要感谢的人还有很多……在我写作本书的过程中，我的孩子经历了小升初的重要时刻，她的自律、自信，尤其面对挑战时的淡定与从容是我不断突破、不断前进的最大动力。我的爱人以他自己的方式坚定地支持我的工作，他的肯定、包容是我不断探索、不断完善的最大动力。父母公婆身体健康，让我很少忧心。这一切都是本书能够最终面世的重要因素。

最后，我想感谢我自己。感谢自己一直以来的坚守，感谢自己一直淡化社会比较的影响。不管外界如何纷扰复杂，我还是能静下心来研究。感谢自己一直以来清晰的定位，既没有陷入自证无错的困境，也没有拒绝与他人的沟通。我希望能实现写作本书的目的，"人生中最富足的体验不是得到别人的认可，而是能够倾听自己的声音：做重要的事情，做好它，为了达成自己的事业而努力"[①]。

以此书为起点，我期待未来的研究仍有不一样的精彩！

徐维
2024 年 7 月 18 日

[①] ［美］丹尼尔·平克：《驱动力》，龚怡屏译，浙江人民出版社 2018 年版，第 219 页。

中国人事科学研究院学术文库
已出版书目

《人才工作支撑创新驱动发展——评价、激励、能力建设与国际化》
《劳动力市场发展及测量》
《当代中国的行政改革》
《外国公职人员行为及道德准则》
《国家人才安全问题研究》
《可持续治理能力建设探索——国际行政科学学会暨国际行政院校联合会 2016 年联合大会论文集》
《澜湄国家人力资源开发合作研究》
《职称制度的历史与发展》
《强化公益属性的事业单位工资制度改革研究》
《人事制度改革与人才队伍建设（1978—2018）》
《人才创新创业生态系统案例研究》
《科研事业单位人事制度改革研究》
《哲学与公共行政》
《人力资源市场信息监测——逻辑、技术与策略》
《事业单位工资制度建构与实践探索》
《文献计量视角下的全球基础研究人才发展报告（2019）》
《职业社会学》
《职业管理制度研究》
《干部选拔任用制度发展历程与改革研究》
《人力资源开发法制建设研究》
《当代中国的退休制度》

《当代中国人事制度》
《中国人才政策环境比较分析（省域篇）》
《社会力量动员探索》
《中国人才政策环境比较分析（市域篇）》
《人才发展治理体系研究》
《英国文官制度文献选译》
《企业用工灵活化研究》
《外国公务员分类制度》
《中国福利制度发展解析》
《国有企业人事制度改革与发展》
《大学生实习中的权益保护》
《数字化转型与工作变革》
《乡村人力资源开发》
《高校毕业生就业制度的变迁》
《中国事业单位工资福利制度》
《中外职业分类概述》
《人力资源管理实践与创新：基于双元理论视角》
《海外及港澳台人才引进政策新动向分析》
《中国特色行政学：发展与创新》
《人才队伍建设实践与发展趋势研究》
《人才评价：理论·技术·制度》
《考核制度概论》